智能制造与工业互联网丛书

精益智能制造
解码顶层构架设计

欧阳生 ◎著

机械工业出版社
CHINA MACHINE PRESS

图书在版编目（CIP）数据

精益智能制造：解码顶层构架设计 / 欧阳生著. —北京：机械工业出版社，2023.8
（智能制造与工业互联网丛书）
ISBN 978-7-111-73777-3

Ⅰ.①精⋯　Ⅱ.①欧⋯　Ⅲ.①智能制造系统－制造工业－工业企业管理－研究－中国
Ⅳ.① F426.4

中国国家版本馆 CIP 数据核字（2023）第 164641 号

机械工业出版社（北京市百万庄大街22号 邮政编码100037）
策划编辑：王　颖　　　　　　责任编辑：王　颖
责任校对：牟丽英　张　征　　责任印制：郜　敏
三河市国英印务有限公司印刷
2023 年 11 月第 1 版第 1 次印刷
170mm×230mm・20.25印张・383千字
标准书号：ISBN 978-7-111-73777-3
定价：99.00元

电话服务　　　　　　　　网络服务
客服电话：010-88361066　　机　工　官　网：www.cmpbook.com
　　　　　010-88379833　　机　工　官　博：weibo.com/cmp1952
　　　　　010-68326294　　金　书　网：www.golden-book.com
封底无防伪标均为盗版　　　机工教育服务网：www.cmpedu.com

Preface 前 言

近十年，在智能制造实践过程中，大多数企业都曾陷入各种各样的误区，这在很大程度上推高了企业智能制造升级转型的成本，延长了升级转型的周期，也让众多企业智能制造原本"降本增效"的初心，却结出了"增本降效"的果。总体来说，制造业实践智能制造有六大方面33个误区[一]，深入分析这些误区背后的根本原因，几乎都是缺乏智能制造顶层构架设计所致。2018年，笔者就已经认识到了顶层构架设计对于智能制造升级转型的重要性，但是当时没有成熟的解决方案。此后在项目实践中不断地总结经验，直到2021年笔者终于探索出一套可行、易行的智能制造顶层构架设计"2347"方法论，这套方法论适合工业1.0、工业2.0和工业3.0企业的智能制造顶层构架设计工作。笔者在2015年提出的精益智能制造理论指明了制造业升级转型的方向和路径，但是针对制造业升级转型过程中的最大问题——智能制造顶层构架设计并没有相应的解决方案，这是不完整的。因此在本书中，笔者将精益智能制造理论和智能制造顶层构架设计"2347"方法论结合起来，形成了制造业实践智能制造的一套完整体系，因此也将本书命名为《精益智能制造：解码顶层构架设计》。

本书是笔者结合多年为不同企业提供智能制造咨询服务，以及帮助它们成功升级转型的工作实践经验，进一步提炼升华而成的，书中还存在众多不足之处，烦请读者朋友们斧正。在此对过去关注和支持本书写作和出版，以及在笔者写作过程中提出众多宝贵建议的朋友们表示诚挚的感谢。此外，还要特别感谢家人的理解、支持和付出。

春暖花开，向阳而生，希望本书能够为读者提供有益借鉴。

[一] 详见笔者和宋海涛、徐东两位博士于2020年合著的《未来智路：实例解读如何走出智能制造33个误区》。

目 录 | Contents

前言

第1章 社会竞争力的来源 ·················1
1.1 认知革命 ·················1
1.2 农业革命 ·················3
1.3 科学革命 ·················4
1.4 四次工业革命 ·················4
1.5 第四次工业革命主要代表国家的战略选择 ·················5
1.6 变与不变 ·················13
1.7 工业社会的核心竞争力 ·················20

第2章 中国制造业面临的挑战 ·················21
2.1 国家竞争力分析 ·················21
2.2 中国制造业宏观层面的挑战 ·················24
2.3 中国制造业微观层面的挑战 ·················26

第3章 中国制造业的应对策略 ·················33
3.1 提高全要素生产率 ·················33
3.2 智能制造的内涵：降本增效 ·················35
3.3 降本增效的路径：精益管理 ·················39
3.4 智能制造的外延：升级转型 ·················64
3.5 升级转型的路径：精益智能制造理论 ·················76
3.6 精益智能制造评价指标体系 ·················97

第 4 章　精益化 ·· 100
4.1　精益战略 ··· 101
4.2　精益人才 ··· 110
4.3　精益价值创造体系 ··· 115
4.4　精益文化 ··· 145

第 5 章　创新化 ·· 151
5.1　三次元创新理论 ·· 151
5.2　产品创新 ··· 154
5.3　制造创新 ··· 158
5.4　商业模式创新 ··· 170
5.5　人人都是创新高手 ··· 173
5.6　企业创新 DNA ··· 178

第 6 章　自动化 ·· 185
6.1　点层级自动化 ··· 186
6.2　线层级自动化 ··· 190
6.3　面层级自动化 ··· 193
6.4　网层级自动化 ··· 200

第 7 章　数字化 ·· 202
7.1　数据生产 ··· 203
7.2　数据传输 ··· 205
7.3　数据存储 ··· 209
7.4　数据分析 ··· 216
7.5　数据应用 ··· 218
7.6　数字化工厂 ·· 220

第 8 章　智能化 ·· 225
8.1　CPS ·· 226
8.2　智能硬件 ··· 230
8.3　智能软件 ··· 233
8.4　智能系统 ··· 235

8.5 智能服务……236
8.6 智能化工厂……239

第9章 互联化……241

9.1 互联化核心技术……244
9.2 互联化网络安全……247
9.3 互联化实实协同……251
9.4 互联化实虚协同……254
9.5 互联化实践……255

第10章 精益智能制造实例分析……259

10.1 全面推进……260
10.2 事与愿违……263
10.3 深刻反省……265
10.4 重新规划……267
10.5 强身健体……269
10.6 顺序过渡……272
10.7 全面智造……275
10.8 模式创新……277

第11章 智能制造顶层构架设计"2347"方法论……278

11.1 两大原则……281
11.2 三个阶段……282
11.3 四大方向……287
11.4 七大步骤……290

第12章 精益智能制造实施建议与未来展望……303

12.1 精益智能制造的实施路径……304
12.2 精益智能制造在制造业企业的四大驱动力和37个落地点……307
12.3 精益智能制造创造的新业务机会……310
12.4 精益智能制造服务商需要具备的能力……313
12.5 精益智能制造人才培养模式探索……315
12.6 精益智能制造未来展望……316

参考文献……318

Chapter1 第 1 章

社会竞争力的来源

《人类简史》开篇提到：
- 大约 135 亿年前，经过所谓的"大爆炸"之后，宇宙的物质、能量、时间和空间才成了现在的样子。
- 大约 38 亿年前，在这颗叫作"地球"的行星上，有些分子结合起来，形成一种特别庞大而又精细的结构，称为"有机体"。
- 大约 200 万年前，地球上开始出现人类。
- 大约 7 万年前，"智人"出现开启"认知革命"，人类历史正式启动。
- 大约 12 000 年前，人类开始了"农业革命"，加速了人类历史发展。
- 大约 500 年前，人类开始了"科学革命"，一直持续到现在。

在人类出现后的 200 万年间发生的重大变革，将历史划分成了截然不同的时代："认知革命"将人类带进了采集社会；"农业革命"打开了农业社会的大门；"科学革命"的出现开启了工业社会的新篇章。

1.1 认知革命

距今大约 200 万年到 1 万年前，整个世界同时存在着多种人种，如鲁道夫人（东非，距今大约 200 万年）、直立人（东亚，距今约 200 万~5 万年）、尼安德特人（欧洲和西亚，距今约 40 万~3 万年）。当时的人主要靠采摘野果野菜来维持生存，也就是目前所称的采集社会。采集社会大约持续了 200 万年，是目前所知的最漫长的一个时代。

7万年前智人出现，智人学会了使用工具——石器和火。石器和火的出现，为人类生存提供了巨大的机会。

人类使用石器和火处理和烹饪食物。有些食物在自然形态下无法被人类吸收，如小麦、水稻、马铃薯。有了火，这些食物才能变成人类的主食。烹饪的食物更容易咀嚼和消化，能够降低了身体对能量的消耗，这样人类的大脑便可以吸收更多的能量，因此变得越来越发达。大脑发达后，人类就能够想更多的办法来应对自然界的猛兽，例如挖陷阱和围捕等。自此以后，人和动物之间的差距开始越来越大，人站到食物链的顶端。石器让人能够生存下去，火让人生存得越来越好。

距今大约7万年到3万年前，智人使用了新的思维和沟通方式——语言，这就是认知革命。语言改变了智人大脑的内部连接方式，使他们以前所未有的方式进行思考和沟通。《人类简史》作者赫拉利认为语言对历史发展带来了重要的影响，如表1-1所示。

表1-1 语言的影响

语言种类	作用	影响
交流信息	能够传达更大量关于智人身边环境的信息	规划并执行复杂的计划，如躲开狮子、猎捕野牛等
社会信息	能够传达更大量关于智人社会关系的信息	组织更大、更有凝聚力的团体，规模可达150人
虚构信息	能够传达关于虚构概念的信息，例如部落的守护神、国家、有限公司，以及人权等	大量陌生人之间的合作 社会行为的快速创新

- **交流信息**。不同的动物间以不同的方式进行沟通，比如狼叫、蚂蚁协作等。但是在自然界这么多沟通方式里面，语言对于人类沟通是最便捷的方式，在遇到危险时，反应速度就大大加快了，也就提高了人类应对外界危险的能力。比如当智人周边有野兽时，可以立刻提醒同伴躲避野兽攻击，若沟通效率低，还没等把信号发出，同伴可能已经成为野兽的美味了。
- **社会信息**。智人是一种社会性动物，社会协作是人类得以生存和繁衍的关键。社会信息能够增加部落成员间的相互了解，找出大家喜欢的"能人"来做部落首领，壮大自己的部落。但是仅靠这种方式，协作是有限度的。如当今广泛流传的150人门槛理论，说的就是当一个团体人数达到150人时，正常的沟通方式就会失灵，必须要借助其他的协作模式来增强团体的凝聚力，这就是虚构信息。
- **虚构信息**。通过文字语言创造出想象的现实，虚构一个信息，只要认可这个信息，即使互不相识，也能够有效合作。

有了语言这个新工具之后，智人之间就可以进行高效协作，协作使智人变得更强大，驾驭历史的车轮一路向前。

1.2　农业革命

人类有长达 200 万年的时间靠采集和狩猎为生。大约在 1 万年前，人类开始从早到晚忙着播种、浇水、除草、牧羊，因为这样可以让人们收获更多的水果、谷物和肉类，这就是农业革命。最初发生在中东、中国及中美洲，主要集中在公元前 9000 年到公元前 3500 年间。

- 公元前 9000 年，种植小麦和驯化山羊。
- 公元前 8000 年，种植豌豆和小扁豆。
- 公元前 5000 年，栽橄榄树。
- 公元前 4000 年，驯化马。
- 公元前 3500 年，种植葡萄。

为什么农业革命最初发生在中东、中国及中美洲？有两个可能的原因。

- 一是小麦、山羊这些物种比较容易被培育或驯化，正好它们又出现在中东、中国和中美洲。
- 二是人类的大脑越来越发达，有能力培育或驯化这些物种。

除这两种可能的原因外，还有第三种可能：人类自身发展需要。通过采集和狩猎获得的食物比较有限，随着人类总人口数量的增加，人类对于食物的需求量也越来越多，就出现了供给不足的问题，这样就迫使人类去培育或驯化物种，以便能满足日益增加的消费需求。

大约 1 万年前，在进入农业社会前夕，地球上采集人口数量约 500 万～800 万；而到了公元 1 世纪，采集人口数量只剩下 100 万～200 万（主要分布在澳大利亚、美洲和非洲），而农业社会的人口数量达到了 2.5 亿左右。在这期间，人口数量增长了近 50 倍。

农业社会部落的强大程度和人口数量成正比。一个部落要想强大，人口数量就必须要多；而人口数量要多，就必须要有充足的食物；有了充足的食物，部落人口数量才能迅速扩大。因此如何获取充足的食物就是关键。

为了获取充足的食物，人类要驯化尽可能多的物种，还要尽可能提高每种动植物的产量。驯化尽可能多的物种促使物种在世界各地传播开来，提高每种物种产量的需求驱动着人们不断探索新技术新方法。例如研究小麦种子间隙多大可以提高产量、不同土质适合种植什么样的农作物等。这样人们就慢慢摸索出来哪些地方适合种植什么样的动植物，农业社会开始形成"靠山吃山，靠水吃水"的特点。

农业革命让人们定居了下来,不需要再过流离失所的生活。完成这个巨大改变靠的是人类不断改变自己和不断探索农业和畜牧业的新技术,从而不断提高农牧业的生产率。

1.3 科学革命

农业社会大概持续了 1 万年,直到 15 世纪大航海时代开启了科学革命的新篇章。
- 1492 年,哥伦布发现美洲新大陆,打响了连接世界的第一枪。
- 1522 年,麦哲伦历经 72 000km 完成环球航行壮举。
- 1620 年,培根发表《新工具》的科学宣言,提出"知识就是力量"。
- 1687 年,牛顿发表《自然科学的数学原理》,奠定了现代科学的基础。
- 1850 年前后,欧洲成为世界霸主。

500 年前,亚洲帝国是超级强权,在亚洲帝国面前,欧洲帝国是小巫见大巫。但是为什么近 500 年,是欧洲人完成了这一系列壮举?

欧洲人之所以能够在 15 世纪大航海时代称霸世界,很大程度上依靠的就是国家、资本和科学间的相互合作,如图 1-1 所示。

大航海时代欧洲的崛起模式告诉我们,随着人类发展,仅靠新技术已经很难取得竞争力,各种资源间的相互协作才是现代社会的取胜之本。

沿着人类历史的发展轨迹,不难总结出如下规律:

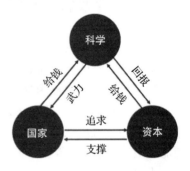

图 1-1 大航海时代欧洲的崛起模式

- 采集社会竞争力来源于新工具。
- 农业社会竞争力来源于新技术。
- 科技社会竞争力来源于各种资源间的相互协作。

随着科技革命的发展,人类社会开始了最为波澜壮阔的工业革命。

1.4 四次工业革命

科技革命开始后,近 500 多年人类进入了高速发展时期,主要数据对比如下:500 年前全球人口约 5 亿,2021 年已经到了 78.75 亿;500 年前全球 GDP 约 2 500 亿美元,2021 年约 86 万亿美元。

这些数字体现了人类近 500 年的飞速发展:人口增加了 15.7 倍,生产总值增加了344倍。是什么促使人类飞速发展呢？答案是近200多年的四次工业革命，如图1-2所示。

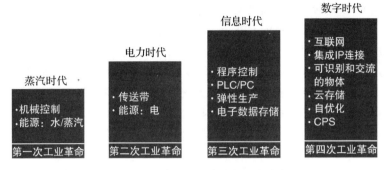

图1-2 人类历史上的四次工业革命

第一次工业革命是以蒸汽机为代表的"蒸汽时代"。瓦特1765年改进和发明了蒸汽机，并于1769年取得专利，1776年在船舶上应用蒸汽机作为推进动力。第一次工业革命解决了"人力效率低下和动能不足的问题"。

第二次工业革命是以发电机为代表的"电力时代"。1831年英国人法拉第制造出世界上第一台发电机，1866年德国人西门子制造出世界上第一台工业用发电机，标志着电力开始在工业中大规模应用。第二次工业革命解决了"规模化和生产成本之间的矛盾"。

第三次工业革命是以计算机为代表的"信息时代"。从1946年美国宾夕法尼亚大学研制第一台计算机开始，直到当今互联网时代，人类信息化一直在加快发展至今还没结束。第三次工业革命实现了"解放人的体力劳动和替代部分脑力劳动"。

第四次工业革命是实虚融合的"数字时代"。以2012年美国发布"工业互联网"、2013年德国提出"工业4.0"、2015年中国提出"中国制造2025"为标志。第四次工业革命以数据为驱动力，将把人类带入智能社会。

1.5 第四次工业革命主要代表国家的战略选择

第四次工业革命主要代表国家有美国、德国和中国，这三个代表国家的第四次工业革命的战略选择稍有不同：美国选择"工业互联网"、德国选择"工业4.0"、中国选择"中国制造2025"（也可以称为"智能制造"）。

1.5.1 美国工业互联网

在第四次工业革命的浪潮中，美国着力发展"工业互联网"。在几次重大标志性事件后，工业互联网逐渐成为了美国的国家战略。

- 2006 年，美国提出 CPS（Cyber-Physical Systems，信息物理系统）战略概念，CPS 是通过网络虚拟端的数据分析、建模和控制，实现对实体活动的深度对称性管理。目前 CPS 也成为第四次工业革命的核心技术。
- 2010 年，美国提出运用数字制造和人工智能重构美国的制造业竞争优势。
- 2012 年 11 月，美国通用电气公司发布《工业互联网：打破智慧与机器的边界》白皮书，将智能装配、智能系统、智能决策作为关键要素。
- 2012 年 12 月，美国成立"CPS 技术发展顾问委员会"。
- 2013 年 2 月，美国国家科技委员会发布"先进制造业国家战略计划"研究报告。
- 2014 年 5 月，美国宣布在芝加哥成立数字化制造与设计创新中心。

美国为什么要把工业互联网作为国家战略呢？主要有两个原因。

一是美国经济空心化。美国最有优势的是金融创新和计算机软硬件技术，最近几十年间，美国制造业和中国等新兴经济体相比缺乏比较优势，因此美国本土制造业大规模迁移到国外。2009 年美国"次贷危机"爆发，美国的虚拟经济不堪重负，很多企业纷纷破产，失业率急剧上升；随后危机蔓延到了欧洲，欧洲除德国外其他国家都遭受了不同程度的影响；而德国依靠强大的实体经济，基本没受影响。

此后美国开始意识到实体经济的重要性，于是将"制造业回归计划"确定为国家战略。随着美国"制造业回归"战略的不断深入，美国本土的制造业产业链在不断完善：2017 年 2 月，英特尔宣布在美国投资 70 亿美元建立新工厂；2017 年 3 月，LG 宣布在美国建立新工厂；2017 年 4 月，印度巨头 infosys 宣布在美国投资建厂，创造 10 000 个工作岗位；2017 年 5 月，三星电子又宣布要在美国投资……美国通过几年时间的努力，整个 3C 产业链得到了发展。

二是美国科技红利转移。近 20 年，美国在航空航天领域积累了大量科技红利，这些科技先是应用在军事上，随后开始向民用领域转移，转移的结果是美国制造业在国际分工中又重新获得了比较优势。

首先，从劳动生产率角度来看，美国本土制造业自动化程度高，这也为美国工业互联网创造了有利条件；其次，从劳动力成本角度来看，美国制造业劳动力成本相对于其他国家来说，具有比较优势。

基于以上两点，美国将"工业互联网"定为了国家战略。美国已经形成了相对完整的产业链，并重新获得了制造业比较优势，并且这种优势还有进一步扩大的趋势。美国"工业互联网"最有代表性的是 GE 公司（以下简称 GE），本书以 GE 核心业务之一的 GE 航空为例简单阐述"工业互联网"是如何让企业实现升级转型的。

GE 航空在执行工业互联网战略转型前，主要卖飞机发动机，业务模式是：GE

把飞机发动机卖给飞机制造商（如波音和空中客车）；飞机制造商把飞机组装完成后，交付给航空公司使用；航空公司的飞机在飞行过程中发生故障或者需要维修时，GE 再提供售后服务支持。

这种业务模式的缺点显而易见，如飞机发动机什么时候会出现故障不能提前获知，只有依靠维护保养，而且每次维护保养的时间长短还不可预知；另外，掌握了飞机发动机核心技术的 GE 除了卖发动机和提供售后服务，就没有其他价值了。

那么 GE 如何才能挖掘更大的商业价值呢？

一是让发动机开口说话。让发动机告诉主人自己的身体状况，是正常还是生病了？一旦发动机能够开口说话，那么维护保养就变得简单了，每次可以非常有针对性地提供保养服务。

二是要让发动机充当信号兵的角色。当飞机飞行在空中时，如果发动机能够适时传回天气等对飞行非常有价值的信息，那么就可以提高机场和航空公司的运营管理水平。

三是提供信息集成服务。一旦发动机能开口说话和传回有价值的信息，那么基于这些信息，GE 就可以变成航空信息管理集成服务商，不仅能够卖发动机，还能向航空公司和机场提供服务。

GE 工业互联网战略升级转型前后业务模式对比如图 1-3 所示。

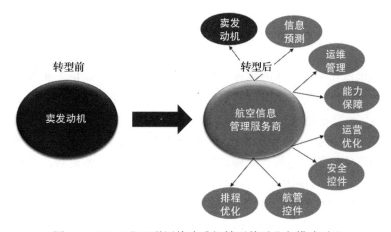

图 1-3　GE 工业互联网战略升级转型前后业务模式对比

实现上述工业互联网战略升级转型的关键是万物互联、数据生产，以及数据集成和分析，并挖掘新价值。

1.5.2　德国工业 4.0

2013 年开始，德国举全国之力推行工业 4.0。德国为什么要全力推进工业 4.0

呢？主要有以下三个原因。

一是德国是以工业品出口为主的国家，近年来工业品出口产值停滞不前，但是作为全球最大制造业的中国，工业品出口增长十分迅速，如图1-4所示。为了解决工业品出口停滞的问题，德国需要改变之前只卖设备和产品的策略。

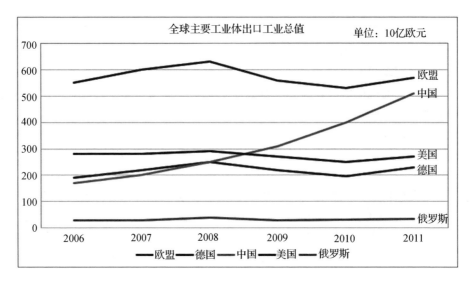

图1-4　全球主要工业体出口工业总值对比图

注：资料来自VDMA2012年12月。

二是德国依托工业装备的优势，在工业装备的基础上提供工业服务来提升工业品盈利能力。德国提出了供应和市场相融合、定制化和可重构的生产系统、生产流程透明化、设备状态可监控、自主决策的自动化、智能运营维护等概念。

三是除非洲及东南亚部分国家外，全球其他国家基本都完成了工业化进程，对工业品的整体需求不再那么旺盛，相反对服务的需求非常迫切，这也坚定了德国选择扩大工业服务的路线。

以上三个因素叠加的结果就是德国要走工业4.0之路。于是德国基于在制造业方面的优势，尤其是在装备制造业和生产自动化方面的优势，从产品的制造端提出了智能化转型解决方案。该方案的核心是利用物联网和CPS等技术，为生产过程中的每个环节建立信息化的连接，实现设备、制程、订单、生产计划、设计、排程、人力、供应链、库存、分销、资产管理等一系列环节的整合。

如果将整个商业流程拆分为：客户需求、商业流程、生产制造过程、产品、设备、人员及供应链这七部分的话，德国工业4.0在整个商业流程各部分的目标和技术如表1-2所示。

表 1-2 德国工业 4.0 在整个商业流程各部分的目标和技术

对象	客户需求	商业流程	生产制造过程	产品	设备	人员	供应链
目标	定制化，可重构的生产线	动态快速响应	透明化	生产全过程的可追溯性	相互连接，监控，自动化	高效配置	按需配给，接近零库存
技术	3D 打印，智能加工设备	ERP	生产线监控，可视化	RFID，产品数据库	监控系统，PLC 控制，实时控制技术	人员追溯和通信系统	供应链管理系统

在整个商业流程中，客户定制化需求是总驱动力。为了满足客户定制化需求，以及强大的信息系统来管理整个商业流程，以及智能化的生产方式，还要让产品在全生命周期内可追溯等，而这些都是德国企业的优势所在。德国工业 4.0 的三个主要推手是：博世公司、西门子公司和 SAP 公司。

本书以博世公司为例，来说明德国工业 4.0 的现状和运作模式。博世对自己的定位是：既是工业 4.0 的生产者，又是工业 4.0 的消费者，还是工业 4.0 的服务者。

作为生产者，博世公司贯彻德国人直面问题、解决问题的理念。针对实现工业 4.0 过程中的难点，博世公司的策略是逐个击破。为此博世公司制定了"三步走"策略，如图 1-5 所示。

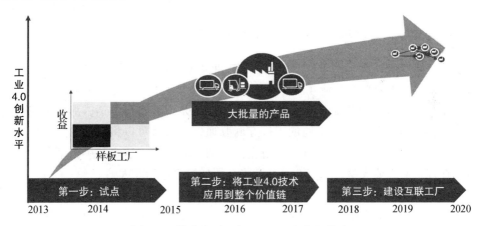

图 1-5 博世公司工业 4.0 "三步走"策略

第一步：试点，主要目的是攻克难点技术。博世公司先在全球挑选了 50 家试点工厂，找出执行工业 4.0 的难点，然后将难点逐个击破。图 1-6 展示了博世公司工业 4.0 部分难点的突破性技术。

博世公司工业 4.0 策略以建立智能工厂为导向，主要关注点在人、机、料、质量控制和能源管理方面。比如针对需要人工作业的工位，人的熟练程度会对整个生产过程产生严重影响。为了解决这个问题,博世开发了智能手套,当熟练作业者戴上智能手套,智能手套就会自动记录作业者的全部动作以及动作要领,并将这些信息发送给配套软件,软件会自动制作出标准作业指导书,用来对不熟练员工进行指导。当不熟练员工戴上智能手套后,如果动作做得不到位或者要领错误,系统会自动提示该员工哪些地方需要改进,以及如何改进。这样就极大地提高了新员工培训效率,使新员工很快就能达到和熟练员工一样的水平。

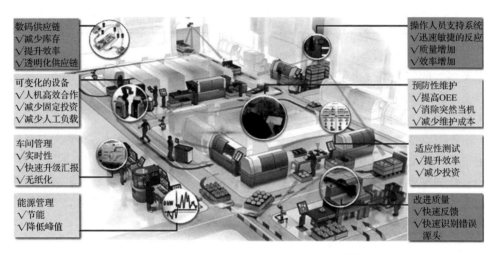

图1-6 博世公司工业4.0部分难点的突破性技术

第二步:针对大批量生产的产品,将工业4.0技术应用到整个价值链上。实现这一步基本标志着单个工业4.0工厂成为现实,这是工业4.0技术的综合应用。

第三步:建设互联工厂。如果把第二步看成是智能工厂的话,那么第三步就是智能供应链。如果能将不同的工厂互联互通,那么就可以将此技术应用到各行各业的产业链中,实现产业链上下游企业间的互联互通,这也是中国诸多地方政府正在探索的产业大脑,本书在第9章将介绍如何打造产业大脑。

作为工业4.0的消费者,博世公司先将研发出来的工业4.0技术应用到自己的工厂,除试点工厂外,还逐步导入到其他工厂。比如在中国,苏州的一家汽车电子工厂是全球50个试点工厂之一,从2013年到2015年,博世公司的工业4.0技术以及在市场上集成的其他公司的技术几乎都能在该工厂看到。2015年之后,该苏州汽车电子工厂开始将工业4.0实践经验应用到中国的其他工厂。

作为工业4.0的服务者,博世公司在其业务拓展部增设了工业4.0业务,主要对接内外部资源,开拓智能制造业务市场。另外在内部还组织了来自自动化部门、传感器部门、工业软件部门的专家们,针对客户个性化需求定制开发解决方案。

例如，2015年博世公司和秦川机床签订了工业4.0战略合作协议，为秦川机床提供工业4.0工厂升级改造服务，这也是博世公司作为工业4.0服务者在中国的首个工业4.0服务项目，受到了社会的高度关注。

不仅博世公司这样定位，德国另外一家领头羊企业西门子也是一样的定位：既是工业4.0的生产者，又是工业4.0的消费者，还是工业4.0的服务者。这种定位越来越受到市场的认可，国内外很多企业以博世公司和西门子为标杆，纷纷效仿。

1.5.3 中国制造2025

目前中国GDP位居世界第二，早已成为制造大国，但是还算不上制造强国，面对这样的局面，中国政府在2015年5月发布了《中国制造2025》（国发〔2015〕28号），是为了实现中国制造业从"大而不强"变成"又大又强"。

为了实现制造强国这个目标，《中国制造2025》提出了三步走战略：
- 第一步：力争用十年时间，迈入制造强国行列。
- 第二步：到2035年，我国制造业整体达到世界制造强国阵营中等水平。
- 第三步：新中国成立一百年时，制造业大国地位更加巩固，综合实力进入世界制造强国前列。

图1-7是笔者依据《中国制造2025》整理的《中国制造2025》整体构架。

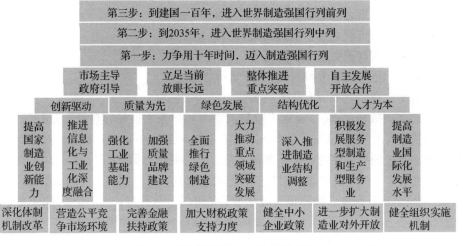

图1-7 《中国制造2025》整体框架

从推进方法上讲，《中国制造2025》确立了政府和企业两个推进主体。从政府的角度，是市场主导、政府引导、整体推进、重点突破，具体体现在由政府确定重点的推进领域以及给予相应的专项扶持资金；从企业的角度，要立足当前、放眼长远、自主发展、开放合作，充分发挥企业的自主能动性，释放企业活力。

从指导方针上讲，《中国制造2025》确定了五大指导方针：创新驱动、质量为先、绿色发展、结构优化、人才为本。

- 创新驱动是为中国从当前的效率驱动型社会向创新驱动型社会过渡打好坚实的基础。
- 质量为先是中国制造业当前的需求，需要改变中国制造的国际形象，让中国制造成为高质量的代名词。
- 绿色发展是可持续发展的基本要求，如2016年底中国政府开始强制关闭环境不达标的造纸厂，以及推动产能过剩行业的合并重组等。
- 结构优化是要改变当前经济发展失衡的局面，比如房地产行业比重过大，高端制造业比重过小等突出问题。
- 人才为本是所有战略落地的根本，我国近年来的"千人计划""万人计划"就是非常好的说明。

从战略策略上讲，《中国制造2025》提出了九项战略：

- 一是提高国家制造业创新能力；
- 二是推进信息化与工业化深度融合；
- 三是强化工业基础能力；
- 四是加强质量品牌建设；
- 五是全面推行绿色制造；
- 六是大力推动重点领域突破发展；
- 七是深入推进制造业结构调整；
- 八是积极发展服务型制造和生产型服务业；
- 九是提高制造业国际化发展水平。

在这九项战略里面，"强化工业基础能力和加强质量品牌建设"是补课内容，缩小和制造强国间的差距；"提高国家制造业创新能力和深入推动制造业结构调整"是手段，通过创新和结构调整来带动发展；"全面推行绿色制造、推进信息化和工业化深度融合、积极发展服务型制造和生成型服务业"是方向，为当前制造业升级转型导航；"提高制造业国际化发展水平"是目的。只有当我国的企业群体强大了，在众多产业上具备国际领先水平，我国才真正地实现制造强国的目标。

从重点领域上讲，《中国制造2025》指出了十大重点领域：新一代信息技术、高档数控机床与机器人、航空航天装备、海洋工程装备及高技术船舶、先进轨道交通装备、节能与新能源汽车、电力装备、农机装备、生物医药及高性能医疗器械、新材料。在这十大重点领域里，中国的轨道交通装备已经具备世界领先水平，航空航天工业也位居世界前列。

《中国制造 2025》为中国制造业升级转型指明了方向，解决了企业要"做什么"的问题。本书的写作目的，尝试着为中国制造业如何落实《中国制造 2025》，实现做大做强、成功升级转型的目标提供解决方案。

1.6 变与不变

从认知革命、农业革命、科学革命到四次工业革命，可以看出发展是人类社会运行的基本规律。发展就意味着变化，在社会发展的过程中，有变的因素，也有不变的因素。变的因素是发展的动力来源，而不变的因素则是发展过程中的取胜之本。从商业本质的角度，来分析当今社会发展的"变与不变"如图 1-8 所示。

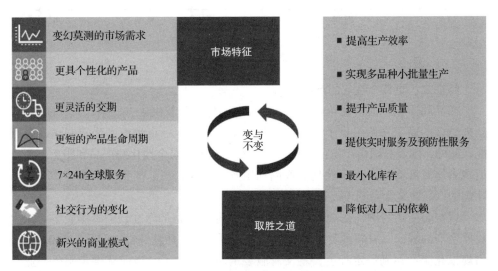

图 1-8　社会发展的"变与不变"

在社会发展的"变与不变"中，变化的是市场，主要有七大特征；不变的是企业的取胜之道，主要有六大因素。首先分析市场的七大特征。

特征一：变幻莫测的市场需求

企业最理想的状况是依据产能适量生产，并且生产出来的产品都能够卖得掉。当前，各行各业的供给基本都已经饱和，传统行业几乎都进入红海，市场竞争非常激烈。今天可能还是某个领域的领头羊，明日也许就会一败涂地，诺基亚和柯达就是典型的例子。

市场激烈竞争带来的结果之一就是市场需求的波动。过去商品同质化现象非常严重，消费者的个性化需求没有被满足。第四次工业革命点燃了消费者个性化需求的火种，再加上个性化需求很难捕捉和预测，因此一旦某些商品能够满足消费者的个性化需求，就会给原有市场格局带来巨大冲击，从而加剧市场波动；此外，还有季节性、经济运行规律、产品寿命周期等因素的影响，总之这些不确定因素累加的结果就是市场需求的变幻莫测。市场需求波动归纳起来主要有三种类型：稳定型、不规则波动型、规则波动型，如图1-9所示。

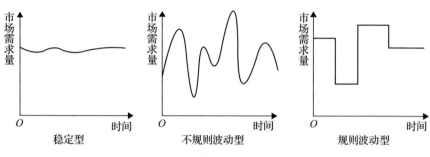

图1-9 市场需求波动的三种类型

特征二：更具个性化的产品

商品同质化压抑了消费者的个性化需求，但是随着供给方的饱和与产能过剩，越来越多的商家开始提供个性化的产品和服务，这在一定程度上让定制化成为可能；此外，随着我国中产阶层的崛起，消费者开始追求个性化的产品和服务，部分消费者愿意和有能力为个性化的产品和服务买单。在当前消费升级的趋势下，个性化的产品注定会受到市场追捧。

以服装生产为例，在20世纪裁缝铺还是非常普遍的存在，随着服装工业化大规模生产的崛起，服装种类更多，颜色款式更新颖，裁缝铺都关门了。物极必反，当规模化生产达到一定程度，就又有服装定制的需求了。当前从事定制服装业务的企业，主要基于互联网或者移动互联网，在获得消费者定制化意向后，首先安排量体师上门为消费者测量，建立消费者专属数据库；其次根据消费者的要求进行服装设计，设计完成后交由工厂按数据库尺寸生产，最后生产出来的服装直接邮寄到消费者手中，整个过程2周左右。很显然这种个性化产品定制很受消费者喜爱，但是目前的价格偏高也是阻碍个性化产品继续扩大市场的主要原因之一。当能将个性化产品定制成本控制在一定水平，定制化的需求就会增加；定制化的需求增加，就会变成大规模定制化；大规模定制化既能满足客户的个性化需求，又能降低成本，是未来的发展趋势。

特征三：更灵活的交期

最理想的交期是客户什么时候需要，供应商就什么时间将货物保质保量地送达到客户指定的地点，这就是 JIT（Just-In-Time，准时制）模式。目前除汽车整车厂外，JIT 模式对于其他企业来说可能还是空中楼阁。虽然很难做到 JIT，但是可以最大限度地缩短交期。长交期意味着高库存，高库存意味着占用大量流动资金，也意味着高成本。因此在不备库存的前提下缩短交期，降低成本是企业一直追求的目标，例如在汽车行业，很多客户都要求供应商的交期每年缩短 30% 以上。

不同客户对于交期的要求也不一样，这就要求企业要能够灵活地满足各类客户的交付要求。传统企业应对不同交期要求的方法主要是备库存，库存要么放在自己公司，要么放在第三方仓库，要么寄存在客户那里。目前最有弹性的交付是超市模式。如果供应商和客户都执行超市模式，那么就能构建出非常有弹性的双超市交付模式，这也是制造业企业正在努力追求的方向。

不仅制造业要求有灵活的交期，服务业也是如此。比如某电商平台承诺自营商品利用自建的物流渠道能够实现当天或隔天到达，而非自营商品，交付速度则相对较慢。同样的商品，自营的售价也稍高，而消费者往往愿意为这种快速交付的高价买单，这也体现了快速交付的价值。

因此更为灵活的交期对于企业来说，既是挑战又是机遇，未来的市场属于能够提供更加灵活交期的企业。

特征四：更短的产品生命周期

很多人会有这样的生活体验：拥有一件物品的时间越来越短。物资匮乏的年代，买一件物品会无比珍惜，一直会用到坏为止；而现在买一件物品，可能还是新的就丢掉了，原因是新款出来了。这反映了一个事实，就是产品更新换代的速度大大加快，产品的生命周期越来越短。商家们也利用了消费者这种心理，不断地缩短产品出新款的时间，哪怕只是将现有产品稍作变化，就衍生出了下一代产品。例如一部手机，第一年性能非常好，但是到了第二年第三年，各方面性能就会出现断崖式下降，这个时候新款出现，这促使消费者更换手机。

更短的产品生命周期对于商家提出的挑战就是不断地进行产品迭代。谁能够快速地推出新产品，快速上市，谁就能引领市场，当然，在整个过程中也要控制好成本。在产品开发过程中，要遵循低成本快速推进的原则，这就是目前流行的 MVP（Minimum Viable Product，最小化可行产品）方式。例如谷歌在开发在线翻译产品前，不能确定有没有市场，再加上开发成本较高，于是先做了一个 MVP 实验：将一群测试者集中在一个房间，将另一群翻译高手集中在隔壁房间，测试者将需要翻译的内容输进电脑，翻译高手在另一个房间看到后立即翻译并将结果反馈给测试者，测试者在测试后感觉非常满意。根据实验结果，谷歌意识到这种在线翻译产品有很大的市场价值，于是决定投入资源进行产品开发。倘若在测试阶段测试者不喜欢这款产品，谷歌可能就不会开发此款产品。MVP 方式大大减少了产品开发后投入市场的失败率,从而提高了产品开发的成功率,同时也降低了开发成本。MVP 是应对缩短产品生命周期非常有力的工具,随着当前社会进入 VUCA 时代(Volatility、Uncertainty、Complexity、Ambiguity,易变性、不确定性、复杂性、模糊性),各种不确定性越来越多,MVP 方式将会越来越流行。

特征五:7×24h 全球服务

伴随着产品升级,服务也需要升级。随着企业规模扩大,服务范围也越来越广,具有 7×24h 提供全球服务的能力,是企业的核心竞争力之一。

传统满足客户高品质的服务需求的方式:一是全球设点,就近提供服务,这种方式需要企业雇用较多的员工,承担较高的运营成本;二是企业设立区域服务中心,哪里有需求,服务中心人员就近解决,这种做法可以减少员工的数量,但是需要承担较高的管理费用。

按照传统方式,提供全球服务需要较大的人力和财力。如今进入工业 4.0 时代,对于 7×24h 的全球服务会有更高的要求,这对于企业来说也是一项巨大的挑战。企业要么采用服务外包模式,要么自建渠道,但是不管采用哪种方式,企业都要承担较高的服务成本。不过随着工业 4.0 技术的发展,企业提供 7×24h 全球服务有望找到一种低成本的解决方案,这要求企业的服务模式要进行大幅度的改变,以便能够满足未来的发展要求。

特征六:社交行为的变化

要想获取客户,必须知道客户在哪里;知道客户在哪里后,还必须知道客户把时间花在哪。随着互联网的广泛应用,人们的社交行为正在发生巨大改变,每天花在网上的时间越来越多。根据一些互联网数据公司的统计,目前人们每天平均花在互联网上的时间超过 4h,而在上网时 65% 的时间花在了社交平台上。既然人们的生活和交际越来越离不开互联网,那么其他行业和互联网的相互融合就成了必然选择。

"互联网+"打破了地域的限制,给很多行业带来了无限生机,比如农产品,在没有"互联网+"的时候,基本上只能在很小范围内销售,而有了"互联网+"的翅膀,距离就不是问题了。

"互联网+"还打破了时间的限制。以前即使买一样东西也要去实体店,但是大部分实体店都有不营业的时间段。有了"互联网+"以后,消费者可以在任意时间去购买自己需要的商品,这给消费者带来了极大的便利的同时,也节省了大量的购买时间。

"互联网+"还能带来全新的用户体验。以互联网汽车为例,除了有传统汽车的功能,汽车公司还能请消费者参与汽车设计、将汽车变成车主的生活秘书等。当周末或者假期来临时,互联网汽车可以为消费者定制专属出行计划,因此互联网汽车面世后受到各层次消费者的喜爱。

消费者社交行为的改变给传统企业带来了极大挑战，传统企业要学会主动拥抱互联网，才能在"互联网+"的浪潮中占有一席之地。

特征七：新兴的商业模式

每一轮工业革命都会伴随着大量新事物的诞生，很多新商业模式也会应运而生，在第四次工业革命中，个性化定制和跨行业整合表现得尤为突出。

个性化定制会驱动全新的商业模式，在特征二"更具个性化的产品"中的服装定制就是非常典型的例子，类似的例子不胜枚举，这里不再过多阐述。

关于跨行业整合，特征六中的"互联网+"也是非常典型的例子。除了"互联网+"，还有很多跨行业整合的例子。比如诚品书店模式，将多个互不相关的行业整合到一起，以书为中心吸引人流，再靠其他消费来赢利。目前这种模式在很多社区也非常常见，如投资者联合物业和居委会，免费或者低价获得经营场所，建立公益阅览室，书籍由自己买一部分，发动居民捐一部分，居委会代表政府再资助一部分，然后免费开放给社会。由于是免费的，阅览室经营者就可以在社区里面招免费义工，另外再在阅览室里面开一个咖啡馆或茶室作为赢利项目，因为大家在享受阅读的同时常常会喝一杯咖啡或者茶。

个性化定制和跨行业整合是未来主流的商业模式，这给传统企业的升级转型带来了一定的机遇和挑战，如果传统企业转型慢的话，很可能会被新商业模式企业所取代。

以上为当前市场的七大特征，也就是"变"的内容。就像有动就有静一样，有变也就一定有不变，当前"不变"的因素也是企业在发展过程中的如下六大取胜之道。

取胜之道一：提高生产效率

人类的整个历史就是生产效率不断提高的历史，提高生产效率是时代永恒的主题，自从有人类开始就从未改变过。

提高生产效率对于企业来讲，既有主动因素，也有被动因素。主动因素是企业对于更高利润的追求，因为提高生产效率，可以降低成本，成本下降了利润就会高起来，且追求利润是企业的本性。被动因素是来自市场的压力，产品上市后，竞争力基本逐年下降，企业为了保持对利润的追求，需要提高生产效率来抵消市场竞争力下降带来的影响。

因此，不管在什么环境下，提高生产效率永远是企业取胜之道的根本所在，不能提高生产效率的企业注定在市场中没有竞争力。

取胜之道二：实现多品种小批量生产

在第三次工业革命后，多品种小批量生产就已经成为制造业的一项巨大竞争优势，随着第四次工业革命的到来，这个优势愈加明显。

多品种小批量生产和消费者对个性化产品的追求紧密相关，工业4.0时代是崇尚个性化需求的时代。既然是个性化就谈不上大批量，可以预见到未来产品的品种会越来越多，生产批量会越来越小，也许不远的将来，所有的产品都会是定制化的。

多品种小批量生产是制造业未来的主要生产模式，要求企业生产具备非常高的弹性（也称柔性），未来生产弹性高的企业将能获取竞争优势。

取胜之道三：提升产品质量

物美价廉是消费者永远的追求，性价比高的产品市场接受度也较高，质量在任何时代都是企业的核心竞争力之一。

在和竞争对手的较量中，价格、质量和服务是最大的三把杀手锏。随着消费升级，价格的影响力开始减弱，质量和服务的影响力将越来越大。

《中国制造2025》的方针之一是"质量为先"，要将"中国制造"变成高质量的代名词，因此，提升产品质量对于中国制造业尤为重要。另外，随着产品生命周期越来越短，企业要在缩短产品生命周期的同时提高产品质量。

取胜之道四：提供实时服务及预防性服务

过去由于技术制约，客户的实时服务（也可称为敏捷服务）及预防性服务需求没有得到很好的满足，在第四次工业革命到来之际，实时服务及预防性服务将迎来爆发。

实时服务就是要能够迅速响应客户需求，最大限度减少损失和提高客户满意度。精益管理中的快速反应就是实时服务的典型例子，通过提高反应速度，减少反应时间，将损失尽可能降低。随着工业4.0时代的到来，以及通信、远程控制、物联网等技术的大规模应用，实时服务将变得更加便捷。例如设备售后服务一直是困扰制造业的一个痛点，当设备出现故障时，设备供应商一般不能提供实时服务，导致企业生产效率降低；另外设备供应商也要承担高额的售后服务成本，如员工出差时间、差旅费用等（本书第11章将具体介绍一种新商业模式来解决此类问题）。

预防性服务在工业3.0时代就备受关注，但是由于技术制约，预防性服务大多依赖过去的最佳实践经验，例如精益管理中的TPM（全面预防性维护）就是根据经验建立起来的一套预防设备出现故障的机制。第四次工业革命带来了大数据技术，通过数据采集、数据整理、数据建模可以非常精准地预测设备状态，为设备提供预防性服务，在设备将要出现故障时及时干预，从而预防故障发生。预防性服务是在问题还没发生前就将问题解决，这也是工业4.0生产要实现的核心目标之一。工业4.0生产要实现"自感知、自适应、自调整"的无忧生产，预防性服务是必不可少的一环。

取胜之道五：最小化库存

降本增效是企业永恒的追求，库存意味着成本，最小化库存是降低成本的有效路径之一。传统生产模式有两种：一种是依库存生产，另一种是依订单生产。

很多行业的客户需求往往难以预测，但是又需要快速响应客户需求，在企业生产弹性没有那么大时，依库存生产是满足客户需求的有效方式。例如在服装行业，季节性因素影响非常大，每年消费者的喜好又不能完全确定，国际一线大牌服装公司从设计、打样、制造到上市整个过程大概需要4个月时间，因此服装公司在换季前基本都生产好了新品。这种做法带来的一个不好的结果就是，每家服装公司基本都有30%~50%的库存销售不出去，季节过后不得不大甩卖。ZARA公司看到了服装业的这个痛点，采取了依订单生产模式，通过构建敏捷供应链，将服装从设计、打样、制造到上市整个过程控制在12天。这样ZARA就可以不备库存，在换季前将新品样衣推出，每种几件，当发现消费者喜欢哪款后，7天左右就可以批量制造和上市，所以ZARA公司的库存和竞争对手相比大幅度下降，大大增强了盈利能力。

到了工业4.0时代，在消费者个性化需求的驱动下，依订单生产将成为各行各业的主流。依订单生产是降低库存的有效路径之一，最小化库存也成为企业能否盈利的根本保证之一。需要注意的是，若管理不善，依订单生产可能并不会降低库存，反而会增加库存，特别是原材料库存和半成品库存。

取胜之道六：降低对人工的依赖

人的工作有两个短板：一是不可复制性，二是人容易疲劳。不可复制性导致生产不稳定，过程不容易控制，从而带来产品质量波动；人在工作一段时间后都会疲劳，疲劳会导致生产效率降低以及过程不稳定。这两个短板对于制造业来说，都是非常致命的。因此在制造业发达的国家，除一些目前还很难被机器人替代的工作外，工厂基本实现了自动化。

随着中国制造业人工成本的持续上升，自动化技术的应用主要是为了降低成本。再加上年轻劳动者从事繁复体力劳动的意愿降低，这就要求更全面的自动化，进一步降低对人工的依赖。

随着工业4.0时代的到来，无论是制造业还是服务业，都在全面推行自动化。工业机器人和服务机器人的普及，将会替代很多人的工作，社会生产和生活将进一步降低对人工的依赖。

从企业的角度来看，进行机器换人，降低对人工的依赖，不仅是降本增效的问题，还关系到企业能否生存和可持续发展。历史上每一次工业革命，都是不断解放生产力降低对人工依赖的过程，不能够与时俱进的企业将会被淘汰出局。

以上是社会发展过程中的六个取胜之道，纵观整个商业文明史，这六个取胜之道从来没有变过，只是每个时代各个取胜之道的权重不同。任何环境下，都有变和不变的因素，抓住那些不变的因素，顺应那些变化的因素，企业就能够以不变应万变。

1.7 工业社会的核心竞争力

前面提到，采集社会的核心竞争力是工具、农业社会的核心竞争力是技术、科学社会的核心竞争力是协作，那么工业社会的核心竞争力是什么呢？将 1.6 节中的六大取胜之道进行提炼，可以得到图 1-10 中的六要素。

图 1-10 中客户、成本、质量、交付、安全和新价值是工业社会取胜之道的六要素。进一步分析它们之间的关系，就能得出工业社会的核心竞争力，如图 1-11 所示。

图 1-10　工业社会取胜之道六要素

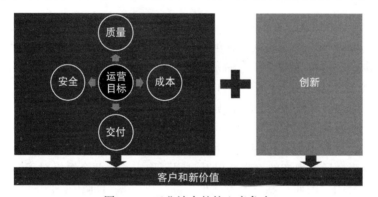

图 1-11　工业社会的核心竞争力

工业社会的核心竞争力包括三部分：第一部分是企业传统的四大运营目标"质量、成本、交付和安全"，第二部分是创新，第三部分是客户和新价值。

企业传统的四大运营目标是企业得以生存的根本，如果这四大运营目标管理不好，企业就很难发展和盈利，甚至无法继续经营下去。因此保证企业传统四大运营目标处于良好状态，是企业活在当下的基本要求。

另外企业要想取得长足的发展，仅仅活在当下还不够。活在当下关注的是眼前利益，关注眼前利益的企业一般会有两种结果：一是企业发展停滞不前；二是企业不断被竞争对手超越，从而逐渐丢失市场份额，最终走向灭亡。企业要想发展，就要走出舒适圈，必须要创新，不断超越自己，才能逐步扩大市场份额。

当企业四大运营目标和创新都表现优异的时候，就能够做到既活在当下，又赢得未来，自然也能够不断地为社会创造新价值和获取新客户。因此本书认为工业社会企业的核心竞争力是：一方面要活在当下，关注质量、成本、交付和安全；另一方面要赢得未来，持续创新。

Chapter2 | 第 2 章

中国制造业面临的挑战

中国从 1978 年改革开放到现在为止，发生了翻天覆地的变化。
- 2021 年中国 GDP 达到 114 万亿元，约 17.5 万亿美元，位居世界第二；是位居第一的美国 GDP 23 万亿美元的 76%；是位居第三的日本 GDP 4.9 万亿美元的 3.6 倍。
- 据世界银行和联合国数据统计，2011 年中国制造业增加值（统一为现价）为 1.900 9 万亿美元，美国为 1.880 5 万亿美元；2012 年中国制造业增加值为 2.079 3 万亿美元，美国为 1.912 1 万亿美元。中国从 2011 年开始成为全球制造大国。
- 2014 年 1 月《制造强国战略研究综合报告（第 7 稿）》报道，中国 22 个工业产品大类中的 7 大类产品产量位列世界第一，其中包括 220 种工业品产量居世界第一，其他主要产品产量位次也不断前移。有些产品产量虽未位居世界第一，但也举足轻重，有相当一部分具有较强竞争力。
- 工信部数据：2013 年中国装备制造业产值突破 20 万亿元，占全球比重超 1/3；发电量 1.2 亿 kW，占全球总量的 60%；造船完工量 4 534 万载重吨，占全球比重 41%；汽车产量 2 211.7 万辆，占全球比重 25%；机床产量 95.9 万台，占全球比重 38%。

以上各种统计数据均已表明，中国已经具备了一定的工业基础，成为全球制造大国。

2.1 国家竞争力分析

从发展阶段的角度看，国家竞争力可分为要素驱动、效率驱动和创新驱动三个不同阶段。

要素驱动是指主要依靠各种生产要素的投入，比如土地、资源、劳动力等，来促进经济增长的发展方式，市场在对生产要素的需求中获得发展动力。这是一种原始的和初级的驱动方式，适合改革开放初期。

效率驱动是通过生产效率、运输效率、销售效率等一体化增长来拉动经济增长。具体做法有：通过制造创新来提高生产效率；通过办公自动化和信息化来节约时间成本，提高办公效率；通过重组企业内部组织结构来减少沟通成本，提高管理效率等。

创新驱动主要依靠科学技术创新带来的效益来实现集约式增长，用技术变革来提高生产要素的产出率。如生产技术和工艺的创新、运输路线和模式的创新、销售策略创新等。

按照全球竞争力指数模型（见图2-1），结合要素驱动、效率驱动和创新驱动，可以从12个维度来分析一个国家的竞争力。

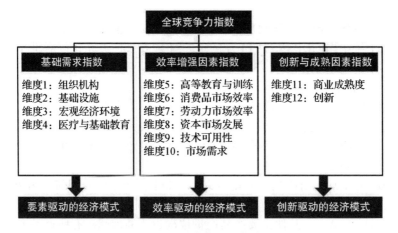

图2-1　全球竞争力指数模型

美国的国家竞争力分析如图2-2所示。

从图2-2中可以看出，美国已经进入创新驱动阶段。美国经济核心驱动力在市场需求、创新、劳动力市场效率、商业成熟度这四个方面；但是在宏观经济环境、组织机构和医疗与基础教育方面还相对不足。虽然美国的医疗水平全球顶尖、高等教育也是全球顶尖，但是医疗与基础教育和创新驱动型经济模式需求相比还稍有差距。

德国的国家竞争力分析如图2-3所示。

从图2-3可以看出，德国已经进入了创新驱动阶段。在这12项评价指标中，德国劳动力市场效率相对较低，这也是为什么德国大力推行自动化和无人化工厂来进一步消除劳动力影响、提升生产效率的原因。

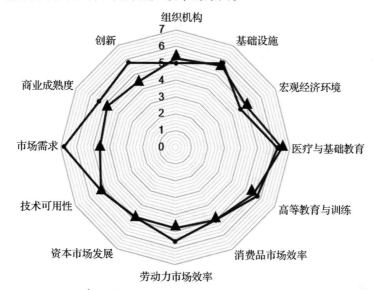

图 2-2 美国的国家竞争力分析

注：资料来自李杰《工业大数据》。

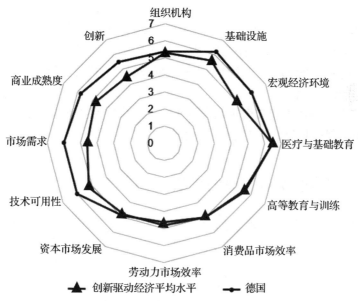

图 2-3 德国的国家竞争力分析

注：资料来自李杰《工业大数据》。

中国的国家竞争力分析如图 2-4 所示。

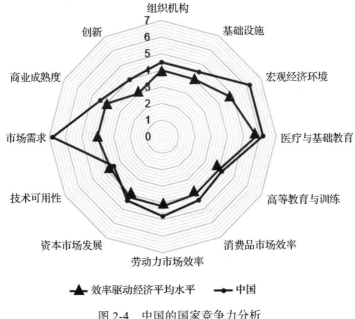

图 2-4 中国的国家竞争力分析

注：资料来自李杰《工业大数据》。

从图 2-4 可以看出，中国各方面指标基本都高于效率驱动经济平均水平，正处于效率驱动型向创新驱动型转变阶段。当前中国最大的优势是旺盛的市场需求，再加上稳定的宏观经济环境，这是中国未来崛起的两大优势；但是中国在技术可用性方面还需加强。

本章接下来将从宏观和微观两个视角来分析中国制造业面临的挑战。为后面章节介绍中国制造业升级转型的路径做准备。

2.2 中国制造业宏观层面的挑战

2011 年 1 月 20 日国家统计局公布的数据显示，2010 年中国 GDP 增长率为 10.3%；经济总量达到 39.8 万亿元；人均 GDP 超过 4 200 美元，已突破世界银行最新调整的中等偏上收入标准 3 945 美元。中国正式跻身于中等偏上收入国家行列。从 2010 年至"十四五"规划时期，属于人均 GDP 达到 4 000～12 300 美元的中等偏上收入阶段，是中国经济增长从"要素驱动"向"效率驱动"转型的重要阶段。当前中国经济正处于效率驱动阶段。

在中国GDP中高速增长的过程中，据国家统计局公开数据，近10年中国制造业占GDP的比重一直维持在30%上下。按照2021年中国GDP总量达到114万亿元，其中制造业占比28.95%来看，中国制造业GDP总值约为33万亿元，比世界GDP排名第三的日本（4.9万亿美元，约32万亿元）还要多。2022年中国GDP总量达到121万亿元，其中制造业占比33.2%，首次突破40万亿大关。

中国制造业GDP总值已经说明了中国制造业的规模之大，虽然近些年中国GDP还在保持高速发展，但中国制造业仍面临着种种挑战：从劳动力供应角度来看，2021年中国人口出生率为7.52‰，连续两年低于联合国10‰的红色警戒线；从环境角度看，中国经济高速发展能耗较高（虽然中国制造业能耗与世界平均水平的比值从2010年的2.2倍降到如今的1.5倍，但目前还属于较高水平），对环境破坏较大；从经济发展结构上看，过去经济过多依赖房地产和基础设施投资拉动，作为强国根基的制造业发展相对缓慢……

要分析经济的发展质量，需要选择"经济发展质量"方面的指标，本书选择了"全要素生产率"这个指标。

全要素生产率的一般含义为资源（包括人力、物力、财力等）开发利用的效率。从经济增长的角度来说，生产率来自资本、劳动等生产要素的投入；从效率角度来说，生产率等同于一定时间内国民经济总产出与各种资源要素总投入的比值；从本质上来说，它反映的是某个国家（地区）为了摆脱贫困、落后和发展经济，在一定时期里表现出来的能力和努力程度，是技术进步对经济发展作用的综合反映。

我国改革开放40余年以来，经济一路腾飞，创造了人类历史上的经济奇迹。但是全要素生产率这个指标到底表现如何呢？按照国家统计局的数据，改革开放初期，中国全要素生产率不断提高，在20世纪90年代初达到最高，随后开始波动，如图2-5所示。

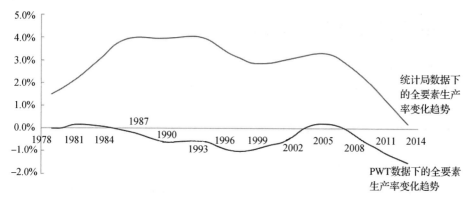

图2-5　中国全要素生产率变化趋势

注：资料来自《中国金融》2016年第20期。

因此从经济发展质量角度来看，中国制造业宏观层面面临着两大问题的挑战：一是全要素生产率不高，生产效率有待提高；二是经济发展结构不平衡，制造业有待进一步发展。

为了应对这两大挑战，中国政府也出台了一系列的政策，如针对经济发展结构不平衡提出"供给侧结构改革"。本书主要讨论在第四次工业革命进程里中国制造业该如何升级转型，因此不探讨经济发展结构不平衡这个话题。针对全要素生产率不高的现状，为了激发经济发展活力，中国政府提出了"大众创业、万众创新"。

"大众创业、万众创新"主要目的是要将个人的创造力、技能和天赋激发出来，转化成社会需要的产品和服务，并在此过程中创造社会财富和就业机会，从而推动整个社会的升级转型。

从中国国家竞争力分析结果中可以看出，技术可用性是中国较为薄弱的环节，大力发展"大众创业、万众创新"是突破技术瓶颈的有效途径，是中国目前迫切需要的。此外，中国正处于效率驱动的发展阶段，从效率驱动向创新驱动过渡，最主要的推动力也是技术创新。因此"大众创业、万众创新"的提出非常及时。

然而，要提高全要素生产效率，仅靠"大众创业、万众创新"还远远不够，中国需要多条腿走路。这方面可以借鉴美国、日本和德国的成功经验，本书将在3.1节"提高全要素生产率"再进行详细介绍。

制造业是提升整个社会全要素生产率的主体，只有制造业的生产效率普遍提高了，整个社会的全要素生产率低下问题才能解决。那么在微观层面，中国制造业全要素生产率提升面临着哪些挑战呢？接下来笔者结合过去的工作实践，深入解读当今中国制造业微观层面的挑战。

2.3　中国制造业微观层面的挑战

从微观层面看中国制造业，需要以制造业企业为研究对象。过去近20年间，笔者深入接触了数百家制造业企业，在为它们提供咨询、辅导和培训服务的过程中，得以深入了解中国制造业的现状。本节将从五大方面共13个挑战说明中国制造业微观层面面临的挑战，如图2-6所示。

2.3.1　管理层三大挑战

俗话说：一家企业怎么样，看看它的员工就知道了。而在员工里面，管理者的影响最大，他们决定了企业是什么样的企业。在和数百家企业高层管理者一起工作的过程中，笔者发现众多企业面临着以下三方面的挑战。

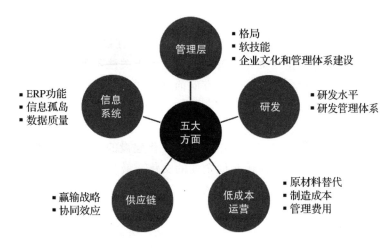

图 2-6　中国制造业微观层面五大方面 13 个挑战

挑战一：大多数企业高层管理者格局过小。许多高层管理者（企业董事长或者总经理）都比较关注短期利益，没有做长期规划。比较普遍的现象是一些高层管理者只想守住已经占领的一亩三分地，赚着微薄的利润，在转型上比较迷茫。某集团董事长在谈到他为什么可以把公司做得那么成功时说：主要是因为格局大。当你看到的棋盘比别人大时，你能够有所作为的空间和机会也就完全不一样。在 2020 年受疫情影响深圳一家民营上市公司海外业务下滑得很厉害，为了节省成本，公司决定将生产现场数百名技术人员解雇，然而半年后海外业务报复性增长，但这时公司已经没有足够的人力应对了，结果公司陷入了和客户无休止的关于交付问题的商谈中。虽然后来公司高层十分后悔解聘的决策，但是为时已晚，那些被解聘的技术人员多数已经不愿意再回来了。

当前格局问题是制约中国制造业企业升级转型的核心问题之一。目前第四次工业革命刚刚开始，在工业 3.0 时代落后的企业迎来了弯道超车或者换道超车的机会，但是面对这样的历史机遇，很多企业高层管理者举棋不定，不去积极探寻企业升级转型的路径，而是在静观其变，抱着拿来主义的态度，等着学习他人升级转型的经验。在这样的历史机遇面前，拿来主义可能就意味着落后。

挑战二：管理者的软技能比较薄弱。软技能特别指现代企业管理能力，由于大部分企业管理者都没有系统地学习和掌握企业管理的基本知识，主要采用传统的管理套路，依靠职权和自我经验进行管理，导致员工的主动性和创造性受到了严重打压。

按照 150 人理论，靠个人影响力基本能够管理好 150 人以下的团体，如果团体超过 150 人，就面临着管理失灵的问题。很多中国企业在规模上去以后，管理者（特别是董事长或者创始人）就感觉到力不从心了，发现员工失去了创业打天下时的激情，自己的工作也变得越来越忙，成为了企业最忙的人。虽然感觉力不从心，但还是不愿意去寻找职业经理人，依然把企业扛在自己的肩上。

挑战三：管理者在企业文化和管理体系建设上关注不足。 企业文化对于一家企业来说就是把员工凝聚起来往一个方向前进的绳索，企业文化和管理体系就是让管理不依赖于人，当任何一位管理者退休或者离任后，企业都能够按照既定的规则继续有序高效运作。

在笔者提供服务的数百家企业中，关注文化建设的企业屈指可数。由于没有自己的企业文化，它们就去模仿其他企业的文化，最终模仿的结果是"四不像"。此外，大多数企业缺乏完善的管理体系，目前还处于人治阶段，一旦换管理者，所有员工又得重新适应新管理者的风格。例如笔者曾经提供项目服务的一家民营上市企业，它的一家分公司在不到两年的时间里，换了3位总经理，4位运营总监。每换一名管理者，员工们就要加班，去适应新管理者的风格和管理要求，员工们苦不堪言，最后还是由第二大股东出面才得以缓解。

不过有个比较好的趋势是，近几年越来越多的企业高层管理者意识到了企业文化和管理体系的重要性。2019年一家大型民营企业董事长和笔者诉说他公司的问题以及他的想法后，笔者意识到他说的是企业文化和管理体系方面的问题，于是告诉他要解决他面临的问题需要打造自己的企业文化和设计自己的管理体系，才能够实现他所描述的目标。在经历一年多时间的企业文化建设和管理体系建设项目辅导后，该企业终于提炼出了鲜活的企业文化，再配合相应的宣传活动，以及全盘设计的高效管理体系，企业的管理开始上升到了新的发展阶段，摆脱了对于职业经理人技能的依赖。

2.3.2　产品研发两大挑战

产品和人一样，是企业的两大核心之一：以人为中心，连接战略、文化和管理体系；以产品为中心，连接研发、生产、质量和供应链管理四大系统。中国制造业在产品研发方面主要面临以下挑战。

挑战一：研发水平有待提升。

目前中国企业按照研发水平可以分为五个层次：
- 第一层次是自主研发型，这类企业目前在中国非常少，有自主研发能力的企业基本上都是行业的领军企业，如无人机领域的大疆公司。
- 第二层次是同步研发型，能做到同步研发的企业也掌握着核心技术。如一台电脑，CPU是核心技术，CPU底座连接器、主板等也需要核心技术，把这些核心技术整合一起才能组装成一台电脑。例如富士康在3C领域就是坚持同步研发策略，配套最新电脑CPU同步推出CPU底座连接器和主板等。

- 第三层次是功能优化型，针对市场上已有的产品进行改良或者提升局部功能，相对竞争对手来说有比较优势。如 OPPO 基本是模仿苹果和三星，但是在局部做了改进，换了大屏幕和高清摄像头来满足国内消费者的需求，目前已经成为全球市场占有率第一的手机公司。
- 第四层次是完全复制型，靠拼价格去抢占市场，靠规模经济来获得利润。如中国江浙一带的电动工具企业，将国外品牌的产品拿过来仿制，在材料和结构上稍作变更，但价格方面大幅度降低，从而将国外顶级品牌公司的市场份额一点点的抢占。
- 第五层次是代工生产型，基本不需要研发能力，只要能看懂客户图纸就行。但是依据客户图纸加工，只能赚点微薄的加工费。

目前中国大部分企业属于功能优化型、完全复制型和代工生产型。研发水平整体有待提升，企业利润微薄，也没有充足的资金再投入研发，这反过来又制约了研发水平的提升，从而形成了恶性循环，这种局面是中国从效率驱动型社会过渡到创新驱动型社会的一大阻碍。因此近些年国家在大力提倡企业走自主研发路线，也在宏观政策上做出了相应的倾斜，特别是针对基础技术的研发。

挑战二：健全研发管理体系。主要表现在两个方面，一是健全新产品项目管理体系，提高新产品开发效率。由于没有完整的项目管理体系，当开发新产品时历史资料可用性较低，大多数情况下只能依靠研发人员的能力，导致新产品开发周期长、成功率低。二是加强研发部门和公司内部其他部门合作。大部分公司的研发人员都视自己为公司的核心部门，对生产、工艺、设备、质量等合作部门关注较少，然而研发是源头，一旦出问题，给其他部门带来的影响就是灾难性的。例如一家汽车零部件公司，在处理完一项零件的工程变更后，一直没有删除 BOM（物料清单）表中的旧料号，在长达半年的时间里，采购还一直在购买已经不用的旧料号，结果造成大量原材料呆滞。诸如此类问题在企业中非常常见，归根结底是企业研发管理体系不健全。健全的管理体系，不仅能减少此类浪费，还能够提升产品开发速度，显著提升企业的市场竞争力。

VUCA 时代给研发又带来了新挑战，环境的不确定性和需求的多变性在加剧，这要求研发速度越来越快，也进一步提高了研发的难度，因此企业研发管理体系的重要性也会越来越显著。

2.3.3 低成本运营三大挑战

通常来说产品成本可以分为三大块：原材料成本、制造成本和管理费用，其中原材料成本一般占主要部分，制造成本和管理费用旗鼓相当（不同行业存在一定差异）。在激烈的市场竞争下，中国制造业摸索出了一套追求低成本非常有效的

"三管齐下"模式，这套模式也是低成本运营的三大挑战的根源所在。

挑战一：原材料替代。由于原材料成本占主要部分，为了降低原材料成本，那么节省用料，以低价原料替代高价原料就在所难免（此处是指非价值工程类的材料替代）。原材料替代不仅在采购成本上有差异，在原材料交期上差异也非常大。例如进口原材料交期通常都在6个月以上，而且量小时供应商还不接单，这就需要储备一定的库存，从而积压了大量的流动资金。而采用国产替代材料后，这些问题都不复存在了。有时一些企业会采用低级别的替代原料，产品的质量就不能得到保证了，这也在很大程度上降低了"中国制造"的国际形象。未来要想把"中国制造"变成高质量的代名词，这个问题必须要解决。

挑战二：有效控制制造成本。制造成本通常包含设备折旧费用、水电气费用、直接人工成本等。在这些因素里面，设备成本的比重一般较大，为了控制制造成本，用低价设备成了首选。一般来说低价设备可靠性较差，产品的加工质量和精度都有较大的局限性，这也在一定程度上影响了"中国制造"的质量形象。

未来随着中国企业制造工程技术的进步，这方面的挑战有希望得到解决。例如在无锡有两家做涡轮增压零部件的企业，一家企业主要买国产机加工设备，另一家主要买德国设备，德国设备整体价格是国产的3倍以上，但是生产效率是国产的两倍以上。因此同样产量下，买德国设备的企业人员需求量少，再加上设备寿命及维护成本，两家企业制造成本相差不大。造成这种差异的主要原因是：一家企业制造工程技术能力强，他们有能力挖掘设备的最大价值，能够把进口设备完全利用起来；而另外一家制造工程技术能力弱，进口设备买回来效用和国产设备相差不大。

挑战三：有效控制管理费用。管理费用的主要支出是管理人员的成本和相应的福利。为了控制管理费用，大部分企业采用两种做法：一是不愿意聘请高水平人才，由于没有高水平人才，无法建立高效的管理体系，导致企业管理效率低下，这样就需要更多的人来从事低效率的工作，从而又推高了管理费用；二是福利能省就省，例如大部分民营企业没有对员工能力提升组织培训，只利用员工的体力劳动，完全忽视了员工最有价值的大脑，这种做法严重降低了员工工作的积极性，给企业带来了巨大损失。这是两个典型的恶性循环，根本原因都是企业舍不得在人身上进行投资，舍不得对人进行投资的企业也很难获得高额的利润。

低水平运营的三大问题，是导致"中国制造"整体质量不高的主要原因。

2.3.4　供应链两大挑战

随着企业规模扩大，供应链管理也越来越重要。没有稳定的供应链，就不会有企业长足的发展。由于供应链管理涉及外部客户、供应商，以及相关合作方，因此企业不能像管理内部一样去管理供应链。目前中国是全球最大的制造基地，大多数产业都有完整的供应链，因此进行恰当的供应链管理能够给中国制造业带来更多红利。但中国的供应链管理还存在两大核心挑战。

挑战一：赢输战略。目前大部分中国企业在充当客户角色时都是执行赢输战略，将大块蛋糕划给自己，给上游供应商留下非常有限的利润空间。

作为生意上的伙伴，主要有双赢战略、输赢战略、赢输战略和双输战略。通常没有企业愿意自己输而让对方赢，因此输赢战略基本都不会选；双输战略是下策，不到万不得已，基本也没有企业选；关于双赢战略，其实是一种最好的选择，但是需要双方具备更高的管理能力和智慧，这对企业管理的要求较高。由于中国企业管理水平的局限性，很少有企业能驾驭双赢战略，因此赢输战略就成为了首选。选择赢输战略的结果就是竞争白热化，竞争白热化的结果就是价格战，任何行业只要打起价格战，整个产业链上的企业就都成了受害者。

挑战二：加强供应链协同效应。中国地域广阔，产业链上的企业位置比较分散，在信息技术不够发达的情况下，整个产业很难发挥协同效应。近年来中国各地在打造具备比较优势的产业基地，这个挑战可能会得到一定程度的缓解；此外在信息技术上，目前市场上还没有功能强大的面向供应链的ERP解决方案，供应链上信息传递效率低、成本高。值得高兴的是，一些企业正在自主研发能够打通上游供应商的ERP解决方案，而且取得了非常好的成果，可以预见在不远的将来，面向供应链的ERP将成为主流，供应链的协同效应将会持续增强，尤其是在建成产业大脑后。

上述供应链两大挑战，是提高供应链运营效率、提高交付率、降低库存要应对的。

2.3.5 信息系统三大挑战

自1946年计算机的出现开启了第三次工业革命，进入了信息时代。在信息时代，各种信息化软件极大地提高了信息处理效率。近20年来，企业信息化建设一直是个热门话题，但是在信息化建设的过程中，还是存在很多挑战。

挑战一：健全ERP功能。ERP是企业信息化的一笔重大投资，但是一般的ERP软件都是标准化软件，而企业的需求几乎都是个性化的，这就出现了供应端标准化和需求端个性化之间的矛盾。此外，在信息化建设的热潮中，一些公司为了用ERP而用ERP，花了高昂的价格购买ERP后，由于自身缺乏软件二次开发能力，不能基于自身的个性化需求进行相应的二次开发；再加上公司数据基础薄弱，因此ERP基本上就扮演了数据库的角色，相应的功能并没有完全释放出来。而作为ERP服务商，对客户运营不是很了解，也缺乏相应的企业运营知识和行业知识，因此无法提供有针对性的解决方案。这两方面的原因共同导致了企业 ERP 功能不健全的局面。

另外从 ERP 的发展历程上来看，最初是 MRP，逐步发展成企业里面包罗万象的信息化产品。在 ERP 功能不断丰富的同时，ERP 各功能的专业性并不是很强，以及各功能的数据基础并不丰富，这是 ERP 自身的问题，也是 ERP 功能不健全的原因之一。

挑战二：信息孤岛。目前企业的 IT 部门有自主软件开发能力的非常少，企业在信息化建设的过程中，前期往往缺乏整体规划，没有基于特定需求进行信息化建设。由于不同信息化供应商提供的软件之间缺乏兼容性，导致很多软件数据不能相互调用和集成，从而形成了信息孤岛。

挑战三：数据质量有待提高。目前软件系统的信息输入主要还是靠人，数据基础较为薄弱。企业最主要的数据主要来自各类现场（如客户现场、供应商现场、车间生产现场等），而各类现场产生的数据基本都需要人为去采集，采集后先记录下来，然后再输入电脑，这种信息采集方式的有效性低，而且成本还非常高。因此大部分企业并没有很好地去落实数据采集的工作，在需要数据的时候就随便填写一个，导致系统中数据的真实性大打折扣。造成这种局面的主要原因是设备厂商的数据封锁和数据采集技术的落后，导致企业很难获取想要的全部数据。在物联网技术和人工智能技术突飞猛进的今天，实时获取想要的任何数据将不再是难题。

Chapter3 第 3 章

中国制造业的应对策略

第 2 章介绍了当前中国制造业面临的挑战，本章将介绍中国制造业该如何应对这些挑战，实现降本增效和升级转型。

本章提出的应对策略整体思路是：先解决如何提高全要素生产率这个问题，接着再围绕价值的产生方式"降本增效和升级转型"来探讨中国制造业降本增效和升级转型的内核是什么，以及实现降本增效和升级转型的方法和路径，最后描述了精益智能制造评价指标体系。

3.1 提高全要素生产率

2014 年 12 月 22 日召开的全国工业和信息化工作会议提出了经济发展新常态下的制造业新思维：经济发展新常态的特征在工业领域体现得尤为明显，工业增长正从高速转向中高速，经济结构正从"增量扩能"为主转向"调整存量"和"做优增量"并举，发展方式正从规模速度型转向质量效率型，发展动力正从要素驱动转向创新驱动。主动适应新常态，要科学看待增长速度的回落，要加快产业结构调整，要全面深化改革和扩大开放。

经济发展新常态下的制造业新思维指出"制造业发展方式正从规模速度型转向质量效率型"，这个变化的本质就是要提高全要素生产率；制造业新思维还指出"制造业发展动力正在从要素驱动转向创新驱动"，这指明了提高全要素生产率的手段要靠创新。

另外，《中国制造 2025》提出的九项战略中，第三项战略"强化工业基础能力"的本质也是提高全要素生产率；第一项战略"提高国家制造业创新能力"和第六项战略"推动重点领域突破发展"也说明了创新是提高全要素生产率的主要手段。

第 2 章中介绍了国家竞争力发展的三个阶段：要素驱动、效率驱动和创新驱动。从国家竞争力评价指标维度上看中国目前已经步入了效率驱动阶段，正在向创新驱动阶段迈进；但全要素生产率不高这个事实说明中国经济发展还是要靠要素驱动。从美、德、日迈入创新驱动型国家的发展经验来看，提高全要素生产率需要三条腿走路：第一条腿是精益管理，第二条腿是创新，第三条腿是自动化。以史为鉴，方能知缺失，下面介绍美国、日本和德国的发展模式。

美国是如何成为世界制造强国的呢？答案是"精益管理＋创新"。精益管理最早起源于美国，自从科学管理之父泰勒发表了《科学管理原理》一书后，精益管理的思维和方法就在美国广泛应用，美国制造业的发展开始突飞猛进。典型代表是福特汽车，第一个提出流水线概念的公司，并将其变成了现实，极大地提升了生产效率"精益管理＋创新"让美国完成了从要素驱动型社会到效率驱动型社会的转变，并进一步实现了创新驱动型社会。

日本的发展模式和美国类似，也是"精益管理＋创新"。日本一方面引入美国的精益管理思想，另一方面大力搞创新。日本在引入了美国的精益管理思想后，并没有停滞不前，而是在美国的基础上，将精益管理进一步发扬光大。其中最有代表性的就是丰田公司，经过 30 多年的实践、发展与完善，丰田提出了 TPS（丰田生产体系），张富士夫在哈佛的演讲，将 TPS 推到了世界公众眼前，美国人才察觉，日本在精益管理上已经领先美国了。除精益管理外，日本也非常重视创新，但是日本的创新和美国的创新有所不同，美国创新以技术创新为主，日本的创新大多是制造创新。技术创新更多的是从事基础研究，主要是从 0 到 1 的过程；而制造创新主要是降本增效，提升产品质量，让新技术迅速规模化，完成从 1 到 n 的过程。"精益管理＋创新"让日本率先进入创新驱动型社会。

德国在制造业领域能够迅速崛起的原因，一方面是有雄厚的工业基础，另一方面就是大力推动"自动化＋创新"。德国很早就完成了工业化进程，工业基础非常雄厚，这是德国战后迅速再次崛起的主要原因。另外，德国的设备制造技术一直处于领先水平，德国人充分利用了这项优势，不断提升制造业的自动化水平。到目前为止，德国已经完成了第三次工业革命，这也让德国有充分的条件来引领第四次工业革命。在创新方面，德国善于运用创新思维来彻底解决问题。"自动化＋创新"让德国完成了从效率驱动型社会向创新驱动型社会的转变。

我国作为正在崛起的大国，享有后发优势。可以借鉴前人的成功经验，用更短的时间走完别人走过的路。如借鉴美国、日本和德国的崛起模式，我国可以走"精益管理＋创新＋自动化"的发展道路来迅速迈入创新驱动型社会。

关于精益管理，我国企业已经实践了 20 多年，虽然实践精益管理的企业比例还不是很高,而且80%以上的企业实践精益管理都以失败而告终,但是这并不能掩盖精益管理对于企业的价值。精益管理实施的成败,与实施的方法有直接关系。中国企业该如何做好精益管理呢?本书第4章"精益化"将进行详细介绍。

关于创新,依据三次元创新理论,创新是有周期的,不断在技术创新、制造创新和商业模式创新间循环往复。在每一个创新周期里,始于技术创新,终于商业模式创新。目前中国在商业模式创新方面已经有了长足的进步,但是在技术创新和制造创新上还存在一些不足。中国企业该如何做好创新呢?本书第5章"创新化"将进行详细介绍。

关于自动化,当前我国企业自动化整体水平虽然有待提升,但其应用市场广阔。目前我国自动化人才还不是很充足,导致一些企业无法进行自动化技术的改造。我国企业该如何做好自动化升级呢?本书第6章"自动化"将进行详细介绍。

我国制造业做好"精益管理+创新+自动化"是提高全要素生产率的必然要求。如果把精益管理看作是生产方式和管理方式的创新,将自动化看作是生产技术的创新,再加上三次元创新"技术创新&制造创新&商业模式创新",那么提高全要素生产率就指日可待了。

自2015年《中国制造2025》发布以来,全社会已经形成了统一认知,那就是智能制造是我国制造业的未来发展方向。但是关于智能制造的概念并没有权威的定义。

基于过去的实践,本书对智能制造进行如下定义:智能制造是以数据为基础,在智能制造顶层构架设计的指引下,通过一系列软硬件产品的有机集成,获取产品整个价值流程端到端的原始数据,再通过智能化软件挖掘数据背后的价值,实现企业降本增效升级转型的目标,并为企业各类经营、运营活动提供智能化管理决策建议,提升企业在市场中的竞争力。

既然我国制造业的首要问题是提高全要素生产率,那么智能制造自然要肩负起这个历史使命。接下来本章将分析智能制造的内涵和外延,以及实现路径。

3.2 智能制造的内涵:降本增效

如果从一个点或者一个面来看智能制造的外表,智能制造可以有无穷多种描述方式;如果从内涵本质来看,智能制造就会变得比较简单。就像人是一切社会关系的总和一样,如果一个人固有的社会关系消失了,那么这个人也就发生了变化,而社会关系就是人的内涵,不会随着外表的变化而变化。本节要介绍的是智能制造的内涵,不是智能制造的表现形式。

智能制造的内涵是什么?随着智能制造的深入,人们对这个问题的答案越来越趋向统一,智能制造的内涵就是降本增效。另外也有人在降本增效前面加了"提质"两个字，变成提质降本增效。提质是降本增效的一种方式，本身不应该和降本增效放在一个层次。本书还是坚持简单的原则，使用具有实质意义的概念，因此本书中使用降本增效。

为什么降本增效是智能制造的内涵呢？这就要了解工业社会的核心竞争力了。在 1.7 节中提到：工业社会核心竞争力是质量、成本、交付、安全、创新，若具备了这些优势，自然就能够创造新价值和赢得新客户。如果将质量、成本、交付、安全和创新再进一步提炼，就会发现它们要么是为了实现降本增效，要么是降本增效的手段。如果这些核心竞争力最终实现不了降本增效，那么也就无法产生真正的竞争优势。

接下来进一步剖析降本增效的内涵，它在制造业中代表什么、有没有什么共同的方向和路径。笔者结合过去帮助数百家企业成功降本增效的实践经验，将降本增效的内涵总结如图 3-1 所示。

从图 3-1 可以看出，降本增效主要分为成本降低和效率提升。

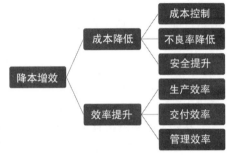

图 3-1 降本增效的内涵

3.2.1 成本降低

企业成本降低主要有三个方向：成本控制、不良率降低、安全提升。

方向一：成本控制。这里的成本是从财务成本结构上来讲的，若能全方位降低各成本的绝对值，就可以有效降低成本。企业传统成本控制的方法是进行预算管理，通过预算将成本控制在一定的范围。在实际经营过程中，控制各项费用支出不超过预算（当有一些特殊情况超过预算时，需要进行特别批准），这样就达到了成本控制的目的。这种做法主要取决于预算的合理性，如果预算做得不合理，那么企业成本控制也会较难。本书所说的成本控制，是指结合预算的成本结构，通过逐项分析每项成本的合理性，找出各项成本的差异，然后将各成本不合理的地方纠正过来，最终达到控制成本的目的。当预算中的每项成本都变得合理后，就能形成标准成本体系。当企业用标准成本体系来控制成本时，由于这是一个静态的决策体系，还存在一定的不合理性，因此只能作为参考。

在成本控制方面还有投资这类可能导致企业成本上升的影响因素。投资决策一般都是令企业高层管理者非常伤脑筋的：如果投资激进，但业务没有跟上，会降低企业的核心竞争力；如果投资保守，公司规模上不去，可能会失去快速发展的机会。因此在制定投资决策时，要基于中长期销售预测和精准的产能分析；另外还要寻找代工合作伙伴，以应对市场需求的临时波动或投产不及时的情况。

方向二：不良率降低。不良率是影响成本非常大的一个因素，通常来说不良率降低 1 个百分点，净利润可以提升 2 个百分点。不良率不仅影响材料成本，还影响制造成本和管理成本，严重时还会影响公司的业务增长。降低不良率主要从原材料来料质量控制、制造过程能力提升、质量管理方法、员工质量意识提升、产品安全防护几个方面入手。在这几个方面，原材料来料质量不能完全受企业控制，但是企业可以和供应商协作一起提升原材料来料质量；制造过程能力和质量管理方法企业能够完全控制，通常也是保证企业工作质量的重点；员工质量意识是不良率产生的主要原因，但通常会被企业忽略，根据笔者的项目实践经验，各类企业中 60% 以上的不良率是由员工质量意识淡薄引起的，而员工质量意识的养成比较容易，通常 3 个月左右就能形成；产品安全防护主要是在存储和转运的过程中注意产品的质量要求，比如存储的温度、湿度、光照度、时间等要求，运输过程中避免挤压、碰撞等，这部分主要靠设施规划和包装设计来解决。当企业的产品不良率降低后，客户满意度便会得到提升，客户会将更多的采购份额交给这些质量表现更优秀的企业，从而提升了企业销售额。

方向三：安全提升。安全提升表面上看会增加成本，但若是安全管理到位，也可以降低成本。安全对于企业成本的影响主要表现在效率损失、安全风险和安全投入上。在不安全的生产环境中，员工心里会担惊受怕，效率自然低下；另外安全也会造成设备停机，生产效率也会降低。安全风险主要是安全事故发生后企业可能会遭受的损失，主要有三个方面：一是人，比如员工工伤，企业要承担工时损失、工伤费用、工伤补贴等；二是事故直接损失，比如企业财产损失；三是政府处罚，比如罚款、限令整改，严重时可能导致封厂或者封车间等。安全投入是指企业为了应对安全风险或者进行安全整改所投入的成本，大部分企业是在安全事故出现后才进行整改，减少安全投入的有效方式是事先进行安全隐患消除，这样既经济又有效。倘若企业能够事先消除潜在安全隐患，就可以从中获益，也能够降低企业的安全成本。

除成本降低外，效率提升对于提高全要素生产率的影响也同等重要。

3.2.2　效率提升

企业效率提升主要有三个方向：提升生产效率、提升交付效率和提升管理效率。

方向一：提升生产效率。生产效率提升是企业永恒的话题，如果一家企业生产效率维持不变，很快就会被市场淘汰。生产效率提升主要有三条路径：一是提升人的作业效率，二是提升设备效率，三是提升人机协作效率。

提升人的作业效率主要是通过分析人的作业浪费、将不规范的作业标准化、减少人员的时间损失、改善人的工作环境来实现的。通过定点观察，识别人的作业过程是否有浪费，若有浪费，将各种浪费记录下来并做好分类。一般来说，有的浪费可以直接消除，有的需要规范作业，有的需要进行现场改造。员工随意作业是人的作业效率不高的主要来源，因此需要制定作业规范，让员工按照标准进行作业；有时员工也会做一些和标准作业不相关的工作，这是由于管理混乱导致的，这种情况需要生产主管去调整不同工种的作业分工，让员工能够专注本职作业；另外生产现场经常会出现员工作业内容和作业环境不匹配的现象，需要管理者按照人机工程的相关要求进行作业环境改善，让员工能够轻松舒心地工作。通过这些分析和改变，可以提升人的作业效率。

提高设备效率的主要方法是减少设备故障、避免设备等待，以最大限度发挥设备的加工能力。设备故障是造成设备效率低下的主要原因，因此需要统计设备故障类型和故障时间，然后针对具体的故障进行有效地预防，设备故障预防的主要方法是TPM（全面预防性维护）；生产中经常会出现设备等人或等料的现象，针对设备等人现象一定要严格避免（前提是生产单元是以设备为中心），设备等料现象主要与生产计划和库存设定有关，也可以完全避免；很多公司将高端设备当低端设备来使用，这往往是由于投资决策有偏差造成的，比如注塑车间把大吨位注塑机当小吨位注塑机来使用、冲压车间把高速冲床当低速冲床使用等，因此还可以通过最大限度发挥设备的加工能力来提高设备效率。

提升人机协作效率主要适用于人和设备需要分开作业的场景。比如焊接，需要人将工件装到夹具上，然后机器人再进行焊接，这是典型的人机协作例子。面对人机协作，需要明确是以人还是以设备为中心：若以人为中心，设备就要辅助人的作业；若以设备为中心，人就要辅助设备的作业。当设备辅助人作业时，一般是设备等人，尽量保持人一直作业；当人辅助设备作业时，一般是人等设备，要让设备一直作业。当明确这些规则后，再进行人机协作单元设计，便可以最大限度提升人机协作效率。

方向二：提升交付效率。生产效率是针对企业内部而言的，交付效率是针对客户而言的。交付效率的主要衡量指标是交期，即从接收客户订单到将货物交付到客户手中的时间。交期是影响客户满意度的重要因素，在很多行业甚至是第一要素，比成本和质量还重要，因此持续缩短交期就变成企业效率提升的重要方向。通常来说缩短交期主要是减少从接单到出货整个过程中的等待和浪费、不断缩短各项作业时间、将串行作业变成并行作业。企业常见的提升交付效率的方法是备库存，但这会导致库存周转率低，占用大量流动资金，而且还增加了库存损失风险。而精益管理的解决方法是提高响应速度和持续降低库存，这既保证了快速交付，又减少了大量库存，还降低了库存损失风险，一举三得。

方向三：提升管理效率。从科学管理的角度来看，管理效率描述的是做一件事情方式的好坏。好的方式，效率就高；不好的方式，效率就低。那么在企业管理实践中，就要不断地寻求更高效率的做事方式。管理效率可以用从事情开始到做出恰当决策的时间长短和在此过程中投入资源的多少来衡量。比如做投资决策，如果投资决策做错了，即使这个过程很快，也是没有效率的。因此管理效率有两个衡量标准：一是做出恰当决策的时长，二是投入的资源成本。要提高管理效率，就要缩短做出恰当决策的时间，也要减少做决策需要的资源投入。在企业管理实践中，提升管理效率主要靠优化管理流程来实现。优化管理流程就是探索更好的决策方式，让决策者和决策参与者高效协作的行之有效的方式。另外提升管理效率也可以从管理工具方面来考虑，将管理流程固化到管理工具中，通过管理工具来保证管理流程的有效执行。比如做投资决策，一般做法是通过销售工具预测销售数据，通过研发工具开发产品结构和工艺路径，通过生产工具获得设备信息，工业工程师建立投资分析模型并提供决策建议，经营层根据决策建议进行决策。这个过程一般较为复杂，但如果将这个过程全部固化到投资决策管理工具中，就能提升投资决策的效率。过去人们主要关注的是提升生产效率，在智能化时代，提升管理效率将会成为主角，特别是针对更大规模的企业，提升管理效率带来的效益会更大。

3.3 降本增效的路径：精益管理

过去100多年世界各国的制造业发展历史已经说明，精益管理是人类社会有史以来最有效的降本增效路径。本节从意识、目标、原则和工具四个通用维度对精益管理进行简单介绍。

3.3.1 精益管理的两大意识

精益管理有两大意识：一是消除浪费，二是持续改进。

1. 消除浪费

关于消除浪费，有两个视角：一个是宏观价值视角，另一个是微观浪费视角。

从宏观价值视角来看，世界上的任何事物、工作和活动的价值都可以分为三类，如图3-2所示。

如果将企业的全部事物或工作按照图3-2进行归类，真正有价值的事物或者工作将非常少，占比不足1%，其他都是无价值的。无价值的事物或工作分为两类：一类是无价值且非必要的，这类占比最大，超过60%；剩余的是无价值但必要的，占比也相当大。比如一个人上小学、初中、高中、大学是为了什么？上学并不是一个人追求的目标，上学的目标应该是为社会创造价值进行知识储备。那么从价值视角来看，一个人求学的全部经历就是无价值但是必要的，而当他能够运用所学知识为社会创造出价值时，创造的价值就是有价值的。如果一个人一辈子也没有为社会创造真正的价值，那么他的一生就都是无价值的。在社会上是这样，在一家公司里面也是这样。基于过去全球各行各业的价值视角统计数据，企业里面有价值的工作不到 1%，也就是说企业全体员工 99% 以上的工作都是没有价值的，也就是浪费。精益管理可以应用到各行各业来消除浪费，例如运用精益管理的同步工程技术可以大幅度缩短建筑物的工期、运用精益管理的排队论模型可以有效降低各类服务的等待时间以及提升服务质量、运用精益管理的目视化方法可以大幅度减少人们寻找目标的时间等。总之，精益管理已经和人们的工作与生活密不可分了。

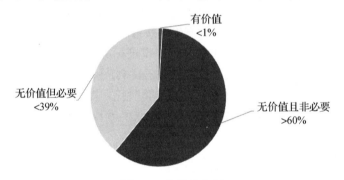

图 3-2　价值分布图

从宏观视角能够识别企业里面存在巨大的浪费，那么从微观视角可以看到有哪些浪费。从微观视角看，企业一般有七大浪费：过量生产、等待、运输、移动、过度加工、不良品和库存。在这七大浪费里面，丰田公司将库存列为七大浪费之首。

自从精益管理理念传入中国，推行精益管理的公司就纷纷效仿丰田的做法，不断提倡消除传统的七大浪费，但是从结果上看并不理想，大多是无功而返。为什么中国制造业效仿丰田的做法却不能取得和丰田一样的效果呢？

2013 年某机构做了一项研究发现，推行精益管理成功的公司比例大概占 20%，失败的公司比例达到 80%；进一步的研究还发现，这 20% 成功的公司在推行精益管理时有一个共同特点，就是花了 80% 的精力在消除时间和人才的浪费上，将 20% 的精力用在了消除传统的七大浪费上面，而那 80% 失败的公司做法恰好相反。基于此现象，本书将"时间和人才"新两大浪费和传统七大浪费结合起来，提出了精益管理九大浪费，如图 3-3 所示。

- 时间：时间是企业里面能够看得见的最大浪费。上班时间聊天、浏览和工作无关的网站、处理私人信息的现象在大多数公司随处可见。也可以毫不夸张的说，大部分员工花费在与工作无关的事情上的时间比工作本身还要多。出现这些现象是由于公司安排的工作量不饱和吗？一般不是的。员工之所以将大部分时间花费在工作之外，主要是由于不知道如何做职业规划。如果企业能够关注员工的职业规划并营造良好的企业文化，那么就可以有效地减少员工浪费的时间。

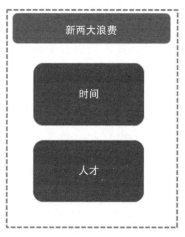

图 3-3　精益管理九大浪费

- 人才：人才是企业里面看不见的最大浪费。很多朋友问他们的孩子大学毕业后进入企业做什么方面的工作比较好，笔者认为是能够挖掘和发挥他们大脑潜能的工作。其实在企业里面，大多数员工的大脑都不能很好地发挥价值，好像公司只需要他们的手和脚一样，导致这种局面的原因是企业的管理制度。不能够发挥员工特长和潜能的管理制度不是好制度，需要尽快修正，否则大量的人才将会被埋没。
- 过量生产：过量生产是针对客户需求来说的，当生产的数量超过了客户需求量，就会产生库存，库存是一种浪费，然而有很多企业把库存当作资产。另外过量生产还可能导致生产的产品不能满足客户的要求。在企业资源有限的情况下，过量生产不仅会降低企业的准时交付率，还会影响企业的发展。
- 等待：等待是企业里面最常见的浪费，在生产现场和办公室随处可见。在生产现场，等待主要是由产能规划、工序设计不平衡，以及生产异常（如设备故障、质量不良、待料、人员离岗等）引起的；在非生产现场，等待主要是由工作流程设计不合理、员工工作态度不端正、工作能力不足等因素引起的。
- 运输：运输浪费在很多公司已经司空见惯、习以为常了。运输浪费往往是由布局规划不合理或者某些资源约束引起的，一旦设计完毕，大家就按照规定的方式去作业，很少有人去质疑合理性。另外有些公司运输浪费是由技术原因引起的，比如生产制造技术不好，没有合理的生产辅助设施，此时就需要将能够在一个生产单元内完成的工作拆分成几个生产单元去完成，这样就导致了单元间的运输浪费。因此要解决运输浪费的问题，往往需要重新进行布局规划和进行相应的技术改造。

- 移动：运输属于移动的一种代表类型，另外在生产现场还存在很多小移动，这些移动往往和作业方法有关。比如在一张工作台上，如果没有制定标准作业方法，员工可以有千百种工作方式，在不同的工作方式下，人的移动距离、产品的移动距离都不一样。在这些不同的工作方式里面，其实只存在一种最优的工作方式，如果企业的工艺工程师们没有将这个最优的工作方式识别并写成标准作业指导书，那么员工就会随意发挥，结果就会产生大量的移动浪费。
- 过度加工：过度加工是一种隐性浪费，如果不加以分析很难识别。每种产品都有加工标准，一些公司在给客户送样时，为了通过客户检验或者验证，往往会采用高标准。当客户定点生产后，技术人员就没有再去深入研究哪种标准更合理，而是继续采用送样时的高标准，这样就形成了过度加工。过度加工是质量过剩的一种表现形式，虽然不会给公司业务带来太大的负面影响，但是会增加制造成本。
- 不良品：在生产过程中，不良品的产生非常常见，每家公司都会产生不良品，只是不同公司产生的不良品数量不同而已。不同公司对待不良品的态度差别非常大：一些公司对不良品没有管控，甚至也没有统计记录，根本不知道产生了多少不良品；一些公司认为不良品控制在设定的目标以内，就非常好了；还有一些公司比较重视不良品管控，每年都会设定更高的目标去减少不良品的产生。对不良品的态度可以反映一家公司的制造和管理水平，只有那些优秀的公司才会持续减少不良品的产生。
- 库存：每家公司都有库存，只不过是库存多还是少的问题。那么库存到底设定在什么水平最好呢？这是每家公司要去具体分析和解决的问题。库存不是越多越好，也不是越少越好。库存多会积压现金流、占用更多的场地、降低产品周转率、需要更长的寻找时间和搬运距离等；库存少会有停线风险、推高原材料采购成本、增加不能按照经济生产批量进行生产的可能性等。保持合理的库存，可以消除企业很多的浪费。

既然企业存在这么多浪费，因此只要消除浪费，就一定能给企业带来巨大价值。消除浪费的方法很多，本书重点介绍最常用的，也是最基本的方法 ECRSAS。该方法的适用范围非常广，如果能够有效实施，常见的浪费基本都可以被消除掉。

ECRSAS 是笔者在 ECRS 的基础上提出的。ECRS 是工业工程的四大改进手法，随着生产技术和安全生产意识的提升，基于笔者在精益项目中的实践经验，又增加了两项"低成本自动化"和"安全"，从而产生了 ECRSAS。

- Elimination：消除。消除是面对浪费首先应有的意识，如果一项浪费能被彻底消除，那么就要坚决消除。例如发现不良品，就要坚决消除，力争做到零缺陷。通过消除，很多作业就变得更简单了，很多流程也变得更精简了，因此作业效率和管理效率也能得到大幅度提升。
- Combination：合并。有些浪费孤立地看很难消除，因为它们有存在的价值，这时可以考虑合并。有些工作一旦合并，浪费自然就不见了。比如某两个工位如果是上下工序连续作业，那么在它们之间一定有半成品来回搬运，而且还会产生半成品库存。如果这两道工序节拍相差较大，半成品库存还可能会更多。这些半成品从库存和搬运视角来看就是浪费，这时如果能够将两个工位合并，搬运浪费和半成品库存自然就消失了。现在很多设备厂家就运用这个原理，在同一台设备上开发两个工作台，从而将需要两台设备的作业合并到一台设备完成。例如磨床，以前粗磨和精磨是不同的设备，现在很多磨床都有两个工作台，一个是粗磨一个是精磨，这样粗磨精磨一体化，自然就消除了原本两道工序间的搬运和半成品浪费了。
- Rearrangement：重组。重组是一项高效消除浪费的方法，但是对于人的能力要求较高，如果能把重组用好，将会产生巨大的价值。重组一般围绕公司核心资源进行，通过节省核心资源，从而大幅度提高核心资源的使用效率，同时也能够减少配套资源以及很多过程中的隐藏浪费。例如在汽车座椅骨架焊接生产过程中，由机器人进行主要工作的焊接，但是由于产品结构复杂，有些需要焊接的地方机器人无法作业，需要人工进行补焊。在这种焊接作业里面有两项核心资源，机器人工作站和焊工，由于机器人工作站技术要求较高，因此焊工属于特殊工种，此类人才在市场上非常短缺。那么在组织生产时就可以考虑重组：一是以机器人工作站为中心配置其他辅助资源，让机器人工作站效率最大化；二是减少焊工的工作量，让焊工的部分非技术性工作被普通工人替代，从而提高焊工的产出。通过这两项重组就可以最大限度地发挥焊接核心资源的价值，从而消除大量的可见浪费和不可见浪费，大幅度降低公司的运营成本。
- Simplification：简化。将复杂的工作简单化本身就是减少浪费，简化特别适合非生产领域。在非生产领域，常常有非常繁杂的工作流程，这些工作流程往往并不是必要的，这时如果能够简化工作流程，工作效率将会得到大幅度提高。另外工作流程一旦简化，员工工作的积极性也会随之提高。在生产领域也是一样，简化复杂的工作，能够消除瓶颈提高效率（生产过程中复杂的工作容易成为瓶颈），也能预防忙中出乱、避免错误的发生，还能降低对员工的技能要求。

- Automation：低成本自动化。ECRS 基本以不投资为主，而低成本自动化基本都涉及投资。在进行自动化改造时，建议先走低成本自动化路线。低成本自动化的实现方法可以利用物体的自重、加装传动和气动装置等。随着自动化技术的发展，目前常见的作业基本都有被自动化设备或者机器人替代的可能。企业在考虑是否进行自动化改造时，要严格评估自动化的投资回报率，否则可能会推高制造成本。另外随着用工荒现象越来越严重，有些能够大量替代人工的自动化方案也开始打破成本的约束。企业具体应该如何实施自动化，本书第 6 章将进行详细介绍。

- Safety：安全。随着安全生产要求越来越严格，消除安全隐患是每家企业应尽的义务，任何以消除浪费为目标的做法都不能以牺牲安全为代价。例如在冲压车间，很多公司使用脚踏开关，这样做可以减少手的动作，提高生产效率，但是这种作业方式极大地增加了安全生产隐患。据统计珠三角每年有大量手或手指在这种作业方式中受伤，这种代价太沉重，因此在安全生产规范中要求冲压设备都改为手动开关。安全意识也是精益管理意识的基本要求之一，在推进精益管理时一定要贯彻安全生产意识，通过预防和彻底消除安全隐患的方式来提升公司安全生产水平，杜绝安全生产事故的发生。

2. 持续改进

人们要尽自己最大的努力以最有效率的方式持续前进，用精益管理的术语讲就是持续改进。精益管理就是让企业持续改进，一天做得比一天好。人如逆水行舟，不进则退；做企业也是一样，你不前进，竞争对手在前进，就等同于你在倒退。那么该如何养成持续改进的意识呢？本节将重点介绍 PDCA 循环并深度剖析 PDCA 的内核。

通常来讲，PDCA 循环有 4 大阶段，如图 3-4 所示。PDCA 循环四大阶段是指：计划、执行、检查和处理。

- Plan：计划。计划是指面对问题或者目标时，制定可执行的计划。在制定计划时有两种典型的方式，一种是先快速制定计划，然后立即执行，当由于计划不完善导致执行困难时，再来修正计划；另一种是先制定详细计划，在执行过程中严格遵守计划，即使发现偏差也严格按照计划执行。这两种方式各有利弊，在环境不太复杂的情况下，先思而后

图 3-4　PDCA 循环 4 大阶段

行的行事风格有较大优势；但是在当今 VUCA 时代，这种做法可能和现实需求渐行渐远，需要先行而后思的计划方式。

- Do：执行。计划制定完后，要按照计划去执行。在执行过程中，要做好相关记录，主要记录执行和计划的相关变化。
- Check：检查。计划执行完后，要检查执行结果是否和目标保持一致，以及执行过程是否和计划保持一致，如果有偏差，要分析产生的原因。
- Action：处理。针对本轮执行的结果，总结成功经验，并将其标准化下来，然后进行推广；针对不足的部分，总结经验教训，避免下次再犯同样的错误。最后还需要将遗留问题放进下一轮 PDCA 循环中。

PDCA 循环正是有这种特点，一环套一环，才永不休止。每一个循环的完成也意味着新水平的产生，同时也是下一个循环的开始，只有这样才能保证公司持续改进，因此也把它称为 PDCA 持续改进循环，如图 3-5 所示。

如果企业按照 PDCA 持续改进循环，那么企业的发展水平一定可以得到持续提升；但是在现实中经常事与愿违，每一个循环都在原地踏步，如图 3-6 所示。

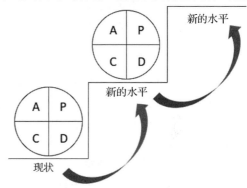

图 3-5　PDCA 持续改进循环

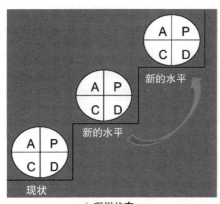

a）理想状态

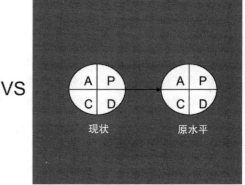

b）现实状态

图 3-6　PDCA 循环理想状态 VS 现实状态

要想清楚现实状态和理想状态间为什么有这么大的偏差，就需要分析 PDCA 的内核。根据过去帮助众多企业成功实施 PDCA 持续改进循环的实践，笔者总结出 PDCA 持续改进循环内核结构如图 3-7 所示。

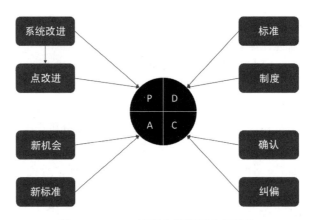

图 3-7 PDCA 持续改进循环内核结构

从图 3-7 可以看出，PDCA 循环每个阶段都有两个关键点，把握住这些关键点，才能够成功地实施 PDCA 持续改进循环。

P 阶段主要确定要做什么，并将其编制成可行的行动计划。那么好的行动计划是如何确定出来的呢？单一的行动表面上看可能都有价值，但是放到整体里面就不一定了。因此要想保证每一行动都能产生价值，就需要从面到点地看问题。先从系统改进的角度分析什么方向能够产生价值以及价值的大小，再从相应的方向挖掘点改进的机会。通过这种从系统改进到点改进的方式挖掘出来的改进事项，一定能够对整体产生价值，这也是 PDCA 循环是否能够步步递进的关键所在。从系统层面分析问题的方法很多，比如战略规划、财务报表、价值流分析等。

D 阶段主要是执行，执行的内核是标准和制度。之所以说执行的内核是标准和制度，是为了实现两个目标：一是严格定义要执行到什么程度，二是如何保证执行不走样。标准规定了执行的程度，对于没有达到标准的行动计划，即使完成了也不能算真正地完成，这个时候就需要继续进行补强，以确保达到标准要求；而且制度要能够保证不管谁做、何时做都有法可依和不走样。

C 阶段主要是检查，检查的内核是确认和纠偏。当一件事情执行完后，要立即确认执行的效果。如果执行效果达到了标准的要求，那么就可以算是真正的执行完毕；如果执行效果没有达到标准的要求，那么就要进行反馈并且要求提出补强措施；如果执行效果超过了标准的要求，那么就要建议执行人进行经验总结，将意外收获提炼出来。除了执行完时需要对结果进行确认，在执行过程中也需要确认，在执行过程中进行确认的主要目的是纠偏。如果发现执行过程有进度偏差，那么就要及时进行补强；如果发现执行过程与预期结果有偏差，那么就要及时纠正执行方向和力度，确保与预期结果一致。通过检查阶段的确认和纠偏，能够保证执行目标的实现。

A 阶段主要是处理，处理的内核是新机会和新标准。通过检查阶段的确认和纠偏，就可以进行经验总结。针对超标准完成的事情，需要更新执行阶段的标准和制度；针对有偏差的事情，需要识别里面的新机会（偏差就等于机会，有偏差就一定存在新机会）。在更新了标准和识别新机会后，一个 PDCA 循环就完成了，但是持续改进并没有结束，针对新的改进机会可以启动下一轮 PDCA 循环。这样循环往复，就能持续改进。

当一家企业能够按照上述方法具备消除浪费和持续改进的意识后，精益文化就会慢慢形成，因为精益文化的内核就是消除浪费和持续改进。精益文化是保持企业精益管理工作持续开展下去的动力。精益文化需要企业从上到下全体员工都具备消除浪费和持续改进的精益意识。很多企业在完成精益管理项目后，效果很难持续，主要原因就是在项目开展过程中没有完成精益文化建设。此外，企业要形成精益文化，还要建立一套精益文化管理制度，比如全员参与的持续改进体系、系统改进的方法、积分制等。

3.3.2　精益管理的四大目标

精益管理的目标，可以从企业经营和运营这两个层面来看。

在经营层面，精益管理的目标是提高企业盈利能力和提升企业的市场竞争力。通过消除浪费、提升效率、降低成本，从而提高企业的盈利能力；生产同样的产品，执行精益管理的公司花费的时间更短、成本更低、质量更好，从而企业的市场竞争力也更强。但是在企业经营的实际过程中，企业的市场竞争力不仅取决于物美价廉的产品和服务，还有其他软实力。软实力有时对经营目标的影响也非常大，因此一般不直接以经营层面的目标来衡量精益管理。也正是因为这个原因，虽然精益管理对于企业经营有很大且直接的影响，但在企业实际运作过程中，主要还是将精益管理和企业运营联系起来。在运营层面，精益管理主要有四大目标：Q（Quality，质量）、C（Cost，成本）、D（Delivery，交付）、S（Safety，安全），如图 3-8 所示。

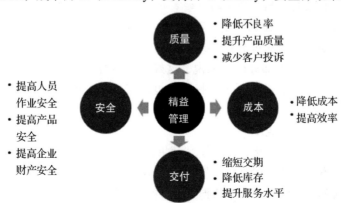

图 3-8　精益管理的四大目标

接下来详细介绍 QCDS 四大精益管理目标，每类目标里面都可以细分出很多小指标，本节只介绍一些最常见的指标。

关于质量目标，从内部看有降低不良率和提升产品质量，从外部看有减少客户投诉，精益管理对于提升产品质量一般具有立竿见影的效果。

质量指标一：降低不良率

从产品设计、制造到交付的整个过程中都可能会产生不良品，因此降低产品不良率需要考虑整个过程的各个阶段。在设计阶段，要充分考虑制造可行性，这样设计出来的产品在制造过程中才能合格；在制造阶段，要考虑工艺的合理性和制造过程的稳定性，以预防不良品的发生，另外还要合理设定质量控制点，以便不良品出现后能够及时识别和纠正，最大程度降低不良率；在交付阶段，要尽可能避免产生不良品，比如避免搬运和运输途中意外磕碰等。运用精益质量的相关工具，如质量价值流程分析、质量控制环等，很多企业可以实现不良率降低 50% 以上。

质量指标二：提升产品质量

产品质量水平的提升是中国制造业升级转型必须要攻克的一道难关，提升产品质量要从研发设计和制造这两个过程着手。在研发设计阶段，要尽可能地提升产品的可靠性，从设计、实验和材料选择上严格把关；在制造阶段，要尽可能地提升制造过程能力以满足客户要求，从工艺制定、设备选型、人员训练和生产环境上层层把关。运用精益研发和精益质量的相关工具，比如 QFD、DFMEA、PFMEA、VAVE 等可以显著提升产品质量。

质量指标三：减少客户投诉

客户投诉是最严重的质量问题，企业要尽可能避免。预防客户投诉需要企业彻底贯彻质量三不原则：不接受不良品、不制造不良品、不流出不良品。培养员工的全面质量管理意识，避免问题出现在客户端。运用精益质量的相关工具，比如 TQM、质量价值流程分析、质量防火墙等，可以有效减少客户投诉。

成本指标主要体现在降低成本和提高效率两个方面。精益管理是降本增效的有效方法。比如富士康年度方针管理有"双 30 目标"：成本每年降低 30%，效率每年提升 30%，对于大部分公司来说，这好像是不可能完成的任务，但是富士康在运用精益管理的方法后实现了目标，这也是富士康能迅速成为世界代工之王的关键所在。

成本指标一：降低成本

针对如何降低成本，笔者提出了"苹果理论"。苹果理论将苹果树上的苹果分为三种类别：第一类是掉在地上的苹果，直接捡起来就好了，最省力；第二类是伸手可以摘到的苹果，伸伸手、踮踮脚就能够摘到；第三类是树尖上的苹果，需要爬树或者借助梯子等工具才能摘到。如果把苹果比为企业降低成本的潜在机会：地上的苹果就是明显的成本浪费，能够容易降低或消除，比如白天开灯、设备漏气、多余的物品等；伸手可以摘到的苹果就是在企业能力范围内能控制的成本，比如部分设备停机、不良品、工艺和产能瓶颈等；树尖上的苹果是超出企业的能力范围、需要企业借助外力才能够控制的成本，比如公司战略规划、管理体系建设、业务流程重组等。对于这三类苹果，企业内部最多的是第一类和第二类，第三类相对来说较少，但是企业往往不太关注地上的苹果和伸手可以摘到的苹果，一直将眼睛瞄准树尖上的少数苹果。例如嘉兴一家做汽车零部件机加工的企业，笔者在帮它们辅导7S改进的时候，根据团队共同建立的7S标准，在现场选择了一个生产单元执行7S现场改进，2小时左右7S现场改进执行完毕。项目团队从现场清理出一堆多余的东西，主要是躲在设备角落里的废弃物物品，如工具备件等然后财务负责人评估这堆废弃物的价值为3000多元。这家公司有类似的生产单元上百个，相当于几十万的资产躺在看不见的地方，而这些资产最终的命运是被当垃圾丢掉。这种现象在中国制造业内部非常普遍，这只是冰山一角，类似的情况就属于地上的苹果，只要你愿意捡，就一定能够捡得到。关于树中间的苹果和树尖上的苹果例子，这里不再逐一举例。

成本指标二：提高效率

降低成本有"苹果理论"，而提高效率有"水管理论"。水管理论是说，如果把一家企业比为一根水管，把效率比为水管里水流的大小，那么水流的大小取决于两个因素（水管粗细和水压大小不考虑，因为这是客观属性）：一是水管有没有堵塞，二是水管有没有破损。在企业实际运作过程中，水管的堵塞是指企业的瓶颈。一般来讲，企业有两类瓶颈：一类是产能瓶颈，另一类是工艺瓶颈。产能瓶颈会影响企业整体的有效产出，一定要优先解决；工艺瓶颈会影响某一类产品的有效产出，也需要消除。解决产能瓶颈要熟练掌握产能分析和消除产能瓶颈的方法，解决工艺瓶颈一般需要掌握精益产线设计和线平衡方法。另外，水管有没有破损是指生产过程中有无异常，比如质量不稳定、设备异常停机、待料等。要想提高水流量就要修复水管，因此要提高生产效率，就需要消除生产中的异常。消除异常需要视实际情况选择不同的方法。例如常见的设备故障率，从精益管理的角度可以执行TPM，TPM可以有效降低设备故障率；待料需要从生产计划系统入手，分析产生原因，然后再有针对性地解决。

交付目标主要包括缩短交期、降低库存、提升服务水平三个指标。精益管理的最终目的都是为了灵活满足客户的交付需求，因此一家公司若在交付方面存在问题，一定要优先执行精益管理，否则交付问题很难解决。

交付指标一：缩短交期

缩短交期既符合客户的利益也符合企业自身的利益：从客户角度来看，交期越短,准备时间越短,组织生产就越灵活,就越能迅速响应终端客户的需求;从企业自身来看,交期越短,库存越低,可以释放大量流动资金,也能大幅度减少管理工作。精益管理在缩短交期方面有非常大的影响力,前文提到企业里面99%以上的工作都是没有价值的,在产供销系统上也是如此,运用精益管理的VSDiA(间接领域价值流程分析)工具,可以分析企业的产供销系统存在的问题,针对存在的问题,该如何去解决,从而大幅度缩短交期。

交付指标二:降低库存

企业的库存通常可以分为原材料库存、成品库存、在制品库存和其他备件库存,降低库存即降低这四类库存。降低原材料库存需要优化与供应商间的物流模式,进而缩短供应商来料交期;降低成品库存一方面取决于公司的库存战略,另一方面取决于与客户间的物流模式;降低在制品库存主要在于缩短产出时间和减少生产异常,缩短产出时间主要在于布局规划、生产规则设计,减少生产异常则要具体问题具体分析;降低备件库存主要考虑公司的经济采购批量以及备件的安全库存量。

交付指标三:提升服务水平

纵观全球,最近几十年制造业客户需求的变化,总结如图3-9所示。

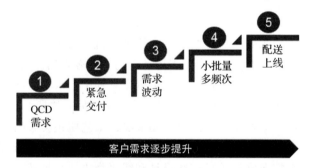

图3-9 客户需求变化图

从图3-9可以看出,客户需求在逐步提升:先是从QCD(质量、成本、交期)开始,要求供应商物美价廉服务好;接着要求供应商能够及时处理紧急交付需求;随着市场需求波动加剧,客户希望供应商能够灵活地满足波动需求;为了能够减少原材料库存,又要求供应商能够满足小批量多频次配送,例如每天配送或每2h配送1次等,并且配送成本还不能增加;还有一些客户,主要是汽车行业,对供应商提出直接配送上线的要求,这个前提是供应商的产品100%没有质量问题,实行入场免检。客户需求的变化倒逼供应商不断提升服务水平,而要提升服务水平,精益管理就必不可少。精益管理的很多新方法新工具都是围绕需求变化而产生的,比如快速换型、均衡生产、MILKRUN(牛奶配送)模式、质量防火墙等。

关于安全指标,主要包括提高人员作业安全、提高产品安全、提高企业财产安全三个指标。精益管理有一项原则是以人为本,是一项爱心工程。因此在执行精益管理时,一定要关注安全。

安全指标一:提高人员作业安全

给员工创造安全的作业环境,是企业应尽的义务。安全作业不仅能够降低成本,还能够提高作业效率,精益管理提高作业安全主要是通过人机工程和消除潜在安全隐患来实现的。通过人机工程来改善生产环境,让员工安全高效地工作。例如某外资企业的冲压车间存在一个奇怪的现象:夜班生产的产品不良率比白班高1%左右。公司管理层一直认为是夜班缺乏监督,员工怠工或者疲劳所致,也没有很好的解决办法,因为管理者也不会陪着去上夜班。笔者当时是公司的工程负责人,一天夜晚决定去冲压车间调研问题产生的原因。在查看了所有的生产环节后,笔者发现夜班和白班没有什么不同,夜班员工也很努力地工作,不存在怠工现象。正当笔者打算回去的时候,突然发现检测工位一名女工正在吃力地检测一件产品,这才恍然大悟,于是测量了整个车间所有工位的光照度,结果大吃一惊,所有工位光照度都不符合要求,远低于一般标准。于是笔者建议公司对冲压车间照明进行改造,改造完成后,夜班的产品不良率也降低了1%,达到了和白班一样的水平。这个案例说明当作业者在不健康环境中工作时,不仅工作辛苦、伤害身体,而且作业绩效也不好;改善作业环境后,劳动强度降低,生产绩效也立即提升了。另外还有很多职业病也是工位设计不当导致的,运用人机工程原理来设计工位、工作环境和工作负荷可以有效降低劳动强度,提升劳动效率。

安全指标二:提高产品安全

很多产品不良不是制造产生的,而是因为产品安全没有做好。例如产品存放过久,可能会变成不良品;产品在现场混乱摆放,导致良品和不良品混淆,也可能发生混料,造成相似零件错用,还可能将已加工产品和待加工产品混在一起,这些都会产生产品安全问题。运用精益布局规划和物流路径规划可以做好产品安全防护、避免大量质量事故的发生。

安全指标三:提高企业财产安全

很多企业的财产损失,是由于作业不当导致的。例如一台设备工作1000h后需要保养,但是为了赶产量,生产了1200h还没有保养,继续生产的后果是缩短了设备的使用寿命,也大大提高了设备故障率,还可能大幅度提升加工的不良品比例;一副模具,运行5000次就要保养,如果不及时保养的话,可能到第6000次时,模芯就会被损坏,导致模具彻底报废,这些都是不做精益管理给企业带来财产损失的例子。运用精益管理的TPM工具,定期保养设备和模具,可以有效降低设备故障率和模具故障率,从而降低企业财产损失。

除 QCDS 这四大目标外，精益管理对企业运营还有很多贡献，比如提升企业管理水平、健全管理体系、提高员工作业技能、降低员工离职率等，本书不再逐一阐述。

3.3.3　精益管理的八大原则

对精益管理有些了解的人可能会经常听到诸如"推动式生产"和"拉动式生产"这样的概念，这些概念说的就是精益管理原则层的内容。通常来说，企业推行精益管理要遵循八大原则：灵活性、流程导向、零缺陷、标准化、透明化、拉动、以人为本和持续改进。本书将这八大原则之间的关系总结如图 3-10 所示。

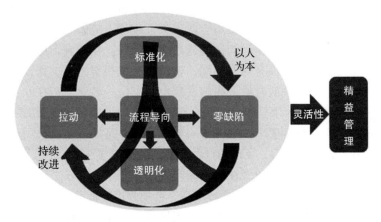

图 3-10　精益管理的八大原则

企业在推行精益管理的过程中，要将具体活动结合八大原则来开展，方能起到事半功倍的效果，接下来详细介绍精益管理的八大原则。

原则一：灵活性

灵活性是指灵活地满足客户需求，灵活性也是八大原则之首，这是因为精益管理的主要目的就是灵活地满足客户需求。从图 3-9 可以看出，客户需求越来越苛刻，另外市场宏观环境变化也越来越快和剧烈。因此预测管理越来越难做，这给企业带来了巨大挑战。企业要如何灵活满足客户需求呢？传统的做法是备库存，可是库存是一种浪费，另外备库存的风险成本也很高。例如 2014 年全球风能市场突变，需求量突然减少，作为全球风能发动机主要供应商之一的博世力士乐的订单也随之减少，但由于博世力士乐精益管理体系比较完善，除业务受损以外，产品几乎没有损失；而作为博世力士乐的供应商，杭州的一家风能发动机零部件企业就没有那么幸运了，该企业直接面临着价值达数千万元的库存报废，这个巨大损失是一家民营企业很难承受的，但是作为客户的博世力士乐并没有让供应商备货，这完全是该供应商自己的决策，因此损失只能自己承担。这个例子说明如果不能灵活响应客户需要，一旦市场需求波动，损失可能就非常严重。灵活响应客户需求就需要缩短生产周期，降低库存，尽量依订单生产。

原则二：流程导向

八大原则里面除灵活性是面对客户的以外，其他七个原则都是为了面向企业内部。在这七个原则里面，流程导向是核心。精益管理以流程为研究导向，有流程的地方就一定有精益管理的价值所在。以流程为导向和以结果为导向是相对应的，一件事只做一次可以以结果为导向，只要结果好就可以了；但是一件事要反复做的话，而且每次都要求结果好，就必须要以流程为导向，因为只有稳定且好的流程才能持续产生好的结果。以流程为导向需要先进行流程分析，识别工作中的每一个细节，将每一细节都做到最好，并且将其标准化。

原则三：零缺陷

零缺陷是对一个好的流程的基本要求，缺陷不是检查出来的，而是制造出来的。在流程的每一个环节里，如果能确保都不产生缺陷，那么整个流程就不可能产生缺陷。要实现零缺陷这个目标，需要对流程的每一个环节都进行潜在失效模式分析，分析可能产生的缺陷类型，然后针对可能产生的缺陷拟定预防措施，在生产制造过程中，将预防措施设计进去，以避免缺陷产生。实际工作中，一些公司的设备在运行时的 CPK 值（过程能力指数，用来衡量一个生产过程的稳定性，CPK 值越高，说明过程越稳定，发生缺陷的概率越低）很高，但是生产一段时间后，CPK 值出现下滑而没有被及时发现，缺陷就会产生。因此要定期进行过程审核，以确保生产过程稳定，从而避免缺陷产生。

原则四：标准化

当一个零缺陷的流程确定后，还要将每一个环节的最佳实践标准化，并形成标准作业指导书。标准化的要求是所有工作都要有标准，最熟悉该项工作的人就是标准的制定者。标准一旦形成就必须要遵守，管理人员需要检查确认标准是否被执行和遵守，一旦发现违反标准作业的情况，需要立即纠正。标准形成后并不是一成不变的，如果在执行过程中，探索出来更好的做法，可以写成提案改善，当提案改善经过评估后证实比现有标准好，那么就要修正现有标准，从而产生新的标准，这也是精益管理持续改进意识落地的体现。

原则五：透明化

当有了标准后，要想标准被彻底执行，透明化就非常有必要。透明化就是要让流程中的所有有用信息能被一目了然的观察到，不留死角，透明化的难点是如何定义哪些信息需要透明化。本书介绍一个原则：首先确认流程的相关人员需要了解哪些信息，然后将相关人员的需求汇总起来，再制定透明化解决方案。例如一台生产设备，计划人员需要知道产能和状态信息，生产主管需要知道产量信息，设备人员需要知道故障信息，质量人员需要知道加工能力信息，高层决策者需要知道产能利用率信息等，那么就需要将这些需求汇总起来，然后再制定透明化方案，让这些利益相关者都能一目了然获取他们想要的信息。信息透明化在工业 3.0 时代是一个巨大的挑战，因为数据的获取比较困难，基本都是靠人工收集和维护，工作量大且质量不高，因此大部分公司都没有很好地落实。到了工业 4.0 时代，随着数据采集技术的发展，这项工作开始变得简单和高效，很多公司的智能制造升级转型就是从建立数字化透明化工厂开始的。

原则六：拉动

精益管理的生产组织方式是拉动式生产，这和传统的推动式生产相反。推动式生产是基于预测，制定生产计划，投入原材料，进行工序生产，产品入库，然后发送给客户；拉动式生产则是从收到客户订单开始，依照客户订单生产，然后从最后一道工序向第一道工序拉动，直到拉动原材料采购。一提到拉动式生产，有人可能会问，如果原材料供应不稳定，还能不能实行拉动式生产等问题，这就涉及拉动生产的前提条件，如表 3-1 所示。

表 3-1 拉动式生产的前提条件

必要条件	可选条件	有则更好的条件
预测准确	产品价值高	单件流
不良率低	最终的产品状态	和供应商建立了看板系统
有弹性且快速的原材料供应	变数少	和客户间建立了看板系统
快速换型	大批量生产	可控的采购提前期
流程稳定	连续的物料流	
	足够的缓冲库存	

拉动生产有必要条件、可选条件和有则更好的条件。执行拉动生产，如果不具备上表中的必要条件，需要先解决问题以满足必要条件的要求。这是执行拉动的基础，很多企业在推行拉动生产的时候，并没有评估初期条件是否具备就执行，结果往往是以失败而告终。针对中国企业，拉动生产有时不一定完全适合，基于过去项目实践，笔者总结出一套半拉动生产方式，发现半拉动生产方式更适合中国制造业。半拉动是拉动和推动并存，在信息流处理上遵循拉动，在厂区大物流上实行拉动，在车间级物流层面通过单元化实行推动，这样非常便于组织生产和维持生产稳定，也能够大幅度降低库存，这种方式的缺点是对管理者的规划能力要求较高。

原则七：以人为本

人是万物之灵，也是精益管理能否取得成功的关键。以人为本有三个层面的含义：一是减轻人的劳动强度。精益管理是将复杂的事情简单化，事情一旦简单了，执行起来就不费力。对于直接员工来说，通过合理的规划和设计，减轻工作负荷，提高工作效率；对于间接员工来说，通过优化工作流程和使用高效管理工具，让工作简单高效。二是授权。让员工成为自己工作的主人，进行自主决策。比如当生产现场出现异常时，员工可以自主决定是否要停机。员工一旦被授权，主观能动性就会被激发出来，可以像老板一样工作，当员工像老板一样工作时，效率也是最高的。三是培养员工。员工是企业最宝贵的资产，企业要重视培养他们，不断提升他们的价值，给企业带来更丰厚的回报。精益管理要想取得成效，就必须彻底贯彻以人为本的原则，这点往往是最难做到的。

原则八：持续改进

持续改进在 3.3.1 节里已阐述过，这里不再过多介绍，用一句话来概括就是要每天进步一点点。

精益管理这八大原则是一个有机整体，在推行精益管理的过程中要始终坚守，任何一条没有执行到位，精益管理的效果都会大打折扣。实际推行时可以遵循一定的顺序：本书建议先打造以人为本和持续改进的企业文化，然后以流程导向为出发点，接着并行实施零缺陷、标准化、透明化，最后通过拉动来灵活满足客户需求，按照这个顺序来推进将会事半功倍。

了解了精益管理的"两大意识、四大目标和八大原则"后，精益管理的落地，还需要熟练运用精益管理的多种应用工具。

3.3.4 精益管理的应用工具

随着精益管理理论和实践在全世界不断地深入和发展，精益管理的工具也越来越丰富，以至于众多公司将推行精益管理变成了精益工具应用。本书将精益管理工具分为六大类：经营管理类、生产管理类、质量管理类、物流管理类、工程设计类、人员培养类。

经营管理类常见的精益工具有 KPI 体系、阿米巴经营、成本分析和项目管理，四大工具的基本意义及常见问题如下。

经营管理类精益工具一：KPI 体系

公司做战略规划离不开 KPI 体系，将公司盈利、发展与日常具体工作联系起来的就是 KPI 体系。100% 完全支撑战略的 KPI 体系可以将企业上下拧成一股绳，发挥出强大的向心力。常见问题：一是 KPI 体系中下一级 KPI 不能 100% 支撑上一级 KPI；二是 KPI 指标设定有偏差或者相互矛盾；三是日常工作结果在 KPI 体系中不能反应出来，例如无法体现每项具体工作是如何影响公司盈利和发展的。

经营管理类精益工具二：阿米巴经营

阿米巴是单元化生产方式在经营管理上的运用，阿米巴经营可以让企业识别利润的源泉在哪里，然后围绕利润中心进行业务梳理和重组。另外，阿米巴所提倡的经营会计对成本分析也非常有帮助。常见问题：组织架构和经营方式不一致是阿米巴在实际推行过程中的最大障碍；另外阿米巴模式对于一些行业非常适合，对于另一些行业不完全适合，对于不适合的行业会增加管理的复杂性，从而降低企业的竞争力，因此切忌盲目导入阿米巴。

经营管理类精益工具三：成本分析

成本分析对于增强企业盈利能力非常重要，清晰的成本结构是新产品报价和现有产品成本控制的基础，原材料成本分析是企业降低采购成本的有效措施。常见问题：成本分析凭借经验数据而不是实际数据；财务上的成本结构和实际有差异造成成本分析不准确、企业成本控制无法着手、报价不准、产品市场竞争策略走偏等问题；企业没有进行精确的原材料成本分析而是直接和供应商谈价格，容易出现极端情况，要么降低了供应商利润，要么采购价格过高。

经营管理类精益工具四：项目管理

项目管理很好地解决了企业运作孤岛的问题，精益管理的每一项改进工作都可以视为单独的项目，项目管理机制是精益管理的运行方式。常见问题：精益推行者不熟悉项目管理，很难跨部门协调人员开展工作；没有进行知识管理，改进工作没有进行经验总结和传承，等下次遇到同样问题时，还要从头再来一遍。

生产管理类的精益工具最为常见，主要有 VSM/VSD、VSDiA、模特法、秒表测量法、7S、目视化、标准化作业、A3 报告、5W1H、ECRSAS、OEE、QCO、TPM、产能分析、生产计划系统、均衡生产、单元化生产、精益产线设计、精益布局规划、点改进、系统改进，这二十一个工具的基本意义及常见问题如下。

生产管理类精益工具一：VSM/VSD（Value-Stream-Mapping/Value-Stream-Design）

VSM 将企业的信息流、生产工艺、物流等信息可视化出来，充分展示了企业运营中的各类问题；VSD 将企业的未来制造蓝图呈现出来，明确企业制造的发展方向。常见问题：VSM 容易将各产品系列孤立起来，造成资源利用效率下降；VSD 设计过于理想，对现实约束和可行性考虑不足，导致无法立即采取行动。

生产管理类精益工具二：VSDiA（Value-Stream-Design in-Indirect-Area）

VSDiA 是针对非生产领域的价值流程分析工具，通过 VSDiA 分析，可以识别工作流程中哪些工作有价值，哪些工作无价值，以及如何去简化流程。常见问题：对于流程描述不细或不完整导致分析结果不理想；对于有价值和无价值的界定有时比较模糊。

生产管理类精益工具三：模特法

模特法是制定标准工时的科学工具，通过对作业进行动作分解，计算出每项作业的工时，再加上宽放比例来制定每一项作业的标准工时。通过模特法制定标准工时可以纠正很多原先不规范的动作。由于模特法有一定的专业性，目前在企业中使用的并不是非常普遍。常见问题：动作分解后不能识别哪些是无效动作，导致工时制定不准确；当依照模特法制定的标准工时比实际生产工时短很多的时候，会引起相关部门的怀疑，工时制定者会遭受非常大的压力，导致去更改标准工时，从而导致标准工时不标准。

生产管理类精益工具四：秒表测量法

秒表测量法目前在制定标准工时应用较多，通过对研究对象进行抽样测量，记录测量结果，测量过程中需要观察异常，做好备注，然后进行数据处理得出标准工时。常见问题：抽样不科学造成数据不准确；测量时没有做异常记录导致结果不准确。

生产管理类精益工具五：7S（整理、整顿、清扫、清洁、素养、安全、标准化）

7S能够改善工作环境，提高工作效率，也是做好很多其他工作的基础和前提。常见问题：很多企业将7S定位为精益管理的第一步，这其实是完全没有理解7S内涵，精益管理如果从7S开始，基本注定失败，就像在伤疤没有愈合前不去进行伤口治疗，而是在伤口上涂一层粉来掩盖伤疤一样，这种做法并不能从根本上解决问题。

生产管理类精益工具六：目视化

目视化是精益管理透明化原则的要求，需要将必要的信息目视化出来。目视化需要考虑目视化的内容、目视化的方式、目视化的位置这三大要素。常见问题：企业在做目视化时主要关注目视化的方式，而忽视了目视化的内容这个主体；另外目视化的位置选择不合理，也增加了目视化的成本，且让效果大打折扣。

生产管理类精益工具七：标准化作业

"不以规矩，不成方圆"，在企业运行过程中，标准化是企业成熟的一个标志，所有生产性工作和非生产性工作都需要有标准，只有标准的工作才能持续产出稳定的结果。当企业规模较小时，标准化作业会让企业丧失部分创新活力和灵活性；当企业规模较大时，标准化作业就非常有必要，否则就很难管理。常见问题：一是企业标准一成不变，从而导致企业失去很多创新机会；二是将标准细化得非常厉害，从而无法执行，标准制定需要考虑做到什么程度为止，并不是越细越好。

生产管理类精益工具八：A3报告

A3报告是一个非常简单明了的报告格式，运用它可以节省管理者的时间成本，因而备受众多管理者喜欢。当精益管理全面实施后，企业每天都会产出很多改进项目，例如丰田公司的精益管理成果就是建立在上亿项持续改进项目的基础之上。这么多的改善项目如何报告才高效呢，于是有了A3报告。常见问题：把A3报告当成一个改善工具，A3报告本质上是一个高效的报告工具，它的另外一个名字叫"1分钟报告"，要求报告人在1分钟内陈述完改进案例，也是为了让看报告的人能在1分钟内获取报告的全部信息。

生产管理类精益工具九：5W1H

5W1H是一个非常高效的解决问题的工具，但是对人的要求比较高。5W1H有两种解释：一种是针对选定的问题要从原因（Why）、对象（What）、地点（Where）、时间（When）、人员（Who）、方法（How）六个方面进行思考，这是一个高度结构化的思维模型；另一种解释是为什么（Why）、为什么（Why）、为什么（Why）、为什么（Why）、为什么（Why）、如何做（How），这是一个逐层深入，刨根问底的解决问题方式。常见问题：在问为什么时没有遵循结构化的方式；围绕一个原因一直追问下去，没有进行深度挖掘。

生产管理类精益工具十：ECRSAS

前文3.3.1节中对ECRSAS作了详细介绍，这里不再阐述。常见问题：不能理论联系实际熟练运用。

生产管理类精益工具十一：OEE（Overall-Equipment-Efficiency，设备综合效率）

设备只有发挥最大效率，固定资产投资才能减少，折算到每件产品的固定成本才较低，因此OEE是企业经营者非常关心的指标之一。常见问题：OEE计算不科学，造成OEE虚高的假象；提高OEE不从产能瓶颈工序着手，有效产出不能真正提高。

生产管理类精益工具十二：QCO（Quick-Change-Over，快速换型）

企业要进行多品种小批量生产，必须执行QCO，否则会浪费太多的设备资源和产生大量库存。常见问题：不进行产能分析，看见设备换型时间长就执行QCO，这样做通常不能达到预期效果，原因是只有降低瓶颈设备的换型时间才有实际意义。

生产管理类精益工具十三：TPM（Total-Preventive-Maintenance，全面预防性维护）

设备只有进行TPM管理才能够用得更久、故障更低、OEE才能更高，就像人需要定时休息才能持续工作一样。常见问题：生产为了赶产量不执行TPM，这样做得不偿失；TPM规则没有持续更新，由于TPM规则是建立在经验基础上的，所以需要根据实际执行结果持续更新。

生产管理类精益工具十四：产能分析

产能分析是做投资规划的基础，也是制定生产计划的基础。产能分析完成后需要进行产能平衡分析，如果需求大于产能，优先选择消除产能瓶颈来提升产能。常见问题：企业没有把投资规划和产能分析联系起来，或者产能分析不精准；标准工时制定不准确导致产能分析不准,从而浪费公司资源。

生产管理类精益工具十五：生产计划系统

生产计划系统是公司的中枢神经系统,是把客户需求、公司内部生产和供应商供货紧密联系起来的枢纽。常见问题：不做销售预测管理,完全依赖客户的订单信息或者历史生产记录,造成生产计划系统有效输入信息不足；做生产计划不做精准的产能分析,造成生产计划的可执行性偏低；物料采购不按照生产计划需求执行,导致物料需求得不到满足。

生产管理类精益工具十六：均衡生产

企业不能控制市场需求不波动,但是可以控制内部生产不波动,均衡生产就是将外部波动转变成内部均衡的一种工具,做到了均衡生产,就可以实现"任凭风浪起,稳坐钓鱼台"的局面。常见问题：没有划分产品族,没有做产品 ABC 分类,也没有实现快速换型,导致均衡生产无法执行。

生产管理类精益工具十七：单元化生产

单元化生产是企业最重要的生产组织形式,单元化生产能让生产过程中的浪费最小,单元化规划的好坏直接决定了企业的运营效率和成本。常见问题：将单元化生产和 U 型线等同起来（单元化生产在 5.3.3 节有详细介绍,U 型线是单元化 5 种模式组合成的一种形式）。

生产管理类精益工具十八：精益产线设计

精益产线设计是多种精益工具的综合运用,如线平衡、人机工程、单元化生产、快速换型、防错和自动化设计等。精益产线设计属于制造模式创新（在第 5 章制造模式创新中将详细介绍）,是企业精益管理升级的体现。常见问题：精益产线设计完成后利用率不高,导致企业运营成本上升,这是理论和实际脱节的表现。

生产管理类精益工具十九：精益布局规划

布局规划可以是一个车间,也可以是一座工厂,还可以是一个产业园区。布局规划对后期的生产效率和运营成本有着决定性的影响,因此是一项非常重要的工作。在布局规划时运用精益管理的基本原则,如新建厂房可以最大程度减少厂房结构设计变更、提升场地利用率、提高投产后的生产效率、降低运营成本。常见问题：新厂房设计时布局规划考虑不足,造成厂房建成后需要进行很大变更,增加了建厂成本；新工厂布局规划没有按照 1∶1 制图,等设备进厂后发现预留场地不足,或者布局不合理,需要重新调整设备位置；无论是新工厂还是现有厂房,布局规划不合理,都会造成各种浪费,如人员数量、产出时间、在制品库存等。

生产管理类精益工具二十：点改进

点改进也称合理化建议,是发动全员进行提案改善的一种有效方法,企业形成精益文化的一个标志就是全员参与提合理化建议。常见问题：企业有点改进的形式,但是没有点改进的运作机制;既有点改进的形式,也有点改进运行机制,但是经常否定员工的合理化建议,点改进形同虚设。

生产管理类精益工具二十一:系统改进

系统改进是从公司层面驱动的改进,它能够将公司的经营目标和日常点改进联系起来,让每一个点改进都能直接对公司经营目标产生影响。常见问题:企业改进时没有先从系统改进切入,造成改进没有方向,不知道如何确立改进项目,结果出现改进项目很多、改进效果也很好,但是公司绩效却没有提升的现象。

质量管理类常见的精益工具主要有 Q-VSM/VSD、鱼骨图、KT 法、8D、6Sigma、SPC、防错、DFMEA、PFMEA,这九个工具的基本意义及常见问题如下。

质量管理类精益工具一:Q-VSM/VSD(质量价值流程分析/设计)

Q-VSM/VSD 是借鉴 VSM/VSD 的原理,详细分析各类质量问题在生产过程中是怎么发生的,然后进行风险评估、质量控制环设计、制定质量处理策略等来最大程度减少质量问题发生的概率以及产生的影响。这是一个全新的工具,对于降低不良率非常有帮助,属于质量设计的范畴,目前很多公司还没有质量设计职能。

质量管理类精益工具二:鱼骨图

鱼骨图是建立在经验基础上的一种结构化地分析问题的工具。作为质量管理的九大工具之一,它的适用范围很广,但是对使用者的结构化思维能力要求很高,否则很难挖掘到有用的信息。在笔者过去辅导的数百家企业中,不论是国企、民企还是外企,上至质量总监,下至质量工程师,很少遇到能把这个工具用好的人。常见问题:分析问题时无结构或者结构层次混乱;为了应付差事,一个人独自完成鱼骨图;没有咨询专家,凭空猜想可能的原因;问题分析不深入,找不到有效解决方案。

质量管理类精益工具三:KT 法

KT 是该方法创造者 KEPPNER 和 TREGOE 名字首字母的缩写,该方法通过对四个方面 11 个问题的回答,来详细描述问题,收集基本信息,然后分析问题产生的原因(在第 5 章中将对 KT 法、8D 和 6Sigma 进行详细介绍)。KT 法寻找原因非常准确,解决问题速度也非常快,因而备受企业欢迎。常见问题:由于没有历史记录,历史信息无法收集;在认知范围内可能罗列不出真正原因,进而找不到问题产生的根本原因。

质量管理类精益工具四:8D

8D 法可以看作是 KT 法的加强版,在使用 8D 法进行原因分析时,加入 KT 法可以提高 8D 法解决问题的速度和质量。用 8D 法解决问题是很多 500 强企业在内部和供应链上的强制要求,因此也是在解决质量问题领域使用最为广泛的一种方法。常见问题:为了应付差事,一个人在办公桌前完成 8D 报告;8D 报告水平不高,不能真正解决问题。

质量管理类精益工具五：6Sigma

在 21 世纪初期，6Sigma 曾经流行一时，但随着大数据的应用，6Sigma 的应用场景越来越少。目前针对一些复杂的工艺流程，如熔炼、浇注等，要想提高工艺水平，基本上还是需要使用 6Sigma。常见问题：工艺还不稳定时，就应用 6Sigma，6Sigma 的应用前提是稳定的生产流程；针对简单的流程用 6Sigma，这样做不是不可以，而是杀鸡用牛刀，小题大做。

质量管理类精益工具六：SPC（Statistical Process Control，统计过程控制）

依照科学的数据取样计划，SPC 能够预测质量的发展趋势，在质量问题没有发生前主动干预，从而预防质量问题发生，是一个非常重要的质量控制工具，现在经常应用在大数据建模里。常见问题：数据取样不科学，导致 SPC 无法反映出真实存在的问题。

质量管理类精益工具七：防错

解决问题的最高境界就是预防，不让问题发生，而防错就是这样的一种工具，针对问题进行事前干预。防错可以有效降低外部客户投诉，也是客户希望供应商采取的解决问题的方法。常见问题：防错成本高于防错挽回的损失，这个时候就需要决定要不要进行防错。例如对整车厂来讲，在车上加装一个安全部件，可以降低车辆安全事故的比例，当安全部件的总成本大于安全事故赔付的代价时，整车厂可能就会选择不装。

质量管理类精益工具八：DFMEA（Design-Failure-Model-Effect-Analysis）

DFMEA 关注设计过程，质量是制造出来的，但是质量更是设计出来。当产品设计天生有缺陷时，发生质量问题就不可避免。因此要识别设计过程中的潜在失效模式，在设计阶段就纠正和预防。常见问题：工程师经验不足，分析不出所设计产品的潜在失效模式；当采用一种方式预防了已知问题后，可能会产生新的潜在问题，而新的潜在问题没有被识别出来。

质量管理类精益工具九：PFMEA（Process-Failure-Model-Effect-Analysis）

PFMEA 关注生产过程，当产品设计完美无瑕后，缺陷主要就是生产出来的。通过 PFMEA 对每一个生产过程进行分析后，提前识别生产过程中的潜在失效模式，采取预防措施，就可以极大地降低缺陷发生的概率，从而降低企业运营成本和提高客户满意度。常见问题：流程分解不够全面，忽略了一些辅助流程，导致潜在风险没有被识别出来。

物流管理类常见的精益工具主要有拉动系统、看板、超市、MILKRUN、ABC 分类法、库存管理、精益供应链，这七个工具的基本意义及常见问题如下。

物流管理类精益工具一：拉动系统

拉动是精益管理的八大原则之一，拉动是相对于传统推动生产而言的。与推动相比：拉动依订单生产，避免生产出不满足客户需求的产品；拉动系统可以设定稳定可控的库存；拉动的产出时间通常也可控而且较短。常见问题：在不具备拉动基础时使用拉动，结果生产状况恶化；表面上拉动，实际上推动。

物流管理类精益工具二：看板

看板是一种格式化的指令，通常分为客户需求看板和生产指令看板。有了看板，各工序可以严格按照客户需求来生产，打破了依照计划来生产的模式。常见问题：看板没有区分高频和低频，以及紧急和非紧急，导致实用性大打折扣。

物流管理类精益工具三：超市

超市是精益管理的一种常见库存管理方式，从超级商场借鉴而来。在精益管理的范畴里面，库存有三种存在形式：不明库存、超市和先进先出。精益管理要消除不明库存，把它变成超市或者先进先出。常见问题：有超市之形，无超市之神；在现场放一些物料架子，但是不做库存管控。

物流管理类精益工具四：MILKRUN（牛奶配送）

牛奶配送分为内部牛奶配送和外部牛奶配送：内部牛奶配送主要给超市配送物料和从线边取回成品和空物料盒；外部牛奶配送主要给客户送货和从供应商处取原材料。牛奶配送可以提高物料配送效率、节省物料配送人员，整体上减少内外部物流成本。常见问题：外部线路整合差，造成成本居高不下和供应商的配合度低；牛奶车设计不合理导致配送无法执行。

物流管理类精益工具五：ABC 分类法

80/20 原则普遍适用于各行各业，对于企业交付也是一样。从价值的角度来看，有一小部分产品数量较少，但是价值占比 70% 左右，称为 A 类产品；居中的是 B 类，价值占比 20% 左右；量多价值小的是 C 类，价值占比 10% 左右。ABC 分类法可以用于确定产品生产的优先级，以及制定库存控制策略；另外原材料也可以按照同样的方法划分 ABC 三类。常见问题：产品和物料进行了 ABC 分类，但是管控方法没有差异；在生产计划排程时，不按照产品的重要程度进行生产。

物流管理类精益工具六：库存管理

库存管理是个比较宽泛的概念，上述几个关于物流的工具都可以称为库存管理工具。库存是企业主要的流动资产之一，但是它的流动性没有现金好。库存管理可以提高库存周转率，减少流动资金需求，节省资金成本。常见问题：库存是资产，从财务报表上看，越多越好，但是在实际生产中，并非如此；对库存没有进行深入分析和有效管理，如库龄分析和分类管理等，因此不能进行有效控制。

物流管理类精益工具七：精益供应链

牛鞭效应会导致供应链上游企业产能过剩；供应链上的信息不透明会导致不

能协同生产；各种寄售、第三方仓库等库存管理方式推高了整个供应链物流成本。精益供应链是以解决供应链上的浪费为出发点的，如提高协同、降低库存等。常见问题：打造内部精益供应链要求外部供应商采用 VMI（供应商管理库存）寄售模式，设计不合理可能会损害外部供应商利益。

工程设计类常见的精益工具主要有价值工程和标准化设计，这两个工具的基本意义及常见问题如下。

工程设计类精益工具一：价值工程（Value-Analysis-Value-Engineering，VAVE）

在价值工程里，产品的价值等于功能除以成本，这个值越高价值越高。通过该公式可以得出提高产品价值的三条途径：一是提高功能，降低成本；二是提高功能，提高成本，功能提高的幅度更大些；三是降低功能，降低成本，成本降低的幅度更大些。价值工程提高产品价值的路径对于产品升级换代具有重大指导意义。常见问题：牺牲关键功能来降低成本，比如有些车的零部件用纸板来代替钢板，以牺牲安全为代价来达到降低制造成本和使用成本的目的。

工程设计类精益工具二：标准化设计

在生产管理方面有标准化作业，在工程设计方面有标准化设计。标准化设计通常有两大类：一是标准化软硬件平台，二是标准化零部件。标准化软硬件平台是针对产品来说的，如果能减少开发平台的种类，那么就可以极大地提升产品开发的效率以及降低产品开发成本，也非常便于产品升级换代；标准化零部件是指将尽可能多的零部件进行标准化，针对不同产品尽可能多地使用标准化零部件，从而提升产品开发速度以及降低产品开发和制造成本。常见问题：产品开发没有平台的概念，造成产品种类繁多；产品不进行标准化设计，共用零部件比例低，造成物料种类繁多，而单一零部件用量很少。

人员培养类常见的精益工具主要有精益人才管理、TWI 三部曲、知识管理，这三个工具的基本意义及常见问题如下。

人员培养类精益工具一：精益人才管理

精益管理最初应用在生产领域，慢慢地延伸到了非生产领域。2013 年笔者将精益管理和人才管理"选育用留"四大过程相结合，首创性地提出了精益人才管理体系。常见问题：认为企业里面的"老油条"没有价值，其实"老油条"都是由精英员工转变而成的，"老油条"存在说明公司部分管理者不称职。

人员培养类精益工具二：TWI 三部曲

TWI/JR（工作关系）、TWI/JM（工作方法）、TWI/JI（工作指导）是基层管理者领导力培养的三部曲，通过这三部曲可以打造高水准的队伍。常见问题：企业对员工培训不够重视，特别是基层管理者培训比较欠缺，导致无法培养出优秀的基层管理者。

人员培养类精益工具三：知识管理

目前越来越多的企业开始重视知识管理，一些企业还开始筹建企业大学。企业的知识管理可以分为两类：一类是通用类，适合于本企业也适合于其他企业；另一类是企业独有的 know-how（诀窍或者心得体会），是企业在实际运作过程中逐年沉淀出来的，这类独有知识主要适合本企业，如果搬到其他企业效果会大打折扣。

常见问题：针对其他企业沉淀出来的独有知识，企业抱着拿来主义态度进行学习，这样只能学到形而学不到神。

以上对降本增效的路径"精益管理"，从"两大意识""四大目标""八大原则"和"应用工具"四个角度进行了简要说明，接下来介绍智能制造的外延"升级转型"。

3.4 智能制造的外延：升级转型

如果降本增效、提高盈利能力是企业活在当下的前提条件，那么升级转型就是企业赢得未来、在工业 4.0 时代不被淘汰的必然要求，因此本书也将升级转型称为智能制造的外延。

近几年随着智能制造持续深入开展，企业如何"转型升级"也变成社会讨论的热点。"转型升级"这个叫法在逻辑上有些不通：一家企业如果当下无法超越竞争对手，那么靠转型升级来赢得竞争的可能性也非常小。比较合理的路线是"升级转型"，先升级强大自己，将现有业务做大做强，然后以现有业务为出发点，进行业务延伸和整合，从而转型到其他市场也就顺理成章，因此本书中使用"升级转型"。

既然是先升级后转型，那么哪些东西要升级呢？该如何升级呢？在总结数百家企业成功经验的基础上，本书认为企业需要升级的对象主要有八大方向：产品升级、制造升级、管理升级、人员升级、服务升级、商业模式升级、客户升级和供应商升级。这八大方向也是升级转型的八大支柱，没有先后顺序之分，而且升级转型要以降本增效为基础，其模型如图 3-11 所示。

图 3-11 企业升级转型"八大支柱"模型

3.4.1 产品升级

产品是维系公司与客户关系的纽带，通过好产品可以开发好客户，好客户也可以带来好产品。产品升级是指不断提升现有产品的性价比和设计开发更高质量的新产品，来满足、超越和引导客户需求。

提升现有产品性价比可以提升客户满意度，赢得客户信任。任何客户都喜欢高性价比的产品，高性价比就是产品的核心竞争力。在提高产品性价比时，切忌以牺牲质量来换取暴利，好的做法是质量提升价格不变，或者质量不变价格降低。

持续设计开发高质量新产品是企业持久发展的基本要求之一。企业不能长久生存的主要原因就是缺乏持续设计开发高质量新产品的能力。任何一款产品都有生命周期，而且产品生命周期越来越短，这就决定了企业产品升级的速度要越来越快，否则就不能满足市场发展的要求。

产品升级主要有三条路径：性能升级、功能升级和个性化，如图 3-12 所示。

在技术没有进步的情况下，产品性能升级主要来自制造升级，主要方法是精益管理和创新。精益管理主要是通过 VAVE 不断提升现有产品性价比。如近几年大热的大众汽车，成功超过丰田，成为全球最大的汽车公司，大众汽车热卖的背后可以

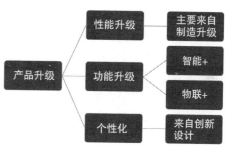

图 3-12　产品升级的路径和方法

清晰地看见 VAVE 的身影：大众通过标准化不断地降低成本，例如平台标准化、外观标准化、零部件标准化；通过增加部分功能来提高汽车使用价值，例如加装 ESP 等安全装置。运用创新来提高现有产品性价比和开发新产品也至关重要，关于如何进行产品创新将在第 5 章"创新化"中详细阐述。

功能升级主要是通过创新设计增加一些新功能，而且这些新增功能又是消费者愿意买单的，当前比较流行的做法是"智能+"和"物联+"。"智能+"是给产品赋予一些智能化功能，如常见的语义识别、图像识别等。例如现在有些智能电视，通过声音进行操控，比传统通过按键选择要方便很多，而这满足了消费者的便捷需求。"物联+"是给产品装上物联网装置，让它们能够感知外界环境并且能够和其他对象产生连接，通过感知和连接，产品可以具备一些之前没有的功能。比如物联网路灯，当加入物联网装置后，可以感应环境光照度进行自我开关控制，还能将结果反馈到远方的控制平台，当某盏灯发生故障后，维护人员可以及时精准地定位，大幅度减少了电能浪费和维护人员的巡逻时间。

产品的个性化主要来自创新设计。当设计人员将个性化的，以及流行元素及时设计到产品中去，就能够满足部分消费者追求时尚的需求。比如一些口罩生产

商将国旗、奥运 LOGO 设计在口罩上,消费者愿意为这些个性化的流行元素买单,因此企业能够赢得更多客户。

3.4.2 制造升级

制造升级是指用更少的资源(例如人、设备、材料和能源)生产出更高质量的产品。产品质量主要与材料、设计和制造有关。很多产品质量不好,不是因为材料和设计不好,而是因为制造不好。制造不好主要体现在精度低、质量低、制造成本高、能耗高等方面。

制造升级是提升产品竞争力的主要驱动因素之一。从 0 到 1 阶段,主要靠产品创新,而从 1 到 n 阶段,主要取决于制造升级。制造升级可以不断提升产品的质量水平、生产效率以及减少资源消耗。富士康是制造升级方面最为典型的代表,其每年产品成本降低 30%、产出时间缩短 30% 就是最好的证明。

中国制造业的基本国情是工业 1.0、工业 2.0 和工业 3.0 并存,也有一小部分企业开始实战工业 4.0。针对这个基本国情,制造升级主要有五条路径:质量提升、效率提升、成本降低、交付提升、安全提升(见图 3-13)。这五条路径也是工业时代制造业核心竞争力的主要来源。

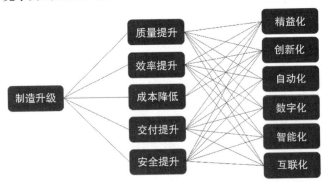

图 3-13 制造升级的路径和方法

质量提升的主要路径是精益化(精益管理),精益管理能够预防质量问题的发生,也能够快速解决出现的质量问题。创新化的产品设计或工艺设计,也能够预防质量问题的发生。自动化水平的提高,能够提升质量的稳定性和一致性,这在一定程度上也能够提升质量。数字化、智能化和互联化技术的应用,使质量大数据分析变得可行,这样可以实时进行质量控制,也能够识别复杂条件下靠人难以发现的一些质量问题,从而进一步提升产品质量。

效率提升主要路径是精益管理和自动化。通过全面消除浪费、精益布局、精益产线设计,可以最大程度提升生产单元的效率;然后通过自动化改进,消除人的影响，可以让生产单元的高效率一直稳定下去。创新的产品设计和工艺设计、数字化、智能化和互联化的实施也对效率提升有积极的影响。

成本降低主要来自精益管理和创新化。精益管理能够最大程度消除浪费，降低产品成本；创新的产品设计能够让产品的材料成本和制造成本大幅度下降；创新的工艺设计也能够大幅度降低产品的制造成本。

交付提升主要来自精益管理和智能化。精益管理能够设计出最佳的产供销模式，制定出最有竞争力的交付模式；智能排产系统能够实现在现有资源约束条件下按照最低成本来实现交付，实时动态地管理工单。另外，创新化、自动化、数字化和互联化对于提升交付也有积极影响。

安全提升主要来自精益管理、自动化和智能化。精益管理可以有效消除潜在安全隐患，减少安全事故发生；自动化可以将有一定危害和危险的工作交给机器人作业，也能够减少安全事故的发生；智能化的安全管理方式可以实时识别安全风险和违规操作，从而及时纠正、减少安全事故的发生；另外创新化、数字化和互联化也对安全提升有积极影响。

制造升级需要多种方法并举，首先要用精益管理对制造流程进行整体优化、用创新对产品和工艺进行优化，这是软的方面，可以称之为神；另外再辅以自动化，以及对生产制造进行数字化、智能化、互联化改造，这是硬的方面，可以称之为形。在实际应用中，软硬结合，有神有形，才能实现制造业升级效果最大化。

3.4.3 管理升级

管理升级主要指企业的管理体系，从职能上来看，一般企业管理体系有：经营管理体系、财务管理体系、人事管理体系、行政管理体系、市场管理体系、项目管理体系、研发管理体系、产品管理体系、工艺管理体系、生产管理体系、质量管理体系、供应链管理体系、审计管理体系、法务管理体系等。这些管理体系存在的目的是更好地组织企业的内外部资源，以便更好地服务客户。管理体系按照公司规模的大小，又要进行分层，比如是适用于整个集团的、一定区域的，还是适用于单一基地的。

如果把企业产品升级、制造升级、人员升级、客户升级、供应商升级称为硬升级的话，那么管理升级、商业模式升级和服务升级就是软升级。硬升级是可见的，而软升级通常不可见。

管理升级主要有三条路径：一是简单化，二是透明化，三是快速响应。如图 3-14 所示。

图 3-14　管理升级的路径和方法

简单化的主要路径有精益化（精益管理）和自动化。精益管理主要是对业务流程的梳理和重建，运用精益管理的方法和工具针对企业各管理体系进行价值分析：针对没有管理体系的业务流程，建立管理体系；针对有管理体系但是不简单高效的体系，优化或者重新建立高效的流程。业务流程梳理和重建可以简化企业运作，提高协作效率。管理自动化是对现有管理方式的一种颠覆，它是指开发相应的应用软件系统，将传统的管理工作自动完成，从而替代传统人工的作业方式，这可能是未来智能化升级转型的主战场，例如当前的财务机器人代替人处理大量的发票工作。

透明化主要是通过数字化来实现的。当前数字化工厂是智能制造的主战场，也是企业智能化升级的第一步，通过数据将企业的各项业务透明化。透明化管理会极大地改变生产现场，如工业 3.0 时代，精益管理为了取得数据，在现场设置了各类管理看板，看板上布满了各类管理表单，耗费了大量的人力财力，但数据收集往往还不能准确及时，这也是精益管理最大的痛点之一。在数字化工厂的基础上，这些传统的设施将会被现场 PC、显示屏、或者移动终端所取代，从而让数据收集更加简单高效。

快速响应是通过精益化、智能化、互联化来实现的。在第四次工业革命开始前，精益管理强调快速响应，通过制定相应的管理规则，尽可能迅速处理各项管理工作。比如生产现场的安灯系统、紧急情况下的升级管理机制等。在第四次工业革命开始后，管理的快速响应又得到了进一步强化，它不是靠规则来驱动的，而是靠实时的分析和判断。比如进行质量控制，智能化的质量控制可以在生产参数发生变化时就预警，而传统方式必须要等到产品测量结果出来后发现不合格才能响应，因此智能化的快速响应要比传统方式更快。当智能化产生实时预警后，通过互联化手段，可以将预警结果通知相关人员进行及时处理，从而加快问题反馈和处理速度。

工业 4.0 时代，企业的各类管理体系都有望得以大幅度的升级，管理自动化会取代一部分传统的管理工作，在数字化的基础上，保留下来的管理工作和现有工作方式将会有很大差别。因此需要各职能部门负责人基于各职能的关键工作，识别管理痛点，然后去寻找管理升级的机会。

3.4.4　人员升级

人员升级是指各行各业的从业者要提升自身技能，以适应企业的发展需求。企业发展通常可以分为三个阶段。

第一阶段是生存阶段。生存阶段人们通常能各尽其才，员工的积极性也非常高，企业能够快速发展到一定规模。但是到了一定规模后，企业就很难再发展了。

第二阶段是规范阶段。从生存阶段过渡到规范阶段需要企业的正规化运作，在生存阶段可以没有章法，但是在规范阶段需要有章法有规则。如果在规范阶段企业还是按照生存阶段的运作方法，企业要么停滞不前，要么最终解散破产。当企业建立了章法规则后，就能从非正规化运作过渡到正规化运作。随着企业不断发展，企业又会面临新的挑战，这时候企业又需要注入新活力。

第三阶段是升级阶段。到了升级阶段，企业需要开拓业务新边界，原因是以前的业务领域可能无法再支撑企业继续成长，必须要进军新领域。新领域可以依据企业的核心产品和技术进行纵向和横向扩充，纵向扩充是开发类似技术的新产品，横向扩充是做产业链垂直整合。

当企业跨越这三个阶段基本就成熟了，但实际情况是能连续跨过这三个阶段的企业太少了。那么要如何跨越这三个阶段呢？

跨越第一个阶段需要企业进行规范化运作，建立现代企业管理体系。这个过程需要企业管理者学会管理、学会建立规则、学会领导他人。

跨越第二个阶段需要企业换血，引进职业经理人。职业经理人可以让企业越来越规范，同时职业经理人还可以为企业注入新活力，员工也会越来越敬业。但引进职业经理人是把双刃剑，常常会出现两种不好的现象：一是企业所有者和职业经理人间信任度不高，相互猜忌，发展到不可开交的地步就一拍两散；二是职业经理人引进后对一些老员工冲击很大，若不能有效处理二者之间的关系，对企业会有非常大的损伤，特别是对员工敬业度方面的影响非常大。

跨越第三个阶段需要企业有危机意识，准备二次创业，要在成熟的管理体制中注入创新创业基因。企业一旦做大，很多人就会慢慢丧失斗志，渐渐失去激情，这个时候需要有危机意识，需要有创业创新的激情，只要用危机意识激发出员工的创业创新激情，这个阶段基本就能跨越过去。跨越第三阶段还需要管理者有很强的领导力，以及愿意和员工分享发展成果，只有这样才能够激活员工的主观能动性。

所以人员升级要看企业处于什么阶段，处于第一阶段需要进行管理能力升级；处于第二阶段需要进行职业化升级；处于第三阶段需要进行领导力和管理者心态升级。在这个过程中，中国企业常见的误区有：在该进行管理升级的时候不升级，还按照传统方式管理企业，企业无法做大；需要聘请职业经理人的时候，不聘请或者聘请后不放权，造成企业经营混乱；到了第三阶段管理者不愿意分享公司的发展成果，员工失去创新创业的激情，公司慢慢失去活力，走向平庸。

在第四次工业革命来临之际，若要实现智能制造升级转型，不管企业处于哪个阶段，都需要进行人员升级，人员升级的三条路径：一是负责公司智能制造业务的人员，二是公司的信息技术人员，三是设备管理人员。如图 3-15 所示。

为了顺应制造业发展趋势，一些公司开始设立智能制造部门，该部门的人员一般是从信息技术部或者精益管理部转岗过去的。针对智能制造职能的人员，一般要精通两个方面的技能：一是智能制造整体规划能力，二是数据分析能力。智能制造整体规划能力主要是指能够站在全局来看问题,要基于公司的实际情况进行智能制造顶层构架设计,要设计出来一套能够满足公司未来发展需求的智能化规划蓝图;数据分析能力是指要懂数据的使用,在进行智能化升级改造前,能够知道需要什么数据,以及如何应用数据,在数据需求的驱动下进行数据采集。若企业的智能制造人员不具备这两方面的技能,就需要企业进行人员升级,要么去市场上招聘,要么自己培养,要么去请专业的咨询公司进行辅助支持。

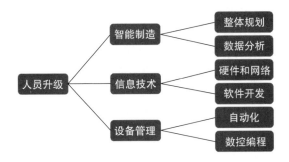

图 3-15　人员升级的路径和方法

在工业 4.0 时代,信息技术部门的职能变得更加丰富了。除传统的 IT 基础设施建设与运维外,还需要进行智能化软硬件选型、软件二次开发、界面开发、接口开发、数据平台建设与管理等,这些工作都是对传统 IT 人员技能的挑战。传统 IT 人员基本不太关注公司的业务流程,但是公司在进行智能化升级时,要紧紧围绕业务需求展开,这样就需要 IT 人员也要熟悉业务。如果 IT 人员非常精通业务的话,那么智能制造部门就不需要了,可以完全被信息技术部兼并。因此在一些公司,将熟悉业务的智能制造部和熟悉信息技术的 IT 部合并成一个部门,以便于公司智能制造项目的开展。

智能制造对于设备管理也提出了新要求。传统设备管理人员能做好设备预防性维护就已经非常到位了,但若要实现智能制造,设备管理人员还要熟悉设备数据接口、PLC 编程、传感器、设备自动化升级改造等基本知识。这些知识对于很多公司的设备管理人员还是陌生的,但是这些知识又是企业智能化升级转型必不可少的,因此设备管理人员要从传统的设备维护转变过来。另外,随着工业大数据的发展,设备健康管理是个大趋势,这也对设备管理人员提出了新的要求,比如进行设备语义分析、数据建模等工作,只有完成这些工作,才能够依据设备信号预测设备的健康状况。

对以上三类人员进行升级是智能制造升级转型的必然要求,他们也是在升级转型过程中受冲击最大的三类人员。企业其他职能的人员也会受到升级转型的影响,但是相比来说较小,本书不再逐一说明。

3.4.5 服务升级

从服务范围上来分，可以将服务分为内部服务和外部服务。内部服务指公司内部各利益相关者间的相互协作；外部服务指公司给外部利益相关者提供的服务，比如客户服务、供应商服务、政府服务等。

服务升级是指促进公司内部各利益相关者相互协作，更好地解决问题，特别是一些老大难问题；给客户提供更好的服务，持续超越客户期望；和供应商等其他外部伙伴开展更好的协作，提升协作效率。

每家公司都有老大难问题，很多老大难问题在传统的企业管理方式下无法解决，但是随着企业智能化升级，问题可能会迎刃而解。以最常见的生产工艺为例，工艺技术部制定生产工艺和图纸，然后将图纸变成电子档存在电脑里，同时也打印出来盖章存档和发送给生产部门，生产部门依照发布的工艺图纸进行生产作业。在这项工作中，经常会出现一个问题，就是当工艺技术部进行工艺变更、更新图纸后，有时不能够同步更新现场的图纸，以及更改外购零件信息，可能导致生产作业和工艺要求不一致，最终导致产品报废或者客户投诉，也可能导致采购继续购买已经不用的零件，这些问题在每家公司或多或少都存在。如果工艺技术人员责任心强，问题发生的概率还较小；如果工艺技术人员责任心不够强，问题发生的概率就较大。要想彻底解决这类问题，就需要在工艺技术部进行图纸变更时，同步更新其他相关信息。要实现这个目标，可以借助数字化的解决方案将图纸电子化，并且实时和生产互通，生产需要使用图纸时，直接从系统里面调用，这样就能够杜绝因图纸变更导致信息不一致的问题。企业内部类似这类老大难问题还有很多，比如质量问题追踪处理、现场异常问题协调等，当企业进行智能制造升级转型时，可以将其考虑在内，从而能够完善智能制造整体解决方案。

为客户提供更好的服务是企业一直要追求的目标，满足客户订单交付要求是最基本的客户服务内容。现代社会随着供应链上下游合作越来越紧密，客户还希望供应商能够提供更多服务，比如灵活交付、同步开发、以客户产品使用场景为出发点进行产品创新、解决客户痛点问题等。以同步开发为例，传统的开发模式是和客户一起定义清楚产品后，进行同步开发协作，但是传统的协作方式不能实现信息同步，需要双方人员不断交换信息，经常会发生信息交流不及时延长产品开发周期的情况。在企业数字化智能化升级转型时，双方可以建立共享开发平台，同步开发资源，实现产品同步开发、模拟仿真等工作，这能够大幅度缩短产品开发周期和提升产品开发质量。另外客户服务升级还包括从提供产品到提供服务的转变，以前客户先购买产品，然后通过产品去实现相关的服务；现在越来越多的客户开始倾向由供应商直接提供服务，按服务进行付费。例如在矿山行业，之前客户先购买设备，再将设备运到矿山进行开矿作业，现在客户更希望供应商直接将设备运到矿山,按照设备的采矿量进行付费。

供应商是企业外部的重要合作伙伴,为供应商提供更好的服务能够为双赢供应链打下坚实基础。在供应商服务升级方面,公司可以进行如下两方面的尝试:一是和供应商共享资源,比如实验资源、测试资源、开发资源等,通过共享资源,既能够扩大企业的服务性收入,又能够增进双方的合作关系;二是和供应商进行产品同步开发,当公司设计相关零部件时,邀请供应商一起参与,双方可以在产品设计、制造工艺、材料选型等方面进行深入探讨,这样做能够提升设计方案的可行性,也能够降低产品的开发成本和投产后的制造成本。

3.4.6 商业模式升级

企业在不同的发展阶段,其核心竞争力表现形式也不同:初创时期企业要生存,团队和产品是企业的核心竞争力;当企业不断发展壮大后,供货能力越来越重要,产品和制造就会变成企业的核心竞争力;当企业发展到一定规模,遇到发展瓶颈时,就需要考虑商业模式变化,此时商业模式就会变成核心竞争力。

商业模式升级是指企业基于过去的产品、制造和服务,如何更好地去满足客户需求,或者满足客户尚未意识到的需求。常见的商业模式升级有三条路径:一是从提供产品或者提供服务,变成提供"产品+服务"的整体解决方案;二是联合其他跨界伙伴进行跨界创新,让不同行业进行相互赋能;三是通过供应链垂直整合,降低产品成本和提高产品毛利。

"产品+服务"的整体解决方案,在非智能化时代无法实现。但是在企业智能化升级转型过程中,基于智能产品和智能服务,就有很多机会可以挖掘。比如目前流行的智能燃气灶,既有菜谱功能,提示人们如何烹饪美食,还能够根据菜谱自动控制加热时间和火力;再结合社交平台,就可以展示厨艺,满足人们的娱乐和交际需求。关于如何进行"产品+服务"创新,本书将在第5章具体说明。

跨界创新是商业模式升级的重要方向,通过邀请终端消费者、客户、合作方等不同角色一起进行产品功能需求定义、产品设计、产品制造、产品服务等相关工作,赋予产品更加丰富的功能和增加用户体验,从而增强产品和客户间的黏性,提升产品开发的成功率。这样当产品推向市场后,能更容易被客户或消费者接受。

供应链垂直整合是最常见的商业模式升级案例。供应链向上可以整合零部件和原材料资源,降低产品的制造成本和增加供应链的稳定性和可控性;供应链向下可以向成品、品牌、渠道等方向扩展,增强品牌影响力和提升产品利润率。

3.4.7 客户升级

客户升级的含义:一是开发更多高价值高水平客户,淘汰部分低价值低水平客户；二是以产品在客户端的应用场景为出发点，考虑客户痛点，持续提升产品性能，从而帮助客户提升市场竞争力。

客户升级含义一：开发更多高价值高水平客户

如果一家公司的客户都是地域性的，那么这家公司注定无法成为国际化公司，因为国际化公司需要有国际化的市场、客户、供应商和服务。为什么开发更多高水平客户对于一家企业的升级转型至关重要呢？

一是高水平客户可以提升公司的市场地位和树立品牌形象。和高水平客户建立业务关系是企业产品过硬的标志。马来西亚有一家做注塑产品的小公司，在创业初期就瞄准了世界500强客户，先是成功成为博世电动工具事业部的供应商，然后在向博世学习的过程中，将博世的精益管理体系植根于公司，并形成了自己的精益管理体系。在形成自己的精益管理体系后一年多时间内又开发了另外30多家500强客户，如松下、索尼等。这对于一家创业初期业务不到1亿元的小企业来说几乎是不可能完成的任务，但是这家公司做到了。2012年笔者在给该公司做辅导时，该公司首席执行官说，松下团队第一次来拜访时，仅用了一下午时间就决定要把订单给我们了。原因是松下团队到了该公司的客户接待室，发现该公司在会议室四周的目视化精益管理体系比松下的还要好，松下团队说和这样的公司做生意放心。这种由和高水平客户合作转化而成的知识资产，无形中展示了企业具备和超级客户共舞的实力，这就是高水平客户带来的无形价值和品牌效应。

二是高水平客户可以带来更稳定的订单。高水平客户的抗风险能力比一般客户要强，在下游市场竞争中更容易胜出，因此他们的业务也更稳定。和高水平客户做生意一般不用担心发生订单波动起伏非常大的情况（除非行业在大变革或者大动荡时期），这样当业务增加时，就可以放心地去投资扩大生产规模，便于企业的迅速成长。

三是高水平客户的付款能力强。欠款可能是企业最不愿意看到的，产品交付给了客户，客户不付款或者付款周期长，会让很多中小企业无法正常经营。高水平客户现金流一般很充足，融资能力也很强，一般会在合同约定的周期内付款，即使有一些原因导致货款延迟也会在第一时间补上，很少拖欠供应商货款。

四是高水平客户会倒逼企业升级。要想和高水平客户做生意，自身不能太差，如果太差基本开发不了高水平客户，这就注定了企业起点不能低。在开发高水平客户的过程中，客户的要求比较高，为了成功开发客户，企业会积极做出改变，达到高水平客户的要求。在开发成功后，高水平客户有非常严格的供应商审核体系，可以让企业一直维持在高水平状态。如果一家企业一直表现出高水平的状态，那么它自身就是一家高水平企业，自然就成功升级了。

客户升级含义二：提升客户市场竞争力

供应商和客户间是平等的合作伙伴关系，当双方建立了业务关系后，可以运用"双赢战略"保持共同发展。供应商对于推动客户升级、提升客户市场竞争力有两方面的贡献。

一是满足客户交付需求。客户对供应商交付的要求主要是保质、保量、准时。保质是指交付的产品要能满足客户的质量要求；保量是每次交付要按照客户的订单需求，不能多也不能少；准时是要按照客户订单需求时间点进行交付，不能提前更不能延迟。通常来说，供应商要满足上述客户要求，看起来天经地义，但是在日常商务活动中，会有很多意外导致供应商不能满足这些交付要求。如果供应商不能满足客户正常交付要求，客户的供应链就会不稳定，供应链不稳定，客户的发展就会受到限制，从而会降低客户的市场竞争力。因此，供应商保持稳定供货，就是对客户升级的强有力支撑。

二是通过产品升级来解决客户应用场景的痛点问题。对于很多供应商来说，他们还不清楚自己的产品被客户用在哪里（供应商产品在客户端的应用场景），更不知道客户产品的应用场景，以及客户产品在其应用场景中的痛点。如果供应商想帮助客户进行产品升级，就要从客户产品的应用场景出发，识别客户产品在其应用场景中的痛点；然后再结合自己产品在客户产品中的应用场景，分析是否能够通过自身产品升级来解决客户产品的痛点问题。如果供应商能够找到这样的产品升级机会，那么就可以通过升级自己的产品来升级客户的产品。另外，在进行客户产品升级的过程中，往往还伴随着仅靠升级一家供应商的产品无法解决的问题，这时就需要客户将相关供应商集中起来，通过合作解决问题。通过几家供应商配合，同时升级各自的产品，从而最终升级客户的产品。

那么如何进行客户升级呢？可以参照下面的客户升级四条路径。

一是以高水平客户的期望方式要求自己。要想开发高水平客户，一定要知道高水平客户想要什么，他们对供应商有哪些要求。然后按照这些要求来对企业进行改造，当企业各方面都达到高水平客户的要求时，就可以主动出击，邀请他们来公司参访。

二是要熟悉高水平客户的行为习惯。根据高水平客户的，在其行为习惯参访和评估的过程中有的放矢，通常能取到意想不到的效果。

三是要始终如一地满足客户交付要求。在高水平客户开发成功后，特别是在交付上要始终如一地提供高水平服务，"保质保量准时"地满足客户交付要求，不断提升客户满意度；另外也要不断提升生产效率，在价格方面保持竞争力，从而掌握商务上的主动权。

四是要持续不断的升级产品。若不是和客户做同步开发：企业就要不断地自主升级产品，这样才能保持产品在市场中的竞争力，才能在客户产品升级换代时不被淘汰；同时还要尽量朝着和客户同步开发产品的方向前进。若是和客户做同步开发：持续升级产品是企业必然要求；另外也要以客户产品的应用场景痛点为出发点，通过升级自己的产品，来引导客户进行产品升级，这样就能更紧密地和客户绑定在一起。

不断地提升企业自身管理能力、不断地开发有竞争力的产品、不断地开发高水平客户、不断地帮助客户解决痛点问题，和他们形成战略合作伙伴关系，从而完成客户升级。

3.4.8 供应商升级

目前很多世界 500 强企业都在精简供应商数量，提高供应商质量，提升供应链稳定性，在本书 4.3.4 节中将详细介绍。

供应商升级和客户升级对企业来说一样重要，供应商升级的路径有供应商绩效提升、供应链稳定性提升、供应链协同性提升。供应商绩效提升和供应链稳定性提升主要方法是推行精益管理，打造双赢供应链；供应链协同性提升主要是建立数字化和互联化供应链。如图 3-16 所示。

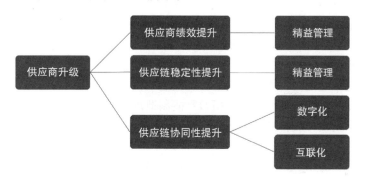

图 3-16 供应商升级的路径和方法

供应商升级最主要的是提升供应商绩效和供应链稳定性，在这方面需要供应商推行精益管理，来提升整体运营水平，从而能够更好地满足客户交付需求。另外在客户与供应商之间，要建立精益外部物流模式，向双赢供应链方向发展。

企业在智能制造升级转型过程中，在供应端可能会发现低水平的供应商是企业升级转型的障碍之一，因此会促使企业去推动供应商升级。比如企业在供应链方向进行数字化升级，使用 SCM 系统。当企业使用 SCM 系统后，若供应商的来料包装不规范、物料没有自带身份信息，企业的 SCM 系统功能就不能完全实现，这时企业就会要求供应商进行来料升级，提升来料规范化程度和信息化水平，从而能够符合 SCM 系统的要求。另外企业可能还会建议供应商使用 CRM 和 MES 系统，将自己的 SCM 系统和供应商的 CRM 系统打通，从而实现和供应商间信息的互联互通，实时了解订单在供应商内部的执行情况，也能够大幅度简化采购订单管理工作。在这个过程中，有一些供应商不能满足企业的要求，因此企业会选择和能够满足要求的供应商合作,淘汰那些不能满足要求的供应商,从而促使供应商升级。

另外供应商升级还体现在能够和企业共享资源、同步进行产品开发、参与企业产品价值工程优化,或者通过自己的技术和产品来推动企业产品升级等方面,其中有些需要推行精益管理来实现,有些需要企业进行数字化智能升级来实现。

3.5 升级转型的路径:精益智能制造理论

在本章前文提高全要素生产率、降本增效的方向和方法、升级转型的路径和方法中,经常会出现几个关键词:精益管理、创新、自动化、数字化、智能化、互联化。将这些关键词和第 1 章中工业社会的核心竞争力结合起来,不难发现:

- 精益管理可以提升企业的四大竞争力:质量、成本、交付、安全,也能够帮助企业获得新客户。
- 创新是企业发展的核心动力,是价值创造的源泉。
- 自动化、数字化、智能化、互联化既可以帮助企业提升质量、成本、交付、安全,也可以创造新价值和获得新客户。

如果将创新纳入"精益管理"的范畴,将自动化、数字化、智能化、互联化纳入"智能制造"的范畴,那么"精益智能制造"就是精益化、创新化、自动化、数字化、智能化、互联化的综合体。精益智能制造理论就是为提高全要素生产率、帮助制造业降本增效升级转型而生,也是当前中国制造业普遍需要的升级转型路径。

精益智能制造理论体系共有三个阶段六个要素,每个阶段两个要素:第一阶段"精益化+创新化",第二阶段"自动化+数字化",第三阶段"智能化+互联化",如图 3-17 所示。

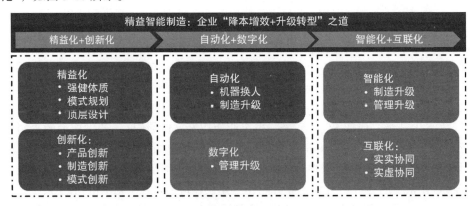

图 3-17 精益智能制造理论体系框架

精益智能制造理论体系是笔者过去近 20 年精益管理实践经验和 10 多年智能

制造实践经验的总结。2005年,《中国制造2025》提出了中国制造业的未来发展方向,在接下来3年多时间里,笔者不断总结中国制造业要如何去实践精益智能制造的道路,因为以前在外资企业成功的经验并不能复制应用在中国本土企业,并成功辅导了一家民营企业成为智能制造示范企业。在此之后,笔者将精益智能制造理论思想结合本土成功实践。笔者发现众多企业在实践智能制造的过程中出现了很多问题,花了很大代价但没有取得预期结果。究其原因,主要有六大方面的误区,如图3-18所示。

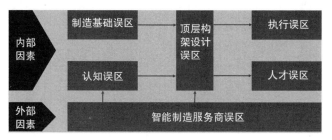

图3-18 智能制造六大方面误区

智能制造六大方面误区可以分为内部因素和外部因素两大部分。外部因素主要是智能制造服务商误区,其余均是内部因素。

- 认知误区和制造基础误区是顶层构架设计误区的输入因素,其中认知误区是可以改变的,制造基础误区是客观存在的,也是可以改变的。
- 顶层构架设计是中枢,是连接认知和实践的桥梁;认知误区和制造基础误区会让顶层构架设计陷入误区;但是如果顶层构架设计自身能力不足,会让企业走进误区。
- 顶层构架设计误区之后,是执行误区和人才误区。它们是顶层构架设计误区的两个输出,如果顶层构架设计做好了,执行误区和人才误区完全可以避免。
- 智能制造服务商误区是外部因素,但是它在一定程度上也是企业内部认知误区和顶层构架设计误区的影响因子。

根据六大方面误区的逻辑关系,结合其不同的表现形式,笔者又将每一方面误区细分为不同的子误区,共有33个,如图3-19所示。

企业实践智能制造失败的核心原因是缺乏智能制造顶层构架设计或者是设计不合理。基于笔者过去多年帮助企业进行智能制造顶层构架设计的成功经验,提炼出了一套快速可行的方法论,将在本书第11章详细介绍。

接下来结合《中国制造2025》的五大指导方针和九项战略来阐述精益智能制造如何使《中国制造2025》有效落地。

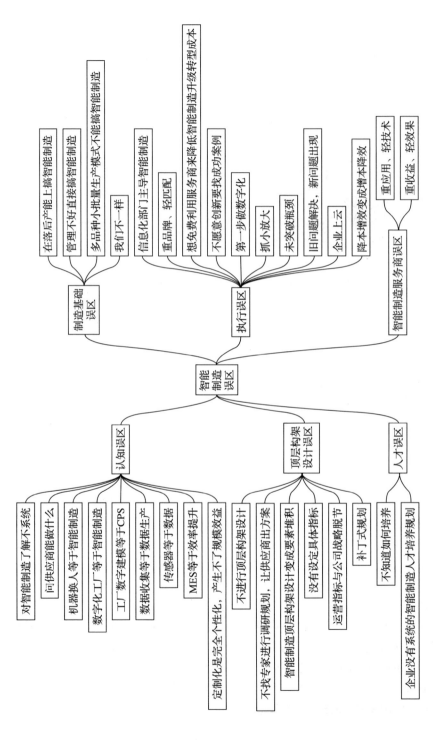

图 3-19 中国智能制造六大方面 33 个误区

3.5.1 精益智能制造第一阶段：精益化

企业实践智能制造时，精益化有三个作用：一是夯实基础，二是模式规划，三是顶层设计。

夯实基础是指帮助企业降本增效、提升盈利能力。企业要发展和保持在市场上的竞争力，必须要有较强的盈利能力，具备自我造血功能。企业盈利能力不强主要有两个原因：一是在价值链分工上处于中间环节，分得利润少；二是企业整体效率有待提升。企业在价值链中的位置短时间内无法改变，但是企业的整体效率可以迅速提升。企业效率提升的主要路径是精益管理。只有企业有了较强的盈利能力，企业才有动力和资源去全面实践智能制造。

模式规划可以看成是夯实基础的方向和目标。模式规划一般借助两个工具：一个是 VSM（价值流程分析），如图 3-20 所示；另一个是 VSD（价值流程设计），如图 3-21 所示。

企业通过 VSM 能够将现状描述出来，如图 3-20 所示：信息流是每周客户订单，销售收到客户订单后当天将订单输入 ERP 系统，ERP 系统每月统计一次物料需求计划，然后给供应商下达物料采购订单；ERP 系统每周统计一次生产计划，将每周生产订单下达给冲压、硫化、老化和机加工流水线车间；物流是供应商送货到公司仓库，公司执行推动式生产，每道工序间都堆积有大量半成品；成品入库后，按客户需求运送到客户仓库；每道工序数据框里有该工序生产设备、综合设备效率（OEE）、生产节拍、人数、良品率和每日开班数量等信息。通过 VSM，可以对企业运营现状一目了然。

VSD 主要针对 VSM 描述的现状，规划企业未来要变成什么样子，可以是 1 年、5 年甚至 10 年后的样子。如图 3-21 所示，VSD 主要作了三方面的规划。

- 信息流方面：客户 ERP 直接和公司 ERP 对接，实时接收客户订单，并实时生成物料需求计划。供应商的 ERP 也和公司的 ERP 直接对接，可以实时收到公司的物料需求计划。内部取消了生产计划，改用拉动式的看板生产方式。
- 物流方面：消除了不明库存，改用了超市和先进先出（FIFO）的模式。
- 生产方面：一是在冲压车间，通过机器人集成，将冲压车间变成自动化车间；二是机加工车间，开发自动化生产线，来取代机加工 U 型线，另外将检验和包装整合进自动化生产线中，实现了在线检测和在线包装。

将图 3-20 和图 3-21 放在一起，企业未来运营蓝图就跃然纸上。如果企业坚定未来就是要向这些方向发展，那么就可以在未来蓝图的引导下进行更进一步的详细设计。

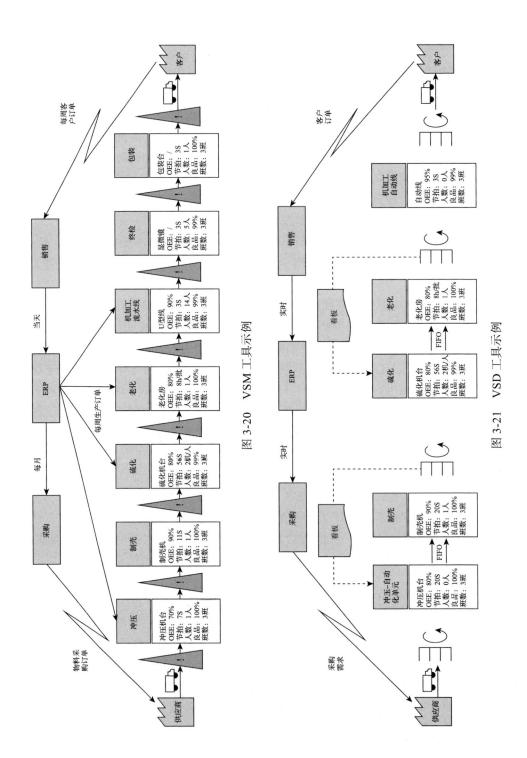

图 3-20 VSM 工具示例

图 3-21 VSD 工具示例

模式规划好后，企业要实现升级转型，顶层设计也必不可少。那么要如何进行顶层设计呢？首先需要知道顶层设计要达成哪些目标，其次需要知道有哪些可用的解决方案，最后需要知道如何用可用的解决方案来实现目标（顶层设计的核心）。例如很多公司买了机器人（可用的解决方案）来提高生产效率和减少人员数量（要达到的目标），结果机器人买回来后一直闲置在现场，成了摆设（不知道如何用可用的解决方案来实现目标），这就是在决定购买机器人时没有做好顶层设计的案例。如果这些公司在决定买机器人前，先完成顶层设计，那么就能避免这种现象的发生。要做好顶层设计，就必须要用精益管理的方法论将目标和解决方案联系起来。针对需要达成的目标，运用精益管理的KPI树（关键绩效指标树，在第4章有详细介绍）进行分解，这个过程就是目标落地的过程。当指标分解到改进层时，针对改进层指标，选取可用的解决方案，这样就可以将解决方案和目标对应起来。在选取可用的解决方案时，经常会出现没有成熟的解决方案来实现规划目标的情况。这时需要冷静思考：到底是目标规划过于激进，还是自身认知不足，没有找到成熟的解决方案？如果是目标规划过于激进，就要先降低目标，选择可以达成的较低目标先实施，而不是等到时机完全成熟后再行动；如果是自身能力有限，就需要走出去，去寻找外部资源的协助。通过这样的顶层设计，企业就不会盲目地去应用一些智能制造项目，从而确保每个智能制造项目都是为满足企业目标服务的。顶层设计也是模式规划的细化和落地方案，模式规划要大胆假设，顶层设计要小心求证。

3.5.2　精益智能制造第一阶段：创新化

在《中国制造2025》中，将"创新驱动"列为五大方针之首，九大战略里面也在强调提高国家制造业创新能力。那么要如何创新呢？2016年笔者和创新专家Roy对此展开了研究。Roy擅长用创新思维和方法构建新商业模式，开发新产品；而笔者擅长用创新思维和方法解决企业实际问题，因此我们决定共同完善创新体系。随后我们从研究人类社会的创新发展规律开始，总结了过去的创新脉络，提出了创新4.0概念以及"三次元创新"理论。

从人类创新发展过程来看，整个创新发展史可以分为四个阶段（见图3-22），每个阶段都有其鲜明的特点。当前正处于第四阶段，因此命名为创新4.0。

创新1.0：靠天赋单打独斗。严格意义上来讲，很难区分创新1.0和创新2.0的时间界限，如果非要加个时间坐标轴的话，本书倾向于以1911年泰勒的《科学管理原理》的问世为时间节点，因为它的问世标志着管理进入科学时代。科学管理是研究如何提高劳动效率，如何对各种作业方式进行创新的，此后很多创新工作便有了一定的方法可循，因此《科学管理原理》是靠天赋单打独斗式创新和科学创新的分水岭。在靠天赋单打独斗进行创新的阶段，出现了很多伟大的发明家，也留下了很多传奇故事,如我们耳熟能详的中国古代四大发明,苹果掉在牛顿头上砸出了万有引力定律等。创新1.0的创新活动有以下几个特点:

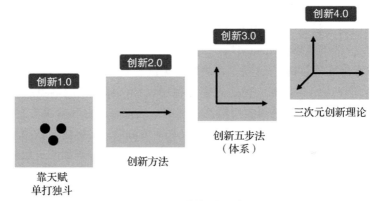

图 3-22　创新发展史

- 一是创新基本是独立进行的。创新1.0的创新活动属于少数天才,他们依靠超常的天赋和矢志不渝的精神,推动着社会向前发展。这一阶段创新速度非常缓慢,创新成果也非常有限。
- 二是创新大多时候是偶然发生的。创新成果很多时候是创新者受到外界启发或者是突然灵感爆发的产物,牛顿发现万有引力定律就是这方面的典型例子。
- 三是创新不具备可持续性。由于创新成果是有天赋的人在偶然间的产物,那么就不可复制,不具备可持续性。

创新2.0:创新开始有方法可用。创新方法的使用标志着人类的创新活动进入了一个新阶段,一些耳熟能详的创新方法,如发散思维、收敛思维、头脑风暴、强制链接、类比法等。运用创新方法可以大大提高创新效率;另外由于创新方法的使用,创新也从一个人的创新变成了一群人的创新,特别是头脑风暴法,能够让很多不同的人甚至是陌生人一起协作创新。创新2.0的创新不再像创新1.0的创新那样是偶然发生的了,人们可以根据具体需要,运用创新方法有针对性地进行创新。

这里介绍最有代表性的两个创新方法"发散思维法"和"收敛思维法"。

创新有两种思维,一种是发散思维,另一种是收敛思维。发散思维能够产生很多有创意的想法,收敛思维要根据现实条件和具体需求进行想法评估。

（1）**发散思维法**

发散思维法共有四步,也是发散思维法的四个关键点。

第一步:无判断。人们看见一件事物,通常会加入自己的判断,而判断的依据是每个人过往已有的经验,因此加入判断就会让思维狭隘起来,在发散思维阶段,切忌判断。

第二步：追求数量。想法越多越好，不要管说得对不对，想到什么就说什么，思维宽度越宽越好。

第三步：追求野点子。不要考虑目前能不能实现，只要点子足够新、足够野就记录下来。野点子通常是非常有创造性的想法，很多伟大的创意都是野点子的产物，因此千万不要忽视野点子的价值。

第四步：在已有点子的基础上再进行延伸，想出更多的关联点子。

下面举一个发散思维法的例子，如图 3-23 所示，读者可以将答案写在问题下方空白处。

问题1：图 3-23 画的是什么（时间 1 分钟，想到什么就写什么，数量越多越好）？

图 3-23　发散思维法练习图示

问题2：如果问题 1 你的答案少于 20 个，请继续补充。

问题3：抛开问题 1 和 2 的答案，至少再想 3 个非常野的答案，最好一说出来别人就会反对或者很少有人能想到。

问题4：针对问题 1、2、3 的每个答案，进行延伸，看看可以延伸出来多少不同的答案？

例如，看到图 3-23 这个圆形，不加判断和追求数量可以说它是太阳、汉堡、桌布、篮球……如果要追求野点子，可以说它是帐篷；如果在已有点子上再延伸，从太阳可以延伸到火星、金星、月亮等；从汉堡可以延伸到蛋糕、鸡蛋、饼干等；从桌布可以延伸到手帕、毛巾、衣服等；从篮球可以延伸到乒乓球、足球等；从帐篷可以延伸到电视塔、房子、城堡等。

（2）收敛思维法

当发散思维法产生了足够多的点子，就需要用收敛思维法对点子进行全面评价，收敛思维法也有四步。

第一步：运用肯定判断。面对任何点子，首先要肯定它，试着挖掘它的价值，在挖掘价值的过程中记录可能存在的问题。比如图 3-23 的圆形，若说它是桌布的话，那么潜在问题就是若桌布是圆形的，可能不适合方形的桌子。那么它的潜在价值就是圆形的桌布比方形的桌布更适合圆形的桌子。

第二步：深思熟虑，运用标准。面对众多点子，需要运用标准深思熟虑地去分析，标准可以是技术可行性、成本约束等。通过这些标准，挑选出那些可以立即执行的点子。

第三步：记住目标。在挑选点子的时候，牢记创新目标非常重要，到底是为什么而创新？比如说创新目标是为了创造市场上独一无二的产品，那么野点子就非常关键。

第四步：改善想法。想法不等于方案，很多想法可能并不完美，但是有一定的价值。当发现点子并不完美的时候，要试着去完善它，完善的路径可以是在现有点子上改进，也可以是将多个点子合成一个点子。

上述发散思维法和收敛思维法的整个过程如图 3-24 所示。

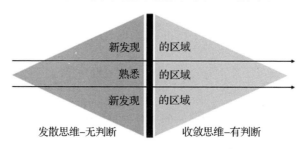

图 3-24　发散思维法和收敛思维法的整个过程

先通过发散思维法，摆脱日常习惯的束缚，产生新想法；再通过收敛思维法来选取那些有价值又可行的想法。在运用发散思维法和收敛思维法时，一个重要特点是可以帮助人们发现一些超出固有认知的内容，这就是发散思维法和收敛思维法的价值体现。

创新 3.0：在创新方法的基础上形成了一套完整的创新体系。随着创新的不断发展，人们不仅能熟练运用单个创新方法，还发展出来了一套完整的创新体系。创新体系是在一定的逻辑架构引领下，综合运用多种创新方法而形成的一套完整方案。比较常见的创新体系有"创新五步法"，如图 3-25 所示。

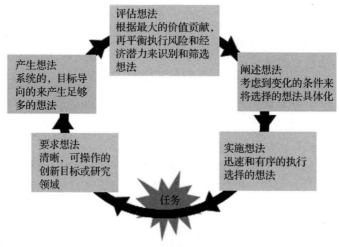

图 3-25　创新五步法

创新五步法是针对某项特定任务，运用创新方法来迅速实现目标。

第一步：要求想法。要求想法是针对特定任务，设定清晰可操作的创新目标，这些设定的创新目标也是在收敛思维阶段评估想法的依据。

第二步：产生想法。产生想法主要运用发散思维，先产生足够多的点子。但是有时运用发散思维后，会发现还是会有很多没有想到的东西。这时就需要运用系统思维，先设计一个结构化的系统框架，将已有的点子归类，归类完成后，若发现系统框架的某些方面没有点子或者点子不多，可以继续补充。

第三步：评估想法。评估想法主要运用收敛思维，根据要求想法阶段设定的具体目标，对想法进行全面评估，筛选出当前最需要的想法。

第四步：阐述想法。把筛选出来的想法放到现实环境中，全盘考虑该如何将想法付诸实施，这个阶段的产物就是实施所需要的具体资源和行动计划。

第五步：实施想法。当有了实施资源和行动计划后，就立即行动。在行动过程中，若出现了始料未及的问题，要及时解决，另外一些潜在问题也可能导致想法无法实施，这都很常见。

创新是有方法和路径可循的，创新五步法就是一套系统的创新体系。熟练掌握一套创新体系，任何组织和个人都可以成为创新能手。比如创新代表企业博世公司就是将创新五步法运用到了公司各方面的创新活动中，从而取得了举世瞩目的创新成果。

创新4.0：三次元创新理论。当前社会已经进入创新4.0阶段，企业的核心竞争力不仅来自企业自身具备哪些核心能力，还来自是否能够根据环境的变化迅速做出调整，因此创新的着眼点就需要从企业转移到整个产业。纵观任何一个产业的发展，基本都有三个阶段：成长期、爆发期和洗牌期。这三个阶段循环往复，行业洗牌后直到有新技术出现时会颠覆现有格局，将行业带入新一轮的成长期。基于上述观察，本书对三次元创新理论作如下定义：不同产业循环周期不一致，产业成长期需要产品（技术）创新，产业爆发期需要制造创新，产业洗牌期需要商业模式创新，这三个创新驱动力推动着产业循环往复地向前发展。这也是三次元创新理论的核心观点，三次元创新理论将在第5章再进行具体介绍。

3.5.3 精益智能制造第二阶段：自动化

自动化是我国制造业不得不走的道路。最直接的原因就是招工难，因此企业不得不使用机器人；另外一个原因是随着人工成本的不断提升，以及机器人和自动化设备价格的不断降低，自动化在成本上开始显现优势。以前自动化主要集中在高危岗位，例如喷涂、高负荷等在工作过程中对劳动者有严重职业危害的岗位，这些岗位不得不使用机器人；现在针对很多简单重复的作业也开始进行机器换人，如设备上下料等，因为这些岗位用机器人效率更高，而且相对于人来说有成本优势；当招工越来越难时，很多企业也开始考虑全面进行机器换人，即使是人工有成本优势的岗位。

在精益智能制造理论体系中，自动化有两个目标：一是机器换人，二是制造升级。这两个目标不能混淆，机器换人不等于制造升级，二者有本质的差异。

机器换人只是完成了自动化改造，减少了劳动力；但是制造升级，还需要看机器换人的实现效果。如果机器换人后，生产效率提升、制造成本下降、产品质量提升，这样的机器换人是制造升级；如果机器换人后，这些指标没有变化甚至还下滑，那么就不是制造升级，只能是机器换人。

在自动化改造的过程中如何才能做到不仅仅是机器换人，还要达到制造升级的效果呢？这就需要系统的自动化解决方案。系统的自动化解决方案需要考虑在自动化改造完成后，如何让生产效率更高、产品质量更好，以及获得尽可能短的投资回报周期。

当前，我国大部分企业处于工业 2.0 水平，小部分企业达到了工业 3.0 水平，还有众多企业处于工业 1.0 水平。因此自动化变成了很多企业的刚需，这也是工业 1.0 和工业 2.0 企业要补课的重要内容。部分读者可能会有疑惑，既然自动化是中国制造业的迫切需求，那么在精益智能制造理论里，为什么把自动化放在第二阶段，而不是放在第一阶段呢？

精益智能制造理论认为：针对工业 1.0 和工业 2.0 水平的企业，当务之急是精益化和创新化，通过精益化来改进制造流程，低成本自动化是精益改进的常用方法之一；通过创新化来提升制造水平，自动化也是制造创新的一种手段，在制造创新的过程中，自动化水平也会随之提升；经过精益化和创新化之后，再全面进行自动化升级，这样自动化就具备了更好的实施基础，可以确保自动化改造能够实现制造升级。因此精益智能制造理论将自动化放在第二阶段，该自动化是指全面自动化。

3.5.4　精益智能制造第二阶段：数字化

我国大部分企业需要补数字化的课，且数据建设是重点，没有数据就谈不上智能制造。企业在实践智能制造时，都需要进行数据采集，数据采集也是数字化建设的核心内容。

数字化能够促使企业管理升级。在没有实现用计算机办公阶段，资料一般都用纸质文档存储；在没有 ERP 的时候，公司的各种资料基本用 EXCEL 表格存储。EXCEL 表格相对于纸质文档来说，是非常大的进步，查询资料和汇总资料变得更容易了；而 ERP 相对于 EXCEL 来说，又是巨大的进步，可以更为方便地进行数据输入、分析和输出，这些都大大提升了管理效率。

ERP是工业3.0最为典型的企业管理信息系统，但是ERP记录的都是历史数据。企业要从工业3.0迈进工业4.0，不仅需要历史数据，还需要实时数据。因此获取实时数据成为了目前数字化最关键的内容之一，如SCADA、MES、WMS、PLM、SCM等系统的使用。

在精益智能制造理论中数字化的主要目标是构建两个端到端的数据网络：一个是横向物料流端到端，另一个是纵向信息流端到端。如图3-26所示。

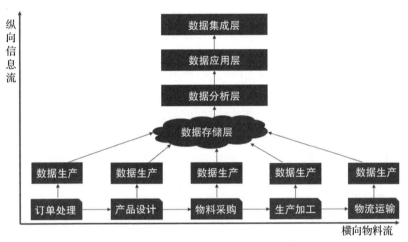

图3-26　精益智能制造横纵向端到端数据网络

在横向物料流和纵向信息流中，横向物料流是基础，纵向信息流是深度服务。按照第一阶段精益化将整个物料流分成五个阶段，需要有相应的信息化软件将整个物料流连接起来。

（1）订单处理

订单是连接企业及外部客户最重要的载体，目前零部件企业主要是B2B模式，成品企业是B2C模式，少数成品企业在执行C2M模式。现有的订单处理方式是企业和客户建立业务关系后，客户通过邮件或者传真将订单发给销售，销售人员确认订单相关信息后，再将订单录入ERP系统（没有ERP的公司记录在如订单管理台账这类资料中），这是传统的订单处理方式。在这个模式中，有几个痛点：一是客户不能随时随地下单；二是公司接到订单后处理订单费时费力，速度慢还容易出错。例如以前笔者在博世公司工作时处理过的中国邮政案例，当时中国邮政是博世公司在中国区最主要的物流合作伙伴，每周会收到6000多条订单信息。博世公司要求该中国邮政设立唯一的窗口来对接，由此博世公司每周将这6000多条订单信息以邮件形式通过SAP系统自动发给中国邮政专属对接窗口的邮箱中。由于博世公司在中国有50多家工厂，遍布全国各地；而中国邮政窗口人员先在总部和博世公司进行业务对接，然后再交给各省分公司具体执行。因此中国邮政窗口人员统一接单后，要再将订单分发给全国各地的省级物流分公司。在这种模式下，中国邮政总部窗口每天要处理 1000 多封订单邮件，而且邮件标题基本都是一样的，因此出错的概率就非常高。为了解决这个问题，笔者分析了博世公司和中国邮政间的业务流程，以及双方的 ERP 系统构架，建议中国邮政向博世公司开放 ERP 接口，直接进行系统对接，无需中国邮政窗口人工操作，从而解决了订单处理问题。

以上将供应商信息系统和客户信息系统对接起来的模式，代表了一种订单处理的数字化趋势，可以称之为 B2B 订单处理模式。随着客户个性化需求渐渐成为主流，B2C 模式在不久的将来可能会被 C2B 模式超越或者取代，因此供应商还需要考虑如何应对 C2B 的需求。C2B 模式的理想情形是客户可以随时随地下单，那么供应商就需要给客户提供一个下单入口，这个入口最好不要是邮件或者传真，而是 App，App 可以采用文字、语音、图片、视频等多种输入形式。通过 App 客户可以随时随地选择或者设计自己喜欢的产品，然后下单给供应商。系统收到订单后，直接集成到 ERP，整个过程不需要人工进行订单处理。随着横向端到端数字化的深入，不管是 B2B 模式还是 C2B 模式，订单处理将会完全实现数字化。

（2）产品设计

产品设计是横向端到端物料流的第二环节，比较理想的情况是接到客户订单后，根据客户个性化需求开始设计产品，这将是未来制造业产品设计的主流方向。当前依靠订单生产的公司就采用这种方式，比如设备厂家，会根据客户需求来定制设备；另外还有一些新型制造业公司，如服装定制企业，都是接到客户个性化订单需求后，再开始设计产品。对于传统依靠库存生产的公司，在产品设计上面临着一个巨大挑战，那就是如何保证快速设计产品的可靠性？例如快速设计一个水杯，可靠性问题比较容易保证，但是要快速设计一部手机或者一辆汽车，可靠性保证就比较困难。客户可以定制汽车的颜色、功能，甚至部分选配，但这只能局限在标准件的自由搭配上，因此不能称之为完全个性化。随着数字化的不断深入，个性化产品设计的程度将会越来越高。

订单处理系统和产品设计系统可以是非常独立的系统，因为它们不需要关注经济批量的问题。在 C2M 模式下，订单量基本以单位 1 为主，这给物料采购和生产带来了全新挑战。要解决这个问题，需要从订单处理和产品设计着手。订单处理方面，可以给客户提供有限的选择以及一些完全个性化的选择，例如服装定制企业提供几种衣领、袖口和纽扣，客户可以进行有限选择；另外还可以提供在衣服上绣个性化的字体，这是完全个性化的选择。在产品设计方面要抓住设计要点，比如衬衣标准化设计的 14 个要点，这样就能把个性化的问题变成有限排列组合问题，大幅度简化了物料采购和生产制造过程。

（3）物料采购

传统的物料采购有三大弊端：一是供应链信息不透明导致协作效率低下，比如客户需要 A 产品，供应商可能在生产 B 产品；二是客户采购或者物流人员的人为因素可能导致供应商订单波动，给供应链管理带来困难；三是供应商交付不稳定导致库存居高不下。在物料采购阶段，由于设计采用的是标准化设计，加之 BOM 中物料种类有限，与这些物料供应商建立紧密合作关系，将会提高采购效率。另外，根据客户订单需求，例如定期（如每日）统计 ERP 物料需求计划，再将物料需求计划分类汇总后发给供应商，个性化的客户需求就转化为了批量的采购需求。通过建立客户和供应商间的数字化供应链，让客户和供应商实时进行信息交互，这样可以一举解决当前供应链采购端的三大问题。

（4）生产加工

生产加工阶段是价值真正产生的过程，狭义上的数字化工厂或者智能制造就是指这一过程。传统的生产模式是将周生产计划下达到车间，车间主管按照实际产能和客户订单属性来安排日生产计划；每天生产结束后，车间主管再将当天生产信息汇总上报给公司管理人员；公司管理人员再来评估前一天的生产状况，看看发生了哪些问题，然后制定相应的应对措施，这种方式会产生生产管理延迟问题。随着数字化工厂的深入，比如有了 MES 系统，可以将日生产计划直接分配到每台设备，管理人员可以实时获取每台设备的生产信息，MES 系统同时还记录生产过程中的各种异常信息，以供管理人员分析使用，这样生产管理过程就实现了数字化、透明化、同步化，相对于传统模式在管理上有了非常大的提升，摆脱了对于人工的依赖，所有的信息来源也更加直接、更加准确、更加迅速，管理决策也更加高效。

一些 MES 公司的人员经常会问，MES 到底能不能提高生产效率？如果能的话 MES 是怎么提高生产效率的？为了回答这两个问题，需要先了解 MES 实现了什么，以及工厂效率损失的根源有哪些。首先 MES 实现了工厂管理的数字化、透明化；其次工厂效率损失有设备故障损失、物料短缺损失、人员怠工损失、操作方法不当损失，以及其他生产因素导致的异常损失。在这几大损失里面，MES 没有解决具体的设备故障，没有纠正员工的操作方法，也不能消除生产的异常因素；但是 MES 让车间实现了透明化，车间上下游一旦透明起来，物料短缺会明显降低，员工也就没有怠工的空间了。按照笔者的经验，一般公司员工怠工造成的效率损失在 15% 左右。因此 MES 对于提高生产效率有一定的帮助，一般带来的效率提升也在 15% 以内。

（5）物流运输

当产品生产出来后，需要快速交付到客户手中。一般企业的做法是产品先入库，物流人员根据出货计划联系外部物流车辆，然后将货物发送给客户，整个过程复杂且低效。在数字化时代，需要有更加高效的创新物流模式。有两种常见的物流模式 B2B 和 B2C：在 B2B 模式下，客户端信息系统和公司信息系统互联互通，物流服务商信息系统也和公司互联互通，有了这些集成信息后，可以进行货物配送优化，不仅能够提高出货效率，还能提升物流运输效率和降低运输成本；在 B2C 模式下，集成快递资源，实现产品下线后实时配送，可以大幅度提升服务效率和降低存储成本。在数字化工厂，所有这些工作都能在系统里自动完成。

以上阐述了横向物料流，它是产品不断增值的过程，因此也称为横向价值流。还有一条纵向信息流，它是数据产生并实现价值的过程。纵向信息流有数据生产、数据存储、数据分析、数据应用和数据集成。

首先是数据生产。从订单处理开始到产品交付到客户手中的整个过程中，都会产生大量的数据，要想构建智能化工厂，第一个要做的工作就是将这个过程中的有用数据收集起来，如果不能收集到这些数据，智能制造就无从谈起。这些数据有些是来自信息化系统的任务数据，如客户订单需求；也有产品属性数据，如 BOM 表；还有生产实时数据，如设备状态、人员状态、设备参数等。数据生产就是要把这些数据收集起来并进行存储。

数据存储是将收集到的数据通过一定的结构存储到本地服务器或者云端，方便对数据进行管理和调用。自建本地服务器和云是数据存储的两种主要形式，从发展趋势来看，云存储是趋势，云储存技术也是构建智能工厂的关键技术之一。当前正在兴起的还有边缘计算，边缘计算是将数据筛选和数据存储一体化的过程，通过边缘计算，抽取有价值的数据并存储起来，将没有价值的数据直接丢弃，这样也能大幅度提升数据分析效率以及降低数据存储成本。

当有了数据以后，需要对数据进行深入分析和挖掘，进而产生应用价值。在数据分析和挖掘的基础上，还可以开发一系列的应用软件系统，例如人员管理系统、设备健康管理系统、MES（制造执行系统）、物料追踪系统、生产环境监控系统、能源管理系统等，这些应用软件系统也是企业数字化建设过程中非常重要的环节。

企业数字化建设到一定的程度，会产生众多数字化软件，各种数字化软件间如何衔接的问题就会突显出来，这就需要数据集成。数据集成是企业在做智能制造顶层构架设计时要去解决的问题。目前有两种实现路径：一是通过功能强大的 ERP 系统，ERP 要实现和各应用系统间的数据交换，但是目前不同系统间接口的兼容性是一大障碍，如果要走这条路径，需要打破这个障碍；二是建立大数据平台，将不同系统产生的数据都集中到大数据平台，在大数据平台上对各类数据进行标准化管理，应用软性需要使用数据时，直接从大数据平台调用。

在建成横纵向端到端的数据网络后，数字化工厂就基本成型了。

随着数字化的不断深入，未来供应链间的协作会越来越紧密，数字化势必会向供应链上下游延伸，比如面向供应链的 ERP，如图 3-27 所示。

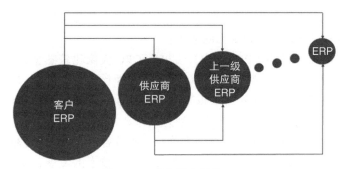

图 3-27　面向供应链的 ERP

以上企业数字化建设包含了诸多内容，企业在执行的过程中要在智能制造顶层构架设计的指引下有计划地逐步实施，否则会走弯路。数字化会让企业各种业务过程更加透明，让管理更加简单，第 7 章将会详细介绍如何进行数字化建设。

3.5.5　精益智能制造第三阶段：智能化

智能化是第四次工业革命的主旋律。关于智能化不同的人有不同的见解，不管见解的差异有多大，如果求同存异去分析，有一点是明确的：那就是智能化是通过制造升级和管理升级来满足客户的个性化需求，智能化的本质还是制造升级和管理升级。

前文提到精益化、创新化和自动化都能够实现制造升级，只不过方法不一样。那么智能化是如何实现制造升级和管理升级的呢？智能化制造升级主要是通过智能硬件和智能软件，管理升级主要是通过智能软件和智能解决方案。

1. 智能硬件

常见的智能硬件有传感器、处理器、边缘计算设备、智能工具和智能设备等。

传感器是最为基础的智能元器件，传感器的功能是将物理现象转换为可测量的电子信号。根据传感器类型的不同，其输出可以是电压、电流、电阻，或是随着时间变化的其他电子属性。表 3-2 是常见传感器种类。

表 3-2　常见传感器种类

传感器	输出
热电偶、RTD、热敏电阻	温度
照片传感器	光源
麦克风	声音
应变计、压电传感器	力和压力
电位器、LVDT、光学编码器	位移和位置
加速度计	加速度
pH 电极	pH 值

制造升级的一个方向就是在普通设备的基础上加装传感器，再加上相应的智能软件，让各种设备具备开口说话的能力。

处理器比较常见的有 CPU、GPU、TPU。CPU 大家比较熟悉，是计算机最核心的零部件，功能主要是解释计算机指令以及处理计算机软件中的数据。随着智能化的发展，对于图片的处理需求越来越多，基于少量运算单元和顺序处理方式的 CPU 运算能力已经无法满足图片的处理需求，于是出现了 GPU。GPU 是面向图像和视频的处理器，它有大量的运算单元，并且各运算单元能够并发运算，大幅度提升了图像和视频的处理速度。随着人工智能技术的发展，需要设备具备深度学习能力，于是 TPU 出现了。TPU 是专门用于神经网络工作负载的矩阵处理器，它不能运行文字处理程序，但 TPU 可以极快地为神经网络处理大量的乘法和加法运算，并且耗电量显著降低，占用的物理空间更小。目前的 TPU 既可以用于训练神经网络，又可以用于推理。

边缘计算是相对于云计算而言的。由于云计算集中处理对于带宽压力大，存在延时等缺点，因此边缘计算开始流行起来。边缘计算采用分散式处理方式，在设备端自带数据获取、存储、处理和通信能力。常见的边缘计算设备有数据采集智能终端、智能网关等。

数据采集智能终端的作用有信号调理和信号转换。信号调理是将信号处理成可以输入至 ADC（模数转换器）的一种形式；信号转换是将调理后的电子信号转换成数字信号。当数据采集智能终端获得传感器传来的模拟信号后，在应用软件的作用下，可以进行模拟信号和数字信号转换和输出，如图 3-28 所示。

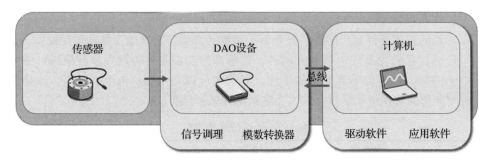

图 3-28　信号调理和信号转换

数据采集智能终端可以通过有线和无线方式连接至计算机。作为数据采集智能终端和计算机之间的通信接口，计算机总线用于传输指令和已测量的数据。数据采集智能终端最常用的有线是计算机总线，包括 USB、PCI、PCI Express 和以太网等。另外很多应用环境需要无线，例如运动中的机器人。随着无线技术的发展，兼容性强的无线数据采集智能终端将会成为主流。数据采集智能终端是设备联网、构建工业互联网、制造升级的核心硬件产品。

智能工具应用领域越来越广泛，例如工业智能眼镜、智能手套、智能螺丝刀等，以智能螺丝刀为例。一架飞机有上万颗螺丝，历史上因为螺丝问题导致的重大事故有很多，如某飞机因维修人员不按照流程操作导致螺丝金属松动，最后引起引擎与机翼间挂架断落，导致事故发生。再比如，某飞机尾部维修时没有安装足够数量的铆钉而导致事故发生。这些事故的原因基本都是螺丝拧紧问题，像飞机这样用到大量螺丝的设备，主要有两个难点：一是螺丝拧得过紧或过松；二是螺丝漏拧。为了解决这两个问题，出现了智能螺丝刀。智能螺丝刀有自动感应、智能计算和无线传输功能，能够把拧螺丝的数据直接传回系统，避免螺丝漏拧；智能螺丝刀还可以根据螺丝和拧紧对象自动匹配最合理的力度，不会产生过紧和过松的现象。

和智能工具类似的还有智能设备，什么样的设备才能称为智能设备呢？智能设备需要具备"自感知、自适应、自调整、自决策"这四项功能。例如一台智能设备，需要自我感知生产环境和来料信息，根据来料或者生产订单信息自动调用相应的加工程序，在加工过程中随着刀具磨损可以自动补偿加工余量，另外若加工尺寸发生偏差可以自动调整，避免产生不良品，在一个订单生产完成后还可以根据生产任务自主决策接下来生产什么。这样的智能设备需要具备深度学习能力，还需要能够和外界进行信息交流。深度学习能力是智能设备的重要特征之一，也是制造升级的必然要求。

未来将进入智能化时代，工业将要被重新定义。传统的PLC、DCS等通信协议多，并且数据使用受限，严重阻碍了企业数字化和智能化的进程，智能化时代需要设备大脑，部分技术领先的企业开始着力开发设备大脑，这也会在一定程度上迫使传统工业基础设施供应商开放数据和统一通信协议，或者自行进行智能化升级。

2. 智能软件

除这些智能硬件外，还有大量的智能软件，例如常见的智能排产系统、质量大数据预防系统、人员管理系统等，智能软件能够让很多工作的效率大大提高。本节以智能排产系统为例进行简要说明，如图3-29所示。

通常来讲，优化生产排程主要用精益管理的VSDiA工具。在图3-29中，运用VSDiA可以合并一些作业，例如排HR（High Runner，需求频率高的产品）和LR（Low Runner，需求频率低的产品）计划以及打印工作可以合并。还可以对其他一些工作进行重组，例如批量排程、指定产线、实时监控和ECU出货等。通过VSDiA改进，从订单处理到出货的周期时间从13天缩短至8天；借助智能排产系统软件，当HR和LR计划确认好后，排产自动完成，可以立即生产，这样又能将出货周期从8天缩短至4天。有了智能软件，很多工作可以实时完成，从而能大幅度提高工作效率。

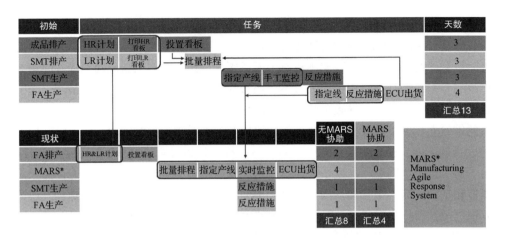

图 3-29 智能排产系统

通过智能硬件和智能软件结合，可构建全新的智能化解决方案，例如设备健康管理系统，还有能解决目前设备维护痛点的设备远程维护系统。设备远程维护系统示意图如图 3-30 所示。

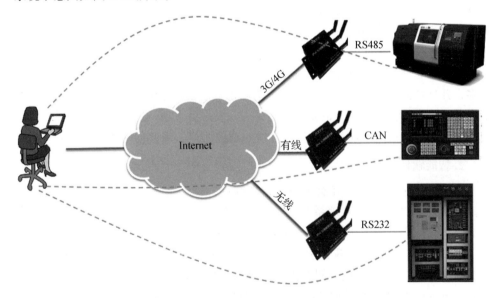

图 3-30 设备远程维护系统示意图

传统设备维护是等设备坏了之后，设备维修人员再去修理，当设备维修人员修理不好时，再寻求设备厂家的支持。在这个过程中有几个痛点：一是设备故障率高以及识别设备故障问题需要很长时间，导致设备维护人员很忙；二是设备厂家售后服务成本高；三是设备购买者损失较大，如设备效率低下需要投资更多设备，以及设备故障可能还会延误交付导致客户不满，严重时可能还会造成客户流失。运用设备远程维护技术，这些问题就能迎刃而解。关于如何用设备远程维护技术解决售后服务痛点，在 8.5 节 "智能服务" 中有详细介绍。

企业升级到智能化阶段，基本就变成了智能工厂。当今世界是一个相互关联、相互协作的世界，单个企业实现智能化不能算是智能化，还需要将千千万万的智能工厂按照产业链连接起来，发挥协同效应，才算是智能化，而这需要互联化。

3.5.6　精益智能制造第三阶段：互联化

互联化有三个层面：一是企业层面，实现物理层和信息层的互联互通；二是产业供应链层面，建立产业大脑，实现产业链互联互通；三是社会生态层面，建立现实世界的 CPS（信息物理系统）虚拟镜像，实现万物互联。本书所说的互联化是指社会生态层面，包括企业和产业供应链互联互通（详见图 9-3）。

就制造业而言，互联化首先要建立工业互联网。GE 是工业互联网的先行者，GE 认为工业互联网是全球工业系统与高级计算、分析、传感技术及互联网的高度融合。工业互联网包括三大要素：设备、人员和数据。

- 设备：将现实世界中的机器通过先进的传感器、控制器和应用软件连接起来。针对目前机器的不同状态，如有的完全没有通信能力，有的通信接口封锁等状况，首先要让不同设备都能够自由通信。只有解决了设备通信问题，工业互联网才有实施基础。
- 人员：建立人员间的实时连接，包括各种工作场所的人员，以支持更为智能的设计、操作、维护以及高质量的服务与安全保障。
- 数据：把各种不同的数据以及各地分散的数据连接起来，使用基于物理的分析法、神经网络算法、遗传算法等去理解机器与大型系统的运作方式。

将这些要素互联起来，将能为企业提供新的发展机遇。例如传统的数据统计方法收集的是历史数据，这种方式将数据、分析和决策分隔开来。伴随着实时监控系统和各种信息技术成本下降，实时数据应用规模将会大大提升：高频率的实时数据为企业提供全新决策依据；边缘计算及深度学习将为分析开辟新维度；各种物理实体相结合、行业专业知识相互融合，最终将重新定义工业、激发新的生产力，让世界更美好、更快速、更安全、更便捷且更经济。

从企业互联、产业互联到万物互联，工业互联网有五层模型，如图 3-31 所示。

图 3-31　工业互联网五层模型

第一层"人机互联层"：是将人和人、人和设备、设备和设备互联起来。人和人的互联是互联网解决的核心问题，在工业互联网范畴内，不仅人和人要连接起来，还要通过连接消除人和人之间的技能差异，给企业带来人力资源红利，例如智能手套，可以将熟练工和新员工连接起来，让新员工操作和熟练工一样好。人和设备的互联是当前工业互联网（也是企业践行智能制造）的一个热点领域，通过身份识别，只赋予有资质的人员操作相应设备的权限。设备和设备互联是目前工业互联网的主要领域，让设备"开口说话"，将设备运行状态、效率、能耗、故障、零件寿命等关键信息，以数据方式精准发送到工业互联网平台，用于大数据挖掘和分析、精准营销、精准服务等；最终将产品的研发、制造、营销过程全部管理起来，构建工业互联网产业生态圈。设备互联要能打破各设备厂家的数据权限，适应不同年代的设备，并能兼容各种工业设备的通信接口，将生产过程中设备的各种实时数据采集出来，这对设备互联的智能终端硬件产品的兼容性要求非常高。让所有设备开口说话、相互交流是设备互联层要解决的核心问题，也是智能制造的痛点和难点，因为没有数据，根本谈不上智能制造。

第二层"人机信息互联层"：是在人机互联的基础上，将企业各种信息系统和人机系统连接起来，实现各系统间数据相互交换。这里面有两层互联互通：一是企业各应用系统间互联互通，如 ERP、PLM、MES 等（这点在 3.5.4 节有具体介绍）；二是信息层和人机层的互联互通。这样才真正实现了"人 & 信息 & 物理"系统间的相互贯通，是构建 CPS 的基础。

第三层"供应链互联层"：是将企业的供应商群体以及客户群体和企业互联互通，实时交换数据，提升供应链的整体协作效率。目前这种模式在一些大公司已经开始践行，主要是以大公司驱动核心供应商的方式开展。大公司要求核心供应商的信息系统能够和自己的信息系统互通，实时了解供应商的相关信息，以便更好地管理供应链。以汽车行业为例，整车厂都是巨无霸企业，有足够的影响力来要求一级供应商开放信息系统接口；一级供应商也有很多巨头，也能够要求二级供应商开放信息系统接口，如此一级一级地推动下去，最终能够实现整个供应链互联互通。目前汽车供应链互联互通相对于其他行业来说先行了一步，未来客户驱动的供应链互联互通模式若能在各行业推广开来，供应链互联时代也就即将到来。

第四层"行业圈互联层"：是各行业的各种资源相互连接在一起，形成一个生态圈。比如任何一家公司，除有供应商和客户群体外，还有很多其他合作伙伴、竞争对手、配套社会资源提供商等，如果将这些资源全部连接起来，一个闭环的生态圈就形成了。在任何一个行业里，都存在众多生态圈，每个生态圈都会有龙头企业，生态圈里的部分伙伴可能会与多个生态圈相关。如果这些生态圈能够互联互通，那么就可以真正地进行产品全生命周期管理，实现循环经济。行业圈互联能够产生巨大商业机会，例如共享制造模式，任何企业的闲置资源都可以通过统一云平台进行整合利用，这大大提高了资源的使用效率，也大大降低了行业的准入门槛，同时使市场竞争机制能够充分发挥作用，激发行业整体创新动能。行业圈互联也能够最大程度提高行业资源利用效率，解决行业资源投资过剩的问题。另外，循环经济也是可持续发展的一个方向和要求，由于不能互联互通，缺乏产品全生命周期管理，循环经济一直未能很好落实。在行业圈互联层形成后，每个物体从一出生就有了标签，直到消亡，在这整个过程中，行业圈中的相关服务方都可以监控其状态，为其提供实时服务，循环经济将变为现实。

第五层"跨行业互联层"：是超越行业限制，实现真正的万物互联。前文提到，万物互联不是目的，万物互联带来的价值才是目的。表面看行业圈互联层实现后，跨行业互联似乎没有太多价值，其实不然，跨行业互联提供了一个跨行业相互学习的机会，比如不同行业同类设备间的相互比较相互学习，可以促进落后行业的发展；很多行业的问题换个行业角度来分析的话，就会有不一样的答案，这也是创新的一大源泉。

当以上工业互联网五层次模型全部实现后，再扩展到所有行业，就实现了实实互联，实实互联可以产生实实协同效应；当将实实互联的物理世界镜像到云端，就构建成了数字虚拟世界。在虚拟世界中，可以更好地了解和认识物理世界，以及更好地预测未来。当能够预测物理世界的未来时，就可以通过虚拟世界来指导物理世界，产生实虚协同效应，这也是互联化的终极目标，也可以说是第四次工业革命的终极目标。

单家企业建成 CPS，就完成了企业数字化建设的"最后一公里"，从这个角度来讲企业的数字化和互联化是同步的，这也是很多专家和学者提出"数字化、互联化、智能化"三步走的依据，他们是站在单一企业来谈智能制造。而本书提出的"数字化、智能化、互联化"是站在整个社会的角度来谈智能制造。也正是因为站在整个社会的角度，才有了工业互联网五层模型中的第三～五层。

本书到此将精益智能制造理论体系的三个阶段六个要素的内容进行了详细介绍，那么企业在实践"精益智能制造"的过程中，该如何评价成效呢？

3.6 精益智能制造评价指标体系

目前各行各业正在全面实践智能制造，一套有针对性的评价指标体系就变得非常有必要。为了落实《中国制造 2025》确定的大政方针，工业和信息化部、财务部联合印发了《智能制造发展规划（2016—2020 年）》（工信部联规〔2016〕349号），该规划对智能制造重点领域提出如下目标要求：制造业重点领域企业数字化研发设计工具普及率超过 70%，关键工序数控化率超过 50%，数字化车间/智能工厂普及率超过 20%，运营成本、产品研制周期和产品不良品率大幅度降低。

《智能制造发展规划（2016—2020 年）》对研发工具、关键工序数控化、数字化车间和智能工厂普及率提出了明确的指标值要求；虽然对运营成本、产品研制周期、产品不良品率这些运营类指标没有提出明确要求，但这些运营类指标是比较容易设定具体目标值的。

精益智能制造作为《中国制造 2025》的有效落地路径，也需要一套更有针对性的评价指标体系。前文提到精益智能制造的目标是"降本增效、升级转型"，因此精益智能制造的指标体系也需要依此来展开。

在精益智能制造理论体系中，对指标提出了更多的要求，但是关于各指标的具体升降比例，并没有提出具体要求，这是因为不同行业、不同企业的工业化和信息化程度是不一样的。比如在半导体和液晶等领域，工业化和信息化程度相对较高，基本都实现了工业 3.0；而在锻造、铸造、家具等传统行业，基本还停留在工业 1.0 水平。在相同行业中，不同企业的水平也相差非常大，比如在机加工行业，有的企业是工业 1.0 水平，产品加工主要靠钳工；有的企业引进了现代化数控设备，产品加工主要依靠设备完成，实现了工业 2.0；还有的企业自动化水平较高，数控设备有了机器人上下料系统，或者实现了单元自动化，也引进了 MES 等信息化管理系统，可以称为工业 3.0。因此针对不同的行业和不同的企业，需要解决的问题和潜在提升空间完全不一样，这也是在精益智能制造理论体系中没有为各指标设定具体要求的原因。以生产效率为例，有些潜力大的企业稍微改进一点，效率就能翻倍；而水平高的企业，如果没有技术革新，生产效率潜在提升空间就非常有限，因为它们的效率提升主要依赖于更为先进的生产设备和更为先进的制造工艺。

基于实事求是的态度，关于精益智能制造指标，潜力大的企业要以提升幅度和经济效益为导向，潜力小的企业要以保持先进性为导向。表 3-3 是本书总结出来的精益智能制造评价指标体系，以供企业实践智能制造时参考。企业可以根据实施的内容，有针对性地选择相应指标。

表 3-3　精益智能制造评价指标体系

序号	评价指标	计算公式/方法	备注
1	客户满意度	客户评估	
2	固定资产收益率	企业实现收益/固定资产价值	
3	生产效率	标准产出工时/投入工时	可以按人、设备分开
4	运营成本比例	（总成本 − 原材料成本）/总收入	假定售价不变
5	能源效率	能源费用/销售收入 *10 000	

（续）

序号	评价指标	计算公式/方法	备注
6	交期	从接单到出货的时间	
7	库存周转率	销售收入/平均库存金额	
8	内部 PPM	内部不良数量/总产量 *1 000 000	
9	外部 PPM	外部不良数量/总产量 *1 000 000	
10	安全生产	工伤事故件数	
11	服务性收入比例	服务性收入/总收入	
12	研发周期	项目立项到研发完成	
13	研发成功率	投产件数/开发件数	

精益智能制造指标体系是围绕降本增效和升级转型这两大核心来设定的。企业要以提高客户满意度为出发点，而客户追求的永远是高质量高性价比的产品和服务，因此设定了与此相关的"质量、成本和交付类指标"；企业自身也需要不断地提高能源效率、生产效率、减少安全事故，因此设定了效率和安全生产相关指标；企业在升级转型过程中需要不断提升服务能力和研发水平，因此设定了服务性收入指标和研发类指标。服务性收入占比是企业升级转型的一个重要标志，比如在德国制造业的服务性收入通常可达30%以上，IBM公司更是将自己重新定位为一家服务型公司。衡量研发水平主要从研发周期和研发成功率两个角度：研发周期的缩短可以更好地响应客户需求，研发成功率的提升不但能够降低企业运营成本，还能够提升企业的市场竞争力。

选择适当的精益智能制造评价指标，可以衡量企业实践智能制造降本增效升级转型的成果。有了成果的比对，企业就能知道哪些方面有了进步、哪些方面还不足，也可以评价哪些措施有效、哪些措施无效，以便更有针对性地补强；另外在成果的比对中，也便于中国制造业摸索最适合自己的降本增效升级转型路径。

按照精益智能制造的6个步骤顺序，分6章来具体阐述企业该如何实践精益智能制造。在阐述过程中，每部分内容将围绕降本增效和升级转型这两大主题，从理念、方向、方法、工具等不同层面进行介绍。由于精益智能制造理论这六个步骤相关内容的成熟度不同，有些内容已经实践了上百年、有些内容才刚刚萌芽，因此在介绍过程中内容深度也不同。随着各种降本增效、升级转型方法和工具的成熟，精益智能制造理论也将不断完善、不断丰富、持续发展。

第 4 章 Chapter4

精 益 化

本章介绍企业该如何推行精益化。中国制造业各行业、各企业的水平差异较大，本章将介绍一套完整的精益化落地方法论，可适用于各行业、各水平的企业。

提到精益管理，从事制造业的人基本不会太陌生，即使没有具体实践过，应该也会在工作中听到过。20多年前，我国开始大范围推行精益管理，但是很多人的认知依然存在偏差，他们把精益管理当成是一些工具的组合，在实际运用时，过度关注工具的应用，而忽视了工具的意义。例如很多从事精益管理的人发现某台设备换型时间长或者设备综合效率低时，就立即执行快速换型或提升综合效率。他们的理由是快速换型可以减少设备换型时间，增加设备产能，提升制造弹性；提升设备综合效率可以增加产能，减少浪费。从表面上看，这些决策很有价值，因为提高了设备利用率，增加了设备产能。但是若从公司层面来看，这些决策不一定有意义，有时可能还会增加公司的制造成本。那么什么情况下做快速换型和提升综合效率有意义呢？那就是针对瓶颈设备做快速换型和提升综合效率很有价值，因为可以直接提升公司的有效产出；如果针对非瓶颈设备增加产能，不但不能提高有效产出，相反还会产生更多的在制品，增加公司的制造成本。

另外，精益管理在我国企业内部的重视程度还不够。大部分企业没有精益管理职能，即使在一些开展了精益管理工作的企业有很多也没有精益职能人员，而是让生产、质量等相关职能部门人员来兼任。部分推行精益管理取得一定成果的公司，通常会成立精益管理部门，但是往往还没有把精益管理上升到经营战略的高度，不能发挥精益管理的全部价值。一家企业要想成功推行精益管理，成立精益管理部门是必要条件，另外也要把精益管理上升到企业经营战略高度，贯穿于企业战略到日常事务的各个方面。

企业精益管理可以分为以下三个层次。
- 第一层次是基础精益管理，能熟练掌握精益管理的各种工具，在实际场景中可以熟练运用，解决具体问题。
- 第二层次是中级精益管理，上升到流程和体系高度。运用精益管理知识来构建企业内外部各种管理体系，如生产管理体系、质量管理体系、供应链管理体系等，以及制定各种流程，如客户投诉处理流程、工程变更流程、异常升级流程、财务报销流程、新员工入职流程等。
- 第三层次是高级精益管理，把精益管理上升到企业经营管理、战略制定、文化建设和整个产业链协同的高度，这样才能够最大限度发挥精益管理的作用。

当前众多企业实践的精益管理，通常都是基础精益管理，就连一些专业的精益管理咨询机构，也是帮助企业导入基础精益管理的各种工具。我国推行精益管理可以借鉴相关成功企业的经验，但是不能去模仿和复制，需要结合我国制造业基本国情和社会文化来进行。

企业要如何才能有效执行精益管理的三个层次，进而解决中国经济发展过程中的突出问题呢？本章将从四个方面阐述精益管理在企业落地的方法论：精益战略、精益人才、精益价值创造体系、精益文化，如图 4-1 所示。

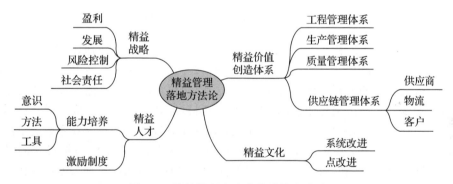

图 4-1　精益管理在企业落地的方法论

4.1　精益战略

过去几年每到第四季度，很多企业董事长和高管都会问笔者企业年度战略该如何制定。本章将企业在制定年度战略过程中经常遇到的问题、原因分析及对策总结如下。

问题 1：公司输和员工赢。公司输是指企业的经营绩效和过去相比没有提升或者下降，而所有职能部门和员工的绩效却非常好。

问题1原因分析及对策：这种现象表面上看好像不可能出现，因为所有部门绩效都提高了，公司绩效应该提升才对，怎么会不升反降呢？2013年底K公司（一家民营上市公司）一名高管说，K公司今年销售额增长了近20%，各部门绩效都超出了年初的设定目标值，但是K公司的利润却比去年降低了。管理者找不出来原因，但是马上又要做下一年的战略规划，如果这个问题没有搞清楚，担心明年还会如此，于是问笔者是什么原因导致？当时笔者画出了图4-2。

 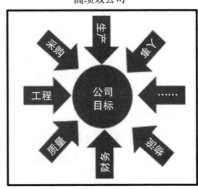

图4-2　低绩效公司和高绩效公司

通过对比图4-2中的低绩效公司和高绩效公司，这个问题的原因就很明显了，这是个典型的"1+1<2"的问题。那么"1+1<2"在什么情形下会出现呢？当各职能部门行动方向和公司目标不完全一致时，即使每个部门绩效都很好，公司绩效也可能会变差。那么当各职能部门目标和公司目标完全一致时，是否就一定不会出现"1+1<2"的情况呢？这也是否定的，除了上述原因，公司绩效还取决于部门目标是否能够100%甚至120%支撑公司目标。一般在实际战略目标设定的过程中，建议是120%支撑，因为任何事情在执行的过程中都可能出现偏差或者执行力不足，120%支撑才能保证公司目标100%达成。

问题2：方向或目标确定了，但是不知道该如何科学地设定具体的目标值。

问题2原因分析及对策：之所以不知道如何设定具体的目标值，这是因为目前企业在制定年度战略规划时，主要使用的是平衡积分卡，这个工具天生就有这方面的缺陷。平衡积分卡通过战略地图制定年度战略规划，战略地图整体上可以分为两大部分：第一部分是确定公司的愿景、使命和价值观，第二部分是制定公司年度战略。对于任何一家公司来说，愿景万年不变，使命可以随着时代的变化而变化，价值观是企业文化的核心组成部分，随着企业的发展会发生一定的改变。

公司战略一般分为中长期战略和年度战略，平衡计分卡战略地图用于制定年度战略，模板如表4-1所示。

表 4-1　平衡计分卡战略地图模板

战略地图	
愿景	
使命	
价值观	
年度战略	
财务	
客户	
内部运营	
人员学习和发展	

年度战略制定有四个部分：财务战略、客户战略、内部运营战略、人员学习和发展战略。战略地图的逻辑关系是以公司财务战略为导向，设定客户战略来支撑财务战略，再确定内部运营战略来支撑财务和客户战略，最后提升员工的能力来支撑以上三个战略。这个逻辑结构非常好，但是每一部分都需要借助具体工具才能落地，而这方面正是平衡计分卡的软肋。那么要如何补强这个软肋呢？

- 财务战略设定要加入财务分析模型。采用的分析模型要和企业现行的财务系统保持一致，这样企业整体改变才会较小。
- 客户战略设定要分成外部客户和内部客户。这部分最常见的问题是往往忽略内部客户，以及外部客户分析不全，因此需要借助项目管理中的利益相关者分析工具，深度挖掘客户信息。
- 内部运营战略设定要掌握关键绩效指标矩阵这个工具。关键绩效指标矩阵能够将企业的战略目标和日常工作联系起来，每项日常工作都能对战略目标的变化起到直接影响，这也是整个战略地图里面最难和最重要的部分。另外，设定运营战略还需要评估企业的潜力，通过潜力分析可以设定具体的运营战略指标值，通过运营战略指标值可以反向验证财务战略目标值和客户战略目标值是否能够达成。
- 人员学习和发展战略要确定企业要提升什么能力。企业能力提升需要落实到具体人员身上，要确定谁来提升企业欠缺的能力。在确定了人选的基础上，再确定发展方式，发展方式要结合企业可用的内外部资源以及预算来综合衡量。在经过这些分析后得出企业的年度培训计划，这样可以让企业的每一分钱都用在刀刃上，也能够不断提升企业员工的能力。

问题 3：制定的战略不能落地。公司制定的战略非常好，目标设定也非常合理，但就是不能落地，导致达不成年终目标。

问题 3 原因分析及对策：战略无法落地的主要原因是公司的战略制定没有基

于其实际情况。公司面临的内外部环境是公司制定战略的出发点，在什么样的环境下就需要做什么样的事情，具体来说就是要做正确的事情；公司的实力决定能够把正确的事情做到何种程度，有多大的能力干多大的事情，如果能力不足以支撑目标，那就只能是空想。因此如何基于公司所处的环境和具备的能力来制定公司战略或者经营计划是管理者实事求是态度的表现。

以上分析了企业在制定战略过程中常见的问题、原因分析及对策。那么企业具体要怎么做才能真正地避免这些问题呢？在介绍企业具体要怎么做前，本节先介绍在制定企业战略过程中非常关键的一个工具"关键绩效指标矩阵"。

4.1.1　关键绩效指标矩阵

一家企业的使命是什么？大部分人会说是盈利和发展。盈利是企业最重要的使命，因为一家企业如果不能盈利就没有存在的价值，只有盈利企业才有能力履行相应的责任，如提供就业岗位等；发展也是企业的重要使命，离开了发展，企业就不能承担更多的责任。因此在企业制定战略的过程中，盈利和发展首当其冲。但是除盈利和发展外，风险控制和社会责任也是企业制定战略必须要考虑的。不进行适当的风险控制，公司经营可能会出现高风险，这样公司的发展也不会长久。随着我国企业管理机制的不断健全，企业社会责任变得越来越重要，如安全生产、环境保护和职业健康等成为了热门话题。

因此企业在制定战略规划时必须要考虑"盈利、发展、风险控制和社会责任"这四类指标。对于这四类指标，还可以从增值和浪费的角度将每类指标再细分为三类：价值、必要浪费、非必要浪费。例如关于盈利类指标，利润是典型的盈利指标，也是增值指标，可称这类指标为增值类盈利指标；库存成本也是盈利类指标，但是库存是浪费也是每家企业必须要有的，因此这类指标可称为必要浪费类盈利指标；不良率也是盈利类指标，但是不良率是典型的非必要浪费，因此这类指标可称为非必要浪费类盈利指标。这种细分是非常有意义的，细分之后，就知道各类指标该如何控制，该增加的增加，该减少的减少，从而可以做到全面管控。

"盈利、发展、风险控制和社会责任"以及"增值和浪费"都是从横向广度来考虑企业战略规划的经营指标。在企业制定战略规划的过程中，还可以从纵向深度来考虑，将企业的经营指标划分为结果类指标、运营类指标、监控类指标和改进类指标。

结果类指标是企业经营希望达成的结果，如利润、固定成本、固定资产收益率等。这类指标很难直接改进，当企业经营好了，这些指标就是见证，它们是反映企业经营好坏的晴雨表。

运营类指标是企业内部项目立项的主要依据，如客户抱怨、准时交付率等。

这些指标是企业运营时真正要考核的，因为经营指标的好坏直接影响到结果类指标的好坏。

监控类指标是为了更好地体现企业运营的成果，准确反映企业运营好坏的影响因素。比如运营类准时交付率这个指标，在监控层就变成 A 类客户准时交付率、B 类客户准时交付率和 C 类客户准时交付率。举个简单例子：准时交付率从 90% 提升到 95%，一条实现路径是 ABC 三类客户准时交付率都是 95%，另一条可能路径是 A 类客户准时交付率是 100%，B 类客户是 90%，C 类客户是 85%。这样区分的好处和意义是，可以知道准时交付率是如何提升的，也能够判断哪条提升路径更优。那么上述例子中这两条路径哪个更优呢？很显然是 A 类客户准时交付率为 100% 这条路径，因为 A 类客户是企业最大的利润贡献者，只有让 A 类客户 100% 满意，企业才更有机会长远发展。

改进类指标是日常真正需要关注的指标，因为只有改进类指标达成了，企业的经营目标才能实现。例如要让 A 类客户准时交付率变成 100%，改进类指标可以是计划工作时间、停机时间、生产节拍等，这些指标都可以直接改进。只有提高了改进类指标，监控类指标、运营类指标和结果类指标才能达成。

表 4-2 是按照这个架构设计的关键绩效指标矩阵，表中的数字代表该类指标的数量，供读者参考。

表 4-2 关键绩效指标矩阵

指标层次	盈利			发展			风险控制			社会责任		
	价值	必要浪费	非必要浪费	价值	必要浪费	非必要浪费	价值	必要浪费	非必要浪费	价值	必要浪费	非必要浪费
结果类指标	15	2	1	7	1	/	12	/	1	4	/	/
运营类指标	10	5	10	11	1	/	12	/	1	9	/	/
监控类指标	49	16	17	17	4	/	21	/	2	10	/	/
改进类指标	19	21	8	16	4	/	16	/	6	10	/	/

关键绩效指标矩阵类似一个指标检查表，当一家企业确定了年度战略目标后，可以将指标数量填进该表。当表填完后，如果某类指标该缺失，就说明规划中出现了漏洞。只要漏洞存在，整体目标达成就存在风险。因此当发现有漏洞后，要第一时间将其补上。

表 4-3 是一家汽车零部件企业（A 公司）进行年度战略规划时，其管理层制定的关键绩效指标矩阵。

表 4-3　A 公司关键绩效指标矩阵

指标层次	盈利			发展			风险控制			社会责任		
	价值	必要浪费	非必要浪费	价值	必要浪费	非必要浪费	价值	必要浪费	非必要浪费	价值	必要浪费	非必要浪费
结果类指标	4	1	1	3	0	/	3	/	1	2	/	/
运营类指标	7	2	6	3	4	/	4	/	1	2	/	/
监控类指标	16	4	7	6	3	/	2	/	4	0	/	/
改进类指标	9	3	2	1	0	/	3	/	0	1	/	/

从表 4-3 可以看出，有四类指标为零：结果类指标缺少了必要浪费类发展指标（例如开发失败的产品数量）；监控类指标缺少了有价值的社会责任类指标（例如每万件产品能耗等）；改进类指标缺少了必要浪费类发展指标（如加工能力）和非必要浪费类风险控制指标（如减少账龄 1 年以上应收账款数量）。缺少结果类指标，说明公司忽略了这方面的事项；缺少运营类指标说明公司不够重视该指标相关事项，没有分配资源来做；缺少监控类指标，说明企业没有很好地管理这方面的事务；缺少改进类指标，说明企业行动少，很多计划没有去落实。

从表 4-3 还可以看出，A 公司改进类指标偏少，说明战略规划较好，但是战略落地行动计划不足，这也会导致公司经营目标很难达成。因此关键绩效指标矩阵可以起到查漏补缺、预防经营目标达不成的风险。

以上详细介绍了关键绩效指标矩阵，接下来阐述如何将精益管理和战略地图相结合，从而避免企业在战略制定中一些常见问题的发生。

4.1.2　精益战略地图

前文提到，战略地图主要有四大战略：财务战略、客户战略、内部运营战略、人员学习和发展战略。传统平衡计分卡的四大战略制定过程中有很多漏洞，导致战略落地执行的可行性较差。通过精益管理的方法和工具，可以有效弥补战略地图的漏洞。

1. 财务战略

在财务战略层面，企业需要根据实际状况，选取恰当的结果类指标。若能熟练运用关键绩效指标矩阵这个工具，在财务战略层面基本不会出问题。但是当指标确定好后，该如何设定具体目标值还需要深入分析企业潜力。在潜力挖掘过程中，需要收集大量的历史数据，然后运用图 4-3 中所示的七种常见方法进行评估。

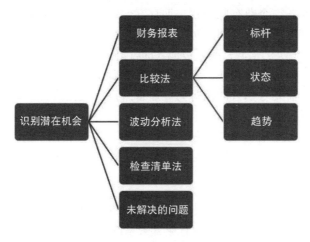

图 4-3　识别潜在机会的七种方法

　　财务报表是最直接的方法。通过分析财务报表，来识别潜在的改进机会是最为准确和直接的方法。比如财务报表中的异常运费、同类产品的盈利能力分析等都可以反映出很多的改进机会。不过大多数企业都不愿意对外公开真实的财务报表，内部人员大多数又看不懂财务报表，或者能够看懂财务报表的财务人员又不能将财务结果与企业实际运营情况联系起来，这样就大幅度降低了通过财务报表来识别改进机会的可能性。

　　比较法有三种：一是标杆比较法，通过和标杆进行比较来找出差距，差距也就是可以挖掘的潜力；二是状态比较法，在正常状态和异常状态间有差距，这个差距也就是改进的潜力；三是趋势比较法，从未来的趋势来看，主流做法是什么样的，如果将企业现行的做法变成未来的主流做法，就可以挖掘很大的潜力。这三种比较法在实际工作中使用得非常普遍，也是比较容易掌握的方法。

　　波动分析法。波动是一种不正常状态，比如设备效率有时高有时低，那么就需要分析为什么会波动？什么因素使设备效率高？又是什么因素导致设备效率降低？如果能够消除导致设备效率低的因素，那么设备效率就可以一直保持高的水平，因为这个高在企业已经出现了，现在要做的就是一直保持这个高效率水平而已，企业有能力实现，因此波动分析法可以识别很多潜在机会。使用波动分析法时需要对数据非常敏感，要能很容易识别出波动，并且能够迅速确认造成波动的原因。

　　检查清单法。人有时候经常会忘记做一些事情，忘记做就可能会引发一系列的问题，而这也往往是很多波动和异常的根源。运用检查清单法，可以确保做事情时不会遗漏待办事项。比如企业常用的点检表和分层审核，上文介绍的关键绩效指标矩阵也是一个检查清单。

未解决的问题。企业有些问题长期存在，针对这些老大难问题，逐个解决是基本策略，把以前未解决的问题解决了，就是潜在的空间和机会。面对未解决的问题，要有坚定解决的信心，不要被他人的言语干扰。

若能熟练运用这七种方法，识别潜在机会就不再是一件难事。但是科学地设定具体指标值还需要考虑人的执行力。通常来说，人在执行一件事情的时候，效果会打折扣，因此在设定具体指标值时建议分三条线："低位线"以企业的实际需要为标准，"中位线"作为绩效考核的依据，"高位线"再怎么努力也很难实现。

掌握了这些方法，在制定战略地图的财务战略时就能够得心应手了。

2. 客户战略

在客户战略层面，客户包含内部客户和外部客户。一提到客户，很多人往往想到的是外部客户，而且基本特指有业务关系的外部客户，这是比较狭隘的认知。在战略地图里面，要把客户当作利益相关者来理解。利益相关者是项目管理中一个重要的概念，是指和项目有关联的人或组织。因此若把客户战略中的客户看成公司的利益相关者，内容就变得丰富了。

外部客户不仅指有业务关系的客户，还包括一切有利益关系的相关者，如供应商、竞争对手、母公司、政府各相关部门、人才市场、社区等。这些利益相关者构成了企业制定战略规划时要考虑的外部客户。

内部客户是指企业内部各利益相关者，从公司的角度来看，内部客户主要有股东、子公司、员工等。

公司的最大目标就是满足客户的需求，在清楚了内外部客户后，需要详细分析他们对公司的利益诉求是什么；在分析客户利益诉求后，再分析客户的价值和客户对公司的兴趣；然后按照价值和兴趣对客户分类，分类后采取不同的管理策略，如图4-4所示。

分析完客户需求和管理策略后，需要将客户需求和公司财务战略关

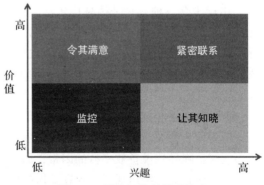

图4-4 利益相关者管理策略

联起来，看看客户需求能否完全支撑财务战略，若可以完全支撑，则客户战略可行；若发现不能完全支撑，就需要继续挖掘客户需求或者识别更多的客户，要使客户战略完全支撑公司财务战略。

3. 内部运营战略

在内部运营战略层面，需要确定要做哪些具体事情，这个时候需要用到关键绩效指标矩阵这个工具。当企业确定了财务战略后，财务类（结果类）指标就确定了，然后以结果类指标为出发点，一层一层地进行指标分解，直到分解为改进类指标为止。当得到了改进类指标后，将各类指标值及潜力填进去，反向推算这些指标潜力若被全部挖掘出来，是否能够实现结果类指标中线，若能达到结果类指标中线，则运营战略制定成功，若不能达到，则需要对目标重新分解或者挖掘更多潜力，使其能够实现结果类指标中线。

在制定运营战略时，常常存在好高骛远的现象，即不根据公司的实际能力进行目标分解或者制定目标。比如为了达成盈利指标，需要降低不良率，经过分析企业不良率水平比行业平均水平高，意味着有非常大的潜力，因此制定目标时将不良率直接降到平均水平以下。该决策出发点是好的，但是需要考虑公司有没有降低不良率的能力，若企业不具备这方面的能力，就算目标设定得再好再合理也无济于事。那么要如何避免这种问题的发生呢？那就是改进类指标的选择和目标设定要基于公司的实际能力，要确保公司有能力完成相应的目标。但是制定的目标也不能太低，可以将目标设定得稍微高于企业的实际能力，以便能够激发员工的潜能。一旦公司目标稍高于企业实际能力，企业就需要通过学习和发展来提升自身的能力，但是要确保这种能力能够在一年内得到提升，否则也是好高骛远。若是在学习与发展战略分析后不能在一年内达成目标，而且还是企业势必达成的目标，就需要去寻求外力的帮助。

4. 人员学习和发展战略

最后是人员学习和发展战略。当运营战略确定后，学习和发展战略基本就确定了。针对企业能力不足的部分进行学习和发展，以确保项目能够保质保量完成。学习和发展一方面来自企业的需求，另一方面也需要考虑员工的个人职业发展需要。若一名员工想要学习某类知识或者某项技能，但是他目前的工作岗位不需要，这时公司可以适当考虑满足员工的部分要求。通常来说，每名员工每年可以有三个发展机会，建议在这三个发展机会中，有两个机会以满足公司需求为导向，一个机会以提升和完善员工自身能力为导向。

当整个战略地图完成后，需要把人和战略地图里面的事完全匹配起来，确保事事有人负责，事事有落实。匹配人与事也有一些规则，如图4-5所示。

图4-5　企业人与事匹配规则

一般来说，企业员工可以分为三类：明星员工、一般员工、新人。按照工作的复杂性和重要性，可以将所有工作分为四类：重要复杂的工作、重要简单的工作、不重要简单的工作、不重要复杂的工作。将不同类型的员工和不同类型的工作匹配起来，最佳搭配是：明星员工负责重要复杂的工作；一般员工负责重要简单的工作；新人负责不重要简单的工作；针对复杂不重要的事情最好不要做。如果战略规划中有复杂不重要的工作，建议重新审查战略规划，将此类工作剔除。通过这种工作分配方式，可以最大限度发挥每类员工的能力，并确保工作能够被有效执行。

在分配完全部工作任务后，企业可以确定哪些是年度的关键任务和关键指标，然后安排相应的人员去管理，让他们能够直接负责公司最重要的事项，无形中形成管理者间的相互激励机制。

以上这套制定战略的方法就是笔者提出的"精益年度战略规划"，将它和企业中长期战略规划结合起来，可以形成企业完整的战略规划系统，帮助企业找准战略发展方向和落地路径。

4.2 精益人才

现代企业管理有一个共识"人是企业最宝贵的资产"。对于精益管理来说更是如此，离开了精益人才，精益管理无法开展。本书将战略、人才、管理体系、持续改进文化称为精益管理"大四元"模型，人才是连接战略、管理体系及持续改进文化的桥梁，如图4-6所示。

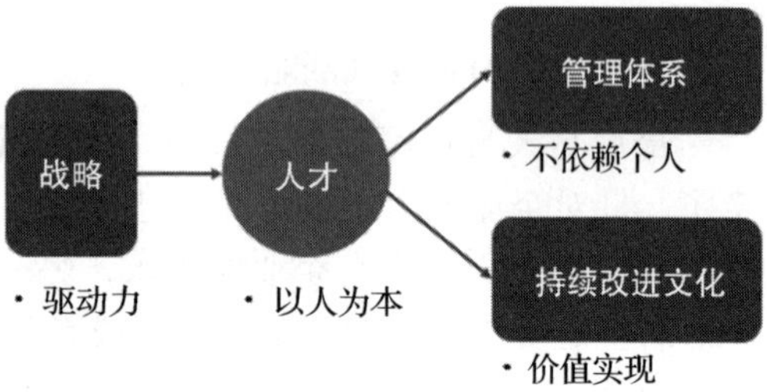

人才是整个精益管理的核心，离开了人才，精益管理就无从谈起。企业该如何培养精益人才，来引领企业成为精益企业呢？笔者将结合个人的学习历程，以及对各行各业精益人才的培养经历来进行具体阐述。

图4-6 精益管理"大四元"模型

中国式管理强调以人为本，以人为本的内涵是"修己"和"安人"：修己是要养成"自觉、自律、自主"的习惯，安人追求"己安、人安"；"修己"才能"己安"，"己安"才能"安人"。精益管理和中国式管理一样，强调以人为本，精益管理也是"修己安人"的过程。

精益管理的"修己"是指要学习精益管理相关知识，在实践中获取精益管理实战经验，然后升华对理论的认知。精益管理相关知识主要是指下文总结的修己五步；精益管理实战经验主要是指能够理论联系实际去解决问题，并取得相应的成功结果；若一个人执行精益管理项目失败，那说明还没有学习到精益管理的核心，从而也不能够升华对精益管理的认知。这方面的认知只能从自己的成功项目实践中学习，通过他人的讲解是无法真正理解的。精益管理的"安人"是指要先激发自己的工作激情，在实践中创造价值，然后去影响他人，从而激发他人对精益管理的兴趣，传授他人知识和技能，进而让他人也能够去实践精益管理，创造更多的价值，并且再去安他人，这样精益管理的"修己安人"才能够持续的传承下去。

4.2.1 修己五步

精益管理是一门交叉性科学，涉及的知识领域非常多。那么该如何修己呢？结合个人经验，笔者总结了成为一名精益人才的路径，如图4-7所示，也称为精益人才"修己五步"。

修己第一步：掌握精益基本知识以及灵活应用。要想变成精益管理人才，精益基本知识是基础，主要是指精益的"两大意识、四大目标、八大原则和各种工具"（详见第3章）。要特别注意的是，当掌握

图4-7　精益人才"修己五步"

了精益基本知识后，要能理论联系实际，运用知识解决实际问题。2013年笔者去常州一家公司做QCO（快速换型）讲师资格认证。第一天培训了QCO全部理论内容；第二天实战，要运用QCO的知识去减少一条机加工生产线（由9台数控机床组成）的换型时间。在大家去现场观察换型过程、拍录像、收集各种数据后，回到会议室进行过程分解。项目团队将过程分解的非常透彻，然后开始讨论快速换型方案，讨论后得出的一致结论是：换型时间不能缩短。最后，在笔者的引导下大家很快发现换型时间可以缩短50%以上。这个例子说明项目团队理论知识非常丰富，但是实战经验不足，不能灵活运用所学知识来解决实际问题，因此修己第一步还没有学到位。

修己第二步：要了解企业经营管理的相关内容，并能应用精益管理知识去解决企业经营管理问题。企业在制定战略的过程中有很多痛点，如通过关键绩效指标矩阵检查指标是否有缺失，需要运用精益管理相关方法和工具去解决。除战略管理外，还需要掌握一定的财务知识，例如看懂看透财务三大报表。财务三大报表能反映大量信息，财务人员一般是从财务视角来解读财务报表，往往不能把财务数据和企业经营状况联系起来；从精益的视角来看财务报表，财务报表是立体的，也就是说根据财务报表，就能预判出来企业的经营是什么样的，现场是什么样的，然后去实际调查验证，发现能把财务报表看出来是立体的人的预判和现状非常接近。精益改进项目有一个捷径，就是从财务报表出发，企业期望财务报表

哪些数据发生变化，通过精益视角看财务，就可以知道要做哪些改进项目。另外如果能掌握一些基本的行业背景数据，对于分析改进也非常有帮助。2016年笔者在无锡一家公司做精益项目，分析完财务报表后，发现所有间接物料成本占总成本的14.5%，但是一般公司间接物料成本占比都在10%以下，控制好的话可以在5%左右，那么这家公司为什么这么高呢？不用去现场基本就能猜出原因，肯定是很多间接物料质量不好或者使用寿命还没有到就被人为地丢掉了。这些都是表面原因，深层次原因一定是缺乏间接物料管理机制以及采购监督机制。按照这个猜想，笔者和该公司管理层一起去查看间接物料采购和使用情况历史记录，在现场翻查设备维修记录时，一个叫碟簧的备件频繁出现，每台设备平均2个月换一次，一次换144片，价值1500多元，该公司总共有类似设备300多台，仅这一个备件一年就要300多万元，接着又查看了该备件的寿命标准，发现是2年，但是现在2个月就换了。调查原因发现，碟簧的生产厂家改变了，设备供应商推荐的碟簧品牌寿命是2年，但现在换成了另一品牌，寿命只有2个月，而价格几乎没有变，这就是原因，一个备件更换导致公司一年多花近300万元。这个例子说明了经验数据对于改进活动的指导意义，当发现一些数据不符合常理时，要迅速去预判原因，再去做相关分析和验证，这样很快就能发现和解决问题。另外这个例子也说明了从财务报表出发走捷径解决问题的速度非常快，这家公司在经过2天的成本分析辅导后，间接物料成本很快就降到了8%左右，这也解决了该公司管理层所说的变动成本无法控制的问题。

修己第三步：要了解企业运营管理的相关内容，并能应用精益管理知识去解决运营问题。如果经营的主要任务是决定做什么，那么运营就是怎么做。企业运营一般包含工艺、质量、生产、设备（含工装模具）、供应链这几个核心职能。要成为一个高水平的精益人才，需要对这些职能都比较熟悉。只有熟悉了这些职能的相关工作流程和关键控制点，才能够在精益改善项目中应对自如。另外，也能够在提出一个解决方案后，立刻知道它的潜在影响，以便事前采取预防控制措施，否则潜在问题可能会让整个项目前功尽弃。2009年笔者在主导江森自控芜湖工厂再造项目期间，当项目进行到大半程时，出现了一个没有预见到的潜在问题。在焊接工位改造时，为了改善现场作业环境，给每个工位加装了抽风系统。由于要抽风，需要将工位用帘子隔绝起来，供应商推荐了焊接常用的浅红色透明塑料帘子。后来发现焊接工位帘子会将焊接光反射到工人脸部，导致工人脸部出现灼伤现象。当时有人提建议拆除帘子，可是要是拆除帘子抽风系统工作效果就不明显，作业环境也很难改善；也有人建议换帘子，可是目前选用的就是最好的帘子，也不可取。那该怎么办呢？然后去咨询了焊接专家，专家说在一个狭小的空间内，持续的焊接反射光是可能杀伤皮肤的，但是只要将帘子里面变成磨砂面就能解决这个问题。于是联系供应商将帘子内面磨砂化，果然这个问题解决了，工人再也没有抱怨过脸部灼伤问题，现场作业环境也得到了大幅度改善。这个案例说明当时对方案的潜在问题评估不足，好在这个潜在问题的解决方案没有那么复杂。如果当时不能解决潜在问题的话，就需要将帘子拆除，那么抽风系统就起不到预期效果，现场工作环境也得不到改善，就会赔了夫人又折兵。

修已第四步：要了解项目管理的相关内容，并能运用项目管理知识来管理精益改进项目。企业的精益负责人一般是精益经理，和其他职能部门是平级关系。精益项目在执行过程中，需要公司高层管理者和其他部门人员紧密配合。比如生产线改造需要生产部门同意，布局调整需要设备部门来执行，解决质量问题需要技术人员和质量人员共同讨论等，总之离开了其他职能部门人员的支持，精益项目很难开展。这就需要精益人员熟练掌握项目管理的利益相关者知识，通过分析利益相关者的利益诉求、对项目的影响力以及对项目的态度，来决定如何管理每名利益相关者。在实际项目中，对利益相关者分析后，常常会发现某位权力很大的利益相关者，对项目没有太多利益诉求，对项目的态度也不是很明确，这时就需要精益人员去影响该利益相关者支持项目。除要掌握利益相关者分析外，项目管理的沟通管理、变更管理、进度管理以及人员管理都对精益改进项目的顺利执行有非常大的影响。随着当前项目管理开始向敏捷项目管理发展，敏捷项目管理的主要目的就是快速交付成果，这对于精益管理来说也非常重要。在项目执行过程中，精益管理人员需要运用敏捷项目管理的方法，迅速交付一定的成果，比如成本降低、效率提升、质量改进、库存降低等，让公司和项目团队成员能够迅速感受到精益管理的带来的价值，进而增强信心和加大执行力。很多精益管理项目失败的原因就是项目经理将项目方案规划地非常完整，但是在执行过程中，公司和整个团队迟迟看不到交付成果，从而整个项目团队慢慢地松散下来，最后导致项目失败。这些都说明了项目管理知识对于精益管理的重要性，一个好的精益管理者，一定是个出色的项目管理者。

修已第五步：精益人员需要掌握一定的管理软技能。精益人员有四个角色：领导者（领导项目）、协调者（平衡各方利益，采取有效行动）、培训者（内外部人员精益知识培训）、组织者（组织各种活动、研讨会、会议等）。这些角色决定了精益人员至少需要掌握领导力、沟通协调技巧、培训技巧、主持技能。领导力能够让精益人员激发团队士气，将工作分配给适合的人，进而推动项目目标的达成；沟通协调技巧能够将整个团队团结在一起，为实现项目目标共同努力；培训技巧可以让精益人员高效地将精益管理知识传递给相关人员，统一认识，提高能力，"一个人强不算强，一群人强才算强"，培训技能就是让一个人强的局面迅速转变成一群人强的局面，通过对学员们的高效培训辅导不断放大知识的价值；作为精益项目的管理者，也要经常组织各种各样的会议，那么如何让每个人都设身处地地参与进来，共同探讨相关话题，就变得非常重要，因为只有团队成员都参与进来，在执行的过程中才更高效。例如柳州一家汽车零部件公司总经理邀请笔者去做诊断，诊断过程中，该公司总经理反映了一个问题"每当开会的时候，所有人都不发言，只有他自己一个人在讲话，即使让员工们讲，员工们也不讲"。该总经理问该如何让开会的人都开口说话？当时笔者根据自己的经验给出的建议是"写比讲更有效率"，如果员工们不开口说话，可以运用主持技巧，改说为写。开会前将要讨论的话题罗列出来，并且将每个话题设计一个构架，然后让员工将相关信息补上。如果能熟练运用这个主持技巧，该总经理甚至不用出现在会议现场，也能得到员工们的想法和建议，这就是软技能的威力，这种方法还可以应用到公司年度战略规划中。一般公司的年度战略规划主要来自老板的想法，员工们贡献较少，如果能够熟练运用这项软技能，就可以获取所有管理人员对公司战略规划的建议，比老板单独做决策要有效得多。2013年笔者为深圳一家公司进行战略咨询辅导时，尝试使用了这种方式，最后仅用三天就将该公司的年度战略规划完成了，效率和效果都超出了该公司老板的想象。

如果精益人员能够熟练掌握"修己五步"，就能快速成长为一名真正的精益专家。精益专家是精通精益基本知识、经营管理、运营管理、项目管理、管理软技能的复合型人才，不是只懂精益知识的专才，只懂精益知识的专才是精益工程师。

4.2.2　安己安人

当成为精益专家后，就可以开始"安人"了。安人先要安己，然后再去安人。安己是自己要有实践，能够创造价值；安人是去培养他人，影响他人，让他人创造价值。

安己有两条路径：一是自我反省，二是培养主人翁精神。自我反省是个人成长最有效的路径，通过反省寻找差距，并立即采取行动；培养主人翁精神是指一个人无论在哪种环境下，都应该把自己当成主人，因为只有这样才能全身心投入。

安己后（具备正确的态度和很强的能力），才能去安人。安人要在态度上影响他人，能力上培养他人，通过他人创造更大的价值。

态度上影响他人主要是培养他人的主人翁精神，在这个过程中可以采用正激励方式。正激励是相对负激励而言的：正激励行为通常体现为奖励为主，宽容错误；负激励行为以惩罚为主，批评指责。正激励会将好行为变成日常工作习惯，而负激励则是在出现问题后批评指责，问题解决后不进行经验总结，一段时间后再进行检查循环往复。

能力上培养他人要有全面的培养计划以及培养方法。修己五步是个人成长的路径，同时也适合培养他人。修己五步里面涵盖了对精益人才五个方面的能力要求，依照这五个要求可以制定精益人才培养模型。2014年笔者在深圳一家公司试点"精益领袖项目"，目标是将一批有一定精益基础的人迅速培养成精益专家，将一批管理者培养成精益领袖。要培养这样的精益专家和精益领袖，就需要建立精益专家和精益领袖模型。笔者当时就是以精益管理的修己五步为基础，开发设计了五大方面45项关键技能的培养计划。在18个月的时间内，为该公司培养了12名精益专家和精益领袖。现在这批人部分成为了公司的顶梁柱。

一家公司里面，精益领袖推进精益工作在组织里面有序开展，精益专家提供解决问题的有效方法以及培养新人。只有精益领袖和精益专家相互配合，精益项目才能够持续的开展下去，精益文化才能够逐步形成。

4.3 精益价值创造体系

企业制订战略后，还需要考虑战略如何落地。战略落地一要靠人执行，二要靠管理体系来保证。在4.2节介绍了人，特别是精益领袖和精益专家对一家公司精益管理的重要意义，本节再介绍管理体系。

一家公司的管理体系可以分为两类：一是价值创造体系，二是支撑体系。价值创造体系是主体，支撑体系为价值创造体系服务。

价值创造体系以产品（以交付服务为主的公司，服务也是一种产品形式，在此不做区分）为中心，分为创造产品的工程项目管理体系和交付产品的生产管理体系、质量管理体系、供应链管理体系，如图4-8所示。

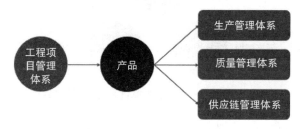

图4-8 企业价值创造体系

产品是一家企业最终的交付物和价值载体。在价值创造体系里面，通过工程管理体系创造产品，通过项目管理体系不断完善产品，让企业具备量产能力，本书将这两个体系放在一起，称为工程项目管理体系。当企业具备量产能力后，企业需要持续稳定的交付产品，以满足客户需求，这就需要生产管理体系来生产产品、质量管理体系来确保产品品质、供应链管理体系来保证原材料供应和运输交付。另外质量管理体系在产品设计和爬坡的过程中，也至关重要。

除价值创造体系外，还有很多支撑体系，例如财务管理体系、人事管理体系、销售管理体系、行政管理体系等，这些支撑体系用来保证公司有序高效运作，和价值创造体系一起构成了整个企业管理体系。

精益管理是一个不断消除浪费、持续改进、提升价值的过程，因此精益管理不仅和价值创造体系要深度融合，还要持续优化和精简支撑体系的运作效率。例如精益财务管理可以优化账务处理流程、分析坏账、减少坏账损失等；精益人才管理可以优化人才的"选育用留"流程等。围绕精益智能制造这个主题，本节主要介绍精益管理和四大价值创造体系的融合。

4.3.1 工程项目管理体系

工程项目管理体系贯穿产品的创造过程，涵盖了产品的设计、材料、工艺、设备投资，以及产品的主要成本等，决定了产品的市场竞争力。因此在工程项目管理体系里面融入精益管理，能够大大提升产品竞争力和控制产品成本。精益管理在5方面能够和工程项目管理体系深度融合，如图4-9所示。

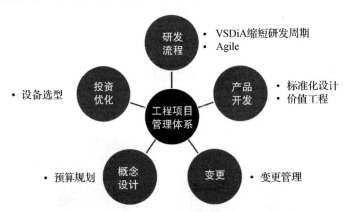

图4-9 精益管理和工程项目管理体系的融合

在产品研发过程中，主要有两个指标：一是产品研发成功率，二是产品研发周期。由于产品研发成功率的不可控因素太多，本书不再深入阐述。

精益管理优化研发流程、缩短产品研发周期的有力工具是VSDiA（间接领域价值流程分析，在3.3.4节中有介绍）。通过分析整个研发流程来识别不增值的环节，再运用精益管理的改进方法和工具进行消除和减少，最终精简研发流程并提高研发效率。改进后的研发流程可以让研发人员专注研发，并提供适当的研发工具和环境，确保研发效率和研发成果最大化。有研发能力的人如果被其他不增值并且和研发无关的事情困扰，就很难有研发成果。例如一些著名的专家学者由于突出贡献，被提拔到了领导岗位，但是到了领导岗位后，就再也没有建树了。原因就是这些专家学者被很多行政事务困扰，没有充足的时间和空间进行研究工作，因此没有新的研究成果也就不足为奇了。另外也可以将研发任务按照难度等级进行划分，不同能力水平的工程师负责不同难度等级的任务，并将这些工程师组成一个研发小组，从而能够降低公司对于高水平研发人才的需求，并且提升研发效率和降低研发成本。

当今社会不确定性越来越强，一般产品研发周期较长，开发风险也随之上升。产品开发经常会出现这种状况：当把样品交付给客户时，客户需求已经发生变化，不得不从头再来，结果导致产品开发周期变长和开发成本增加。

为了应对这种变化趋势，敏捷项目管理（Agile）被广泛应用于产品开发，包括信息透明、小步检查、立即调整适应，如图4-10所示。

图 4-10　敏捷项目管理

信息透明可以减少整个团队的沟通协作成本；对结果进行小步检查可以立即纠正偏差，减少与客户需求不一致带来的损失，还可以快速交付进而满足客户需求；另外当发现和客户需求有偏差时，要立即调整，这样可以保证最终的交付结果能够满足客户需求。日常工作中经常出现研发人员抱怨客户需求变化的情况，由于市场是变化的，客户需求变化也很正常，因此企业要能快速适应客户需求的变化。

从技术和需求两个角度看产品开发，如果将技术分为从已知到未知，将客户需求分为从清楚到不清楚，那么可以将产品开发分为图4-11中的四个区域：简单的、繁复的、复杂的和混沌的。

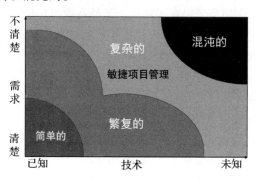

图 4-11　产品开发的四个区域

在简单的世界中，企业要赢靠的是迅速复制的能力；在繁复的世界中，企业需要听取专业人员的建议；在混沌的世界中，风险太高，出于商人逐利的本性，注定很少有人涉足；而在复杂的世界中，技术和客户需求都具有一定的不确定性，这就需要敏捷项目管理的工作方式（读者也许会发现，有的人在这里使用的是 SCRUM，SCRUM 是敏捷项目管理的一种方式），不断地摸着石头过河。

　　精益管理有一大原则和一项工具对产品开发有很大帮助：一大原则是标准化设计，一项工具是价值工程。产品非标准化设计给用户使用带来了很多不便，如手机充电接口，诺基亚是圆孔型、Android 系列是 D 型扁口、iOS 是 O 型扁口、华为是大 O 型扁口，都不通用，结果每个人家里都有一大堆充电器。这不仅给使用者带来了不便，也浪费了大量的社会资源，如果这些充电接口可以统一，整个社会估计可以节省上百亿个充电器、上千亿的物资资源。另外，产品非标准化设计还推高了制造成本。产品型号多，生产批量就低，设备型号、模具种类、包装方式等都会增加，无形中增加了整个社会生产要素的投入和降低了生产效率。精益管理提倡进行产品标准化设计，将产品分解成一个个小单元，将每个单元尽量做标准，这样不同的产品就变成一些标准单元的组合，既可以满足客户个性化的需求，又能够实现供应端标准化。产品标准化设计通常有三个层次：一是产品平台标准化，二是产品零部件标准化，三是产品制造工艺标准化。

　　产品设计经常和价值工程联系在一起，如第 3 章介绍的：产品的价值（V）等于功能（F）除以成本（C），这个比值越高价值就越高。用公式表示如下：

$$V=F/C$$

　　通过该公式可以得出提高产品价值的三条路径：一是提高功能、降低成本；二是提高功能、提高成本，功能提高的幅度更大些；三是降低功能、降低成本，成本降低的幅度更大些。这三条路径对产品开发非常有指导意义，例如新车上市的时候，一些功能和技术还不够成熟，等到第二代类型上市的时候，之前的一些小问题就得到了纠正，这相当于提高了功能；另外在提高功能的时候，又进行部分标准化零部件替代，这样可以降低成本，相当于走"提高功能、降低成本"的路线。随着车辆热销，汽车厂家开始减少配置降低功能，零部件生产也越来越标准，成本也随之降低，这就是"降低功能、降低成本"的策略，整车的价格也会相应下调，从而让消费者感到价值提升。

　　在产品研发过程中，变更是正常情况，精益管理要求在产品研发过程中做好变更管理工作。变更管理主要有两个方面的工作：一是完整记录，二是评估影响和采取应对措施。完整记录是做好变更管理的第一步，如果去查一些公司的 BOM 表，会发现同一个零件可能在系统中有多个零件料号，采购下单时需要去核对确定具体是哪一个零件料号，这既浪费采购人员时间，还可能造成物料呆滞，究其原因就是变更管理没有执行到位，当零件变更时，没有在系统里面冻结老料号，也没有在系统中对零件信息进行更新。当完成变更记录后，还需要评估变更带来的各方面影响，如产品设计、材料、制造、成本、质量、采购等。很多公司在产品设计变更时只考虑对设计方面的影响，导致研发和其他环节产生了脱节，这是变更管理执行不到位的表现。若评估影响的结果是变更可行，就可以进行相应的变更；若评估结果不可行，或者代价太大，那么就不能进行变更。

在工程项目管理体系中，除产品这条主线外，还要考虑产品投产。在投产这条辅线上，概念设计是第一步。投产的概念设计是指根据产品需求，估计需要投入多少资源，以什么样的方式将产品生产出来。在概念设计阶段，精益管理可以提供的工具有精益工厂规划和精益产线设计，视项目的大小而定。这个阶段的精益工厂规划和精益产线设计没有具体数据信息，只能借助以往的经验，因此比较宽泛，只是一些原则和方式的应用。但是这个阶段运用精益管理，会产生很多降本增效、提高运营效率的机会：在现有生产模式下，存在很多约束，而在新项目投资建设过程中，很多在原有生产模式下无法实现的东西，在新项目建设时有机会实现。因此将精益管理应用到概念设计阶段，既能减少投资，又可以降低投产后的运营成本。按照笔者过去负责项目的经验，概念设计阶段精益管理做得好，可以节省30%左右的项目投资预算。

随着新产品开发项目的不断深入，到了生产实现阶段购买设备时，可以运用精益管理来优化投资。比如在概念设计阶段没有的数据信息，到了生产实现阶段，由于有了手工样件制作经验，很多生产数据就已经有了，这个时候可以结合实际数据进行方案优化。方案优化涉及设备选型，选用最有利于生产实现的设备组合。经过这样的精益设计后，投产和爬坡都会非常顺利，不仅能减少投资，还能降低投产后的运营成本。因此将工程项目管理体系与精益管理相融合，是一家公司做精益管理最佳的切入点，能起到防患于未然的效果。

4.3.2 生产管理体系

当产品开发出来后，就进入到生产制造。生产制造是价值增值的过程，在生产过程中投入要素的多少会决定产品的成本，而在整个生产过程中，投入的要素种类又非常之多，因此需要非常精细化的管理。精益管理最初诞生的时候称为精益生产，主要应用在生产领域，随着精益生产影响力的不断扩大，人们发现精益生产的很多理念、方法和工具不仅适用于生产现场，还适用于其他管理领域，因此就逐渐演变成了精益管理。

生产管理体系可以分为生产计划系统和现场管理系统两大部分。现场管理系统又可以分成：投产准备、人、机、料、法、环六个方面。整个生产管理体系如图4-12所示。

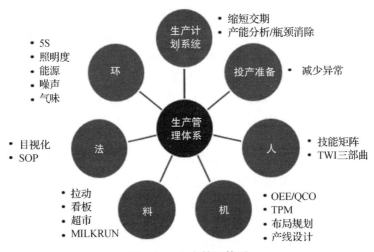

图 4-12　生产管理体系

生产计划系统是一家企业里面最为复杂的系统，也是整个公司运作的中枢神经。生产计划系统将公司内外部连接起来，获取外部客户需求信息，将其转化为内部生产指令，并组织资源进行生产，最后把产品交付到客户手中。生产计划系统之所以复杂，是因为内外部信息和资源都是变化的，要适时调整，维持最优的动态平衡。本书将生产计划系统总结为"两基座六支柱"模型：两基座是客户需求和生产数据；六支柱是订单管理、物料采购、库存管理、设备管理、工具管理、人员管理。如图 4-13 所示。

生产计划系统底座一：客户需求。客户需求是生产计划系统的输入，客户需求的特点是变化无常，应对客户需求变化要做好三个方面的工作。

图 4-13　生产计划系统"两基座六支柱"模型

一是销售预测管理，每个月都进行未来 12 个月的销售预测（是否是 12 个月，依据不同的行业，有些行业可以预测 18 个月，也有的行业只能预测 3 个月）。虽然预测未来非常不准确，但是每个月还是要坚持预测和更新，这样越临近月份的预测数据就越趋向准确，如图 4-14 所示为一个销售预测案例（图中每个月份的预测数据曲线以该月为起点）。

从图 4-14 中可以看出，每一次预测未来 12 个月的销量：前 3 个月相对比较准确，后 9 个月不太准确，但是随着每个月进行预测迭代，就可以获得更为准确的未来 3 个月的市场销量。依据比较精准的未来 3 个月销量，就可以从容地制定生产计划和物料采购计划。

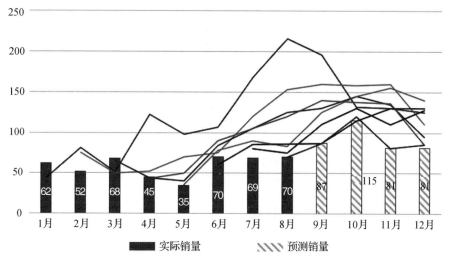

图 4-14 销售预测案例

二是建立客户需求分析机制。任何一件没有规律的事情，做分析肯定比不做分析的实现效果要好，另外客户需求分析也是做好预测管理的前提。通过客户需求分析，可以洞察客户需求规律和识别需求变化，从而能够预防销售风险的发生。

三是在内部建立消除客户需求波动的机制，如均衡生产计划。通过均衡生产以及制定库存管理策略，可以将波动的外部需求转化为稳定的内部生产计划。

做好上述三个方面的工作，就可以有效应对客户需求的变化，这也是很多公司推行精益管理最困扰的地方。

生产计划系统底座二：生产数据。生产数据是指来自生产又服务于生产的数据，常见的生产数据有工艺流程信息、标准工时、生产模式、员工数量、报废率、设备综合效率、设备数量和状况等。有了这些生产数据以后，结合客户需求就可以进行产能分析。产能分析是一项非常重要的工作，一方面是企业投资计划的前提，另一方面又是内部生产计划排产的依据。通过生产数据的分析，还能够知道企业的改进潜力和改进方向。对于推行精益管理的公司来说，有时不知道改进方向，就是没有做好生产数据分析的结果。如今工业大数据开始兴起，这些结果类生产数据的收集存在严重的延迟现象，已经不能满足智能制造的需求，未来越来越多的生产过程实时数据将被挖掘和收集起来，成为未来制造业的主要生产资料之一。

生产计划系统支柱一：订单管理。订单管理通常有三项主要工作：一是定义交期，二是订单分类，三是制定订单管理流程。

定义交期大部分公司都会去做，但是不一定很科学。交期和外部物流模式紧密相关，常见外部物流模式有四种类型：一是客户自提，客户自提交期由双方在合同中约定，企业需要在约定的时间内完成生产并交付；二是第三方仓库或者 VMI，这种模式基本上按照客户消耗来生产，企业可以自己定义生产和补货交期；三是大批量超市配送模式，可以等同于第二种，只不过库存超市是在自己公司，更方便管控；四是小批量依订单生产模式，由于客户需求数量小，而且没有规律，所以需要依订单生产，企业需要根据自身的产出时间和物料采购提前期来和客户确定交期。

订单分类和库存分类类似，按客户需求量可以划分为 ABC 三类：A 类是大批量订单，B 类是一般订单，C 类是小批量订单。有时也可以更简单点，直接分为大批量订单和小批量订单。企业要根据不同的订单类型来制定不同的订单策略：在生产繁忙时，针对 A 类或大批量订单，要确保 100% 满足交付要求，就要牺牲部分 B 和 C 类或小批量订单。例如无锡一家民营轴承公司，2011 年市场需求较大，公司产能短缺近 20%，陷入了交付危机。在帮该公司解决交付问题时，进行了订单 ABC 类分析，分析后发现该公司 C 类订单的准时交付率最高，达 90% 以上，而 A 类订单还不到 80%，这是在订单处理时典型的抓住芝麻丢掉西瓜的错误决策，这种行为可能造成大客户订单的缩减或者流失，使稳定的客户也变成了不稳定的客户。

另外，订单分类也可以按照风险来划分，分成高风险订单、中等风险订单和低风险订单。针对高风险订单，结合客户需求分析历史数据，要及时果断地调整订单需求，调整后还要跟踪验证调整的准确性；中等风险订单只需要调整；低风险订单不需要调整。

制定订单管理流程是指在交付过程中，如果出现了异常应该如何处理，这方面是大多数企业的薄弱环节。客户下完订单后，订单有变化是很正常的事情。每当客户订单变化时，企业一般都是在抱怨客户，其实这是企业缺乏有效订单管理流程的表现之一。图 4-15 是一个常见的订单管理流程。

当订单发生变化时，首先确认离交期还有多长时间，如果在 2 周以上，那么企业要具备消化这种变化的能力，此类变化不应该对企业生产和交付造成影响；如果离交期在 2 周以内，首先要确认库存数量，如果库存能满足变化需求，也就不会有影响；如果没有库存或者库存不足，那么需要确认正常生产是否能满足交付需求，如果能也不会对企业造成影响；如果正常生产不能满足需求，那么需要考虑改变物流方式，例如走空运，如果改变物流方式可以满足需求，那么就只会增加物流费用，但不会影响交付；如果改变物流方式也不能满足交付需求，那么就需要和客户进行沟通，告诉客户不能满足本次订单变化需求，需要重新确认新的交期。

要解决订单管理问题，需要先规划稳健的产供销系统，然后做好交付流程分析，为各种订单做好应急预案。

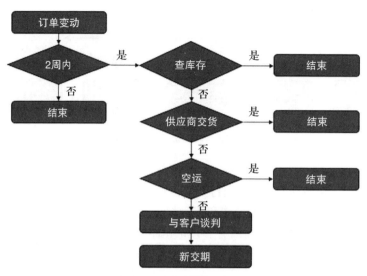

图 4-15 订单管理流程

生产计划系统支柱二：物料采购。物料采购有三个重要内容：一是进行物料 ABC 分类，二是定义每种物料的最高库存、最低库存和安全库存，三是定义每种物料的采购提前期。

物料需要进行 ABC 分类，分类规则可以和成品一样，也可以不一样，需要企业自己定义。在分类规则明确后，再进行 ABC 分类，分类后要针对不同类别的物料制定不同的管理规则。

针对 ABC 每种物料必须明确定义最高库存、最低库存和安全库存。每次采购数量加上到货点时的库存不能高于最高库存；当库存消耗到最低库存时就需要启动采购计划；安全库存是指为了不影响交付而定义的库存量，安全库存可以为零库存。

采购提前期的概念基本上每家公司都有，但是对于这个概念的理解并不相同。只有定义清楚了采购提前期才可以帮助企业及时下发采购订单和管理客户交期。采购提前期由四部分构成：客户订单下达时间、供应商的订单处理时间、供应商生产时间、供应商运输时间（如图 4-16 所示）。在这四部分时间里，很多公司忽视了客户订单下达时间和自身订单处理时间。

物料采购不及时可能导致生产缺料停产，这也是物料采购如此重要的主要原因；另外物料采购过多也会占用过多流动资金。在实际工作中，有几点最佳实践可以预防物料短缺：一是物料管理团队每天去确认物料状况，二是物料管理团队每天盘点关键点库存，三是比较系统内数据和实际库存的差异，四是当发现有差异时立即采取行动。在工业 4.0 时代，当企业使用物料管理系统后，可以将这些最佳实践设计到系统中，在系统中确认相关工作，这样管理效率将会大幅度提高。

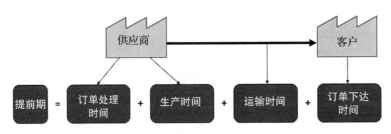

图 4-16 采购提前期的构成

生产计划系统支柱三：库存管理。库存管理对于企业来说非常重要，不仅关系到现金流，还关系到能否准时交付。库存管理的基本要求是"帐物一致、帐账一致"，"帐物一致"指系统中的数据和实际物料一致，"帐账一致"指系统中数据和财务数据一致。ABC 分类法是库存管理的基本方法之一，通常按照物料金额来分类：A 类物料金额最高、B 类居中、C 类最低。不同物料控制方法如表 4-4 所示。

表 4-4　ABC 物料控制方法

物料分类	库存准确性	优先级	订货系统
A	在线更新	高	严格控制、频繁检查、精确订单数量：订购点、MRP、看板管理等
B	常规控制	中	例行检查：经济订购批量、VMI 等
C	简单记录系统	低	尽可能简单控制：周期检查再订购

企业里库存管理有三种状态：不明库存（指没有管理的库存，大部分企业的库存都是这个状态）、超市和先进先出。在精益管理中，对于库存管理有个基本要求，就是将不明库存变成超市或者先进先出。若一家企业库存只有超市和先进先出两种形式，那么这家企业在库存管理上就达到了精益的要求，在此基础上导入物料管理系统会比较容易。若企业存在不明库存，那么导入物料管理系统后，要么浪费资源，要么系统上线后不能顺畅运作。

库存管理对于成本控制也非常重要。库存关系到公司的四类成本：固定资产投资、库存服务成本、仓储空间成本、风险成本。前三类库存相关成本比较容易理解，关于库存风险成本，常见的有四种：报废成本（如呆滞）、损耗成本、损坏成本、移仓成本。做好各类库存成本的控制对于企业成本控制意义重大。

生产计划系统支柱四：设备管理。有设备管理经验的读者可能知道，在做设备投资决策或者产能分析时，不能有几台设备就算几台，因为设备经常会出现故障，真正可用的设备数量比实际数量要少。为了尽可能提高可用的设备数量，执行精益管理提高设备利用率就非常有必要，比如常见的 OEE（综合设备效率）提升、QCO（快速换型）和 TPM（全面预防性维护）。第 3 章已经指出要执行 OEE 和

QCO 改进并不是针对任何设备都有实际意义，必须要针对产能瓶颈或工艺瓶颈设备。备件管理水平通常对设备可用性影响也很大，在 TPM 中要将备件当作原材料一样进行管控。

对于集团化公司，设备管理的复杂性要高很多。除设备可用性外，还需要管理设备的位置，位置不同要当不同设备看待。

生产计划系统支柱五：工具管理。工具管理中的工具主要指模具、刀具和工装模具。在精益管理中有一个基本要求就是要确保各种工具一直处于可用状态，不要等到要使用时才发现不能用。要实现这个要求，有两项工作至关重要：一是工具管理流程，二是备件管理。

工具管理流程是一个完整的闭环，通常来说有七个环节（如图 4-17 所示）：把工具运到机器边等待换型、换型生产、生产完成后卸下、运到相应的工具库、立即拆开进行维修保养、保养好组装、组装后存放到正确的位置，等待下一次使用。这个循环可以确保工具时刻处于可用状态，但是在实际生产过程中对工具的及时维修和保养往往被忽略和遗忘，一般都是等到要使用时才来做这件事情，导致没有工具可用，从而造成设备待机。

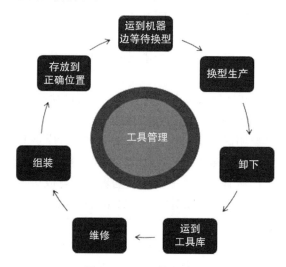

图 4-17 工具管理流程

备件管理也是工具管理的一个重要方面。通常来说备件是企业的第四类物料（另三类是原材料、半成品、成品），对于备件一般按照原材料一样来管控：要制定最高库存、最低库存和安全库存，要定义采购提前期。只有备件管理好了，设备和工装模具才能正常运转。

生产计划系统支柱六：人员管理。人员管理主要有两方面工作：一是进行人员缺勤管理，二是进行人员借调管理。

人员缺勤管理和设备管理类似，主要是可用人员比实际人员数量要少。比如一家公司有1000名员工，并不是每天都有1000名员工来上班，必须要扣除缺勤人数。因此企业要统计实际缺勤率，这对于生产计划系统来说非常有用。

人员借调管理是指在每天的生产过程中，经常会出现一些班组生产任务很重，另外一些班组生产任务较轻的现象，需要将生产任务较轻的班组人员借调一些给生产任务较重的班组。当生产出现这种状况时，需要有一套完整的管理流程，以便能够迅速进行人员借调作业。

以上介绍了生产计划系统"两基座六支柱"模型，目前生产计划系统是智能制造的热点，也是难点。热点是由于企业智能化升级转型离不开生产计划系统的数字化升级；难点是由于生产计划系统过于复杂，特别是智能排产非常困难，众多行业还没有可用的解决方案。当企业进行生产计划系统升级时，可以参照上述"两基座六支柱"模型进行完善。

接下来再谈谈如何建立精益现场管理系统：投产准备、人、机、料、法、环。人机料在生产计划系统里面提到过，但和现场管理系统里的侧重点有所不同。

投产准备是指生产计划下达后，能够让生产平稳切换所需的准备工作。通常包含物料切换、工具切换、生产程序切换、图纸切换和作业指导书切换等。为了让这些工作在短时间内完成，而且减少错误的发生，就需要有明确的流程来指导这些工作该如何开展。

现场人员管理除生产计划系统中提到的要统计人员缺勤率和人员借调管理外，还要将重点放在人员技能管理和人员发展上面。

人员技能管理是要明确每个人能够承担什么作业，掌握到了什么程度。进行现场人员技能管理的精益工具是员工技能矩阵，员工技能矩阵通常以班组为单位，横轴是这个班组负责的所有作业工序，纵轴是班组所有成员名单，将每名员工能做哪些工序的作业以及熟练程度在对应的方格里目视化出来。依据员工技能矩阵，若班组里一些人缺勤，班组长就知道该如何调配工作了。

人员发展主要包含新员工培训和老员工技能提升。新员工培训的重点是让新员工尽快熟悉公司规章制度和掌握作业技能，精益管理相对应的工具是TWI/JI，用TWI/JI的方法可以缩短一个新员工变成熟练员工的时间。老员工技能培训主要是培养多能工，多能工是指能够熟练操作多种工位的员工，多能工是精益管理里面一个非常重要的因素，有了多能工，生产才更有弹性，才能够应对突发异常。

在生产计划系统的设备管理模块介绍了设备利用率提高的意义和方法。在现场管理里面，设备管理有了更多的内容，如设备选型、设备组合、设备保养等。设备选型是指为了完成某项作业该如何选设备，以最常见的机加工设备为例，有的设备只能完成单一工艺，有的设备可以完成多道工艺（例如粗车和精车，粗磨和精磨等），很明显选择多合一设备的效率更高，但是多合一设备单价较高，这时就需要进行详细的投资分析，比较选择哪种设备生产更经济；设备组合是指针对某一产品项目，如何合理安排相应的工艺和设备来生产，这里面包括很多知识和技巧，设备组合的主要衡量标准是生产节拍要能满足客户需求，并且平衡率要高；设备保养主要是指 TPM，TPM 是为了让设备更健康更持久地工作而执行的全面预防性维护，在 TPM 里面将一部分高频容易做的保养工作由操作员来完成，称为 AM（自主性维护），另外一部分较为专业的保养由设备维护人员完成，称为 PM（预防性维护）。执行 TPM 是以损失一部分确定的设备产能来预防不确定的设备产能损失，因此在制定 TPM 规则时，需要权衡这两部分损失的大小。

现场物料管理除要管数量以外，还要管时效性、效率以及成本。时效性是指物料配送要及时，不能出现断料。配送效率是指尽可能减少配送工作量，精益管理里面一般是 MILKRUN（牛奶配送），即一个人开着配送车，到原料仓领取不同种类的物料，按照规定的频次和事先规划好的路线配送到现场指定的配送点。很多没有执行精益管理的企业都是生产部门人员直接去上道工序或原料仓领料，这种方式效率非常低，会导致现场在制品居高不下和物料混乱。按照经验，配送的效率一般是领料效率的 2 倍以上。此外生产部门人员去领料，不仅耽误生产时间，还会造成人员损失和设备效率的降低。物料成本主要指配送成本和现场存储成本：配送成本主要指物料配送人员的人工成本和配送设施成本；现场存储成本主要是场地成本、在制品数量，以及存储设施成本。减少在制品数量才能控制各种成本，这也是现场物料管理的核心内容之一。

法主要指工艺和 SOP（标准作业指导书）。工艺对于产品的生产效率有决定性的影响，工艺安排不合理，就会产生瓶颈，生产平衡率就会降低。通常来说，要不断地消除工艺瓶颈，提高平衡率。SOP 告诉作业员该怎么操作，以便能更快更好地完成作业内容。SOP 第一版通常是工艺工程师制定的，随着员工作业熟练度的提升，SOP 最好由最熟练的员工来修正，因为最熟练的员工有很多生产技能，这些技能对于提高生产效率和提升产品质量有很大帮助。很多公司经常会犯一个错误：认为工程师的水平比作业员要高，因此不让作业员参与 SOP 的制定和修正工作，这种做法浪费了很多高智慧的大脑，非常可惜。

环主要指生产环境。在生产环境方面，一方面要按照人机工程学的原则来设计工位、设计照明度、控制噪声等；另一方面要用 5S、目视化和标准化等工具来优化生产环境，以便更便捷更高效地完成各项工作。此外安全生产和人机工程很多内容也与环境相关，比如消防安全设施和间距，在进行生产环境改造时，一定要满足消防安全法规要求。

建立精益生产管理体系是推行精益管理最基本的要求，狭义的精益生产就是指这部分内容。

4.3.3 质量管理体系

在生产管理体系中融入精益管理后，产品就可以在最短时间内、在消耗最少资源的情况下被生产出来。在生产的过程中，不仅要追求时间短、资源投入少，还要追求质量高，因此企业还需要建立精益质量管理体系。

质量提升的方法有很多，产品质量经过改进可以很快得到提高，但是要想让所有产品一直保持高质量水平，就必须要建立完整的精益质量管理体系。

首先统一对质量这个概念的认识。质量通常有两个层面的含义：一是指产品性能好、持久耐用，这主要是产品研发的内容，不是本节讨论的重点；二是指产品生产过程中返工少、报废少、客户抱怨少，这关系到产品的生产过程，是本节要讨论的。

接着统一对于质量管理范围和目标的认识。通常所说的质量都是指企业内部制造质量，本书的质量涵盖三个部分：供应商交付质量、企业内部制造质量和客户交付质量。无论是对企业内部质量，还是供应商交付质量和客户交付质量，所有质量管理标准都是追求"零缺陷"。只有做到这三个零缺陷，才能确保产品在整个供应链一直保持高质量水平。如图 4-18 所示。

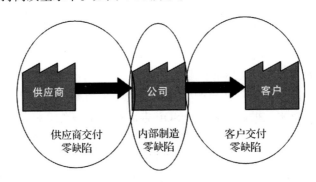

图 4-18　质量管理的范围和目标

要实现这三个"零缺陷"，就需要企业建立完整的质量管理体系。在博世公司内部有这样的一句话"质量和质量改进是从董事会成员到学徒工每个同事的职责和终极目标"。正是奉行这样的信条，才造就了博世产品在市场上过硬的质量形象。比如在建筑领域，建筑工人使用博世生产的电动工具用了好多年一直未坏，这足以反映博世对待自己产品的态度，那就是在采购、制造和交付的过程中追求完美质量，力争实现客户交付零缺陷。接下来以博世公司为例，阐述质量管理的三个"零缺陷"。

为了实现供应商交付零缺陷，博世每月会对供应商交付缺陷原因进行柏拉图分析，如图 4-19 所示。

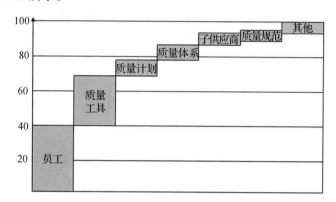

图 4-19 博世供应商交付缺陷原因柏拉图分析

从图 4-19 可以看出：供应商交付缺陷的主要原因是供应商员工的质量意识淡薄、供应商的质量工具不合理和供应商的质量体系和改进计划不健全。针对这些主要原因，博世制定了一系列的控制方法。

方法一：提高供应商员工的质量意识。博世有三个主要途径：供应商审核、供应商发展和升级计划。博世公司对供应商的质量审核主要是年度过程审核，它的目的是全方位评估供应商的质量控制过程；关于供应商发展主要是将博世的精益管理系统导入供应商内部，提升供应商的整体运营能力；升级计划主要是指当质量问题发生后，第一时间发现问题的人员如何逐级反馈问题，直到问题得到解决为止的整个过程。

方法二：加强对质量工具的运用。针对供应商的关键工艺，博世要求必须用 SPC 进行管控；针对内部重要的质量问题和博世投诉，必须用 8D 报告进行处理；针对容易出错的环节，必须要有防错设计；针对博世产品的生产过程，必须有质量防火墙等。

方法三：要求供应商建立完整的质量管理体系和项目投产前对质量进行全面策划。在汽车行业，博世要求其供应商必须通过 ISO9000 和 TS16949 认证（现在改为 IATF16949），非汽车行业供应商必须通过 ISO9000 认证，针对有些行业的供应商，还需要通过 OHS14000 的认证，这些认证保证了供应商有基本的质量管理体系。另外针对博世的产品，前期必须要有 DFMEA 和 PFMEA 来识别潜在问题，以及制定控制计划，然后将控制点全部写进标准作业指导书。

为了实现企业内部零缺陷，博世内部有四大质量原则，也正是在这四大原则的指导下，才造就了博世产品世界级的品质形象。

原则一：质量和质量改进是从董事会成员到学徒工每个同事的职责和终极目标。该原则强调了质量是公司内每个人的职责，上到董事会成员，下到一线员工，每一层级的人员都要养成超强的质量意识，把追求完美质量作为工作的终极目标。以汽车为例，一辆汽车有2万多个零件，如果每个零件的质量目标都是99.99%，那么整车组装后的合格率是多少？那将大约是 0.9999^{20000}，这个结果基本上等于0，也就是说这样的汽车一定是不合格的。如果单纯从一家公司来看，99.99%已经接近完美了，但是从整个供应链来看，这个标准远远不够，必须要追求100%的完美质量。

原则二：博世的指令、程序、体系和目标是基于国际标准的要求、顾客的期望和专业的知识和经验，认识并遵从这些指令和程序是实现高质量的基础。该原则强调了博世对内部每项工作的要求都非常严格，小到一个小小的工作指令，大到整个管理体系，都以满足国际标准和客户期望为前提。博世对内部员工质量意识养成、技能培养和经验积累也非常重视，将员工视为公司最宝贵的财富，因此为了让所有工作都尽善尽美，高意识高技能的员工是基本前提。

原则三：质量意味着以注重细节开始，以避免失误结束，持续改进过程质量能降低成本并提高生产力。该原则强调了质量要有始有终，注重在过程中避免质量事故的发生，当质量事故降低后，产品成本也会随之降低，生产效率便会随之提升。

原则四：避免失误比消除缺陷更重要，我们需要系统地运用预防性质量保证的方法和工具，从错误中学习并无延误地消除其根源。该原则强调预防质量问题发生比等质量问题发生后再着手解决更有效果。很多优秀企业都有很多优秀的解决问题人才，但是只有那些卓越的公司才着眼在问题发生前就将其消灭。怎么样才能预防问题的发生呢？最好的做法就是从过去的错误中学习、找出问题的根本原因、总结教训、避免类似的问题再发生。经过这样长时间的积累，就可以尽可能地减少错误的发生。

为了实现客户交付零缺陷，博世以"依靠产品和服务的质量来充分满足客户需求"为原则。博世认为：客户交付质量是由供应链上游决定的，只有控制好来料和公司内部的生产过程，才能从根源上杜绝不良品的发生。针对客户要求，博世往往制定更高的内部要求，这样才能超越客户的期望。博世目前是其所在领域的技术和服务提供者，除以高技术和完美质量的产品来满足客户需求外，还为客户提供各种优质服务。例如博世会定期给客户提供专业技术培训，以加强客户对博世产品的了解；为客户提供大型的技术研讨会，共同探讨行业未来发展方向；为客户提供及时的售后服务，消除客户在使用博世产品时的困扰。

博世的质量管理体系架构如图 4-20 所示。

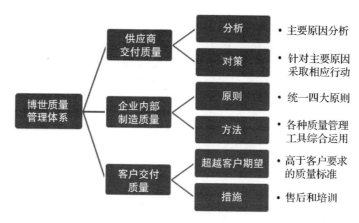

图 4-20　博世的质量管理体系架构

博世作为一家跨国大公司，其具体做法可能不一定适用于所有中小企业，但是这套质量管理体系还是非常值得借鉴的，特别是它的完整性。博世的质量管理体系可以作为这轮企业升级转型的方向和目标，基于我国制造业现状，该如何迅速提升产品质量走上精益质量的道路呢？

如果问企业的质量负责人，贵公司质量有哪些职能，他们往往会回答有质量保证、检验和质量体系，这是质量部门的三个常设职能。通常来说质量是制造出来的，更是设计出来的，但是质量设计作为一项重要工作，经常被企业忽略。

企业要迅速提升产品质量，除了要做好质量设计、质量保证、质量控制和质量管理体系外，还要加强质量管理工具的熟练运用，以解决实际问题。质量保证、质量控制和质量管理体系大部分读者都非常熟悉，本节就不再具体阐述；此外在第 3 章已经介绍了一些常用的质量管理工具，本节也不再介绍；本节重点介绍企业该如何做好质量设计。

以笔者辅导的一家上市企业为例（下文简称 T 公司），T 公司是客户眼中的优选供应商，在笔者辅导前几年交付质量一直稳定在 0 PPM（每百万件产品中有多少件不良品）。就是这样一家优秀企业，在分析质量成本占营业额的比例后，发现是 12%。一流的企业尚且如此，更何况其他企业。针对这种质量结果非常好，但是质量成本偏高的企业，该如何去减少其质量成本并且不影响质量结果呢？

在辅导过程中笔者先导入了质量设计概念，运用"质量价值流程设计九步法"重塑了该公司整个质量价值流程。这九步分别是：分析历史数据、确定研究对象、分析研究对象的工艺流程、分析各工艺不良种类、分析各工艺关键控制尺寸的 CPK 和其他不良种类的 PPM、识别各不良的发现点、各不良严重度分析、确定各不良控制策略、制定重点不良类别改进计划。接下来详解介绍如何执行这九步工作。

第一步：分析历史数据。分析历史数据可以有很多重要发现，究竟要分析哪些历史数据呢？以下几个数据必不可少：过去一年内部不良率走势图、客户投诉走势图、月度不良类别柏拉图，这些数据如果能按照产品系列细分效果会更好。有了这些数据，就可以识别有没有周期性问题和系统性问题，以及公司的主要质量问题，还能通过差异分析和对比分析来发现更多有价值的信息。

第二步：确定研究对象。确定研究对象是要选择一个最有代表性的产品系列，大部分人在选取代表产品时都偏向选择不良比例最高的产品系列，这种方式是否正确值得商榷。因为不良比例最高意味着改进潜力比较大，改进相对也容易些。笔者选择的代表性产品一般具备以下特征：不良率高于平均不良、客户需求量大、产品加工难度较大。理由是只有将这样的产品控制好了，才能真正具备标杆推广价值，也就能真正做到牵一发而动全身。

第三步：分析研究对象的工艺流程。当确定了研究对象后，就要针对研究对象进行工艺流程分析，工艺流程分析和工艺流程图、价值流程图有些区别：此处的工艺流程是在产品生产工艺流程图的基础上，加入其他可能产生质量不良的环节，比如转运、储存、抽检等。在做工艺流程分析时，一个基本原则就是不要漏掉任何一个可能导致质量不良发生的环节。

第四步：分析各工艺不良种类。依照研究对象工艺流程的顺序，从头到尾一步一步地罗列出每一步可能出现的不良类型。在这里需要补充两个概念：一是质量问题的发生点，二是质量问题的发现点。发生点指质量问题真正发生的地方，发现点是质量问题发生后被发现的地方。本步骤完成后，各质量问题可能发生在哪些地方在工艺流程图上就一目了然了。

第五步：分析各工艺关键控制尺寸的CPK和其他不良种类的PPM。在每道工艺的不良种类中，一些是关键控制尺寸不良，这些不良可以去查看过程的CPK值；另外一些没有CPK的，可以按照客户要求制定相应的PPM标准。在分析过程中，可以将实际的CPK值和PPM值与控制标准的CPK值和PPM值进行比较。例如在T公司就发现某些工艺关键控制尺寸在PPAP（生产件批准程度）报告中的CPK值高于1.67，但是实际确认时却发现小于1，这样出现质量问题就不可避免。如果发现实际CPK值低于要求的CPK值，实际PPM高于规定的PPM，那么就需要采取相应的行动措施。

第六步：识别各不良的发现点。第五步和第六步的顺序可以互换。针对第四步中罗列出来的各种不良类型，要去识别公司目前是如何控制的，各不良类型的控制点在哪里。实际工作中通常会出现以下两种情况：一是一些问题没有控制点，二是大部分问题都是靠最终检验来识别的。这种靠终检的质量控制方式，会提高不良品流出的概率，发生客户投诉也是正常的，另外也会导致企业的质量成本居高不下。

第七步：各不良严重度分析。当分析和识别各工艺的不良类型和发现点后，还需要确定各问题的严重度。通常把问题严重度分为三个等级：红色表示非常严重，黄色表示需要改进，绿色表示风险可以接受。红色问题有客户投诉过的问题、不良率非常高的问题、发现时间非常长的问题，黄色问题有实际 PPM 超过设定标准的问题，绿色问题有实际 PPM 低于设定标准的问题。

第八步：确定各不良控制策略。在质量价值流程重塑过程中，问题改进策略有三种：一是防错，所有质量问题，能够防错的优先选用防错策略；二是自检，不能防错的坚持本工序产生的问题决不流入下道工序的原则；三是缩短质量控制环，对于不能防错和难以自检的不良问题，一定要设计最短的质量控制环来遏制其产生的影响。

第九步：制定重点不良改进计划。针对红色和黄色不良问题，要逐个立项，制定改进计划，各不良的改进优先级按照问题的严重程度来确定。

如果企业能够按照这九个步骤来重塑质量价值流程，就能够有效地预防和减少质量问题的发生。当识别所有类型问题的发生点和发现点后，下次一旦出现相应问题，只需要找出问题的发现点和发生点，再结合过去分析类似问题和解决类似问题的知识和经验（这个就是知识库），立即就能知道该如何应对。另外按照这个模式构建的质量体系也是最有效和最低成本的。如果将本方法应用到新项目投产前，就是新产品质量设计。

要想彻底解决问题，除上述九个步骤以外，还需要综合运用各种解决问题的工具。解决问题的工具在第 3 章有介绍，这里不再阐述。

4.3.4 供应链管理体系

通过工程项目管理体系，产品被设计开发出来；通过生产管理体系和质量管理体系，产品被制造出来；通过供应链管理体系，原材料被采购回来和成品被交付出去。供应链管理体系涵盖两大部分内容：物料采购和物流管理（主要是仓储和运输）。关于物料采购要实现和供应商间的双赢，要求和供应商建立双赢战略合作伙伴关系，这就是双赢供应链；关于物流管理主要是进行内外部 MILKRUN（牛奶配送）模式和仓储规划。

1. 建立双赢供应链

双赢供应链是以客户为导向，推动上游供应商和客户合作，在实现自身目标的同时帮助供应商发展，从而让双方都获利。如果整条供应链上的企业都依照这个方法和上游供应商及下游客户合作，那么整条双赢供应链就形成了。双赢供应链能够消除很多无形的浪费，效率也是最高的，是真正的精益供应链。接下来本书将阐述制造型企业该如何打造双赢供应链，如果每家制造型企业都建立了自身的双赢供应链，那么整个制造业就能最终建立起双赢供应链。

建立双赢供应链有四个步骤：供应商评估、确定核心供应商、供应商定位及策略、建立双赢供应链。

第一步：供应商评估。供应商评估是建立双赢供应链的第一步工作，建议从以下六个方面对供应商进行全方位评估：供应商整体评估、供应商成本评估、供应商技术水平评估、供应商生产能力评估、供应商质量评估、供应商物流评估。

（1）供应商整体评估

整体评估主要评估供应商是否具备可持续发展的能力。由于建立双赢供应链需要双方长期战略合作，如果供应商不具备可持续发展的潜力，那么这样的合作关系是不稳定和长久的，也不是双赢供应链所需要的，因此双赢供应链需要双方都具备可持续发展的潜力。可以从如下四个方面来评估供应商的可持续发展潜力。

第一，供应商的人才战略。人才战略主要注重对内部员工的培养：是否覆盖到了所有的员工、是否有清晰的培养规划、是否有足够的预算、员工是否有平等的晋升机会、是否有有效的机制挖掘员工的潜力。通过对供应商这些方面的调查来对其人才战略进行全面评估。

第二，供应商的财务状况。财务状况主要关注损益表、资产负债表和现金流量表，从损益表分析供应商的盈利能力，从资产负债表分析供应商的经营风险，从现金流量表分析供应商的资金安全。通过这些方面的分析来综合评估供应商的财务安全性。

第二，供应商的社会责任。社会责任主要从其对环境的影响、用工状况、员工身心健康、工作环境的安全性，以及公司内部资源的使用效率几个方面进行分析。对环境的影响主要看对大气的污染状况，污水的制造和排放状况，对噪声的控制等方面；用工状况主要调查是否使用童工，有无性别、种族歧视；员工的身心健康主要看工人的工作强度，公司的人文关怀是否到位；工作环境的安全性主要关注是否安全；资源使用效率主要看是否有节能减排目标及行动计划，是否使用清洁能源，是否注重提高材料利用率和回收利用。

第四，供应商的管理有效性和投资。管理有效性主要评估供应商高层的变动状况，分析公司战略和发展是否一致、是否具备可持续性；投资主要评估供应商是否有长期经营计划，是否能跟得上市场的发展和需求。

（2）供应商成本评估

供应商成本评估主要衡量供应商的产品是否具备竞争力。由于产品市场价格逐年下降，这也势必会推动供应链上游零部件企业价格下降，因而建立双赢供应链就要求供应商的产品价格要富有竞争力和弹性。主要从以下四个方面来对供应商的成本进行评估。

第一，供应商过去每年的降价表现。每个行业每年都有不同幅度的降价要求，在供应商所属行业中，如果供应商的降价幅度是行业的标杆，那么它将获得最好的降价表现，双赢供应链要求供应商的降价幅度在行业平均水平以上。

第二，供应商生产效率的提升幅度。降价主要源于生产效率提升，因此要想获得较大幅度的降价空间，就需要大幅度提升生产效率，双赢供应链期望供应商的生产效率提升幅度在行业平均水平以上，最好是标杆。如果供应商的降价幅度很大，但是生产效率提升幅度较小，那么就要警惕供应商的恶意竞争行为，这种行为对双赢供应链战略十分不利。

第三，供应商的生产弹性。市场需求千变万化，若想快速响应市场需求变化，就需要供应商的生产具有弹性，生产线具有多品种、小批量的生产能力。

第四，供应商的持续改进能力。持续改进是一家企业提升市场竞争力最有效的武器。若一家公司建立了持续改进文化，全员参与进行持续改进活动，那么这家公司将会变得非常优秀。评估供应商的持续改进能力，主要确认供应商内部是否有持续改进机制，是否鼓励全员进行持续改进，是否有专门的组织从事相关工作，是否有显著的改进成果等。

（3）供应商技术水平评估

供应商技术水平评估主要考察供应商是否具备创新能力，生产技术是否在同行中领先。可以从以下四个方面来评估供应商技术水平。

第一，供应商研发部门的人数及实验设备。研发部门人数主要看研发人员的学历、研究成果，以及研发人员占公司总人数的比例；实验设备主要看设备的先进性和实验设备是否能够满足公司研发的需要。

第二，供应商研发经费。研发经费主要看其占公司销数额的比例，研发经费占比越高，说明公司对研发越重视，也就越可能开发出先进的产品。

第三，生产设备的先进性及状态。生产设备先进性主要看设备的工作效率在行业中是否具有竞争力，越先进的设备，其投资往往也越高，其生产效率也越高，分摊到单位产品的成本就越低；设备状态主要看其是否稳定，维护保养是否到位，设备是否被充分利用。

第四，工治具开发能力。工治具的开发能力主要看供应商是否能够自行设计工治具，是否能够制造工治具，是否能够维修工治具。供应商在这三个方面的能力越强，开发新项目的能力就越强，越能够适应市场的变化。

（4）供应商生产能力评估

供应商生产能力评估关注供应商是否具备足够的生产能力来满足客户需求，可以从以下三个方面来评估供应商的生产能力。

第一，供应商的生产提前期。提前期是指从接到客户订单，到供应商将客户需求数量的合格产品交付到客户指定地点的时间，提前期是衡量供应商生产能力的一个非常重要的指标。随着客户需求变化得越来越快，每家公司都希望供应商的生产提前期越短越好，越短就越能快速响应客户需求，也就越可能降低客户需求变化给整个供应链带来的损失。

第二，设备综合效率。设备综合效率的计算公式如下所示：

$$设备综合效率 = 时间利用率 \times 性能利用率 \times 合格率$$

时间利用率是指抛开计划停机时间（如吃饭、工休、维护保养等），设备每天的生产时间占总可利用时间的比例；性能利用率是在不停机的情况下，设备每小时实际生产的产品数量和按照设备的技术规范每小时能生产的产品数量的比值；合格率是指在生产过程中产出的合格品和总生产数量的比值。

第三，内部物流。内部物流需要评估两个方面：一是供应商的厂房和设备是否按照产品的生产工艺流程进行规划和布局，二是内部所有的物流是否按照工艺流程遵循先进先出的原则。

（5）供应商质量评估

供应商质量评估的方法有很多，每家公司基本都有专门的供应商质量工程师，为了构建双赢供应链，主要从以下四个方面对供应商质量进行评估。

第一，供应商是否对其上游供应商进行质量、成本和交付方面的监控和考核。为了维持供应链的稳定性，供应链中的每家公司都必须对其上游供应商进行监控和考核。评估时主要强调有没有监控和考核，不强调监控和考核的具体做法。

第二，供应商内部的一次合格率。一次合格率是指一批原材料在无返工返修的情况下，最终产出的成品数量和最初投入数量的比值，计算公式如下：

$$一次合格率 = 成品数量 / 总投入数$$

如果某个产品有 n 道工艺，那么一次合格率计算公式可表述如下：

$$一次合格率 = 工艺1的合格率 \times 工艺2的合格率 \times \cdots\cdots \times 工艺n的合格率$$

第三，供应商内部质量控制工具。质量控制工具主要从两方面进行考察：一方面是通过什么样的控制工具预防不良品的发生，另一方面是通过什么样的工具解决质量问题。

第四，升级计划。升级计划是指当质量问题发生后，发现者如何在最短时间内将问题反馈给相关人员，一直到有权力解决问题的责任人为止。

（6）供应商物流评估

供应商物流评估主要包括供应商的发货弹性和外部物流成本。主要从以下三个方面进行评估。

第一，发货弹性。供应商是否具备一年365天、每天24h随时发货的能力，也就是要求随时满足客户发货需求。

第二，物料短缺率。物料短缺率是指某一段时间内供应商内部可以供应的物料总数量和总需求数量的比值。它可以反映供应商和其上游供应商的合作关系，如果合作关系好，物料短缺率会很低，反之会很高。

第三，外部物流成本。外部物流成本是指为了满足客户需求，供应商所支付的物流费用，它包括正常物流费用和异常物流费用。正常物流费用是指依照事先规划的物流方式、时间和路径所需要支付的物流费用，这可以衡量一个公司物流规划的合理性和有效性；异常物流费用是指由于供应商内部出现了异常，必须改变事先规划的物流方式，改用更高效率的运输方式来发送货物所增加的物流费用，比如海运或者陆运改空运，该指标可以衡量供应商内部的稳定性。

建立双赢供应链的第一步是供应商评估。当完成供应商评估后，符合要求的可以进入供应商库，在这些入库供应商中，需要确定核心供应商，发展成为战略合作伙伴。

第二步是确定核心供应商。苏尼尔·古普塔和唐纳德·R·莱曼合著的《关键价值链》一书，在介绍确定关键客户时提出了客户终生价值这个概念。客户终身价值就是在和该客户合作的过程中，客户能够带来的全部价值，并介绍了确定客户终生价值的简单算法：

$$客户终生价值 = 4 \times 客户第一年的价值$$

其中系数 4 为一个经验数据，是综合考虑了现金的时间价值、客户保有率后计算出来的一个参考数值。客户第一年的价值就是在合作过程中第一年客户给公司带来的利润。当计算完所有客户的终生价值后，就可以对客户的重要性进行排名，客户终生价值高的客户就是较重要的客户。依此来确定哪些是关键客户，并针对关键客户建立关键价值链。这个方法虽然很粗糙，但是对粗略估计客户终生价值还是有一定参考价值的。

既然供应商可以评估客户为其带来的终生价值，那么反过来客户也可以确定供应商的终生价值，根据供应商的终生价值来确定关键供应商有一定的科学性。接下来本书引用笔者的硕士研究生论文《双赢供应链》中确定供应商终生价值的方法。

在确定供应商终生价值（V_i）的方法之前，先要确定在客户端有哪些供应商的信息是已知的。首先客户知道其每种产品的总销售量 Q_j，也知道 Q_j 里面从每家供应商处的采购量，用 Q_{ij} 表示；其次客户还知道在其销售的某种产品中，该产品采购的零部件总成本是多少，用 C_j 表示，以及各供应商供应零部件的成本是多少，用 C_{ij} 表示；另外客户对每种产品的售价 P_j 也是已知的。在知道了这些信息后，为了能够确定供应商的终生价值，还需要知道现金的贴现率 i（这个可以用现有的贴现率数据作估计），另外还要知道供应商的保有率，用 J 表示（这个数据根据采购战略，可以得到每年的供应商淘汰率数据 T_j，那么 $J = (1-T_j)$；有了这些数据还需要做一个简单的假设才能够计算供应商终身价值，这个假设就是在客户销售产品获得的利润当中，单位成本的价值贡献率是一样的。很显然，这个假设在客户对每一个供应商的谈判价格都是一致标准的情况下是成立的，客户为了追求利润的最大化，往往都会用相同的标准去对待每一个供应商，这个标准就是价格和价值要保持一致，而价格和价值保持一致这个理论依照马克思主义政治经济学，在一段时间内是成立的。因此可以用如下公式来计算供应商的终生价值：

$$V_i = \sum_{j=1}^{M} \sum_{n=1}^{L} Q_{ij} \times \frac{C_{ij}}{C_j} \times (P_j - C_j) \times (1-i)^{(n-1)} \times (1-T_j)$$

式中，P_j-C_j 是用来计算单位产品的利润，C_{ij}/C_j 是用来确定供应商 i 所提供的产品占整个产品的价值比例，Q_{ij} 是客户在 j 产品中采购 i 供应商的量，这样 $Q_{ij} \times (P_j-C_j) \times C_{ij}/C_j$ 就计算出来了供应商 i 所提供的产品给客户的 j 产品带来的总价值，然后乘以贴现率和供应商保有率，就可以计算出实际的现金价值，然后叠加在产品的寿命周期 L 中为客户创造的现金价值。由于一个供应商往往向同一客户提供多种产品，这样就需要计算在客户所有的产品种类 M 中，供应商 i 总共提供了多少种产品，将其提供的所有产品的寿命周期时间内的现金价值叠加在一起，就可以客观地评价该供应商的终生价值。

根据上述公式计算完所有供应商的终生价值后，就可以科学地确定关键供应商。目前一般公司确定关键供应商的做法有些主观，主要是依据供应商的绩效表现。

第三步：供应商定位及策略。在确定了供应商终生价值后，就可以对所有供应商进行分类定位，供应商分类定位的方法有很多，比如常用的"20/80"原则、ABC 分类法等，本书主要根据供应商终生价值用 ABC 分类法对所有供应商进行定位。

ABC 分类法是将那些数量在 10% 左右，但是价值贡献在 70% 左右的供应商定义为 A 类供应商；将那些数量在 20% 左右，价值贡献在 20% 左右的供应商定义为 B 类供应商；将那些数量在 70% 左右，价值贡献在 10% 左右的供应商定义为 C 类供应商。借助前文所阐述的供应商终生价值理论，可以很方便地对供应商进行定位；再结合金字塔的形式，可以建立如图 4-21 所示的供应商金字塔。

当根据供应商终生价值建立供应商金字塔后，就需要针对不同类别的供应商制定差异化策略。针对 A 类供应商，建议不断提高它们在整体供应商中的占比，并将更多业务量交给它们；针对 B 类供应商，将部分有潜力的转化为 A 类供应商，淘汰那些不具备可持续发展潜力的供应商，稳定那些小而专的供应商，不断减少 B 类供应商的绝对数量和绝对业务量；针对 C 类供应商，要不断地减少绝对数量，不断减少业务量，如果有可能的话，可以将部分有潜力的 C 类供应商转化为 B 类供应商。

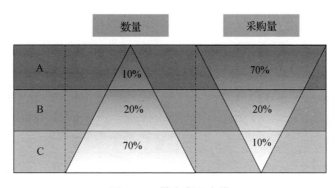

图 4-21　供应商金字塔

本书通过如下两个步骤来执行供应商管理差异化策略。

首先淘汰不具备可持续发展的 C 类和 B 类供应商。将计划淘汰的 C 类业务量转移到 A 类和 B 类，将计划淘汰的 B 类业务量转移到 A 类；另外将部分可持续发展的 B 类供应商发展到 A 类，将部分 C 类发展成 B 类，如图 4-22 所示。

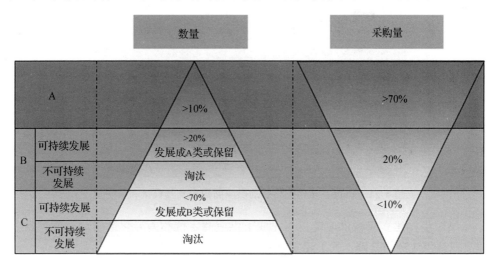

图 4-22　供应商管理差异化策略 1

接下来将部分 B 类供应商继续发展成 A 类，将部分 C 类供应商继续发展成 B 类，发展完后再淘汰那些不能够发展成 B 类的 C 类供应商，持续提升 A 类供应商的采购量，如图 4-23 所示。

当执行完供应商管理差异化策略 1 和 2 后，淘汰或者发展了所有的 C 类供应商，缩编了 B 类供应商，增加了 A 类供应商的绝对数量并提升了 A 类供应商的业务量。通过这样的两步差异化策略，能够使所有供应商都具备可持续发展性（如

图 4-24 所示），由这些供应商构成的供应链才可能稳定和持久。

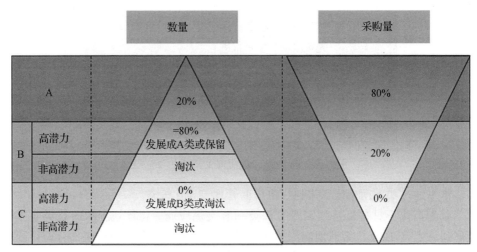

图 4-23　供应商管理差异化策略 2

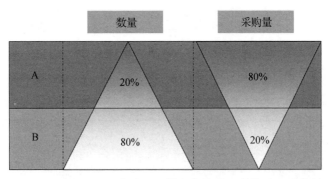

图 4-24　执行差异化策略后的供应商构成及其数量和采购量

第四步：建立双赢供应链。在完成了供应商定位和差异化策略后，就具备了建立双赢供应链的基础。关于建立双赢供应链，需要经历以下三个阶段。

第一阶段：供应商发展；

第二阶段：建立供应商学习网络；

第三阶段：建立高度集成的供应链。

接下来，具体说明每个阶段该如何操作。

供应商发展对持续改善供应商的质量、成本和交付非常有帮助。供应商发展主要聚焦如下三个方面：持续改善 A 类供应商的质量、成本和交付表现，并帮助 A 类供应商全面提升管理水平；改善那些具备可持续发展的高潜力 B 类供应商的质量、成本和交付表现，将它们发展成 A 类供应商；改善那些具备可持续发展的高潜力 C 类供应商的质量、成本和交付表现，将它们发展成 B 类供应商，当成为 B 类供应商后，再评估是否可以发展为 A 类供应商。

以上三个方面的任务构成了供应商发展的主要任务，在确定要发展哪些供应商和淘汰哪些供应商时，先需要对供应商进行评估，计算供应商终生价值和制定差异化策略。

需要特别注意的是，供应商发展是一个长期的过程，在前期需要投入一定的人力和成本，在决定实施供应商发展战略前一定要有充分的思想准备，不要指望有立竿见影的效果。另外并不是所有的供应商都需要发展，一定存在一些已经有很高水平并且在质量、成本和交付上能够超越客户期望的供应商，这些供应商毫无疑问应该成为 A 类供应商，但是这些供应商也一定还存在很多可以改进的地方，那么如何帮助这些供应商继续发展和利用它们的资源来帮助其他供应商发展就是一件很有意义的事情。本书建议以客户为中心建立供应商学习网络，打造供应商学习网络平台，让供应商间可以相互学习。

首先建立以客户为中心的供应商学习网络。如果说供应商发展是"1 对 1"的方式，那么供应商学习网络就是"1 对多"。在供应商学习网络中，主要以客户分享知识或提出待解决问题为主，所有参与的供应商要将所获得的知识运用到供应链上去解决问题，或者针对客户提出的问题进行群策群力。如当客户分享了如何构建高效的物流模式后，所有供应商就应该和客户一起探讨在它们所组成的供应链上存在哪些浪费；可以通过什么样的方式进行消除；在消除浪费后，可以整合什么方面的资源；然后打造何种新的物流模式，让整个供应链的物流配送效率更高、成本更低。在构建供应商学习网络的过程中，要强调自愿的原则，如果供应商暂时没有意愿，先将其排除在外。随着供应商学习网络影响力的不断扩大，一些刚开始没有意愿的供应商就会渐渐意识到供应商学习网络的价值，进而要求加入。对于那些一直没有意愿加入的供应商，建议将其逐步淘汰，因为当供应链发展到一定阶段，不再容许有一小部分供应商阻碍整个供应链的发展。

其次打造供应商学习网络平台，让供应商之间相互学习。本阶段就发展成为了"多对多"的模式。随着供应商学习网络的不断成熟，致力于提升整个供应链效率的供应商数量会不断增加，就需要让供应商们发挥其主观能动性，让它们相互之间分享知识，或者去影响那些还没有进入网络的供应商，从而让它们自发地去改进。在这个过程中，客户的角色就是为所有网络内的供应商建立这样的平台，保证它们之间能够定期交流。当整个供应链上的关键供应商都进入网络后，并且相互之间能够坦诚地交流与协作，每个参与的个体都能够奉献和获取，那么最终就会形成一条高效的双赢供应链。

当一家企业建立了完整的供应商学习网络后，供应商群体就会有非常强大的凝聚力，如何将这种凝聚力进一步转化成企业的竞争优势将是一件非常有意义的事情，这就需要建立高度集成的供应链，如图 4-25 所示。

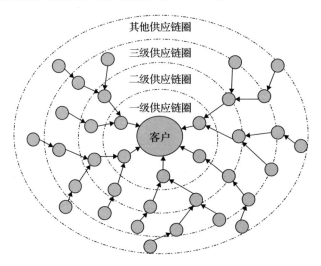

图 4-25　高度集成的供应链

丰田公司在这方面是标杆：在丰田汽车总装厂周围，密密麻麻地围着 200 多家卫星供应商，它们高度地集成在一起，就像是丰田自己的工厂一样。也正是丰田建立了这样高度集成的供应链，才让它可以实现真正意义上的准时化生产和零库存，并且能对消费者的需求做出快速响应。

建立高度集成的供应链，离不开政府的宏观调控，比如在某一个工业园区内只允许什么类型的企业入驻；然后在企业建厂的时候，要严格控制各企业在园区中的相对位置，这样可以对园区布局进行整体优化。在对园区布局进行整体规划时，需要按照产业链进行功能区域划分；然后结合即将入驻的企业信息，运用运筹学中解决运输问题的方法来确定每一个企业的相对位置，这样可以确保整体规划最优，从而为建立高度集成的工业园区提供保障。

在高度集成的工业园区中最有利于建立双赢供应链，因为客户可以把核心供应商紧密地聚集在周围，最大限度减少供应链上的库存和运输成本；另外当供应链发生问题时，可以及时积聚各方力量迅速响应，及时解决问题。目前一些地方政府在招商引资时，正是按照这种方法进行产业规划，打造地方特色产业。

本书提出的建立双赢供应链的三个阶段，一个阶段较一个阶段深入：当企业实施完第一阶段战略后，就向双赢供应链迈进了一大步；当实施完第二阶段战略后，又向双赢供应链迈进了一大步；当实施完全部三阶段战略后，就建立了理想的双赢供应链。

以上阐述了精益供应链管理体系的第一部分内容：建立双赢供应链。接下来介绍第二部分内容：内外部 MILKRUN（牛奶配送）模式和仓储规划。

2. 内外部 MILKRUN（牛奶配送）模式

制造业对物流管理的一般要求是在正确的时间将正确的产品交付到正确的地方，即准时交付率 100%。整个物流管理可以分为"三运三存"和供应链模式创新。"三运"指供应商运货到公司、物料在公司内部周转、公司发货给客户；"三存"指原材料存储、半成品存储和成品存储。供应商运货到公司和公司发货给客户称为外部物流，精益物流的方向是建立外部 MILKRUN 模式；物料在公司内部周转是内部物流，精益物流的方向是建立内部 MILKRUN 模式；原材料存储和成品存储均属于仓储规划，精益物流的方向是快速存取、快速周转和先进先出；半成品存储指现场中间库规划和线边库规划，精益物流的方向是快速周转和先进先出，线边库规划要结合内部 MILKRUN 一起进行；供应链模式创新是指在供应商和公司间、公司和客户间通过创新供应链模式，提高交付绩效，本书将在 5.3.5 节单独介绍。

先谈内部 MILKRUN。内部物流基本要求是不缺料、在制品和物料配送人员都尽可能少。建立内部 MILKRUN，要求物料配送员针对当日需求的物料，按固定频率如每半个小时一次、一小时一次、两小时一次等频率进行配送，这就需要对所有物料的配送时间和路径进行非常精细的规划，以确保准时配送不断料。图 4-26 是内部 MILKRUN 的一个简单示例。

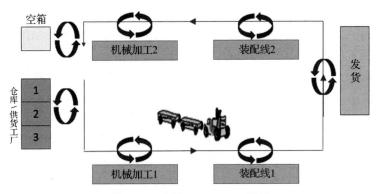

图 4-26　内部 MILKRUN 示例

在进行内部 MILKRUN 规划时，先需要详细地计算配送量、配送距离、配送时间；然后将所有需要配送的地点划分为几条不同的路线，每条配送路线由一名或多名物料配送员负责。在配送的过程中，先去原料仓库将每次需要配送的物料备齐，然后依照事先规划的路线，去给每个配送点（可以是中间库或者线边库）配料，再将配送点的空物料盒收回。当所有的物料都配送完毕，并将所有空盒子收回后，就完成了一个 MILKRUN 过程。这种配送方式可以大大提高物料配送效率，并能保证不会因配送延迟导致停线。

再谈外部MILKRUN。当公司和供应商对交期达成一致后，就要求供应商在交期到来时，准时将需求的产品发到指定的地方，供应商不能早到更不能晚到。若早到可能会被拒收，若晚到就会变成一次严重的质量事故。为了满足这些要求，比较好的做法是建立外部MILKRUN，图4-27是外部MILKRUN的示例。

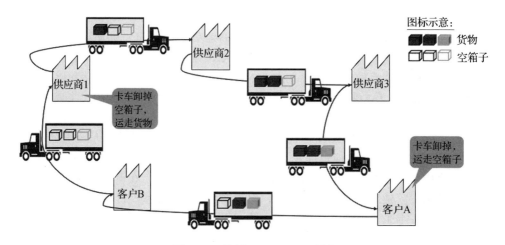

图4-27 外部MILKRUN示例

在进行外部MILKRUN规划时，先将供应商和客户按地理位置进行划分，在每个区域内，建立相应的外部供应商和客户MILKRUN圈，每个MILKRUN圈由专门的车辆上门取货送货。另外通过和物流供应商沟通，建议它们邀请其他客户共享配送资源，这样可以有效提高车辆的装载率。此外，进行外部MILKRUN还可以提升供应商或者客户的交付频次，也能够支持送货上线。

MILKRUN是提高物流配送效率和减少物流成本的一个有效方法。通过MILKRUN既可以减少所有物料的运输批量，又可以缩短整体物流路径，还可以提高运输车辆的装载率，目前该方式在很多大公司已经开始全面推广。

3. 仓储规划

仓储规划包括原材料仓规划、成品仓规划、中间库规划和线边库规划。

原材料仓规划和成品仓规划比较类似。在精益管理模式下要先按照物料种类进行仓库分区管理；然后进行储位规划，如物料存储方式、储位数量计算、储位编码等；最后进行物料的存取作业设计和日常管理规则设计。

中间库并不一定需要，要依据生产模式进行规划；线边库一定需要，只不过大小不同。中间库和线边库规划都需要计算日物流量，进行物料周转频次、物料存储设施、物料目视化的设计。

至此介绍了与精益管理深度融合的企业四大价值创造体系,但是精益管理不仅适用于这四大管理体系,还适用于其他管理体系。精益管理适用范围的一个判断标准就是:只要有流程的地方,就一定有精益管理的用武之地。

4.4 精益文化

精益文化本质上就是持续改进文化,持续改进的出发点是以客户为导向,持续为客户创造价值。本节主要从三个角度来阐述精益文化:以客户为导向、系统改进和点改进。

4.4.1 以客户为导向

以客户为导向是企业经营管理的基本原则,也是精益管理八大原则的首要原则"灵活性"的体现,灵活性即灵活满足客户需求。在企业经营的实际过程中,有两种对待客户的方式(见图4-28):一种是以老板为导向,另一种是以客户为导向。

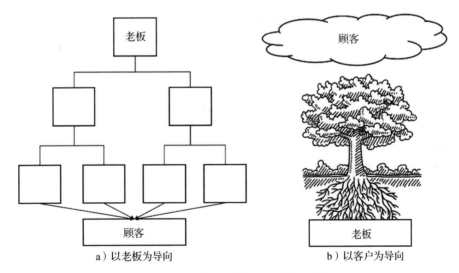

图4-28 以老板为导向与以客户为导向

以老板为导向,并不是专指以公司最大的老板为导向。在企业里面,一般分为很多层级,上一层级的主管就是下一层员工的老板。例如在富士康,普通员工分为三级,干部分为14级;在博世,员工共分为10大级,30小级。在大公司,员工主要为其上一级主管服务,上级主管下达的任务远比满足客户需求重要得多,这就是"以老板为导向"的体现。

公司在创立初期，主要任务是获取客户订单，客户提出的需求基本都能满足，这是典型的"以客户为导向"。随着企业不断成长，规模不断变大，层级开始出现，企业就慢慢忽视了以客户为导向，转而以老板为导向。这也是很多公司口中喊着以客户为导向，而实际办事却是以老板为导向的原因。

那么为什么企业小的时候会自觉以客户为导向，而等规模大了层级出现后，转而以老板为导向呢？这就需要提到150定律，即著名的"邓巴数字"，由英国牛津大学的人类学家罗宾·邓巴（Robin Dunbar）在20世纪90年代提出。该定律指出：人的认知能力只能使一个人与大约150个人维持稳定的人际关系，这一数字是人们拥有的、与自己有私人关系的朋友数量。也就是说，人们可能拥有超过150名好友，但只维持与现实生活中大约150个人的"内部圈子"。而"内部圈子"好友在此理论中指一年至少联系一次的人。在150人以内，人们可以自由协作，不需要复杂的组织架构，而一旦团体人数超过150人，协作就开始失灵，就需要将大团体划分成多个小团体，这样层级就慢慢形成了，层级一旦形成，人们就会畏惧权威。由于低层级员工的前途基本掌握在高层级主管手中，因此听从主管安排就变成低层级员工在组织里的生存之道。若将客户需求和个人生存比较起来，人的本能会主动选择生存，因此以老板为导向就很自然。

现在问题来了，难道以老板为导向是企业发展的必然结果吗？答案是否定的。例如在2005年9月20日，海尔集团董事局主席、首席执行官张瑞敏首次提出"人单合一"的管理模式。12年后的2017年，在首届人单合一模式国际论坛上，张瑞敏再次强调，人单合一的内涵就是以价值为核心，让员工的价值体现在客户价值的增值上。这就要求员工从过去的执行者成为创业者、合伙人，同时将一次性交易的顾客转化为全流程参与的用户，并让"创客们"在实现用户价值的同时，实现自身价值。海尔把一万多名中层管理者去掉了，没有中层管理者，只有三类人：平台主、小微主、创客。所谓的平台主，和过去的领导完全不一样。过去的领导，按拥有多少下属来决定职务的高低；现在平台主的职责是给创客提供资源，帮助小微企业取得成功，这就彻底颠覆了传统企业的管理模式。

那么一家企业要怎样做才能实现以客户为导向呢？精益的英文是lean，lean的本意是瘦、苗条。建立以客户为导向的精益文化就需要将组织进行精简，精简组织就需要减少层级甚至是打破层级。减少或者打破层级的最好方式就是建立小团队（按照150定律，就是150人以内的小团队），在小团队里面大家只有一个目标就是以客户为导向。这方面除海尔做得非常成功以外，在日本也有两家公司取得了非凡的成就，它们是佳能和京瓷。佳能通过细胞化组织将公司打造成了全球相机和打印机的王者；稻盛和夫运用阿米巴经营方式不仅将京瓷带进世界500强，而且还迅速创建了另一家世界500强企业第二电电（KDDI），以及挽救了濒临破产的日本航空。不管是海尔的"人单合一"、佳能的"细胞化组织",还是稻盛和夫倡导的"阿米巴经营",本质都是小团队,这些例子足见小团队运作给企业带来的无限活力。

并不是将大组织改成小团队就能激发团队内每个个体的活力,要想彻底激活个体还需要组织改变一个认识:每个人最值钱的是大脑,每个人大脑里面都有无限的创造力。不要把人当成螺丝钉,只用他们的手和脚,要把他们从繁复的日常工作中解放出来,让他们把创造力释放出来,要把他们当成创业者,赋予他们决策权和分配权。在实际工作中,没有领导,但每个人又都是领导。

以客户为中心不是表面上将客户挂在嘴边,而是要落在实处,这就需要企业打破组织层级,建立小团队并赋予权力。客户不仅指外部客户,也包括内部客户。精益管理以流程为导向,流程有输入和输出,任何输出的接收方都是客户,一个输出可以有多个客户。建立内部客户的观念也是精益管理的要求之一。

4.4.2 系统改进

以客户为导向就像是精益文化建设的方向,方向正不正确决定了文化的好坏。在方向正确的前提下,再考虑效率。在一种文化里面能不能有效率地做事情,取决于战略。在精益文化建设中,有一种能让精益发挥最高效率的战略,就是系统改进,要把系统改进变成企业精益文化的一部分。所谓的系统改进就是从公司的全局出发,来确定系统改进项目。一般来讲要考虑三个方面的输入和一个决策,如图 4-29 所示。

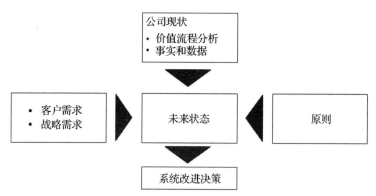

图 4-29 系统改进项目的输入和决策

系统改进输入一:公司现状。做任何事情,最基本的原则就是基于现状、实事求是。在做系统改善决策前也一样,要认清公司现状。在精益管理中,全面认清公司现状有一个非常好用的工具叫 VSM(价值流程图)。价值流程图分析现状有六个步骤:第一步是以客户订单需求为出发点,根据客户订单需求来设定企业的生产节拍；第二步是画出产品的工艺流程图（也叫价值流），从供应商送货到将货送到客户手中的整个价值流；第三步是画出信息流，当企业收到客户订单后，信息是如何在内部传递直到各个工序；第四步是收集价值流和信息流中的数据信息，例如每道工序的节拍时间、人员数量、工序间距离、物料周转方式等；第五步是计算有价无价比，将整个过程中的增值时间和不增值时间分别统计出来，然后用增值时间除以不增值时间；第六步是找问题，通过和客户需求的对比来寻找整个物流和信息流中存在的问题，并将其目视化出来。当价值流程图绘制完后，整个过程就一目了然地呈现在眼前。需要注意的是，价值流程图是按产品族来分的，每类产品族需要有一份价值流程图。

系统改进输入二：客户需求和战略需求。客户需求是决定性的，企业一定要满足。公司战略需求在 4.1 节已经详细阐述，这里就不再介绍。在进行系统改进时，要把公司战略决定的事项考虑进来，比如公司决定今年要机器换人，那么在进行系统改进时就需要考虑自动化改进。做精益管理项目时，都是以不投资或者少投资为前提。

系统改进输入三：原则。除精益管理八大原则以外，还有一些其他的原则，比如合规性、以客户需求为导向、机器换人、保持行业先进性等。

有了这三个方面的输入，还需要进行决策。进行决策时精益管理有一个非常好用的工具叫 VSD（价值流程设计），价值流程设计是基于公司未来的设想和技术发展方向，来描绘公司未来蓝图。在这个过程中先不要考虑当前技术可行还是不可以，只要方向正确，就认为可行。当把公司未来蓝图描绘出来后，就可以比较现状和未来之间的差距，这个差距就是公司今后要努力的方向。需要注意的是，价值流程设计可以基于未来若干年，也可以基于未来 1 年。在系统改进层面，价值流程设计通常以一年为标准，因此精益管理项目的周期一般在一年内比较好；对于超过一年的，建议分阶段执行。

找出差距后，需要将差距归类，形成系统项目。若信息系统非常低效，就需要启动信息系统建设项目；若系统流程太长，就需要启动流程重组项目；若产能不足，就需要启动产能提升或者扩产项目；这些都属于系统改进的决策。

最后将系统改进项目和关键绩效指标矩阵联系起来，结果类指标和运营类指标都可以作为系统改进项目的指标，指标分解就是将系统改进项目拆分为多个较小的点改进项目。

4.4.3 点改进

任何一个系统改进项目的实施都离不开一个个的点改进，点改进就是系统改进的落地路径，系统改进和点改进的过程和关系如图 4-30 所示。

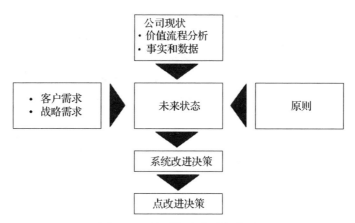

图 4-30 从系统改进到点改进

系统改进是点改进的输入。将系统改进决策拆分为多个点改进决策，然后按照关键绩效指标矩阵进行反向验证，推算拆分的点改进决策是否可以完全支撑系统改进的目标，如果不能完全支撑，还需要去寻找新的点改进机会。在关键绩效指标矩阵中，点改进对应的是改进类指标。

点改进要基于公司人员的能力，有什么能力干什么事，有多大能力干多大事。如果一个点改进的方向非常好，也是公司需要的，但公司没有人能够执行，这时应该果断将该点改进剔除再寻找新的改进点，或者借助外力帮忙，或者发展这方面的能力。这种能力也称为企业的能力瓶颈，只有突破它，企业才能进一步向前发展。

点改进除系统改进这项输入以外，还有另外一项输入就是全员参与的提案改进系统。系统改进是从上向下，而提案改进是从下往上。通过全员参与，让所有员工都投身到改进活动中去，可以最大限度发挥员工的创造力。全员参与改进活动需要企业建立完善的提案改进系统，很多公司提倡的精益文化就是专指这种提案改进系统。

提案改进有两个阶段：第一阶段是全面开花阶段，在没有提案改进系统前，员工的想法和建议得不到满足，因此在提案改进初期，会涌现很多好的想法和建议；第二阶段是江郎才尽阶段，当员工将一些长年累月积累的想法提出来后，就没有新想法了，这个时候需要对员工进行培训，提高他们的认知水平，才能焕发员工新活力。

在这两个阶段中，企业常常有一些错误做法：第一阶段由于提案数量多，企业配套的资源可能不足，企业往往会进行提案评估筛选一些提案执行，这种做法会严重打击提案落选员工的积极性，严重时可能会造成全员参与提案改进系统失去作用；第二阶段是当员工江郎才尽后，不对员工进行培训，而是强制要求员工一定要完成一定数量的提案改进，并且和绩效考核挂钩。这时员工内心会非常反感，不仅不能得到好的提案，而且还会拖慢企业改进的步伐。企业要避免这些问题的发生，就需要设计出详细周全的提案改进系统。

前文海尔"人单合一"的案例就是系统改进和点改进在组织变革方面的具体应用：组织变革可以看作是系统改进，而将每个员工都当成创业者，激发每个员工的活力，就可以看成是一个个的点改进，系统改进是很多点改进累计的结果。

系统改进和点改进的关系是：系统改进决定了点改进的方向，点改进决定了系统改进的程度。如图4-31所示。

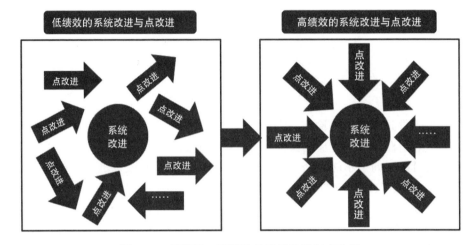

图4-31　低绩效、高绩效的系统改进与点改进

从图4-31中可以看出，当系统改进和点改进方向不一致时，即使点改进做得很好，也实现不了系统改进的目标，如提高非瓶颈设备的效率（点改进）并不能提高公司的有效产出（系统改进）；如果点改进和系统改进方向一致，那么每一个点改进都是对系统改进的有力支撑，点改进做好了，系统改进的目标自然就会实现。

要做到点改进和系统改进方向一致，需要自上而下的改进策略。为了鼓励全员参与，形成持续改进文化，自下而上的改进活动也要开展。最理想的状况就是自上而下的方向和自下而上的方向能够一致，要想实现这个一致性，就必须要对员工进行培训，只有提高了员工的认知，这种默契才有可能发生。很多公司开展全员参与的持续改进活动后，发现对于公司没有太大帮助，主要原因就是"员工做的"和"公司要的"之间存在差异，而公司又没有及时去填平这个差异。除培训外，为了鼓励员工多提建议，公司还可以将与系统改进方向不一致的点改进建议推迟执行，因为公司每年的战略都会变化，今年产生不了效益的事情也许明年就能产生。另外如果公司有足够多的资源，也可以去执行和系统改进方向不完全一致的点改进建议，虽然这些点改进建议不能产生很大的价值，但是至少没有坏处，就当是为了培养员工养成持续改进习惯而支付的成本，为未来的系统改进铺平道路。

Chapter5 第 5 章

创 新 化

当今社会已经步入创新 4.0 阶段，创新的着眼点要基于整个行业，行业创新规律是"三次元创新"：产品创新、制造创新、商业模式创新相互交替。本章将阐述该如何实战"三次元创新"，如何用创新解决实际问题，以及如何打造企业创新的 DNA。只有企业具备了创新的 DNA，创新才能融入每个人的工作和生活，创新才具有生命力。创新化不仅要实践"三次元创新"，还要对创新 1.0/2.0/3.0 进行补课，掌握创新工具，建立创新体系，培养有创新精神和创新能力的人，才能最终实现"大众创新、万众创业"的局面。

5.1 三次元创新理论

产业的发展经历了三个阶段，每个阶段的核心竞争力都不一样。在成长期，技术创新带来产品创新，这个阶段核心竞争力来源于技术；在爆发期，技术逐步成熟，核心竞争力不再依赖技术，而是转到制造，制造创新带来高质量低成本的产品，性价比是核心竞争力；在洗牌期，制造技术越来越先进，成本越来越低，行业竞争白热化，这个时候需要进行商业模式创新，好的商业模式能进行资源整合，提升资源使用效率，这个阶段将会出现行业巨头，行业巨头出现后，要想颠覆现有格局，又必须要依赖技术创新，直到颠覆性产品出现，例如当前的汽车行业就处于这个阶段，电动汽车的出现，开始颠覆现有的燃油汽车格局。

产品（技术）创新、制造创新、商业模式创新是"三次元创新"理论构架的三个方向，如图 5-1 所示。

在产业发展的不同阶级，企业需要打造不同的核心竞争力，一个时代的王者，在遇到新生颠覆力量时，如果不能迅速做出调整，就有可能被颠覆。柯达和诺基亚就是最好的例证，虽然这些公司曾经都叱咤风云，但是在新生颠覆力量开始崛起时却固步自封，最终还是倒下了。究其根本原因就是在产业发展的不同阶段，创新方向没有转移。柯达是第一个发明数码相机技术的公司，但是它坚守胶片市场，结果以破产而告终；当触摸屏手机开始流行时，诺基亚还在继续研发按键手机，没有做出相应的调整，导致诺基亚从手机市场退出。因此一家公司是否按照产业发展方向来进行创新战略调整关系到企业的生死存亡，而在何时要进行调整，则需要时刻洞察产业的发展阶段，识别核心竞争力的来源。

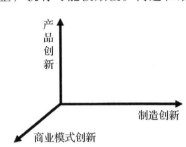

图 5-1　三次元创新理论构架的三个方向

　　三次元创新理论是要打造企业关于"产品创新、制造创新和商业模式创新"的能力，再加上敏锐的行业洞察力，可使企业应对各种市场挑战，跨越企业增长的不连续性。过去几十年，液晶行业将三次元创新理论演绎得淋漓尽致。

　　谈到液晶行业，不得不提液晶技术的开创者美国 RCA（Radio Corporation of America）公司。RCA 公司作为彩电的发明者，目标瞄准那种"挂在墙上的平板电视"。从今天的应用场景来看，RCA 当年的目标可谓是"高瞻远瞩"，但是从实验室研发到大规模生产还有很长的一段路，RCA 没有熬到将液晶技术普遍用于"挂在墙上的平板电视"的这一天。RCA 给我们的启示是：当在技术上成为行业领导者之后，一定要迅速把技术应用到成熟的特定场景中，而不是一直盯着云端未成熟的巨大市场。

　　就在 RCA 开创液晶先河之后，日本精工（SEIKO）企业通过产品创新，将液晶技术应用到了电子表领域，并于 1975 年推出了全球首款液晶电子表。随后电子表在全球流行起来，瑞士表业被逼到濒临破产的边缘，后来被迫转型到高档奢侈品。

　　不仅在手表领域，其他日本企业还将液晶技术应用到计算器、收音机、录音机等小屏幕产品上，让日本成为了全球液晶霸主。日本在液晶小产品上取得成功后，随着液晶技术的不断创新发展，液晶电视、电脑显示器等大尺寸液晶产品也终于迎来了市场机遇，日本也涌现出如索尼、东芝、松下、三洋、夏普等一大批知名企业，而反观美国 RCA，却没有等到液晶电视大潮来临的这一天就倒下了，不免让人叹息。

　　液晶行业日本赶超美国给人们的启示是：让技术从实验室走进生活，不断进行产品应用创新，从当下能做的事情做起，一步一步前行。

日本人领先后，也出现了固步自封现象：1994年液晶行业萎缩前，日本人一直固守5寸以下的液晶面板，认为5寸以上没有实际应用空间。就在此时，韩国三星和LG却坚持生产5寸液晶面板，大量雇用日本液晶厂下岗员工，并在1995年液晶产业复苏时成功投产5寸液晶面板。

韩国人生产5寸面板后，发现这里发展空间甚广，随后大尺寸液晶显示屏开始走进千家万户。再加上三星和LG在液晶制造技术领域的不断进步，缔造了21世纪初强大的韩国液晶产业。反观日本，液晶产业产值在2003年达到最高纪录的26万亿日元后，开始一路下降，到2013年仅剩13万亿日元，最终韩国取代日本成为液晶第一大国。

液晶行业韩国超越日本给人们的启示是：在行业低谷时期利用制造技术创新进行大规模投资，可以让企业弯道超车，前提是该行业不是夕阳行业。

借鉴韩国弯道超车的模式"制造能力+资本"，中国目前是世界上第一制造大国，世界第二大经济体，韩国在液晶领域成功的模式完全能被中国复制。然而中国企业并没有仅停留在韩国成功经验的基础上，而是在不断创新。

目前，我国液晶行业走的是"模式创新+制造创新"的道路。模式创新是指政企合营，政府提供资源并入股，企业进行创新和运营；制造创新是指企业不断进行产品升级，以更高效率更低成本的方式制造更高质量的产品。在这方面京东方公司表现得非常突出：2016年京东方公司新增专利申请量7570件，其中发明专利超过80%，累计可使用专利数量超过5万件，位居全球业界前列。根据2017年第一季度市场数据，京东方公司的智能手机液晶显示屏、平板电脑显示屏、笔记本电脑显示屏出货量均位列全球第一，显示器显示屏出货量居全球第二，液晶电视显示屏出货量居全球第三。根据2017年财年数据，京东方公司已经成为全球最大的液晶面板企业。2017年12月20日，全球首条"世代线"京东方公司的合肥第10.5代TFT-LCD生产线提前投产，成为全球显示产业新的里程碑，这标志着我国在全球显示领域已成为领跑者。

反观美国和日本：RAC早已不复去向；而曾经辉煌一时的日本液晶产业界，现在也已经落魄了。总结液晶行业的三次元创新历程，如图5-2所示，从中可以清晰地总结出创新顺序：技术创新、制造创新、商业模式创新。

依据三次元创新理论，企业在产业的不同阶段需要依赖不同的创新能力，打造核心竞争力。现在的企业大部分是多元化经营，在多条战线上同时存在产品创新、制造创新和商业模式创新的机会。提升企业这三个方面的创新能力，打造创新文化，将会改变中国制造业在全球价值链上的位置。

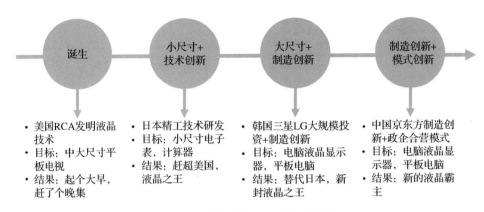

图 5-2　液晶行业的三次元创新历程

5.2　产品创新

提到产品创新，人们常常会联想到类似苹果手机、特斯拉汽车这类划时代的创新产品，它们只是产品创新中的一种类型。按照《从 0 到 1》作者彼得·蒂尔的说法，这是"从 0 到 1"式的创新。除"从 0 到 1"的创新以外，还有"从 1 到无穷"的创新，本书把这类创新称为改进类创新。改进类创新的驱动力通常有新技术应用、价值工程、新外观。还有一类常见的创新是标准化，标准化按照程度可以分为硬件平台标准化、软件平台标准化、零部件标准化。产品创新的三种类型如图 5-3 所示。

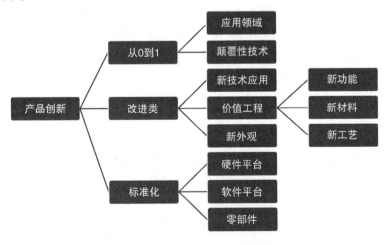

图 5-3　产品创新的三种类型

掌握各种产品创新类型的要点，就可以不断地进行产品创新和产品升级。

"从0到1"式产品创新的关键点在于颠覆性技术。近年来一批非常有创新精神的企业走到了时代的前沿，掌握了部分核心技术，开发出了颠覆性产品，如北斗卫星系统、大疆无人机等。

在掌握了颠覆性技术后，还需要找准与技术相对应的应用领域。如果技术的应用领域没有找准，那么创新产品就很难被消费者接受，从而犯与RCA公司一样的错误，一直关注还未成熟的产品市场。因此"从0到1"式产品创新的两个关键点是颠覆性技术和与技术相匹配的应用领域。

将新技术应用到现有产品上，就是对现有产品的改进。其实每件产品都是很多新技术累加的结果，新技术应用能够提升产品功能或者降低成本，从而提升产品的性价比。

价值工程是常见的改进类产品创新方法，本书4.3.1节有详细介绍。价值工程主要体现在新功能、新材料和新工艺三方面。

- 新功能可以是现有技术或新技术应用到现有产品上，例如将照相技术应用到手机上，就成了拍照手机。新功能虽然增加了产品功能，但是也提升了产品成本，需要适当控制成本的增加幅度才能够提升产品价值。
- 新材料也是现有产品创新的常见改进方向，通过材料替代，在产品功能不变的前提下实现更低成本。例如对车身进行有限元分析后，可以用低强度钢替代部分高强度钢，不会影响整车的安全性能。
- 新工艺是通过工艺优化，提升产品性能或者改变产品的生产方式来降低制造成本和提升生产质量。例如多合一方向的工艺整合就是典型的工艺优化，能够大幅度提升生产效率、降低制造成本、提升产品质量、提高产品竞争力。

新外观能够让产品旧貌换新颜，产品外观设计是打动消费者的第一入口，有非常大的价值。此外外观创新还可能降低产品的成本，例如大众汽车家族前脸设计趋于标准化，大大降低了各种车型的制造成本。过去几年，一些工业设计师将工业设计应用到工业设备上，大幅度改变了工业设备大而笨重的形象，使其和智能化工厂更加匹配。

产品标准化是缩短产品开发周期，降低采购成本、制造成本，降低管理复杂性的有效措施。接下来将阐述如何进行产品标准化工作。

标准化方向一：硬件平台标准化。分析产品的所有零部件，识别对其他零部件有决定性影响的部件，将其作为硬件平台，提升其标准化程度，这也能够同步提升众多零部件的标准程度。以煤机为例，煤机中部槽由槽帮、哑铃销、齿轨、中底板组成，它在零部件中占比70%左右；当中部槽确定后，机头、机尾、动力部也就随之确定了。中部槽、机头、机尾、动力部合起来占整机零部件的

85%～90%，因此可以选择中部槽作为煤机的硬件平台。根据中部槽的类型，可以将产品分为不同的类型，再将不同产品类型和客户需求匹配起来，这样既可以帮助客户实现产品标准化选型，也能够大幅度提升产品标准化程度，实现在减少零部件有限组合的情况下还能满足客户定制化的需求。

标准化方向二：软件平台标准化。由于大多数公司提供的产品还要和其他公司的产品进行组装或者配套作业，不同公司产品的软件程序语言和通信接口可能不同。如果能够统一编程语言和通信接口，那么将能给终端产品配套和数据采集带来极大便利，目前有些客户已经通过指定的方式，要求各供应商的产品要使用相同的程序语言和通信接口。虽然很多公司相关的软件产品都是外购的，但是可以和外部伙伴共同协作，选择配套的产品，从而提升终端产品软件平台标准化程度，这不仅能为未来工业互联网平台建设扫平底层障碍奠定基础，也能减少产品集成测试时间。

标准化方向三：零部件标准化。零部件标准化对于敏捷设计、提升生产经济批量、降低制造成本有极大价值。很多公司是依客户图纸进行产品代工，不同客户同样的零件尺寸由于客户设计上的偏差，使产品间有一些细小差异，从而导致产品种类繁多。如果企业能够和零部件供应商一起进行产品设计，在产品标准化、产品制造工艺、产品材料上进行探讨，便可以大幅度提升零部件的标准化程度，从而降低采购成本，还能提升产品质量和性能。

上面介绍了产品创新的三种类型，那么产品创新有没有方法可循呢？"三次元创新"理论中的"CRISVD"产品创新六步法就是为如何进行产品创新量身打造的。

- C—Concentrate：聚焦；
- R—Relate：共鸣；
- I—Ideate：构想；
- S—Simulate：建模；
- V—Validate：试错；
- D—Depurate：复制。

第一步：聚焦。聚焦客户类型，从众多的客户种类中挑选创新对象，那么首先要做的就是识别客户。识别客户需要做好两方面的准备：一是识别客户的痛点；二是识别客户在一个购买决策过程中扮演的角色。

客户的痛点通常可以分为五级：未意识到潜在问题的客户、意识到潜在问题的客户、主动寻求解决方案的客户、自己动手制定解决方案的客户、打算购买产品或服务的客户。

在一个购买决策的过程中，通常有6种角色：决策者、决策影响者、推荐者、作梗者、买单者和最终用户。

按照这两个纬度，可以利用表5-1来识别真正的客户。

表 5-1　客户识别表

	最终用户	决策者	买单者	决策影响者	推荐者	作梗者
未意识到潜在问题的客户						
意识到潜在问题的客户						
主动寻求解决方案的客户						
自己动手制定解决方案的客户						
打算购买产品或服务的客户	要聚焦的客户					

真正的客户来自打算购买产品和服务的最终用户和决策者：最终用户是产品创新要服务的目标对象；决策者是产生购买行为最主要的力量。

第二步：共鸣。找出目标客户痛点，主动感受客户之痛。只有真正体会到客户的痛点，才能开发出最适合的产品。挖掘客户痛点，"三次元创新"理论提出了"4W 情景法"。

- Who：谁；
- When：何时；
- Where：何地；
- Why：诱因。

"4W 情景法"中的"4W"是上述四个单词首字母的简称，客户的痛点能够通过"4W 情景法"再现出来。例如"一位 30 岁男性 2 型糖尿病患者在患病初期，每周有一天需要在一个隐蔽的环境下打胰岛素，因为他害怕上班的时候被同事发现"。

在这个案例里面："谁"指的是一位 30 岁男性 2 型糖尿病患者；"何时"指的是患病初期每周有一天；"何地"指的是一个隐蔽的环境；"诱因"指的是他害怕上班时被同事发现。通过"4W 情景法"就可以体会到客户的痛。

目前一般公司是通过市场调查来了解客户痛点，面对冷冰冰的问卷调查表，客户通常很难将痛点表达出来，或者客户根本不知道自己需要什么。汽车大王福特说"如果你要问人们想要什么，他们会说想要一匹更快的马"。因为在消费者意识里，还没有汽车，马是最快的交通工具。作为创新者来说，消费者的痛点是移动慢，而解决方案是移动更快的交通工具，而不是跑得更快的马。因此要想真正了解客户痛点，需要设身处地地站在客户立场。

第三步：构想。构想解决方案，针对痛点设计解决方案。构想解决方案有三个层次：一是模仿他人已有的做法，这是完全的拿来主义，但是模仿也是创新的第一个层次；二是跟随，在别人解决方案的基础上，融入自己的想法，从而实现后来者居上；三是创新超越，完全自构解决方案，形成换道超车，常用的方式是发散思维和收敛思维，先产生足够多的新想法，然后再根据目标和约束条件进行评估选择。

第四步：建模。建立构想模型，用最短的时间、最低的成本做出构想原型，准备试错。建模的一个非常重要的用途就是验证构想方案阶段的假设，人们在构想方案时，无意间会带进很多假设，而且自己往往并没有意识到。当制作完简单的模型后，一些假设就会浮出水面，方案的可行性就能得到初步验证。由于建模是为了试错，所以建模要遵循简单迅速低成本的原则，不要太过精细，这点和现在敏捷项目管理的开发机制非常类似。另外，随着项目的不断深入，建模也要越来越精确。

第五步：试错。试错是用建造的模型来验证假设的过程，经过模型验证就能知道方案哪里可行，哪里不可行。针对不可行的部分，提出改进建议，然后再制作更精细的模型，再投入验证，验证后再修正，经过这样一次次的试错，方案就趋于完美了，最终就能得到想要的结果。

第六步：复制。按照最佳模型，将一次成功复制成多次成功，把握好规模化节奏，稳中求胜。这里面有两层内涵：一是要等产品足够成熟再复制，如果一个产品还不是很成熟就大规模复制，可能带来的结果就是企业战线过多被拖累破产，很多初创公司就是这样慢慢消亡的；二是关于组织的规模，在复制的过程中，如果团队越来越庞大，组织就会慢慢的丧失活力，要将复制速度和组织规模联系起来，做好平衡，不要让组织扩大带来的低效率侵蚀了企业的创新活力。

以上简单介绍了"CRISVD"创新六步法，熟练掌握"CRISVD"创新六步法后，再结合具体的产品创新类型和需求进行实践，就能逐渐提升企业的产品创新能力。产品创新能力提升后，企业就可以开发出更多受市场欢迎的产品，也能获得更多的边际利润。

5.3 制造创新

产品创新靠技术领先取得竞争优势，但是随着技术的不断成熟、扩散和发展，技术优势会越来越小。当与竞争对手的技术差距缩小后，若想再次获得竞争优势，就必须依靠制造创新。制造创新的竞争优势来自对设备和工艺的不断改进、生产模式的不断优化和生产技术的不断进步，从而实现产品成本快速下降以及质量持续提升。本书将制造创新的路径总结为五个方面：设备创新、工艺创新、生产模式创新、生产技术创新、供应链模式创新。

5.3.1 设备创新

设备是先进制造业的主体，设备进步也是制造业发展的重要标志。设备创新主要有四个方向，如图 5-4 所示。

设备创新方向一：高性能设备。设备性能一般和设备成本成正比，性能越好成本越高。虽然高性能设备成本更高，但是其优点也非常明显：生产节拍更快、加工精度更高、设备稳定性更好。生产节拍更快意味着在同样的时间里可以生产更多产品，在一定程度上弥补了设备价格高的缺点；加工精度更高可以生产更精密的产品，产品精度越高，通常附加值也越高，这样企业的利润率也越高；设备稳定性好，停机次数就会减少，设备维护成本就会降低，有效产出也会随之提升，同时也能减少投资设备的数量。因此高性能设备相比一般设备，可能更具有竞争优势。无锡有两家涡轮增压壳体公司，2016年公司销售额都在10亿元左右，一家走高端设备路线，一家走低端设备路线。高端设备价格是低端设备的3倍左右，但是走高端设备路线公司的赢利能力却是走低端设备路线公司的3倍左右，主要原因之一就是高端设备需要的人工更少、设备性能更好、节拍更快、故障率更低。因此开发更高性能的设备是制造业创新的重要方向之一。

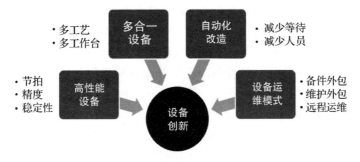

图 5-4　设备创新的四个方向

设备创新方向二：多合一设备。多合一设备是指一台设备能够完成多道不同的工艺或者有两个以上的工作台面。例如车削工艺，通常需要先粗车，然后再精车，粗车和精车分两道工序在不同设备上完成。近几年车床的发展趋势是，一台车床有两个工作台，一个粗车工作台，一个精车工作台，工作台可以旋转，当粗车完成后，粗车工件旋转到精车工作台，再把毛坯件放在粗车工作台上，这样车床就可以同时进行粗车和精车加工。另外，若是同种工艺，将单工作台设备改成多工作台设备，能够使设备上下料和设备加工同步进行，从而消除上下料时设备等待时间，提升设备利用率，而且方便实现上下料自动化。总之，多合一设备可以大幅度提升单机产出、减少在制品转运次数、降低库存、减少生产场地、减少物料转运人员的工作量，同时还能减少半成品在转运过程中的质量风险，可以说是一举多得的设备创新方向。

设备创新方向三：自动化改造。随着自动化技术的进步和劳动力的短缺，设备自动化改造变成了刚性需求。设备自动化改造主要通过两种方式：一是关节机器人，二是桁架机器人。不管是哪种改造方式，主要目的都是减少员工和设备的作业时间、等待时间。机器换人减少员工数量比较容易理解，但是机器人如何能减少设备等待时间呢？传统模式下，如果人机节拍设计合理，在一小段时间内基本看不出来有任何的设备等待现象,但是人由于精力有限,工作久了就会疲劳,因此在长时间工作后,就会有设备等待现象的发生。按照笔者的项目实践经验,一般公司由于这类等待造成的设备效率损失大概在15%,用机器换人后,机器如果不发生故障,就不会发生等待现象,这部分无形的效率损失就能避免。

设备创新方向四:设备运维模式。传统设备运维有很多痛点,如设备什么时间出现故障完全不能掌控,设备哪里可能发生故障也无从知晓。这就迫使企业囤积了大量备件,即使囤积很多备件也还会出现备件短缺的情况。这些问题推动着设备运维模式的持续创新,常见的设备运维模式有三类:备件外包模式、维护外包模式、设备远程运维模式。

备件外包模式是公司不储备备件,当需要备件的时候由外部服务商提供。外部备件服务商通常服务很多家企业,这样就能将众多企业的需求整合到一起,不仅能大大降低整体备件数量,也能减轻企业的流动资金压力。

维护外包模式是企业不建立专业的维修团队,企业只进行简单的设备维护保养工作和小故障停机修复,将设备深度保养以及维修服务交给专业的外部公司。维护外包不仅降低了企业人力成本,而且还能提升服务质量,因为专业的外包服务公司通常能更快地维修好设备。

设备远程运维是近几年随着物联网技术、远程控制技术和虚拟现实技术的发展而出现的新业务模式,通过物联网技术将设备连接起来;再通过虚拟现实技术,相关人员可以在远程看到设备实景信息;再辅以远程控制技术,当设备出现故障时,远端的运维技术人员能够立即知晓。如果是软件问题,在远端可以立即修复;如果是硬件故障,系统会自动识别发生故障的零部件,从而消除了寻找设备故障原因的时间;另外技术人员还可以在远端指导现场人员该如何修复硬件故障,这样就大大提高了设备维护的效率。按照经验数据,设备远程运维可以让设备故障维修时间减少50%以上,该模式除提高设备维护效率以外,也降低了设备维护成本。例如不需要设备售后人员出差到设备现场,消除了差旅费以及降低了售后服务成本。随着工业大数据的兴起,设备远程运维也可以结合工业大数据,进行设备健康管理,提前识别设备将要出现的问题,进而做好预防性维护,可以进一步提高设备维护效率。

5.3.2 工艺创新

工艺作为"人-机-料-法-环"生产五要素之一的"法",在制造创新中非常重要。如图5-5所示,工艺创新可以从工艺平衡、工艺性能、新工艺技术三个方面来开展。

工艺平衡是提升生产效率、降低生产成本的有效方法。由于制造创新主要关注成本和质量,因此一切以不降低质量为前提的降本方法都是好方法。工艺平衡通过工艺重组，提升设备的有效产出。工艺平衡的目的是消除瓶颈，消除瓶颈有两种常见方法：一是针对瓶颈工序直接改进，二是通过工艺重组来消除瓶颈。通过直接改进来消除瓶颈需要针对瓶颈工位进行详细动作分析，综合运用多种改进方法来实现。例如在一个生产单元或者流水线上，某一个工位是瓶颈：可以通过为瓶颈工位增加辅助工位、将瓶颈工位拆成多个工位、为瓶颈工位增加人手、缩短瓶颈工位加工节拍等方法来消除瓶颈。工艺重组是指针对瓶颈工位的工作内容进行分析，看看是否有部分工作可以调整到非瓶颈工位。例如常见的由一组数控机床组成的生产单元，每台设备会安装多把刀具，经常出现加工不均衡的现象，有的机台加工量大，有的加工量少，这是由于工艺设计人员不太熟悉设备和生产的顺序导致的。针对这种现象，通过调整工艺的先后顺序以及重新优化刀具组合来实现各机台加工任务的均衡，可以有效提高生产效率。

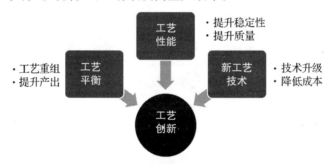

图 5-5　工艺创新的三个方向

工艺性能指工艺稳定性和加工质量。从产品创新过渡到制造创新的过程中，一个重要的特征就是产品的不良率大幅度降低。例如前文提到的液晶面板行业，在产品创新阶段，合格率通常很难超过 80%，当新技术的优势发挥作用，进入制造创新阶段，通过工艺性能提升，将合格率提升到 98% 以上，不良率高的公司就没有生存空间了，制造创新就开始主导液晶产业。因此工艺性能提升也是制造创新的一个标志。

新工艺技术通过技术升级从而实现降低成本的目的。如果现有工艺技术很难突破瓶颈，就需要通过技术升级开发新工艺。例如铸造行业，浇注工艺气孔和砂眼是不可避免的，那么要想避免气孔和砂眼，就需要有颠覆性的新工艺，如铸件通过 3D 打印，可以消除气孔和砂眼，于是 3D 打印技术率先瞄准了铸造行业，目前普遍认为铸造业是将要被 3D 打印颠覆的一个行业。新工艺是为降低成本服务的，新工艺的一个演化方向就是多合一模式，将多道工艺集中成一道工艺，而节拍基本不发生变化，这可以有效降低制造成本。例如冲压行业的多合一模具既能够减少机台数量，又能够缩短加工时间。

5.3.3 生产模式创新

制造业常见的生产模式有流水线生产模式、工艺集中式生产模式和单元化生产模式。

流水线生产模式查比较好理解，就是用传送带将各分散的工序串联起来。流水线的优点是生产效率高、管理容易；缺点是灵活性差，一旦某个环节出现问题，整条流水线都没有产出了。因此流水线适合大批量生产。

工艺集中式生产模式是将同一类型的设备放在一起，产品完成一道工艺后再进入下一道工艺（见图 5-6）。由于不同产品的工艺路线不尽一样，导致整个生产过程看起来十分混乱。工艺集中式生产模式的优点是灵活性高，以及各工序生产效率高；缺点是产出时间长、各工序生产效率不平衡、在制品数量多、过程中容易混料、管理难度较高等。

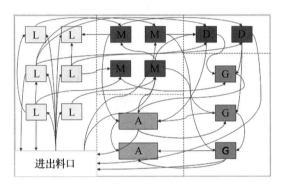

图 5-6 工艺集中式生产模式

单元化生产模式是以产品生产流程为导向，尽可能将产品生产需要的工艺集中起来，形成一个单元，减少产品移动和加快周转，从而提升生产效率和生产弹性。单元化生产模式的优点是产出时间短、在制品少、弹性较高；缺点是前期设计较复杂、对于管理人员要求较高，且当多产品混线生产时对快速换型要求高。

随着消费者对个性化产品要求的增加，大规模流水线生产模式和工艺集中式生产模式均不能有效满足消费者的个性化需求，"多品种小批量"的生产方式将成为主流，单元化生产模式成为了企业生产模式创新的方向。生产模式创新要打破传统的生产方式：流水线模式可以向单元化生产模式方向过渡；工艺集中式生产模式也可以按照产品家族来划分单元，走向单元化生产模式。

单元化生产模式分为五种基本模式：一人一工位、多人一工位、一人多工位、多人多工位、辅助工位。任何复杂的单元化生产组织形式都可以由这五种基本模式组合而成，熟练掌握这五种基本模式，可以构建出任意高弹性的生产单元。

单元化生产基本模式一：一人一工位。这是最基本的单元化生产模式，以至于很多人都认为它不属于单元化生产的范畴。一人一工位的单元化生产方式就是一个人将所有作业都完成。直到1776年3月，亚当·斯密在《国富论》中第一次提出了劳动分工的观点，人们才渐渐地认识到分工可以极大地提高生产效率：生产针共有18道工艺，亚当·斯密发现一个人做针，一天基本上做不出来20根针；但是分工后，每项工作由不同工种的人来做，再加上必要的设备，一个单元一天能够做出来48 000支针。虽然劳动分工能够大幅度提高生产效率，但是这需要以大批量生产为前提条件，如果是多品种小批量，或者市场需求波动剧烈的话，单一的生产模式就很难满足市场需求，即使能够满足，成本也会非常高。一人一工位的生产方式最灵活，它非常适合那些作业不太复杂、需求波动不剧烈的产品。在这样的情形下，一人一工位可以灵活满足客户需求，而且企业的运营成本可以控制到最低。

单元化生产基本模式二：多人一工位。在一人一工位的基础上，如果作业比较复杂，可以通过作业分解，将一个人的工作拆分成多个人去完成。拆分的依据是基于客户需求节拍，客户需求节拍是指客户希望企业生产出一件可以满足其需求产品的时间。当一人一工位的生产节拍比客户需求节拍长时，就需要考虑将一个人的工作拆分成多人去完成。另外，在进行工作拆分时，也有一定的技巧，不是简单地按照工作的先后顺序进行拆分。工作拆分可以看成是工作重组，是将所有的工作分解后，根据工种或者技能要求的高低等标准，把一个工作重组成不同工种或者不同技能要求水平的作业，这样可以更为灵活地组织生产。笔者曾经指导过江森自控座椅骨架工厂，该工厂有很多手工焊接工位，每个焊接工位都有一名焊工、一把焊枪，独立完成座椅骨架零部件的焊接工作。由于客户需求波动较大，这种生产模式在需求高峰期时不能完成准时交付。于是笔者提出一种全新的单元化生产模式"一焊一辅"：在一个工位里面放两套工装，增加一名辅助装夹工人，焊工专门做焊接工作，辅工专门做装夹工作，产量立即翻了一番，生产弹性增加了100%。客户需求增加时，采用一焊一辅模式，客户需求下降时，仍然采用原先的一人一机模式，从而有效地应对了客户需求的波动。

单元化生产基本模式三：一人多工位。一人多工位是指一个人操作多个工位，这就要求这名作业者必须是多能工。一人多工位在两种情形下会出现，一是每一个工位都有人工作业时间和设备作业时间，当作业人员完成一个工位的人工作业后，利用设备作业时间的间隙去做其他工位的人工作业。这种模式经常会出现一个问题，就是设备等人，因此在规划一人多工位的单元化生产时，要在工位设计上避免设备等人现象的发生。二是应对客户需求波动，当客户需求增加时，可以安排多人多工位的生产模式，以提高有效产出；当客户需求下降时，在传统生产模式下，设备基本不能减少,因此只能通过减少人员数量和开机数量来调整产出,以降低运营成本。

单元化生产基本模式四:多人多工位。多人多工位可以看成是一人一工位的细分,将复杂的作业分解成多个工位。多人多工位的工位拆分要注意工位节拍平衡和特种人员需求,工位节拍平衡是首要的考虑因素,节拍不平衡会降低有效产出,通常拆分后平衡率大于95%是基本要求,如果拆分后平衡率小于95%,就需要运用各种改进方法消除瓶颈,提升平衡率;另外,在拆分时还需要注意特种人员需求,例如手工焊接工位,主要工作有工件装夹、焊接和下料。工件装夹和下料是普通工作,普通工人都能做;而工件焊接属于特种作业,需要持证上岗。再加上焊接工人和装夹工人的工资水平不同,招聘难度也不同,因此针对焊接工作就可以拆成辅助工作(装夹和下料)和焊接工作,这样就可以让焊接工人专门做焊接的事情,辅助工人替代焊接工人上下料,减少焊接工人的需求数量,从而降低人工成本。

单元化生产基本模式五:辅助工位(见图5-7所示)。在前面四种单元化生产模式的基础上,可以衍生出有辅助工位的单元化生产。辅助工位是相对于主体工位而言的,通常由于主体工位生产不平衡,或者局部产能不足,需要辅助工位来消除瓶颈或者临时提升产能。辅助工位可以专门为一个生产单元服务,也可以为多个生产单元服务。有了辅助工位,当客户需求增加时,可以暂时应对需求波动。

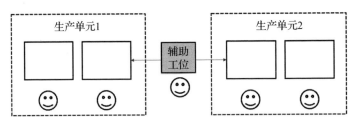

图5-7 单元化"辅助工位"生产模式

流水线生产模式一般是向U型线转变,U型线是目前最为流行的一种单元化生产模式。U型线并不是简单地将一条直的流水线皮带去掉,然后折弯就好了,而是要基于客户需求,详细分析整个生产过程,将工艺重组,然后进行详细的精益产线设计。在此基础上,再考虑客户需求的波动幅度,构建生产弹性,设计不同的作业模式。U型线本质上是由以上五种基本单元化生产模式组合而成,相对于传统流水线来说,有如下优势:

- 可以灵活满足客户需求;
- 人员移动距离短;
- 当某一工位出现问题时,可以通过安全库存和辅助工位进行调节;
- 物料进口和出口在同一侧,便于物流管理;

- 一人可以进行多项作业；
- 可以通过半成品来提高整个单元的平衡率。

工艺集中式生产模式向单元化生产模式过渡相对比较复杂，因为需要确定如何划分生产单元和如何进行成组生产；有时还需要进行大规模的布局调整，但经常会受到很多制约因素影响，导致不能进行布局调整。在划分生产单元前，需要详细了解以下信息。

- 工艺流程：所有产品的工艺流程；
- 机台型号与数量：查阅设备台账；
- 产能、节拍、机台利用率：从生产部门获取，若信息不全，需要去现场测量和确认；
- 人员信息：人员数量和技能信息；
- 物流信息：包括存储方式、转运工具、转运批量和频次；
- 生产班次信息：如每月工作几天、每天几班、每班几个小时。

在了解了这些信息后，就可以开始进行生产单元划分工作了。生产单元划分的主要工具是泡泡图，通过泡泡图可以一目了然看到要将整个生产现场划分成几个单元。接下来简单介绍如何制作泡泡图，制作泡泡图分为画泡泡图和分析泡泡图两大部分。

画泡泡图首先要将所有工艺按照生产流程的先后顺序排列好；然后将相应的设备信息列在工艺名称下面，一台设备一个数据框，这样就可以把所有设备目视化出来；接着在数据框里填入相应的生产信息，如每台设备的利用率、产量等；然后画箭头，箭头表示工艺路径，画箭头要根据各种产品的实际生产路径，以及在实际生产中使用的设备（按照设备编号），用箭头将这些设备连接起来；当依据工艺将所有设备连接起来后，再将生产节拍和人员需求信息标示出来；在完成了生产信息描述后，再在每条箭头上描述出物流信息，如转运频次、工具、批量等。至此画泡泡图的工作就完成了，图 5-8 是某机加工公司的泡泡图部分示例。

画完泡泡图后紧接着要分析泡泡图和划分生产单元。

分析泡泡图首先分析产能信息，将各设备实际产能利用率标识在泡泡图上，找出瓶颈工序，以瓶颈工序为中心进行生产单元划分。在划分生产单元时，可能会出现两种状况：一是划分完生产单元，发现一些设备多余，这个时候需要把这些设备闲置起来，因为设备只要一使用，就需要支付额外的生产成本；二是划分完生产单元后，发现一些设备数量不足。这个时候通常有三种解决办法：一是进行精益改善提高设备效率；二是扩大生产单元，共用其他单元设备；三是投资新设备。在这三个解决方法里面优先提升设备效率，若设备效率提升空间不足，再考虑扩大生产单元，若扩大生产单元并提高设备效率后，产能还是不足，就需要投资新设备。另外针对共用设备，由于要切换产品型号，必须要执行快速换型。如果快速换型不能实现，产品切换就会损失很多产能，导致在实际工作中不能频繁换型，从而出现生产弹性不足，半成品库存增加。

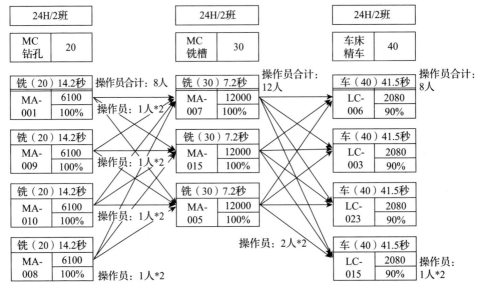

图 5-8　泡泡图部分示例

在划分完生产单元后，接下来就可以进行单元化规划了。单元化规划需要综合运用前文介绍的五种单元化生产基本模式，以及 5.3.4 节中将要介绍的精益产线设计。

生产模式创新的主要目的是构建生产弹性，灵活响应客户需求。从目前市场发展趋势来看，多品种小批量生产是企业未来的取胜之道之一，因此企业需要打造弹性十足的单元化生产模式。

5.3.4　生产技术创新

制造模式创新中常见的生产技术有快速换型、工作重组、精益产线设计以及工厂规划。快速换型针对一个点，工作重组可以针对一个点也可以针对一个面，精益产线设计针对一个面，工厂规划针对的是全局。

1. 快速换型

快速换型是常用的一项生产技术，特别是针对多品种小批量的生产方式，快速换型必不可少。常常看见很多企业现场堆积了大量的半成品，原因就是产品流动不起来，产品流动不起来的一个主要原因是生产批量过大，下游消耗速度跟不上，因而只能堆积在现场。生产批量大的原因是换型时间长，如果频繁换型的话，会损失部分产能,因此生产管理者一般都是通过过量生产来提高生产效率,但这会导致库存居高不下,库存是制造业很多问题产生的源头,而快速换型就是解决这一系列问题的钥匙。

快速换型包括如图5-9中的三个步骤。

第一步:区分内部时间和外部时间。外部时间是指不需要设备停下来的作业时间,如准备模具的作业时间;内部时间是指必须要设备停下来的作业时间,如卸下现有模具,装上新模具。区分内部时间和

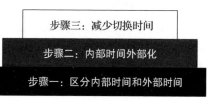

图5-9 快速换型步骤

外部时间是快速换型的前提,只有区分开内部时间和外部时间,才能有针对性地减少换型时间。

第二步:内部时间外部化。要将内部时间外部化,必须拆解内部作业的每个细节,只有足够细致,才能识别哪些作业可以外部化。很多公司在换模时都是先将模具卸下来运走,然后再把新模具运过来装上,在这个过程中,设备需要等待新模具到来。那么运用内部时间外部化原则,在卸现有模具的时候,就可以把新模具运到设备旁边。当现有模具一拆下来,就立即将新模具装上,这样就把送走现有模具和运送新模具这部分内部时间外部化了。在内部时间外部化的过程中,首检到底要不要停机一直是个备受争议的话题:一些公司首检时停机,等首检确认好后再开机生产,因此首检是内部时间;一些公司首检时不停机,而是将首检确认期间生产的产品封存起来,等待首检确认合格后再放行。若首检确认不合格,则需要针对封存品进行全检,其实这也是将首检时间外部化的方法。内部时间外部化是快速换型的本质,只有减少内部时间,快速换型才能实现。

第三步:减少切换时间。减少切换时间要同时减少内外部时间,当然最主要的是减少内部时间。减少内部时间可以用工作重组的方式,也可以借助技术手段实现。例如很多模具上下模都要拧螺母,浪费了大量时间,如果在模具设计时,采用快速夹头,就可以减少很多装卸时间。减少外部时间主要表现在管理方面。如准备专门的换模小车,将换模需要的工具集中管理,减少寻找工具的时间;另外,在模具存放期间,及时维护和保养模具,确保模具时刻处于可用状态等。当内部时间和外部时间都大幅度减少后,快速换型就实现了。

在快速换型实战时,可以使用快速换型矩阵:将快速换型分成换型前、换型中和换型后三个阶段,每个阶段里将各种工作分为准备、操作、技术、工具、程序、配合和检验。当把换型的整个过程分解完成后,可以将换型的每项具体作业对应到快速换型矩阵中,然后再运用ECRSAS原则来缩短每项工作的时间。

当企业具备快速换型的能力后,换型时间基本都能控制在几分钟之内完成,

相对于很多公司换型动辄要 1h 以上来讲，生产灵活性可以大大提高，生产效率也可以大大提升。

2. 工作重组

工作重组，顾名思义就是让专业的人干专业的事，本质上也是分工，这样可以最大限度提高工作效率。企业中经常会出现工作混乱的现象，例如一个生产作业员会去上游领物料，也会去找物料框等生产辅助设施，也会整理现场的半成品等。当作业员去干非本职工作时，设备就可能停机或待机，从而导致生产效率降低。2016 年笔者在给无锡一家企业进行生产效率损失分析时发现，每班一个作业员平均要花 40 分钟去领料和找物料周转框，一个班以 8 小时来算，除去吃饭和休息时间 50 分钟，有效工作时间 430 分钟，浪费 40 分钟相当于浪费了 9% 的产能。对于一家固定资产 5 亿元的公司来说，相当于 4500 万元资产一直闲置，这是一个巨大的隐性浪费。这是不同部门间分工不明确导致的效率浪费和资源损失，当将作业员领料改为物料员配料后，生产效率就可以立即提升 9%。前文单元化生产基本模式 2 中提到的江森自控"一焊一辅"工位设计也是一个典型的通过工作重组消除浪费的例子。

3. 精益产线设计

精益产线设计包括线体设计和操作模式设计。

线体设计主要考虑设备选型、辅助设备设计、线体平衡设计、操作工位设计、物流设计（含供应方式、存储方式、在线库存量）、质量设计。设备选型要满足加工性能要求，设备能力要达到客户产品特性要求；主体设备确定后，要订购或者设计辅助设备，辅助设备设计完成后，线体主体也就设计完毕；线体主体设计完成后，需要考虑线平衡，通过平衡设计来调整线体主体设计，提高平衡率；在线平衡得到保证后，需要进行操作工位细节设计，运用人机工程原则，为作业者设计舒适的作业环境；物流设计是要保证整个产线连续稳定运作，需要考虑物料补给、线边库存设定、物料存储设施，以及加工后的产品如何进入下一生产环节（周转器具）等问题物流设计的好坏会直接影响产线效率，通过物流设计，要消除待料现象；质量设计往往在线体设计时被遗忘，因为大部分公司还没有质量设计的概念（质量设计在 4.3.3 节有详细介绍），通过质量设计，可以确定质量控制点的位置和控制方式。完成这些设计后，再进行操作模式设计。

操作模式设计是依照客户需求来安排具体的作业方式。由于客户需求经常变化，因此需要设计不同的作业方式，不同的作业方式主要是通过调整作业人员数量和产线节拍来实现的。如图 5-10 所示，同一条线体，2 个人生产节拍为 124 秒；当增加一名工人后，节拍就缩短为 64 秒；如果客户需求继续增加，可以安排 4 名工人或者 5 名工人作业。在操作模式设计中，主要考虑作业内容分配，作业内容分配又需要有相应技能的作业人员，为了应对人员需求数量的波动，多能工必不可少，因此多能工的培养是操作模式设计的关键。操作模式设计完成后，就知道该培养什么样的多能工了。

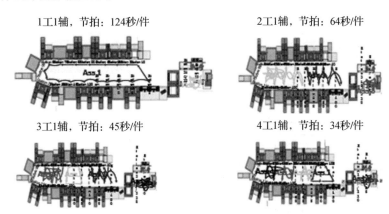

图 5-10　生产单元操作模式设计

4. 工厂规划

一个工厂可以看成是由很多生产单元组成的，掌握了单元化规划和精益产线设计后，再加上厂区物流系统设计和动力系统规划基本上就能够完成初步的工厂规划。厂区物流系统设计主要考虑原料仓规划、内部物料配送（如内部 MILKRUN）、线边库存规划、中间库规划、成品库规划，以及外部物流规划（如外部 MILKRUN、外部仓库）等（详见 4.3.4 节）。动力系统规划需要满足当前和未来的生产规模，如水、电、气的需求。如果动力规划过量，会造成不必要的投资浪费；如果动力规划不足，后期再改造，成本也会随之上升。因此合理规划动力系统是工厂规划要考虑的重要内容。进入工业 4.0 时代，智能工厂规划势在必行，相对于一般的工厂规划，智能工厂规划又增加了许多内容，如智能制造顶层构架设计、信息基础设施规划、数据平台规划、生产自动化规划、物流自动化规划、工业互联网规划等，后续章节会陆续介绍。

5.3.5　供应链模式创新

传统的供应链配送模式是从供应商仓库直接发货到客户仓库，但是随着供应链模式不断创新，又出现了很多新的模式，如通过第三方仓库配送上线、直接从供应商仓库配送上线、超市对超市配送上线等，如图 5-11 所示。

供应链模式创新能够更快地响应客户需求，减少整个供应链上的库存，加速货物流动。供应链模式创新的基础是生产模式创新和生产技术进步，没有弹性的生产模式和生产技术持续改进，供应链模式创新就不能落地，或者落地后没有效益。供应链模式创新分为供应端和交付端，供应端是指供应商和公司间，交付端指公司和客户间，供应端和交付端的供应链模式创新方法类似，只是公司扮演的角色有差异。

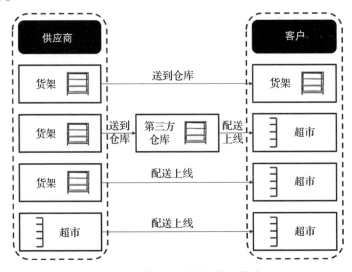

图 5-11　供应链配送的常见模式

以上介绍了制造模式创新的五个主要方面，制造模式创新的目的是提升产品质量、降低制造成本、通过构建制造弹性和缩短交期来提升客户服务水平。当行业制造模式创新成熟后，会出现行业巨头，行业巨头利用在品牌、质量、价格和服务等方面的优势构建起巨大的屏障，阻止潜在进入者和竞争对手进入，要想打破这道屏障，挑战行业巨头的市场地位，需要商业模式创新，或者直接有颠覆性技术的出现。

5.4　商业模式创新

按照三次元创新理论，商业模式创新是制造模式创新的下一个阶段。走商业模式创新之路的企业将有机会挑战行业巨头的市场地位。

企业向客户交付的是产品和服务，产品依赖技术创新，而服务则主要来自商业模式创新。随着企业市场意识的不断加强，以客户为中心变成了基本商业准则。因此要"以客户为中心"来构建新商业模式，新商业模式中除新产品和新服务以外，还需要考虑企业的产品和服务如何与外界的产品和服务相连接，构成一个完整生态链，如图 5-12 所示。

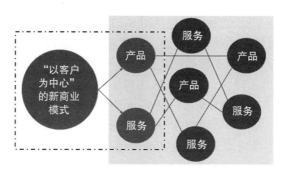

图 5-12　以客户为中心的新商业模式生态链

"产品＋服务"可以打造更有竞争力的产品。传统产品创新主要关注产品性能提升，性价比提升，以及满足客户个性化需求等。当把服务融入产品后，就像给产品赋予了灵魂一样，产品顿时有了生机。

关于"产品＋服务"的商业模式创新方法，李杰教授提出的主控式创新非常有代表性。在主控式创新模型中：市场从覆盖程度和可见程度两个维度来描述，覆盖程度分为"已做"和"未做"，可见程度分为"可见"和"不可见"；需求从满足程度和可见程度两个维度来描述，满足程度分为"已满足"和"未满足"，可见程度分为"可见"和"不可见"。这样主控式创新模型就形成了九个象限，如图 5-13 所示。

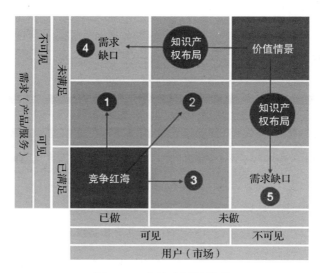

图 5-13　主控式创新模型

主控式创新九个象限可以分为两大领域：产品创新领域和服务创新领域。

产品创新领域：产品创新领域包括图 5-13 中竞争红海和数字 1、2、3 所在的 4 个象限。当现有市场变成竞争红海后，通常有三个策略：一是产品升级，设计更高性能的产品来满足用户对于高端产品的需求，如数字 1 所在的象限；二是基于客户需求设计差异化的新产品，进入未饱和市场，如数字 3 所在的象限；三是个性化产品策略，如数字 2 所在的象限，这部分市场需求还尚未饱和，存在较大机会。适当的采用这三种产品策略，可以在一定程度上帮助企业走出竞争红海。

服务创新领域：服务创新领域包括如图 5-13 中价值情景、知识产权布局、需求缺口所在的 5 个象限。从未做的不可见市场出发，挖掘那些不可见的未被满足的需求，在主控式创新中将这类需求称为"价值情景"。从价值情景出发，沿着市场路线，可以深度挖掘市场需求缺口；沿着产品路线，可以深度挖掘掩藏的产品创新机会。从这两条路线都可以开拓全新蓝海市场。

"产品 + 服务"创新也可以从消费者购买和使用产品的全生命周期来考虑，将产品设计和消费者行为结合起来，进行跨界创新。例如某汽车企业和某互联网公司合作开发的互联网汽车 RX5，该汽车企业的优势是汽车的设计和制造；互联网企业的优势是有庞大的消费者数据，能够 360° 洞察消费者的行为习惯。在二者的强强联合下，RX5 横空出世。据相关数据显示，RX5 上市首月便收获了超过 2.5 万辆订单，也荣获"2016 中国国际工业博览会 – 工业设计金奖"殊荣。这背后的创新来源于对 RX5 消费者行为分析，如图 5-14 所示。

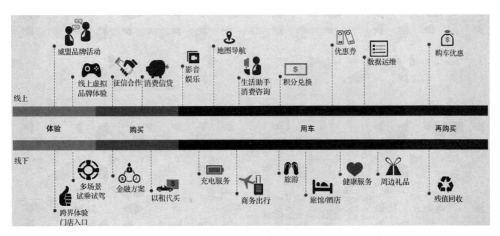

图 5-14　RX5 消费者行为分析路线图

RX5 基于对消费者在买车的四大阶段"体验、购买、用车和再购买"线上线下行为的深度分析，在产品设计时加入了这些消费者喜爱的元素并且让部分潜在消费者参加设计，这样一款以消费者为中心的车辆就被创造出来了，深受消费者喜爱也就不足为奇。

企业在进行"产品+服务"的创新时，也可以将自身的产品和服务融入更大的平台中，和其他的产品和服务产生连接，共同构建产业生态圈。例如在苹果 IOS 平台上的数以万计的创新者就是基于 IOS 平台，开发出成千上万的应用，大大提高了跨界创新的速度和效率。

中国制造业的优势在于生产制造，可以以自身优势为核心，向整个产业链上下游垂直整合。如果把我国制造业企业比成一个大箱子，生产制造在箱子的内部，那么箱子的外部就是原料、供应链管理以及下游销售渠道和售后服务，箱子外面的这些工作附加价值较高且消耗资源较少，中国要走可持续发展道路，产业链上的商业模式创新就可以选择"产业链垂直整合模式创新"，如图 5-15 所示。

图 5-15　产业链垂直整合模式创新

产业链垂直整合创新模式是以生产制造为基点，向上打通核心零部件及原材料，向下打通销售渠道及售后服务。一般企业没有足够的能力进行产业链整合，但是可以基于实际一小步一小步地去延伸。

5.2~5.4 节阐述了"三次元创新"的主要内容：产品创新、制造创新和商业模式创新。一个新的市场始于产品创新，成熟于制造创新，垄断于商业模式创新。在商业模式创新足够成熟后，必定会有新技术新产品出现颠覆现有市场，然后进入新一轮的产品创新，这也是目前整个社会创新呈现出来的大规律，企业可以根据所在市场的不同发展阶段，选择不同的创新策略，进而在激烈的市场竞争中取胜。

接下来本书再阐述如何运用创新来解决实际问题和打造创新 DNA。用创新解决实际问题可以推进"大众创业、万众创新"，让创新变成人们的工作和生活习惯；当人们有了创新习惯后，组织需要建立创新文化，打造创新 DNA，让创新持久发展下去。

5.5　人人都是创新高手

如果将创新看成是一种思维方式、一种通往目标的路径的话，那么创新不仅适合开发新产品、创造新服务，还适用于我们的一切工作。因为任何工作都是为完成一定交付或者达成一定目标而付出的行动，在这个过程中会遇到各种各样的问题，解决问题有很多方法，本节主要阐述如何运用创新来解决问题，让人人都变成创新高手。

在实际工作中，人们经常会遇到各种各样的问题，有的人解决问题得心应手，有的人面对问题束手无策。究其原因，解决问题得心应手的人掌握了一定的方法和工具，而面对问题束手无策的人则是缺少解决问题的方法和工具。

问题按复杂度可以分为复杂问题和简单问题，按发生频次可以分为经常发生的问题和很少发生的问题。在现实中，一般越复杂的问题出现的频次越低，越简单的问题出现的频次越高。按照问题的复杂程度和出现频次的高低，问题类型的分布如图5-16所示。

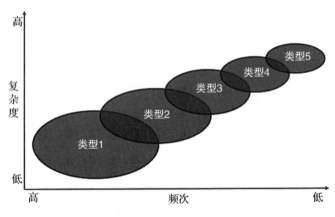

图 5-16　问题类型的分布

类型1：问题比较简单，但是频繁发生。比如设备故障停机、员工违纪等。这类问题在所有问题里面占比最高，但是由于单个问题影响很小，往往被人们忽略。

类型2：问题较简单，发生较频繁。比如设备绩效不一致、产品质量不稳定等，这类问题也很常见。

类型3：问题不简单，发生频次一般。比如常见的产品质量问题、客户投诉等，这类问题较常见，是日常工作中主要被关注的问题。

类型4：问题复杂，发生频次较低。比如严重的产品质量问题、非常复杂的系统性问题等，这类问题不太常见，一旦发生影响很大。

类型5：问题非常复杂，发生频次非常低。比如产品性能失效等，这类问题很少发生，但是一旦发生，影响将非常大。

面对这5类问题，很多企业容易犯两个错误。

一是期望用一种解决问题的方法或者技术来解决所有类型的问题。当然这一点是可以实现的，比如用解决问题类型5的方法和技术肯定可以解决其他类型的问题,但是解决问题需要成本,如果解决简单问题用复杂的方法,那么企业的运营成本会居高不下,解决问题也会缺乏效率。

二是方法不对,解决不了实际问题,往往越努力越失败,好比南辕北辙徒劳无功。

常见的解决问题的工具和方法有:鱼骨图(Fishbone)、5W1H、KT、8D、6Sigma和TRIZ。这些方法本身的难易程度不同,适用的问题对象也不尽相同,按照笔者过去解决问题的实践经验,将各种解决问题的工具与适用的问题对应如图5-17所示,以供读者参考。

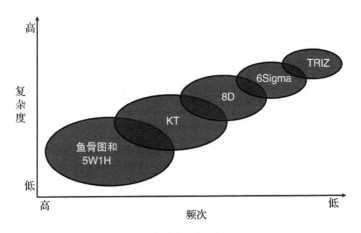

图 5-17　解决问题对应的工具

这些解决问题的工具,除 TRIZ 外,其他工具在 3.3.4 节都有简单介绍,这里就不再重复阐述。依照笔者过去帮助数百家企业解决实际问题的经验:问题类型 1 最为普遍,不是因为没有解决问题的能力,而是在问题解决后员工没有进行经验总结,从而导致问题反复发生;问题类型 2 和问题类型 3 比较常见,也最困扰大部分企业,企业需要掌握解决这两类问题的技能;问题类型 4、5 在大部分企业中占比不高,而且培养解决这方面问题的人才时间长、成本高、难度大,因此建议如果在实际工作中需要解决此两类问题,可以去寻求外部资源支持。本节主要对问题类型 2 和问题类型 3 的解决方法 KT 和 8D 进行详细说明,再对 6Sigma 和 TRIZ 进行简单说明。

KT 法是 KEPPNER 和 TREGOE 两位社会学家,在 7 年的时间里通过研究各行各业上千名成功人士解决问题的方法,寻找共同规律,提炼而来。KT 法从 What、Where、When、Extent 四个方面、11 个问题的"是与不是"的回答来收集信息,然后再通过"差异&变化分析法"或者"专家头脑风暴排除法"来识别问题的原因。KT 法问题分析表如表 5-2 所示。

表 5-2 KT 法问题分析表

序号	问题	是	不是	差异	变化	可能的原因					
						1	2	3	4	5	6
	What										
1	哪一个/些特定物体有偏差										
2	该特定偏差是什么										
	Where										
3	就地理位置上来说，该物体第一次被观察到有异常是在何处										
4	该偏差在物体上何处										
	When										
5	就时间与日期上来说，该偏差第一次在何时被观察到										
6	何时该偏差再次被观察到？有无任何模式										
7	在该物体的生命/发展周期中，该偏差在哪个阶段被观察到										
	Extent										
8	有多少物体有偏差										
9	单一偏差的尺寸大小如何										
10	在物体上有多少个偏差										
11	就物体数量，偏差发生次数及偏差大小而言，其趋势如何										

KT 法分析问题简单明了，在实际应用中有三个难点：第一是 KT 法对数据准确性和完整性的要求非常高，然而很多企业并没有完整的历史数据可查，在回答表中 11 个问题时缺少依据，往往只能依靠相关人员的回忆，这样 KT 法的效果会大打折扣，最终可能发现用 KT 法无法识别问题的原因，也不能解决问题；第二是在专家头脑风暴的时候，专家提出的原因可能都不是真因，这样也找不到问题的真正原因；第三是数据收集不准确可能导致用 11 个问题来验证原因时，反而将真因排除掉了。虽然 KT 法有这些问题存在，但不能否认它是一个高效解决问题的工具。

8D 是目前使用最普遍的分析问题和解决问题的工具。8D 是如下 8 个步骤的简称。

- D1：建立解决问题的团队；
- D2：问题描述；
- D3：遏制措施；

- D4：原因分析；
- D5：永久措施和有效性论证；
- D6：永久措施说明和效果跟踪；
- D7：预防问题再次发生的措施；
- D8：结案。

目前很多大企业都要求不论大小问题，都必须用 8D 来解决，这其实是一种形而上学的做法。按照前文的问题类型分布（图 5-16），日常工作中 70% 以上的问题都不需要用 8D 来解决，另外 10% 以上的问题 8D 也无能为力，因而 8D 真正的应用范围非常有限，如果要把它应用到较简单的 70% 问题中去，那是一种高成本低效率的做法，将会消耗大量的人力成本。8D 是一个非常好的解决问题的工具，如果把它应用在那些比较复杂但是发生频度一般的问题上，还是非常值得的。

针对产品量产后的问题，6Sigma 主要有 DMAIC 五个步骤（针对产品开发阶段是 DFSS，本书不作说明）：Define（定义）、Measure（测量）、Analyze（分析）、Improve（改进）、Control（控制）。虽然 6Sigma 能够解决的问题非常有限，在所有问题里面的比例还不到 5%，而且 6Sigma 解决问题的成本又非常高，不仅需要大量的人力，还需要做实验消耗大量的设备产能和材料，但是 6Sigma 作为一个有效地解决复杂问题的工具，还是非常有必要的。特别是针对某些行业的某些工艺非常有用，如铸造行业的压铸：熟悉压铸工艺的人都知道，压铸容易产生气孔和夹杂，而且是一个不可避免的问题，但是不同企业气孔和夹杂的不良水平大相径庭，好的公司可以控制在 2% 以内，一般企业在 5% 左右，而差一些的企业在 10% 以上。针对这种非常复杂的问题，6Sigma 就非常有用。运用好的话，气孔和夹杂不良基本都可以快速控制在 2% 以内，对于铸造企业来说即使投入大量的人力和物力也是值得的。因此 6Sigma 在一些行业非常有用，但对于大多数行业效果甚微。

TRIZ 是在总结全世界各国各行各业成千上万项发明专利的基础上总结出来的创新理论。TRIZ 比较难理解，需要一定的理工科背景，因此本书不进行具体阐述，但这不能否定 TRIZ 是一个非常好的创新工具。如果读者有兴趣，可以参考根里奇·阿奇舒勒所著《创新算法——TRIZ、系统创新和技术创造力》一书。

本节要讨论的是如何用创新来解决实际问题，TRIZ 虽然是这方面的优秀代表，但是由于学习起来较困难，因此实际应用范围并没有那么广。那么有没有简单易懂、一学就会、应用范围广、又能快速解决问题的创新方法呢？

前文阐述的发散思维法和收敛思维法就是这样的方法。一般意义上来讲，发散思维加收敛思维就等于创新思维。创新思维不仅适用于产品创新，同样适用于解决具体问题。问题不管复杂还是简单，都可以按照发散思维法和收敛思维法的工作过程，来寻找可行的解决方案。另外前文中提到的"创新五步法"也适用于解决问题。把创新思维、创新五步法和常用创新工具结合起来，就形成了用创新解决问题的通用方法论，如图 5-18 所示。

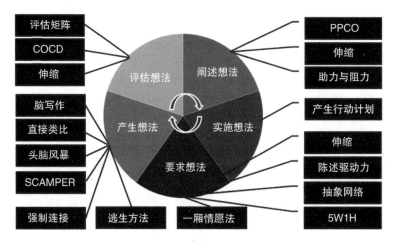

图 5-18　用创新解决问题的通用方法论

图 5-18 是每个人都能掌握的一套创新方法，针对特定问题，通过标准化的步骤、灵活的创新工具，可以迅速实现解决问题的目标。用创新方法解决问题属于集体解决问题的一种形式，将相关人员集中起来，每个人只需要贡献一小点力量，问题就能迎刃而解。这也体现了创新的另外一个特点，就是门槛没有那么高，创新并不属于非常有天赋和具有特殊技能的人，创新可以属于任何人。只要人人有创新意愿，身边处处都有创新机会。掌握创新思维，再掌握一些简单的创新方法，人人都可以成为创新高手。

5.6　企业创新 DNA

创新门槛虽然没有那么高，但是要让创新成为一种习惯，就必须要有创新文化，而创新文化赖以生存的基础就是创新 DNA，本节将为读者解码企业的创新 DNA。

企业创新 DNA 主要有三大要素：人、组织结构和组织文化，人是决定因素，组织结构和组织文化是约束因素。

5.6.1　人

人不是指具有创新职能的人，而是指企业全体员工。创新和真理不同，真理往往掌握在少数人手中，而创新一般掌握在多数人手中，人的多样性是创新的源动力之一。一个群体里人的差异越大，往往也越具有创新精神和创新能力；反之同质化的人群比较缺乏创造力。人的多样性可以从七个方面去评价：家庭背景、地域、性格、年龄、专业、爱好和兴趣。

家庭背景差异性要尽可能大。背景差异大能有更多看问题的角度，角度不同往往结果也不同。家庭背景可以以社会阶层和行业领域来划分：上层阶级和下层阶级考虑问题的出发点不一样；不同领域的人对同一问题给出的解决办法也大相径庭。因此家庭背景差异越大的团队，越有创新精神。

地域分布要尽可能广。一方水土养一方人，不同地域的人做事方式不尽相同。当一个团队具备了这些差异性，在面对具体问题时会有更多更好的选择。

性格越全面越好。不同性格的人搭档工作，往往能产生协同效应。一个团队里面，需要有人果断决策，也需要有人深思熟虑，还需要有人维护人际关系，更需要有人执行决策。一个优秀的团队一定是性格迥异，但是能够高度协作的团队。

年龄尽可能相差大些。不同年龄的人考虑问题的成熟程度、冒险程度、冲劲都不一样。年长者阅历丰富，考虑问题成熟，但是不爱冒险，冲劲也不足；年轻人虽然考虑问题不太成熟，但是冲劲十足，喜欢冒险。不同年龄的人在一起能够扬长避短，抓住机会，稳步前行。

专业方面首先要有专业的人做专业的事，其次要有不同专业的人相互配合。同一专业的人想法容易碰撞，不同专业的人在一起可以触类旁通，一些学科的问题有时需要运用另一门学科的知识来解决，例如美国数学家怀尔斯从几何学出发解释了费马大定理，而之前的数学家从数学的角度一直无法证明。

爱好和兴趣是创新的源泉，离开了爱好和兴趣，也就没有创新了。因此要发展团队成员的爱好和兴趣，接纳不同爱好的人，而且要给每个人发挥爱好和特长的机会。例如谷歌允许每个员工将 20% 的时间用在个人爱好上，在这个时间里不需要工作，纯属个人时间，谷歌很多创新都是来自员工在这 20% 时间里面的贡献，因此谷歌也成为当今世界创新企业的典型代表。

5.6.2 组织结构

组织结构是企业运作、职能划分和部门设置的基本依据。常见的组织结构包括中央集权制、分权制、直线型和矩阵型等。

中央集权制最早是一种国家政权制度，这种制度后来应用于企业管理，也是早期企业管理最常用的一种组织结构形式，如图 5-19 所示。

中央集权制组织结构的优点有：
- 企业目标上下一致；
- 对上下沟通渠道进行了规范；
- 易于协调各职能间的决策；

- 危急情况下能够快速决策；
- 有助于实现规模经济。

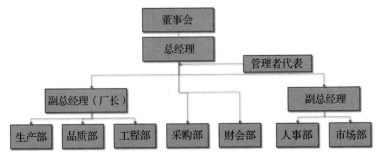

图 5-19　中央集权制组织结构图

中央集权制组织结构的缺点有：
- 高级管理层可能不会重视个别部门的不同需求；
- 由于决策需要通过职能部门逐层向上汇报，因此决策时间过长；
- 对于级别较低的管理者而言，其职业发展有限。

从中央集权制的特点可以看出，这种组织形式比较适合于成熟的大企业。对于大企业来讲，由于规模大、人员多，管理者不能面面俱到，因此需要靠组织的整体协调来达成目标。

分权制是和中央集权制截然相反的一种管理方式。在分权制中，上级主管给予下级充分的自主权，下级在自己管辖的权限内，能独立自主地进行决策，上级不加干涉。图 5-20 是典型的分权制组织结构，就是当前人们常说的网络型组织，每一个成员都是一个网络节点。

分权制组织结构的优点有：
- 充分发挥各级组织的长处和优势；
- 可以使下级因地制宜地贯彻上级指示，充分发挥每个人的智慧和才干；
- 从实际情况出发，依据不同的特点去处理问题。

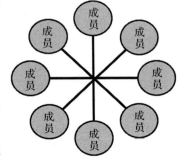

图 5-20　分权制组织结构图

分权制组织结构的缺点有：
- 容易发生本位主义、分散主义，产生不顾整体利益的倾向；
- 如果控制不好，容易自立门户、各行其是；
- 各方常会发生矛盾和冲突。

分权制非常适合初创企业，初创企业一般资源缺乏，需要充分调动每个成员的积极性，因此充分授权势在必行。

直线型组织结构是最简单和最基础的组织形式。它的特点是企业各级单位从上到下实行垂直领导，呈金字塔结构。直线型组织结构中下属部门只接受一个上级的指令，各级主管负责人对所属单位的一切问题负责。图 5-21 是典型的直线型组织结构图。

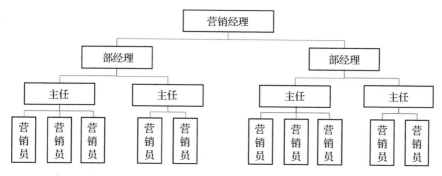

图 5-21　直线型组织结构图

直线型组织结构的优点有：
- 一个下级只受一个上级领导管理，上下级关系简明清晰；
- 层级制度严格明确，保密程度好；
- 决策与执行工作有较高效率；
- 管理沟通的信息来源与基本流向固定，管理沟通的渠道也简单固定，管理沟通的速度和准确性在客观上有一定保证。

直线型组织结构的缺点有：
- 管理无专业分工，各级管理者都需要是全能管理者；
- 各级管理者负担重，当企业规模较大时，难以有效领导与管理；
- 信息来源被管理者死死控制，管理沟通的速度和质量严重依赖于直线中间的各个点，因此信息容易被截取或增删，造成管理沟通不畅或失误。

直线型组织结构适用于企业规模不大，职工人数不多，生产和管理工作都比较简单的情况，也适用于中小型项目管理。

矩阵型组织是一种混合体，是职能型组织结构和项目型组织结构的混合体。它既有项目型组织结构注重项目和客户的特点，也保留了职能型组织结构的职能特点。这种结构将职能与任务很好地结合在一起，既可以满足对专业技术的要求，又可以满足对每项任务快速反应的要求。

矩阵型组织结构的优点有：
- 有直接对项目负责的人；

- 能够以项目为导向；
- 有客户问题处理中心；
- 协调工作由项目管理团队承担；
- 责任明确；
- 资源来自各职能部门，并且这些资源可在不同项目中共享；
- 专业人员在技术上可相互支持；
- 各专业人员组织上仍归属其职能部门，项目结束后，员工"有家可归"。

矩阵型组织结构的缺点有：

- 组织中信息和权力等资源一旦不能共享，项目经理与职能经理势必会为争取有限的资源或权力不平衡而发生矛盾；
- 项目成员接受双重领导，他们需要具备较好的人际沟通能力和平衡协调矛盾的技能；
- 项目成员之间可能存在任务分配不明确、权责不统一的问题，影响组织效率的发挥。

矩阵型组织是一种有效的组织结构，在西方国家被普遍采用。引进这种组织结构，对快速发展中的中国企业来说，具有非常现实的意义。常见的矩阵型组织形式有弱矩阵组织、平衡矩阵组织和强矩阵组织。在弱矩阵组织中，职能部门权力大于项目组织权力；平衡矩阵组织中职能部门权力和项目组织权力相当；在强矩阵组织中，职能部门权力小于项目组织权力。

创新组织结构（见图 5-22）强调去中心化，是一个分权的组织，组织中的个体相互协作，根据具体的任务自发协调，形成一个高效团队。

该组织中的每个个体都可以去调动资源，并不需要请示上级；每个个体都是一个关键节点，能够主动去完成相关任务；个体的能力能够得到充分发挥，组织的目标能在最短的时间内达成。

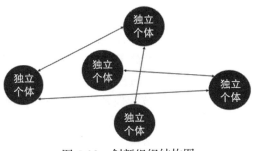

图 5-22　创新组织结构图

5.6.3　组织文化

企业创新 DNA 除需要多样性且具备创新能力的人、自发协作的创新组织结构以外，还需要组织创新文化。本节将从微观（单一企业或组织层面）和宏观（社会层面）两个层面来阐述创新文化。

从微观层面来讲，创新文化浓的企业或组织给人的印象往往不一样，本书将其总结如下。

1）挑战。做富有挑战性的事情，即使是很平常的事情，也需要设定有挑战性的目标。一般组织只设定达成目标，而创新文化不仅要有达成目标，还需要有挑战性目标，挑战性目标一般难以达成，但是是努力的方向。

2）支持新想法。当组织中任何一个人有新想法时，每个人的第一反应都应该是支持，而不是否定。先肯定新想法，然后去挖掘新想法的价值，再去探讨如何实现。

3）信任。组织中的每个人都相互信任，组织中任何人都是平等的，同事之间没有尔虞我诈，不阿谀奉承上级主管，也不在下级面前摆架子。

4）幽默有趣。创新文化除工作以外，还有生活，工作和生活要实现平衡。工作时工作，休息时休息。每个个体都从事自己喜欢的工作，工作也能够带来无穷的乐趣。

5）活力十足。组织内部氛围轻松活泼，同事之间关系融洽，相互帮助，取长补短。每个个体都积极向上，自发学习。

6）自由。组织中的每个人都是自由的，可以自由地决定要做什么。作为上级主管，要做的事情就是给下属提供支持，协调资源来帮助下属达成目标。

7）有创新时间。创新文化不仅要给每个人自由的空间，还要有创新时间。在创新时间内，允许每个人做和工作完全不相关的事情，而这部分时间属于工作时间。

8）争论。创新文化没有一言堂，任何人的任何观点和决策都可以被讨论，而不用担心这种决策是来自哪位主管，也不用担心争论会带来不好的后果。

9）冲突。有争论就有冲突，冲突在创新文化中非常普遍。就如生产力和生产关系这对矛盾是推动社会发展的根本动力一样，没有矛盾和冲突，也就失去了创新活力。因此允许冲突、接受冲突也是创新文化的一个标志。

10）承担风险。创新文化支持充分授权，鼓励每个个体主动工作，权利和义务对等。当事情做得不好时，每个人都主动承担责任，而不是出现问题后每个人都推卸责任。

以上是微观层面创新文化的10个特点，缺乏创新文化的企业或组织往往是另外一番景象：表面上一团和气，背后议论纷纷；上下级等级制度森严，老板一言堂；下级严格服从上级命令，没有个人的发挥空间；上下班打卡，工作时间不得进行和工作无关的事情；出现问题时人人推托，没有人愿意承担责任等。

从宏观层面来讲，社会也需要创新文化。创新文化缺失会导致整个创新生态系统各方面的不良发展，如市场机制、教育制度、政策体系和法制环境。社会创新文化缺失的影响如图 5-23 所示。

要在社会层面进行创新文化建设，需要在政策体系、法制环境、市场机制、教育制度等方面进行创新，用创新性的政策制度激发整个社会的创新激情。

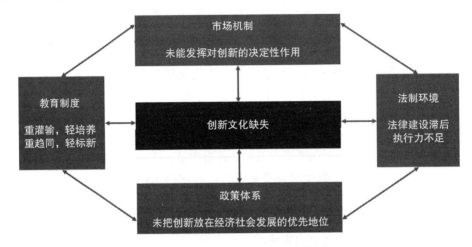

图 5-23　社会创新文化缺失的影响

总之，创新是一项系统工程，而创新 DNA 就是这项系统工程中最基本的要素。从人、组织和文化三个角度去打造创新 DNA，企业只有具备了创新 DNA，企业创新才能够从根本上延续下去。

在中国制造业升级转型的过程中，创新化肩负着改变中国制造业在国际分工价值链上的位置这个历史重任，走好这一步，中国从制造大国迈向制造强国。

Chapter6 第 6 章

自 动 化

本章将介绍精益智能制造理论体系第二阶段的"自动化"要素。

在《中国制造 2025》发布前的两化融合的推进过程中,出现了"小工业化、大信息化"的局面。"小工业化"是指工业化的发展速度较慢,整个社会投入的精力和资源不足;"大信息化"是指信息化建设热情高涨,企业和社会投入的资源和精力较多。之所以会出现小工业化有两方面原因:一是对于工业化的认知有一个误区,把工业化等同于自动化,由于过去中国制造业的核心优势是人工成本较低,一旦让企业走自动化发展道路,就会丧失人工成本的比较优势,因此很多企业不愿意尝试自动化;二是中国企业(包含制造业和非制造业)管理基础有待加强,信息化建设可以让部分管理流程透明化,帮助企业提升管理效率,因此受到欢迎。

本书认为"工业化=精益化+自动化"。精益化是工业化的基础;自动化通过制造升级降低对人工的依赖,要建立在精益化的基础上。精益化在第 4 章已经进行了详细介绍,本章将围绕自动化展开介绍。

人们对自动化可能并不陌生,目前很多行业自动化水平非常高,例如烟草行业基本实现了全流程自动化。虽然一些行业率先实现了自动化,但是中国制造业自动化整体水平还有待提升。过去中国制造业的一大比较优势是劳动力成本低,但是从近几年来看,中国劳动力的比较优势正在消失,因此自动化是中国制造业再上一个台阶的必然选择,5 股力量推动着制造业自动化的发展,如图 6-1 所示。

图 6-1 推动制造业自动化发展的 5 股力量

虽然自动化是大趋势，但是很多企业在自动化升级过程中，是为了自动化而自动化，完全不考虑自动化能否为企业带来效益。那么企业该如何少走弯路、进行自动化升级呢？本书建议企业基于实际需求，从点到线、从线到面、从面到网逐步递进。

6.1　点层级自动化

1946年美国福特公司的机械工程师D.S.哈德最先提出"自动化"一词，并用来描述发动机汽缸的自动传送和加工过程，自此"自动化"正式进入人们的视野。自动化的进程先是从点开始，用自动化设备来替代部分人工劳动，将人从繁重的体力劳动和危险的作业环境中解放出来，如图6-2所示的传统"人–物理"制造系统（Human-Physical System，HPS）。

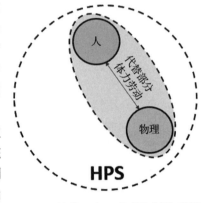

图6-2　传统"人–物理"制造系统

从企业的角度来看，点层级自动化改造主要是确定公司有哪些工作可以用自动化设备来完成。在确定是否能用机器替代的工作过程中，判断依据不仅要有技术可行性，还需要从经济性角度考虑是用人更经济还是用机器更经济，除非某些特殊岗位不需要考虑经济性，例如工作条件非常差不适合人工作业的岗位，这些是自动化机器换人的决策标准。

要从经济性上判断哪些工作适合人？哪些工作适合自动化机器？首先需要熟悉人和自动化机器各有哪些优劣势。本书选择五个对比方面：作业速度、作业稳定性、工作适应性、加工精度、复杂工作的处理。对比结果如表6-1所示，表中"V"代表有优势，"X"代表处于劣势。

表6-1　人与自动化机器的对比

对比方面	人	自动化机器
作业速度	V	X
作业稳定性	X	V
工作适应性	X	V
加工精度	X	V
复杂工作的处理	V	X

在作业速度上，人比自动化机器更有优势。由于人更灵活，而自动化机器作

业比较程序化，作业路径是设定好的，不能根据工作的需要自动调整路径。不过未来的智能机器可能会具备这些功能，甚至在速度上可能会超过人。

在作业稳定性上，自动化机器比人更有优势。自动化机器最大的特点就是稳定，一旦程序设定好后，就可以日复一日、年复一年地重复工作。而人在作业过程中受到外界和自身的影响因素较多，作业过程容易不稳定。

在工作适应性上，自动化机器比人更有优势。自动化机器能够在各种恶劣的环境下工作，而人只能在适合人的工作环境下工作。因此在恶劣的环境下，必须要用自动化机器进行作业。

在加工精度上，自动化机器比人更有优势。虽然人可以加工出来非常精密的工件，但是这不属于工业化生产。在工业化生产中，自动化机器的加工精度通常来说要比人高，特别是随着时间敏感网络技术应用到机加工上，在纳秒级的响应速度下，自动化机器将能够实现人工所达不到的精度。

在复杂工作的处理上，人比自动化机器更有优势。针对复杂的工作，由于人比较灵活能够执行复杂的动作；而自动化机器要想完成复杂的动作，需要将动作分解成多个步骤，虽然也能够完成，但是在成本和效率方面都不占有优势，未来智能机器在这方面有可能会赶超人。

以上五个方面的对比可供企业机器换人时参考。从长远来看，人工成本越来越高，而机器成本在持续下降，机器换人是一个不可逆转的趋势。当前企业中如下三种工作可能会率先被机器取代：瓶颈、高强度工作和恶劣环境下的工作。

瓶颈是指在一个生产单元里面工作节拍时间最长的工作。瓶颈会导致整个生产单元出现等待、在制品积压、有效产出降低等问题。若能缩短瓶颈工位的作业时间，对于提升生产单元产出、降低制造成本有非常大的帮助。在长时间工作下，机器的工作效率一般比人高，因此用机器换人是有效消除瓶颈的方法之一（严格意义上讲，不能说是消除瓶颈，而是瓶颈转移，因为瓶颈可能永远存在）。瓶颈工位机器换人从经济性上来说基本无差，只要技术上可行，可以优先实施自动化改造。

高强度工作是指对于人来说劳动强度过大的工作，通常有劳动负载过大和作业节奏过快两种情形。当劳动负载过大时，人工作时间久了，对身体损伤很大，不适宜长时间工作，这种情况必须要给人配备辅助工具或者直接用机器取代人；作业节奏过快是指工人进行快速重复一系列组合动作的作业。笔者曾经在富士康观察一个工位近20分钟，也没有看清楚该工位上的作业员是如何工作的，因为她的动作太快了，快到完全分辨不出每个动作，后来富士康在实施百万机器人计划时，该工位就是最先一批被机器替代的工位。

恶劣环境下的工作是指某些生产条件非常差，不适宜人作业的工作，或者是人长时间工作，对身体健康损害非常大的工作。例如表面处理作业，特别是喷涂工位，由于涂料基本都有很强的毒性，对人体伤害非常大，这样的工位很少有人愿意做，因此企业不得不用机器进行作业。这类岗位在有些公司可能并不常见，但是每家公司都有工作环境差的工位，在进行自动化升级改造时，这些岗位应该被优先考虑，因为不好的工作环境容易引发员工的不满情绪，员工的不满情绪在公司里面很容易传染，最终可能会带来很多意想不到的负面后果。因此在机器换人时，工作环境是个重要的考虑要素。

在阐述了适合进行点层级自动化的几种情况后，再来说明实现点层级自动化的常见解决方案，主要有三种形式：一是关节机器人，二是直角坐标机器人（也称桁架机器人），三是自动化设备。

关节机器人，也称关节手臂机器人或关节机械手臂，是当今工业领域中最常见的工业机器人之一，适用于诸多工业领域的自动化作业。关节机器人通常按照构造分为三大类。

- 一是五轴或六轴关节机器人。拥有五个或六个旋转轴，类似人的手臂。应用领域有装货、卸货、喷漆、表面处理、测试、测量、弧焊、点焊、包装、装配、切屑机床、固定、特种装配操作、锻造、铸造等。
- 二是托盘关节机器人。拥有二个或四个旋转轴，以及机械抓手的定位锁紧装置。应用领域有装货、卸货、包装、特种搬运操作、托盘运输等。
- 三是平面关节机器人。拥有三个互相平行的旋转轴和一个线性轴。应用领域有装货、卸货、焊接、包装、固定、涂层、喷漆、黏结、封装、特种搬运操作、装配等。

直角坐标机器人，其工作主要是通过沿着 X、Y、Z 轴上的线性运动来进行的，因此被称为直角坐标机器人。大型的直角坐标机器人也称桁架机器人或龙门式机器人，能够实现自动控制、可重复编程、多自由度。直角坐标机器人有如下特点：

- 自由度运动，每个运动自由度之间的空间夹角为直角。
- 自动控制、可重复编程，所有的运动均按程序运行。
- 灵活多功能，因操作工具的不同功能也不同。
- 高可靠性、高速度、高精度。
- 可用于恶劣环境，可长期工作，便于操作维修。

直角坐标机器人作为一种成本低廉、系统结构简单的自动化机器人系统解决方案，常被应用于点胶、滴塑、喷涂、码垛、分拣、包装、焊接、金属加工、搬运、上下料、装配、印刷等常见的工业生产领域，在替代人工、提高生产效率、稳定产品质量等方面都具备显著的应用价值。

针对不同的应用场景，对直角坐标机器人有不同的设计要求。比如根据对精度、速度的要求，选择不同的传动方式；根据特定的工艺要求以及产品特性，为末端工作头选择不同的夹持设备，如夹具、爪手、安装架等；以及对于示教编程、坐标定位、视觉识别等工作模式的设计选择等，从而使之能满足不同领域、不同工况的应用要求。

自动化设备替代非自动化设备也是一种发展趋势。自动化设备相对于非自动化设备来讲，具有加工节拍稳定、生产效率高等特点。另外也可以进行自动化改造，一些自动化改造就是传统设备和机器人的组合，将传统设备配上关节机器人或者直角坐标机器人，设备就实现了自动化。

以上阐述了实现点层级自动化的三种常见解决方案，在点层级判断是否进行自动化改造时，有效率提升、成本降低和环境因素三个判断标准。

针对瓶颈工位进行自动化改造并提升效率。效率提升并不是针对所有工位都有效果，这点往往被很多人误解。从产品生产的整个流程来看，效率提升只有发生在瓶颈工位或者能够减少非瓶颈工位生产规模时才有意义。提高瓶颈工位的生产效率，可以提高产品单位时间内的有效产出，单位时间有效产出提升，分摊在每件产品上的固定成本才会降低，这种效率提升才有意义。若在非瓶颈工位提高生产效率，并且非瓶颈工位设备资源投入没有减少，那么这种效率提升就是伪效率提升，不能给企业带来真正的价值。

进行点层级自动化改造，成本降低主要体现在三个方面：一是节省人工成本，二是不良成本降低，三是效率提升。人工成本节省一般有两种算法，比较常用的是按照减少的人头数，乘以每个员工的成本。但是企业一般是在发展的，某一工位减少的人员并不会直接裁掉，而是将其转移到其他岗位，从事新的工作，从公司角度来看人工成本绝对值并没有下降。另一种比较科学的计算人工成本节省的方法是用标准工时法，计算自动化改造后可以节省的标准人工工时，再根据工费率折算出成本。由于机器比人工作稳定，因此机器相比人工的工作质量往往也会提升，通过比较自动化改造前后的质量不良变化，可以计算出不良成本下降多少。从产品生产的整个流程来看，效率提升只有发生在瓶颈工位或者能够减少非瓶颈工位生产规模时才能真正降低成本。若在非瓶颈工位提高生产效率，并且非瓶颈工位设备资源数量没有减少，那么整个生产过程的成本有可能不升反降。很多企业就陷入了这个误区，在进行局部点自动化改造后，发现成本不降反升，原因就是针对非瓶颈工位进行了自动化升级。

自动化投资一般不直接计算成本节省多少，而是算投资回收期。按照通用会计准则，一般固定资产投资在5年内折旧完毕，因此在点自动化改造时，若投资回收期在5年以内就值得考虑（未考虑资金的时间价值），若考虑资金的时间价值，投资回收期就要小于5年。另外投资回收期还需要考虑机器人或自动化设备的运维成本，考虑运维成本后，投资回收期也会变长。

点自动化改造不能只关注效率提升和成本降低，还需要考虑特定环境适不适合人的作业。如劳动强度过大的工位和工作环境恶劣的工位，需要优先进行机器换人。

当前，点层级自动化升级主要有三种应用场景：辅助设备、机器人的应用和自动化工作站。

辅助设备主要用来进行物料传递，比较常见的有振动盘和皮带等。

机器人主要用来进行物料转移和加工（含辅助加工）。一些传统设备上下料需要人工作业，如冲压机、数控机床等，当给这些设备配上机器人后，机器人可以完全替代人工完成上下料这类辅助作业，可连续24h工作，一般把这种自动化升级模式称为简单的机器换人，不需要太多的规划和设计工作。还有一类是用机器人完成主体作业，例如焊接作业，焊接机器人出现前是手工焊接，焊接机器人出现后，它基本可以替代大部分人工作业。但是无论是手工焊接还是机器人焊接，都会有焊不到的地方，一般称为焊接盲点。传统解决焊接盲点的方法是人将焊件从焊接工装上面取下来，重新换个角度用工装固定后，再进行焊接，但是这样焊接效率就会降低。为了解决这个问题，可以增加一台辅助机器人，当需要焊接盲点时，辅助机器人将焊件抓起，自动调整到相应角度，让焊接机器人可以焊到盲点，这是机器人之间的配合。随着机器人之间配合得越来越默契，越来越多的人工将会被取代。

自动化工作站较为复杂，一般集成了数控设备、机器人和自动化辅助设施，将这些自动化元素整合在一起进行高度协调作业。例如机加工行业常见的一项辅助作业"除毛刺"，一般公司都是将待除毛刺的产品集中到除毛刺工位，手工除毛刺。这样会拉长产品的产出时间，也增加了半成品库存。随着自动化除毛刺工作站的成熟，产品在机加工完成后可以立即进入自动化除毛刺工作站，这样不仅可以节省大量的人力，也能大大降低在制品库存。

以上介绍了点层级自动化升级改造的判断标准和主要应用场景。随着自动化技术的不断提升，未来越来越多的工作都将被机器人取代。

6.2 线层级自动化

在完成点层级自动化后，需要考虑线。点层级自动化主要考虑技术可行性和经济性，而线层级自动化不仅要考虑技术可行性和经济性，还需要考虑整体协调性，否则就不能实现最大的经济性。点层级自动化升级改造基本不用太多的规划设计，只要技术可行、使用机器更经济就可以了，但是进行线自动化升级时，要想实现整体协调性，必须要进行线体规划。因此进行线层级自动化升级改造前，先要进行精益产线设计，然后再用自动化设备来替换人工。

6.2.1 自动化产线设计

本节自动化产线设计是建立在精益产线设计（详见 5.3.4 节）的基础之上。精益产线设计包括线体设计和操作模式设计，这些是自动化产线设计的前半部分，自动化产线设计后半部分是评估机器换人，分析自动化替代人工是否具有经济效益。如果自动化相比人工更有经济效益，就应该进行机器换人。这个环节有一点需要明确：自动化产线并不是特指没有人的产线，而是指有自动化应用的产线。自动化产线的目标是尽可能多地将产线上的人工作业换成机器作业，减少人工的使用数量。接下来将用一个具体案例来说明如何进行自动化产线设计。

某座椅骨架工厂，座椅骨架侧边板有一个零件是用铁皮冲压出来的，共有 7 道工序，每道工序一台冲压设备，共 7 台设备组成一条钣金冲压线。在没有进行自动化升级前，每道工序都需要人工取放料和进行工序间物料转移。这种作业方式，生产节拍大概是 7 秒：放料 2 秒、开合模及保压 3 秒、取料 2 秒。如果按照这个节拍，1 小时能够生产 514 件产品，但是实际上该线每小时产出在 300 件左右，实际产出和理论产出间存在很大差距。

在没有详细调查产出差距原因前，公司相关人员都认为是工人怠工导致的。当笔者去现场调查时发现工人工作都很努力，并不存在怠工现象。那么到底是什么原因呢？进一步观察发现，工人每冲 3~4 件产品，就需要走两步去上道工序取产品，这是因为上下游工序间是通过斜坡铁皮滑台连接的，由于重力不足，有时产品不能完全自动滑下来，因此需要工人去拿；另外工人还需要时不时去清理机台里面的边角料，以及去做一些辅助工作，如去机台背面清理机台落料等。这些原因导致在一段时间里生产节拍从 7 秒延长到 12 秒左右，因此实际产出为 300 件左右。

那么要如何解决这个问题呢？通常是从人机料法环五个角度进行改进，从而提升产线有效产出。从现场观察结果来看，该产线工人已经非常辛苦了，很显然从人的角度来解决这个问题行不通。既然人这条路走不通，料又不能随意更换，该案例中环境对于效率的影响又没有那么大，那么就必须要在设备和作业方法上面寻找解决方案了。

首先工人做了很多非生产性工作，比如清理机台里面的边角料以及机台背面的落料，这些工作能不能不做？经过项目团队评估后一致认为，简单更改模具底板结构和在机台上增加滑板，可以让边角料顺利滑落到废料收集箱里面，可以通过重力自动化的方式消除部分非必要工作。另外安排一名辅助人员来清理整条钣金线背后的废料，这样就减少了工人的工作量。

其次工人能不能不用去上道工序取料呢？将斜坡铁皮滑台用皮带线替代，上道工序生产的产品只要放在皮带上面，自然就能转移到下道工序，消除了工人去上道工序的取料时间。这是通过简单的自动化辅设设备来提高生产效率。

经过简单的精益产线设计和自动化改造，7秒的生产节拍基本就实现了。虽然7秒的生产节拍实现了，但是还有两个问题需要思考：一是直接生产工人没有减少，还增加了0.5名辅助人员（当时是两条钣金线共用一个辅助人员进行废料收集工作），能不能减少人员呢？二是生产节拍还能不能更快点？这就需要考虑真正的自动化升级改造。

在上述产线的基础上，考虑用机器替代人。如果将机器上下料的时间设定为4秒，那么直接上7台机器替换7名工人，这条冲压生产线就变成了全自动生产线，剩下的就是考虑是用人经济还是用机器经济。如果只是简单地用机器替换人，那么生产节拍并没有变得更快。要想让生产节拍低于7秒，还需要考虑如何让设备和机器间产生协同效应。例如工人在操作时，需要先把料从设备里面取出来，放到皮带上面，下一个工人再去拿起来，放进模具。而有了机器后，一台机器就可以兼顾上一台设备的取料和下一台设备的上料，这样能够将取放次数减少一半。要想实现这点，需要让7台设备的冲开模作业和机器取放料协同起来，另外把机器取放料时间从4秒调到3秒，整条钣金线生产节拍就能从7秒下降到6秒。如果将机器的速度调得更快，或者缩短机台间的距离，生产节拍还可以从6秒降到更低。

以上通过一个具体案例介绍了自动化产线设计和改造的基本路径：先以实现既定生产节拍为导向进行精益产线设计和简单的自动化改造；精益产线设计完成后用机器（或自动化设备）替代人；最后让机器和设备产生协同来进一步缩短生产节拍，若是用自动化设备替代了原先的设备则要考虑不同设备之间的协同。

6.2.2 应急预案

当将人工产线改成自动化产线后，会带来一个比较大的隐患，就是一旦某一台设备出现故障，整条线就全停了。自动化产线一旦出现问题，影响比单机设备要大很多。因此针对自动化产线设计，一定要提前做好应急预案，应急预案要覆盖所有已知的故障类型，这是线层级自动化和点层级自动化最大的区别。

常见的应急预案有：如果是设备故障，最好能够在极短的时间内修复，修复方法就是应急预案；如果设备故障短时间修不好，则需要考虑设备备件（可以是单机设备临时替代），虽然会损失部分设备效率，但是至少可以继续生产；如果是模具刀具等故障，需要能快速换型（详见第5章）。这些都是事后的补救措施，应急预案还要进行事前预防，如做好TPM（全面预防性维护）。通过TPM来避免重大故障发生，即使偶尔有些小故障，也能很快修复。例如广州东风江森公司自主开发了一条自动化座椅组装线，由于是自主研发的产线，熟悉该产线所有设备的技术细节，针对产线每台设备，甚至是一个熨斗，都制定了非常详细的 TPM 计划；然后该公司严格执行，保证这条流水线不会出现大故障，即使偶尔出现故障，也一定能在 10 分钟之内恢复生产，正是有这样的详细计划，库存只有 6 套座椅，相当于 10 分钟的缓冲库存。

一般自动化程度越高，设备也越复杂，要求工人的维护技能也越高。因此应急预案是自动化水平提升的一项必修课，有了应急预案保驾护航，自动化才能稳步前行；否则即使自动化水平提高了，一旦设备出现故障也无法及时恢复，也实现不了提高生产效率的目标。这类例子不胜枚举，很多企业买完机器，闲置在生产现场就是典型的例证。

在自动化点、线、面、网四个层级中，除点层级不需要应急预案外（点层级出了问题，通常是业务层面的应急预案，不是自动化规划设计层面的），线、面、网三个层级在进行自动化规划设计时都需要考虑应急预案。

前两节介绍了点和线层级自动化，是不是一个生产车间所有设备和产线都实现了自动化就建成了自动化车间呢？答案是否定的。车间是一个面，面并不是由一些点和线简单组合而成的，而是要将这些点和线有机地整合在一起。接下来将阐述面层级自动化，也称为车间级自动化。

6.3 面层级自动化

面层级自动化是在精益车间布局规划的基础上，再加上自动化辅助设备、机器人、自动化工作站、自动化产线、自动化物流、信息集成系统和监控系统等要素组合而成。图 6-3 是一个某自动化车间构架图。

图 6-3 中技术实现部分的工艺路径，就是车间进行布局规划的流程。很多车间自动化程度不高的原因之一就是车间并没有按照工艺流程进行布局。对于很多产品的生产过程而言，特别是机加工，如果不按照流程进行布局，就无法识别自动化机会。布局规划属于精益管理的一项基础工作，本书在此不进行详细阐述。

在精益布局规划的基础上，再辅以自动化车间的各种要素，就可以建成高水平的自动化车间。前文已经介绍过自动化辅助设备、机器人、自动化工作站和自动化产线，这里就不再介绍，信息集成系统将在第 7 章再进行详细说明，本节重点阐述自动化物流。

如果把车间比为一个人的躯体，那么自动化设备就是人体的各个器官，自动化物流就是血管，源源不断地给各器官输送营养，保证其正常工作。因此自动化物流和自动化设备间需要完美融合，否则车间这个躯体就不能正常运转，这也揭示了自动化车间并不是自动化设备简单累加而成的。

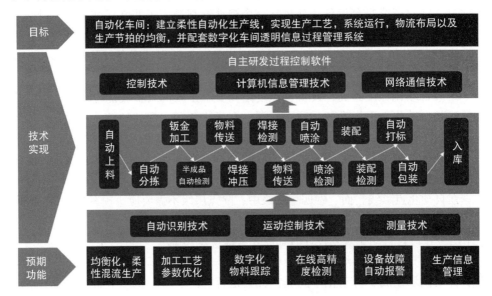

图 6-3 某自动化车间构架图

自动化物流的构成有四大要素（见图 6-4）：有身份的物料、自动配送设备、自动化工作站和自动化仓库。其中自动化工作站主要解决设备内或者生产单元内的物流问题，设备内的物流是指通过机器上下料，生产单元内的物流有机器、皮带或者滚轮等物料转移装置。在 6.1 节中已经对自动化工作站进行了说明，本节主要阐述自动化物流的另外三个要素。

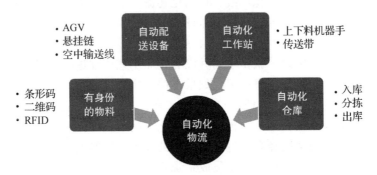

图 6-4 自动化物流四大要素

6.3.1 有身份的物料

自动化物流作业的对象是物料，要实现物流自动化，有身份的物料是基本要求。给物料一个身份，是为了让自动化设备能够识别和快速找到它。由于给物料添加身份是通过信息化手段来实现的，因此既和物流自动化相关，也和信息化相关，在本书中将这部分归在物流自动化中。给物料添加身份信息通常有条形码、二维码和 RFID 标签三种常见的形式。

条形码是将宽度不等的多个黑条和白条，按照一定的编码规则排列，用以表达一组信息的图形标识符。常见的条形码是由反射率相差很大的黑条（简称条）和白条（简称空）排成的平行线图案。条形码是迄今为止最经济、最实用的一种自动识别技术。条形码标签易于制作，对设备和材料没有特殊要求，识别设备操作容易，不需要特殊培训，且设备也相对便宜。条形码技术具有以下优点。

- 输入速度快：与键盘输入相比，条形码输入的速度是键盘输入的 5 倍，并且能实现"即时数据输入"。
- 可靠性高：键盘输入数据出错率为三百分之一，利用光学字符识别技术出错率为万分之一，而采用条形码技术误码率低于百万分之一。
- 采集信息量大：利用传统的一维条形码一次可采集几十位字符信息，二维条形码可以携带数千个字符信息，并有一定的自动纠错能力。
- 灵活实用：条形码标识既可以作为一种识别手段单独使用，也可以和有关识别设备组成一个系统实现自动化识别，还可以和其他控制设备连接起来实现自动化管理。

在自动化物流中，条形码可以用于货物分类、库位分配、库位查询、进出库信息登记、进出库盘点和产品查询等。如果是人工去做这些事，不仅浪费时间、人力、物力和财力，还常常伴随着非常高的出错率，给整个物流业的发展都带来很大困扰。所以可以说，没有条形码的物流过程将会是杂乱无章的，其后果往往不堪设想。而条形码技术对物流业的优势也是显而易见的：既能精确管理，功能又实用，对于大部分的现代化仓库管理需求都能满足；操作方便简单，维护也不复杂，仓库管理员经过简单培训就能快速上岗；而且还能大大减少居高不下的人为出错率；把繁琐的工作瞬间化繁为简，查询货物也特别方便，不需耗费很多人力去翻查种类繁多的进出货单据，只需在电脑上轻轻一扫，所需的货物型号、经销商、进出货日期、经办人等详细资料都即刻显示出来了，并且可以打印出来；物料信息数据还可以备份，不会因为死机或者电脑中毒而担心数据丢失。

二维码是近几年来移动设备上流行的一种编码方式，它比传统的条形码能存储更多信息，也能表示更多的数据类型。二维码是用某种特定的几何图形按一定规律在平面（二维方向上）分布的黑白相间的图形记录数据符号信息的。在代码编制上巧妙地利用构成计算机内部逻辑基础的"0""1"比特流概念，使用若干个与二进制相对应的几何形体来表示文字数据信息，通过图像输入设备或光电扫描设备自动识读以实现信息自动处理。二维码具有条码技术的一些共性：每种码制有其特定的字符集；每个字符占有一定的宽度；具有一定的校验功能；还具有对不同行的信息自动识别功能。二维码有以下优点。

- 高密度编码，信息容量大，编码范围广；
- 容错能力强，具有纠错功能；
- 译码可靠性高；
- 可引入加密措施；
- 成本低，易制作，持久耐用。

在自动化物流中，将原材料的原始生产数据（如名称、制造日期、原产地、生产者等）录入到二维码中并打印带有二维码的标签，粘贴在包装箱上，然后入库。当生产需要时，根据生产计划单，从仓库中提取，按各个批次要求对各种原材料的数量或重量进行称重、分包，在分包的原材料上粘贴带有二维码的标签，码中含有原材料名称、数量/重量、投产顺序、原材料号码等信息。根据生产计划指示，打印带有二维码的看板并放置在生产线上，看板上的二维码里有作业指示内容。在混合投入原材料时使用数据采集器按照作业指示读取看板上的二维码及各原材料上的二维码，以此来确认是否按生产计划顺序进行投产并记录使用的原材料信息。在原材料投产后的各个检验工序中，使用数据采集器录入以往手工记录的检验数据，将数据采集器中记录的数据上传到电脑中，由电脑生成生产原始数据，使得产品、原材料追踪成为可能，摆脱了以往使用纸张的管理方式。正是由于二维码的这些特点，因此二维码常被用于许多产品的追踪。

RFID（射频识别）标签是一种无线通信技术，可以通过无线电信号识别特定目标并读写相关数据，而无须识别系统与特定目标之间建立机械或者光学接触。无线电信号通过调整成无线电频率的电磁场，把数据从附着在物品上的标签传送出去，以自动辨识与追踪物品。一些标签在识别时从识别器发出的电磁场中就可以得到能量，并不需要电池；也有标签本身拥有电源，并可以主动发出无线电波（调成无线电频率的电磁场）。标签中包含了电子存储信息，数米之内都可以识别。与条形码不同的是，RFID 标签不需要处在识别器视线之内，同时也可以嵌入被追踪物体之内。RFID 标签具有如下特点。

- 快速扫描：RFID 辨别设备可同时辨识读取多个 RFID 标签。
- 体积小型化、形状多样化：RFID 标签在读取上并不受尺寸大小与形状限制，不需要为了读取精确度而指定纸张的固定尺寸和印刷品质；此外，RFID 标签可以做到小型化与多样化，以应用于不同场景。
- 抗污染能力和耐久性：传统条形码的载体是纸张，因此容易受到污染，但 RFID 标签对水、油和化学药品等物质具有很强抵抗性；此外由于条形码贴在塑料袋或外包装纸箱上，因此特别容易损坏，而 RFID 标签是将数据存在芯片中，因此不容易损坏。
- 可重复使用：现今的条形码印刷上去之后就无法更改，RFID 标签则可以重复地新增、修改、删除储存数据，方便信息更新。
- 穿透性和无屏障阅读：在标签被覆盖的情况下，RFID 标签能够穿透纸张、木材和塑料等非金属或非透明材质，并能够进行穿透性通信；而条形码扫描机必须在近距离而且没有物体阻挡的情况下，才可以辨读条形码。
- 数据的记忆容量大：一维条形码的容量是 50Bytes，二维条形码最大的容量可储存 2~3000 字符，RFID 标签最大的容量则有数兆个字符。随着数据存储载体的发展，数据容量也在不断扩大，未来物品所需携带的信息量会越来越大，对存储载体所能扩充容量的需求也会相应增加。
- 安全性：由于 RFID 标签承载的是电子信息，其数据内容可以加密，因此不易伪造。

RFID 标签因其所具备的远距离读取、高储存量等特性而备受瞩目。它不仅可以帮助企业大幅度提高货物和信息的管理效率，还可以使销售渠道和制造型企业互联，从而更加准确地接收反馈信息，控制需求信息，并优化整个供应链。此外，随着工业 4.0 在全球的推广，RFID 作为工业 4.0 核心技术之一，越来越受到关注。目前，由于 RFID 标签的成本还很高，虽然在一些智能工厂中已经有成功示范，但还没有在实际生产中广泛使用。未来随着 RFID 技术的进一步成熟和成本的降低，实际应用将会全面爆发。在添加物料身份信息时，既可以将其添加到物料包装上，也可以直接添加到物料上，具体操作要根据企业实际需要而定。

6.3.2 自动配送设备

当物料有了身份信息后，要想被运输到需要的地方，就需要使用自动配送设备。常见的自动配送设备有 AGV 叉车、AGV 小车、悬挂链和空中输送线等。

AGV 叉车包括托盘式叉车 AGV、宽脚堆高式叉车 AGV 和无脚堆高式叉车 AGV。AGV 叉车由液压升降系统、差速驱动系统、PLC 控制系统、引导系统、通信系统、警示系统、操作系统和动力电源组成。AGV 叉车运载能力强，可以直接叉取物料托盘进行运输，转弯时还有自动减速和自动识别障碍物并及时停止等功能，行驶安全可靠，主要用于生产线上的原材料配送、半成品和成品的运输，以及工厂仓库码垛等；在工业生产中能代替人工进行某些单调、频繁、劳动强度大且长时间的作业，或是危险、恶劣环境下的作业。

AGV 小车是指装备有电磁或光学等自动引导装置，能够沿着规定的引导路径行驶，具有安全保护以及各种移载功能的运输车。AGV 小车具有自动化程度高、充电自动化、使用方便、占地面积小等特点。按照定位方式的不同，常见的 AGV 小车类型和特点如表 6-2 所示。

表 6-2　常见的 AGV 小车类型和特点

定位方式	特点
激光导航定位	定位精度很高，但是技术难度高，传感器基本都是国外的
磁钉导航定位	定位精度高，需要磁传感器
磁条导航定位	技术成熟，国内很多 AGV、AGC 都是使用该方法，磁条导航传感器和磁钉导航方式的传感器可以通用
脉冲线导航	地面下埋一个导线，给导线特定频率的高低脉冲，后期现场施工不方便，施工难度高于磁条
二维码导航	国内没有，国外有
轮廓导航	技术难度最高，导航算法难
混合导航	如：激光磁钉混合导航

随着视觉识别技术在工业上的应用，视觉导航 AGV 已经出现。视觉导航 AGV 的原理是：使用 CCD 摄像头获取 AGV 行驶的图片信息，再通过实时的计算机视觉处理对 AGV 的行驶方向进行定位。这种导航方式分为固定路线法和自由路线法。

固定路线法通常将 CCD 安装在 AGV 车体前方，在行驶场地中铺设有供 AGV 来识别的导航标识线，这些标识线一般都是较为明显的，例如白色背景中的黑色标识线或者黑色背景中的白色标识线。这样 AGV 就能够实时依据拍摄的导航标识线图像识别出导航线，并沿着该路径自动行驶。由于使用场景的变化，一些特殊场合有特殊要求，比如高温和黑暗等，这时需要根据实际需求将普通 CCD 换成能获取特殊光线的 CCD（如红外感应 CCD），以此来满足不同环境的需求。由于视觉导航精度很高，而且 CCD 的价格很低廉，对于路面的要求也较低，因此固定路线法实施起来就只需要降低成本了。

自由路线法需要有多个 CCD 摄像头从各个角度拍摄图像，利用计算机视觉原理合成图像的立体信息。这就好像人的两只眼睛一样，不仅能够看到周围的事物，而且还能够将 AGV 车身和物体间的距离测算出来。自由路线视觉识别 AGV 由于不需要按照固定路线行驶，因此在实际应用中有更为广阔的市场，必将成为未来 AGV 的主流。

要想自动配送设备能够将带有身份的物料转移走，还需要定位、通信和路径规划技术。有了精确的定位和通信，自动配送设备才能找到物料；而自动配送设备要从当前位置移动到目的地，还需要路径规划。正如前文所述，路径规划开始从固定路径向自由路线发展了。

除 AGV 叉车和 AGV 小车这类非固定式的自动化物流配送设备外，还有固定式物流配送设备，在制造业中常见的有悬挂链和空中输送线。这两种设备的原理是一样的，都是通过事先规划好路径，计算好物流量，进行设备输送能力设计，然后建造线体。由于这两种设备的成本相对较低，管理较为简单，因此特别适合物流量大、稳定、对节拍要求较高的场景。

6.3.3 自动化仓库

自动化仓库是由立体货架、有轨巷道堆垛机、出入库托盘输送机系统、尺寸检测条码扫描系统、通信系统、自动控制系统、计算机监控系统、计算机信息管理系统以及其他如电线电缆桥架配电柜、托盘、调节平台、钢结构平台等辅助设备组成的复杂自动化系统。

自动化仓库由于不需要人工进行作业，其设计比较灵活。相对于传统高位货架来说，自动化仓库具有高度可以更高、货架间距可以更小、货架还可以整体移动等特点。因此相比传统货架仓库，自动化仓库有以下优势。

优势一：节约仓库占地面积，实现仓库空间的充分利用。自动化仓库的空间利用率与其规划紧密相关，由于自动化仓库采用大型仓储货架的拼装，加上自动化管理技术使得货物便于查找，因此在设计高度以及通道宽度和数量上比较灵活，按照已经建设自动化仓库的相关公司的经验数据，自动化仓库空间利用率为普通仓库的 2~5 倍。因此建设自动化仓库比传统仓库的空间利用率更大、占地面积更小。在发达国家，提高空间利用率已经作为系统合理性和先进性的重要考核指标。在提倡节能环保的今天，自动化仓库在节约土地资源上有着很好的效果，已经成为仓储发展的趋势。特别是随着工业 4.0 的深入，自动化仓库已经成为智能工厂的标配。

优势二：提升仓库的管理水平。自动化仓库采用计算机对货品进行准确无误的信息管理，减少了盘点存储货物时可能会出现的差错，提高了工作效率。自动化仓库对入库出库的货品进行实时盘点，准确记录货物的库存信息，因此当需要盘点库存时，只需要在系统里面将数据导出即可，而传统的库存盘点一般需要花费一两天时间，且盘点结果还可能不准确。自动化仓库使物料运送实现了自动化，让搬运工作更安全可靠，也减少了货品的破损率。传统库存管理的一大原则也是一大难点是保证先进先出，但由于货物的排放方式以及仓库的规划形式常常会导致很难做到先进先出，而这在自动化仓库中就变得非常容易，系统会根据物料的先来后到顺序准确记录物料的入库时间，只要在系统中设定好按时间先后顺利进行发货，自动化仓库就能准确无误地执行先进先出作业。

常见的自动化仓库有原材料自动库、成品自动库，另外还有一类比较特殊的自动化中间库。自动化中间库是为了解决工序间节拍不一致而规划的,在实现车间自动化中扮演了重要角色。一些公司由于没有考虑自动化中间库,从而导致无法实现自动化车间的例子非常普遍,本书第 10 章就有这方面经验教训的案例。

以上介绍了自动化物流的主要内容,自动化物流配合自动化生产设备基本就构成了自动化车间。传统车间管理有三个流:物流、人流、信息流。对自动化车间而言,由于只需要很少的辅助人员,黑灯车间甚至不需要人,因此人流问题几乎消失了;由于有了自动化物流,物流问题也解决了;但是由于自动化车间的设备更为复杂,信息流的工作也会更复杂和更重要,因此车间自动化水平提高后,信息化水平必须要同步提升。如何提高车间的信息化水平,将在第 7 章中具体介绍。

由于一些企业规模较大,可能存在多个车间或者多座工厂,针对这类企业,还需要考虑自动化网络问题。即在自动化车间的基础上,实现各车间间、工厂间的自动化。

6.4 网层级自动化

如果将车间自动化称为面层级自动化,那么工厂间或车间间的自动化就是网层级自动化。不管是车间间还是工厂间,它们的实现方式基本一致。当面层级自动化实现后,网层级自动化就变得相对简单了。

表面上看,网层级自动化就是用 AGV 小车将各车间的物流串连起来,其实不然。如果简单地将各车间物流用 AGV 小车连接起来,在实际运作中,可能会出现运行不畅的现象。因为这涉及各个车间层面的协同问题,任何一个车间任何一个小的问题都可能会导致下游车间生产不畅。因此在进行网层级自动化规划时,要在必要的车间建立自动中间库,自动中间库可以应对各车间生产不平衡和临时故障等问题。自动中间库形式上类似自动化仓库,但是其规划原则更为复杂,它要充分考量上下游车间的产品种类、生产节拍、设备故障等影响因素,然后设定各半成品的最大和最小库存,在此基础上规划出大小合理的中间库,再通过自动化仓库形式来实现。例如无锡某智能制造示范企业,共有 4 个车间,当初在规划工厂自动化时,只考虑了自动化仓库,与车间间用 AGV 相连,等试运作的时候,发现自动化物流根本运行不起来,后来不得不又重新对整体进行了自动化物流规划,建立了自动中间库。在自动中间库建立起来后,该公司的工厂自动化才得以实现。

自动中间库的功能在精益管理 JIT 模式中,也称为线边库(在一些库存分类较多的企业,中间库和线边库有不同的含义:中间库一般指车间级,线边库一般指单元级)。它的作用是让生产更顺畅、产品换型速度更快、物料配送效率更高等。有了线边库,精益管理模式下可以规划内部 MILKRUN 物料配送系统;有了自动中间库，可以通过 AGV 小车实时定点配送。网层级自动化如图 6-5 所示。

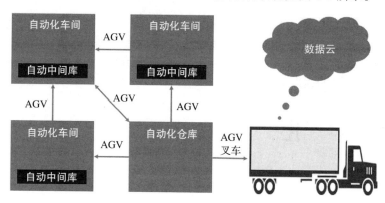

图 6-5　网层级自动化示意图

在点、线、面、网中：点层级自动化不是简单的机器换人，要通过自动化来解决问题；线、面、网层级自动化不是简单的自动化要素累加，要经过系统的自动化方案设计。针对传统企业的自动化升级改造，要按照网、面、线、点进行规划，然后按照点、线、面、网逐步实施；针对新建工厂，按照建设规模，可以从面或者网层面进行整体规划，直接建成自动化车间或者自动化工厂。

第 7 章 Chapter 7

数 字 化

在精益智能制造理论体系中,数字化和自动化同属第二阶段。数字化是当前的热点话题,主要原因是在智能制造的路径探索过程中,人们逐渐认识到,要想实现智能化,先要实现数字化,数字化是智能化的基础。

在现实当中,人是一个复杂的有机体,能够进行认知学习,通过视觉、触觉、嗅觉等感知外部世界来获取信息,再经过大脑进行分析决策,最后通过手和脚去执行相关活动。因此人不仅要从事繁复的体力劳动,还需要从事复杂的脑力劳动。自动化将人的手和脚解放出来,但是还不能替代人进行相关的分析和决策。要想进一步将人从复杂的脑力劳动中解放出来,还需要在人和现实物理世界(图 7-1 中用物理系统代替,是为了和信息系统相对应)之间构建一个类似于人脑的复杂信息系统(如图 7-1 所示),本书将其称为数字化。

如何构建这样复杂的信息系统,或者说数字化之路该如何走呢?针对制造业,精益智能制造理论体系提出了"数据网络"这个概念。数据网络包括横向物料流(横向价值流)和纵向信息流两个维度:横向价值流是价值产生和交付的过程,从订单处理、产品设计、物料采购、生产加工,到物流运输(产品交付)的整个价值链;纵向信息流是指从原始的数据生产开始,经过数据传输、数据储存、数据分析,到数据应用,实现企业降本增效和升级转型的目标。在价值流的每个环节都有大量数据,针对每个环节都进行纵向信息流的深度挖掘,最终就可以形成一个完整的数据网络(参见图 3-24),这个数据网络就构成了图 7-1 中的信息系统,实现了数据信息的生产、交换、处理、分析、决策和控制。

该数据网络模型使用了"数据生产"这个概念,与数据采集类似,但是功能不完全一样。数据采集是获取现有已经存在于设备或其他系统中的数据;而数据生产不仅包括数据采集的内容，还包括按照客户需求来获取还未被记录、但是客观上存在的数据。例如富士康某冲压工厂，想获取模具的磨损数据，以便预防不良品的产生。我们去调研后发现，富士康生产该端子的模具磨损集中在模芯，模芯像绣花针一般大小，一副模具上布满了几十个模芯，每个模芯的磨损不超过 $5\mu m$（$1\mu m=10^{-6}m$），非常精密，而且模芯数量众多，任何一个模芯磨损都可能导致不良品产生，因此获取模具磨损量就非常困难。在这个案例中，模具磨损是客观发生的，但是整个生产过程中没有任何设备设施能够识别和记录模具的磨损状况，这时就需要进行数据生产，只有进行相应的数据生产才能获取模具磨损量这个数据。

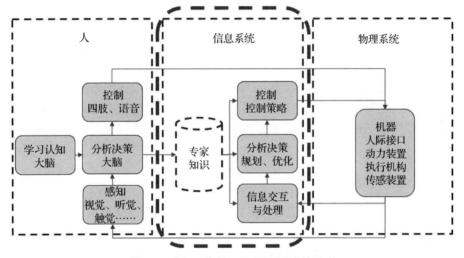

图 7-1 "人－信息－物理"系统关系图

在数据网络横向价值流的各个环节，数据生产、数据传输、数据存储、数据分析、数据应用模式基本雷同，只是实现技术方面会有一定差异。因此本章将按照数据生产、数据传输、数据存储、数据分析、数据应用和数据集成（数字化工厂）这六个步骤来阐述数字化。

7.1 数据生产

随着信息技术的不断发展，当今世界已经开始全面进入数据时代，在数据时代数据是核心资产，目前这点已经形成共识并在商业领域体现得淋漓尽致。

精益管理八大原则中有一个原则是"透明化"，如果整个制造过程都能实现透明化，即像商业企业一样能够将数据清晰地展现在管理者面前，那么就能够帮助管理者做更好和更及时的决策，这就是数字化工厂要实现的目标。而要实现这个目标，数据生产就是第一步，没有数据一切只是空中楼阁。工业数据生产不像商业数据生产那么容易，原因是工业系统是复杂系统。

从设备状态上看，一些设备有通信接口，一些设备没有通信接口。有通信接口的设备获取信息相对容易，数据获取成本也较低；没有通信接口的设备获取信息相对较难，数据获取成本较高或者没有进行数据生产的必要。

从通信方式上看，首先硬件通信接口有很多种，比如通用的两线制 RS485、CAN、HART，多线的 RS232、RS422，基于网络的 Ethernet、EtherCat、Profinet，日本主导的 CC-Link，欧洲主导的 Profibus，用于芯片连接的 I2C、I2S，PC 总线 ISA、PCI、USB，以及 LIN、LON 等都被广泛使用。2000 年之后无线硬件也开始在工业中应用，如 802.11BGN 无线，基于 802.15.4 Zigbee、6LowPAN、WirelessHart，以及最新的 LoRa 和 NB-IoT 等。之前无线技术由于传输距离较短、抗干扰能力较差，导致在稳定性方面有线要差。近年来随着无线技术的不断发展，无线的稳定性大大提升，基本可以满足实际使用需求。无线相对有线在实施便利性以及实施成本上有巨大优势，再加上覆盖范围可达数十公里，传输速率可达千兆级，因此无线技术在工业应用中将会成为未来的主流。其次通信协议更是数以千万计，包括标准的和非标准的，国家的和国际的，并在此基础上衍生出来了成千上万种不同的通信协议组合方式。

从通信接口是否开放上看，有开放接口和加密接口。一些设备厂家和设备核心部件厂商对通信接口加密，进行数据封锁，这给数据生产又增加了困难。

另外数据生产还和工况有关，工况状况好获取数据相对容易，而在很多情况下工况非常复杂，获取数据就变得非常困难。以前义富士康模具磨损为例，由于模芯在模具里面，而且最大磨损量不超过 5μm，要想直接获取磨损数据目前还没有成熟的解决方案，那么就需要采用间接方法。其中一个可行的方法是通过振动频率的不同来反映模具的磨损状况。可是在冲压车间，振动的来源太多，如机床的冲压力、周边机床的冲压力、料带的抖动、地面的振动等，而模具磨损导致的振动差异在这些复杂的震源中显得微乎其微，因此要想通过振动将模具磨损测量出来，也非常困难。由于富士康冲压设备数以万计，模具的磨损数据对于富士康来说有巨大的经济价值，因此即使困难也是值得攻克的一个项目。既然通过振动来分析模具磨损很复杂，于是我们想出了一个全新的解决方案，那就是通过人工智能视觉识别的方式，目前人工智能视觉识别技术精度可以达到纳米级，因此对 5μm 的精度完全可以检测出来。人工智能视觉识别技术的原理是通过端子的形变来判断模具的磨损状况，因为模具磨损最终会反映到产品上面，那么通过产品的细小变化就可以推测出模具的磨损状况，这是一种间接的数据生产方式。

以上简单说明了工业数据生产的困难，但是无论数据生产有多难，也要突破这道难关，因为没有数据或者数据不足，就谈不上数字化，而数字化是实现工业 4.0 的基础。常见的数据生产可以分为以下四类。

数据生产类型一：设备有通信接口且开放。可以直接通过网线将信息上传到设备互联总线，也可以通过无线智能终端，将信息获取后发送到智能物联网关或者设备互联总线。如前文所述，随着无线技术的成熟和无线相对有线的巨大优势，无线将是未来的主流。

数据生产类型二：设备有通信接口，无公开地址表。首先要解决的是获取地址表信息的问题，这方面技术门槛不是太高，相对来说比较容易解决。一方面可以先读出地址表信息，再和 HMI 界面进行对比，通过一一比对的方式弄清楚每个地址表示什么信息，这种方式需要一定的时间；另一方面也可以请设备售后服务人员提供地址表信息，然后直接读取设备信息。后者的缺点是，一旦设备厂家地址表信息规则变化，就需要重新收集。因此数据生产还是需要掌握一定的技术，走直接解决问题的路径。

数据生产类型三：设备有通信接口，但是加密。需要按照实际情况进行处理。一些公司的设备通信接口可以通过开发第三方软件来打破加密封锁，还有一些公司的设备加密不易破解，这种情况可以按照设备无通信接口来处理。

数据生产类型四：设备无通信接口，或者设备有通信接口，但是企业想获取更多信息，此时一定需要数据生产。数据生产的原理是通过在设备上加装各类传感器或者其他装置，来直接或者间接获取相应的原始数据信息。需要注意的是，并不是在设备上加上传感器就能获取想要的信息。以前文富士康模具振动为例，在模具上加振动传感器，并不能准确地识别出模具磨损引发的振动信号变化，因为干扰因素太强了。因此在设备上加传感器时，有时需要对传感器进行二次开发，要开发相应的嵌入式软件和算法，以剔除噪声因子的影响。否则即使找到了合适的传感器，也不一定能得到想要的数据。因此要想满足数据生产需求，需要具备强大的软硬件开发能力，以及各种通信技术能力。

衡量数据生产解决方案的标准有：完整性、兼容性、灵活性、统一性、独立性。本书对此不进行详细说明。

7.2 数据传输

当数据生产完成后，接着需要对数据进行传输。以网关为中心，连接 Internet 方向称为上行，连接终端方向称为下行，常见数据传输方式如表 7-1 所示。

3G、4G、5G、WIFI、USB、蓝牙大家比较熟悉，本书不再单独介绍，接下来简单介绍另外一些常见的数据传输方式：LTE、FSK、NB-IOT、LoRa、IEEE 802.15.4、

ISM 频段，以及数据传输核心节点设备网关。

表 7-1 常见数据传输方式

方向	数据传输方式
上行	运营商网络：3G、4G、5G、WIFI、LTE
下行	窄带物联网：FSK、NB-IoT、LoRa、IEEE 802.15.4，ISM 频段 433M、470M、780M、868M、915M、2.4G； 运营商网络：3G、4G、5G、WIFI、LTE、USB、蓝牙

7.2.1 LTE

LTE（Long Term Evolution，长期演进）是由 3GPP（The 3rd Generation Partnership Project，第三代合作伙伴计划）组织制定的 UMTS（Universal Mobile Telecommunications System, 通用移动通信系统）技术标准的长期演进，于 2004 年 12 月在 3GPP 多伦多会议上正式立项并启动。LTE 技术是 3G 的演进，是 3G 与 4G 技术之间的一个过渡。它改进并增强了 3G 的空中接入技术，采用 OFDM(Orthogonal Frequency Division Multiplexing，正交频分复用）和 MIMO（Multi-Input & Multi-Output，多输入多输出）作为其无线网络演进的唯一标准。

LTE 系统引入了 OFDM 和 MIMO 等关键技术，显著增加了频谱效率和数据传输速率（20M 带宽 2×2 MIMO 在 64QAM 情况下，理论下行最大传输速率为 201Mbit/s，除去信令开销后大概为 150Mbit/s，但根据实际组网以及终端能力限制，一般认为下行峰值速率为 100Mbit/s，上行为 50Mbit/s），并支持 1.4MHz、3MHz、5MHz、10MHz、15MHz 和 20MHz 等多种带宽分配，且支持全球主流 2G、3G 频段和一些新增频段，因而频谱分配更加灵活，系统容量和覆盖也显著提升。LTE 系统网络架构更加扁平化简单化，减少了网络节点和系统复杂度，从而减小了系统时延，也降低了网络部署和维护成本，LTE 系统支持与其他 3GPP 系统互操作。根据双工方式不同，LTE 系统分为 FDD-LTE（Frequency Division Duplexing）和 TDD-LTE(Time Division Duplexing)，两者技术上的主要区别在于空口的物理层上（帧结构、时分设计、同步等）。FDD 系统空口上下行采用成对的频段接收和发送数据，而 TDD 系统上下行则使用相同的频段在不同的时隙上传输，相比 FDD 双工方式，TDD 有着较高的频谱利用率。2021 年 8 月，我国 LTE 核心网 IPv6 总流量超过 10Tbit/s，占全网总流量的 22.87%。

7.2.2 FSK

FSK（Frequency-Shift Keying, 频移键控）是信息传输中使用较早的一种调制方式，它的主要优点是：实现起来较容易，抗噪声与抗衰减性能较好。在中低速数据传输中得到了广泛应用。最常见的是用两个频率承载二进制 1 和 0 的双频 FSK 系统。

FSK 分为非相干 FSK 和相干 FSK。对于非相干 FSK，瞬时频率之间的转移是两个分立的马克和空间频率；对于相干 FSK 或二进制 FSK，输出信号没有间断期。

在数字化时代，电脑通信在数据线路（电话线、网络电缆、光纤或者无线媒介）上进行传输，就是用 FSK 调制信号进行的，即发射端把二进制数据转换成 FSK 信号进行传输，接收端反过来又将接收到的 FSK 信号解调成二进制数据，并将其转换为用高、低电平所表示的二进制语言，即计算机能够直接识别的语言。

7.2.3 NB-IoT

NB-IoT（Narrow Band Internet of Things）是基于蜂窝的窄带物联网，正成为万物互联网络的一个重要分支。NB-IoT 构建于蜂窝网络，只消耗大约 180kHz 的带宽，可直接部署于 GSM 网络、UMTS 网络或 LTE 网络，以降低部署成本、实现平滑升级。

NB-IoT 是 IoT 领域一个新兴的技术，支持低功耗设备在广域网的蜂窝数据连接，也被叫作低功耗广域网(LPWAN)，是一种可在全球范围内广泛应用的新兴技术。具有覆盖广、连接多、速率低、成本低、功耗低、架构优等特点。NB-IOT 使用 License 频段，可采取带内、保护带或独立载波三种部署方式，与现有网络共存。

7.2.4 LoRa

虽然 NB-IoT 来势汹汹，但 LoRa 技术已经在世界各地都有落地的商业项目，技术成熟度上处于领先地位。LoRa 是 LPWAN 通信技术中的一种，是一种基于扩频技术的超远距离无线传输方案，LoRa 既可以用于运营商网络也可以用于企业自组网，目前 LoRa 主要在全球免费频段运行，包括 433MHz、868MHz、915MHz 等。

LoRa 的最大特点就是成本低、传输距离远、工作功耗低、组网节点多。

目前 LoRa 网络已经在世界多地进行试点或部署。据 LoRa 联盟公布的数据，已经有 9 个国家开始建网，56 个国家开始进行试点，目前在国内也有公司部署了 LoRa 网络。

对于国内三大运营商来说，主打的是 NB-IoT，使用 LoRa 技术大规模组网的可能性不大，但 LoRa 网络的成本低，一些企业使用 LoRa 技术搭建小型的私有网络来实现一些应用，还是非常有优势的。

7.2.5 IEEE 802.15.4

随着通信技术的迅速发展，人们提出了在人自身附近几米范围内的通信需求，这样就出现了个人区域网络（Personal Area Network，PAN）和无线个人区域网络（Wireless Personal Area Network，WPAN）的概念。WPAN 将几米范围内的多个设备通过无线方式连接在一起，使它们可以相互通信甚至接入 LAN 或 Internet。IEEE 802.15 工作组成立于 1998 年，致力于 WPAN 物理层（PHY）和媒体访问层（MAC）的标准化工作，目标是为在个人操作空间（Personal Operating Space，POS）内相互通信的无线通信设备提供通信标准。POS 一般是指用户附近 10 米左右的空间范围，在这个范围内用户可以是固定的，也可以是移动的。

IEEE 802.15.4 专注于设备之间低成本、低速的通信，目前在物联网上有广泛的应用。比如在制造业需要将产品和模具进行匹配防错，以减少通信干扰，就可以基于 IEEE 802.15.4 的近距离通信特点；在日常商业和生活中，需要近距离打卡的场景，也适合使用 IEEE 802.15.4 标准；常见的 Zigbee 也是基于 IEEE 802.15.4 标准之上的。

7.2.6　ISM 频段

ISM 频段（Industrial Scientific Medical Band）主要是开放给工业、科学和医用 3 个主要机构使用的频段。ISM 频段属于无许可（Free License）频段，使用者无须许可证，没有所谓使用授权的限制。ISM 频段允许任何人随意地传输数据，但是会对所有的功率进行限制，使得发射与接收之间只能是很短的距离，因而不同使用者之间不会相互干扰。

在美国，ISM 频段是由美国联邦通信委员会（FCC）定义出来的，其他大多数政府也都留出了 ISM 频段，用于非授权用途。目前，许多国家的无线电设备（尤其是家用设备）都使用了 ISM 频段，如车库门控制器、无绳电话、无线鼠标、蓝牙耳机以及无线局域网等。当 RFID 选择工作频率时，要顾及其他无线电服务，不能对其他服务造成干扰和影响，因而 RFID 系统通常只能使用为工业、科学和医疗应用而保留的 ISM 频段。

7.2.7　网关

在简单介绍完各种常见的通信协议后，接下来再介绍数据传输中的核心节点设备网关。

网关又称网间连接器、协议转换器。网关在网络层上实现网络互连，是最复杂的网络互连设备，用于两个不同高层协议间的网络互连。网关结构和路由器类似，但网关除用于 IP 网络外，也可以用于更多的硬件媒介和通信方式，比如 LoRa 转 IP、RS485 转 IP 等。

网关实质上是一个网络通向其他网络的 IP 地址。比如有网络 A 和网络 B，网络 A 的 IP 地址范围为 192.168.1.1～192.168.1.254，子网掩码为 255.255.255.0；网络 B 的 IP 地址范围为 192.168.2.1～192.168.2.254，子网掩码为 255.255.255.0。在没有路由器的情况下，两个网络之间是不能进行 TCP/IP 通信的，即使是两个网络连接在同一台交换机（或集线器）上，TCP/IP 协议也会根据子网掩码（255.255.255.0）判定两个网络中的主机处在不同的网络里。要实现这两个网络之间的通信，必须要通过网关。如果网络 A 中的主机发现数据包的目的主机不在本地网络中，就把数据包转发给它自己的网关，再由网关转发给网络 B 的网关，网络 B 的网关再转发给网络 B 的某个主机。整个过程如图 7-2 所示。

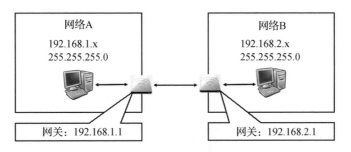

图 7-2 不同网络之间的通信图示

在工业应用中，由于设备通信协议的多样性，因此在数据传输的过程中，接口灵活的网关就显得至关重要。下行要能够对接各种信息传输方式，上行要能够支持各种运营商网络，方便企业建立工业互联网，为 CPS 虚拟世界提供数据来源。

在这种超强兼容性的智能物联网关的推动下，工业互联网底层数据网络建设将变得更为简单。智能物联网关由于接口灵活，支持各种数据传输方式，可以适应不同的应用场景，能大大简化网络结构；另外智能物联网关也需要低功耗，低功耗可以大幅度降低后期维护成本。

此外，随着 IPv4 向 IPv6 过渡，市场不仅需要支持 IPv4 和 IPv6 的网关，更需要能实现 IPv4 和 IPv6 间自由转换的智能网关。

数据传输既需要软件，也需要硬件。只有将软件和硬件结合起来，才能实现数据的自由传输。软件和硬件相结合也是数字化建设的必然要求。

7.3 数据存储

当数据生产和数据传输完成后，就需要考虑数据存储了。数据存储是数据以某种格式记录在计算机内部或外部存储介质上。计算机内部存储器主要是硬盘，由于硬盘容量一般比较有限，只能存储一些小数据或临时储存一些数据，而数字化工厂的数据量很大，计算机内部存储空间远远不能满足需求，因此需要用到外部存储。外部存储器常见的是服务器,对于承载大量数据的服务器来说,服务器存储空间有限,有时也不足以满足需要。因此除在服务器内置存储卡之外,服务器还需要采用外置存储的方式扩展存储空间。常见的外置存储方式有直接式存储(DAS)和网络化存储(FAS),网络化存储又可以分为网络附加存储(NAS)和存储区域网络(SAN)。

随着虚拟化技术、分布式存储技术和热迁移等动态资源调度技术的发展,云服务器开始兴起。云服务器整合了数据中心三大核心要素:计算、网络与存储。云服务器基于集群服务器技术,虚拟出多个类似独立服务器的部分,具有很高的安全稳定性。目前云存储主要有三种形式:公有云、私有云和混合云。整个数据存储构架如图 7-3 所示。

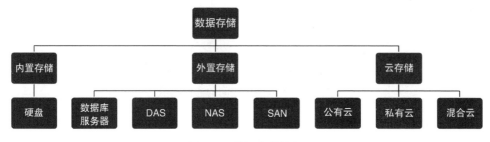

图 7-3 数据存储构架

7.3.1 数据库服务器

数据库服务器由运行在局域网中的一台或多台计算机和数据库管理系统软件共同构成,为客户应用程序提供数据服务。数据库服务器建立在数据库系统基础上,具有数据库系统的特性,还有其独特的一面。主要功能如下所述。

- 数据库管理功能:包括系统配置与管理、数据存取与更新管理、数据完整性管理和数据安全性管理。
- 数据库的查询和操纵功能:包括数据库检索和修改。
- 数据库维护功能:包括数据导入与导出管理、数据库结构维护、数据恢复功能和性能监测。
- 数据库并行运行功能:由于在同一时间,访问数据库的用户不止一个,所以数据库服务器必须支持并行运行机制,能够处理同时发生的多个事件。

数据库服务器的主要特点如下所述。

1)编程量减少。数据库服务器提供了用于数据操纵的标准接口 API(Application Programming Interface,应用程序编程接口)。

2)安全性高。数据库服务器提供了监控性能、并发控制等工具。由 DBA

（Database Administrator，数据库管理员）统一负责授权访问数据库及网络管理。

3）可靠性高。数据库服务器提供了统一的备份、恢复、启动、停止数据库的管理工具。

4）计算机资源利用充分。数据库服务器把数据管理及处理工作从客户机上分离出来，使网络中各计算机资源能灵活分配、各尽其用。

5）系统性能提高。数据库服务器能大大降低网络开销；协调操作，减少资源竞争，避免死锁；提供联机查询优化机制。

6）易扩展。数据库服务器支持多处理器（相同类型）的水平扩展和垂直扩展，服务器可以移植到功能更强的计算机上，而且不涉及处理数据的重新分布问题。

7.3.2 DAS

DAS（Direct Attached Storage）与普通的 PC 存储架构一样，外置存储设备直接挂接在服务器内部总线上，数据存储设备是整个服务器结构的一部分。

DAS 存储方式主要适用环境如下所述。

1）小型网络。因为网络规模较小，数据存储量小，且不是很复杂，采用这种存储方式对服务器的影响不会很大。并且这种存储方式也十分经济，适合拥有小型网络的企业用户。

2）地理位置分散的网络。虽然企业总体网络规模较大，但在地理分布上较分散，通过 SAN 或 NAS 在它们之间进行互联非常困难，此时各分支机构的服务器可采用 DAS 存储方式，这样可以降低成本。

3）特殊应用服务器。在一些特殊应用服务器上，如微软的集群服务器或某些数据库使用的原始分区，均要求存储设备直接连接到应用服务器上。

在服务器与存储设备的各种连接方式中，DAS 曾被认为是一种低效率的方式，而且也不方便进行数据保护。直连存储无法实现共享，因此经常出现某台服务器的存储空间不足，而其他一些服务器却有大量的存储空间处于闲置状态却无法利用的情况。如果存储不能共享，也就谈不上容量分配与需求之间的平衡。

与共享式的存储架构相比，直连存储架构 DAS 似乎有被淘汰的趋势。可是到 2012 年为止，DAS 仍然是服务器与存储设备连接的一种常用模式，DAS 并没有被淘汰。

7.3.3 NAS

NAS（Network Attached Storage）数据存储方式全面改进了低效的 DAS 存储方式。它独立于服务器，采用单独为网络数据存储而开发的一种文件服务器来连接所有存储设备，自形成一个网络。这样数据存储就不再是服务器的附属，而是作为独立网络节点存在于网络之中，可共所有网络用户共享。

NAS 的优点如下所述。

1）真正的即插即用。NAS 是独立的存储节点存在于网络之中，与用户的操作系统平台无关，实现了真正的即插即用。

2）存储部署简单。NAS 不依赖通用的操作系统，而是采用一个面向用户设计的、专门用于数据存储的简化操作系统，内置了与网络连接所需要的协议，因此使整个系统的管理和设置都较为简单。

3）管理容易且成本低。NAS 数据存储方式是基于现有的 Ethernet 而设计的，按照 TCP/IP 协议进行通信，以文件的 I/O 方式进行数据传输。

NAS 有两个缺点：一是存储性能较低，二是可靠度不高。不过随着万兆网的出现，传输速率有了很大的提高。

7.3.4 SAN

SAN（Storage Area Network）数据存储方式实现了存储的网络化，存储网络化顺应了计算机服务器体系结构网络化的发展趋势。SAN 的支撑技术是光纤通道（Fiber Channel, FC）技术，它是 ANSI 为网络和通道 I/O 接口建立的一个标准集成。FC 技术支持 HIPPI、IPI、SCSI、IP、ATM 等多种高级协议，其最大特性是将网络和设备的通信协议与传输物理介质隔离开，这样多种协议就可以在同一个物理连接上同时传送。

SAN 的优势如下所述。

1）网络部署容易。SAN 采用光纤连接，光纤接口提供了十公里的连接距离，对于一般的应用需求，可以灵活进行存储部署。

2）高速存储性能。因为 SAN 采用了光纤通道技术，所以它具有更高的存储带宽，存储性能明显提高。SAN 的光纤通道使用全双工串行通信原理传输数据，传输速率高达 1062.5Mbps。

3）良好的扩展能力。由于 SAN 采用了网络结构，扩展能力更强。光纤接口提供了十公里的连接距离，这使得实现物理上分离、不在本地机房的存储变得非常容易。

在了解了 DAS、NAS 和 SAN 后，接下来介绍它们之间的区别。

从存储上来看，DAS 存储一般应用在中小型企业，受接口限制，存储容量扩展能力有限，SAN 和 NAS 的存储扩展能力几乎没有限制，相比之下，SAN 的存储性能更强。NAS 的文件系统是分布式的，DAS 和 SAN 的文件系统都是集中式的。

从连接方式上来看，DAS 采用了存储设备直接连接应用服务器，具有一定的灵活性和限制性；NAS 通过网络（TCP/IP、ATM、FDDI）技术连接存储设备和应用服务器，存储设备位置灵活，随着万兆网的出现，传输速率有了很大的提高；

SAN 则是通过光纤通道（Fibre Channel）技术连接存储设备和应用服务器，具有很好的传输速率和扩展性能。

三种存储方式各有优势，相互共存，占到了磁盘存储市场份额的 70% 以上。SAN 和 NAS 产品的价格远远高于 DAS，因此许多用户出于价格因素考虑选择了低效率的直连存储，而不是高效率的共享存储。数据存储解决方案最大的特点是没有标准的体系结构，这三种存储方式共存，互相补充，已经能够很好地满足企业的信息化需求。

7.3.5 公有云

公有云通常指第三方服务商为用户提供的云，一般可通过 Internet 使用，成本低廉，也有一些是免费的。公有云的核心属性是共享资源服务，主要特点如下所述。

1）安全。云计算提供了最可靠、最安全的数据存储中心，用户不用担心数据丢失、病毒入侵等问题。很多人觉得数据只有保存在自己看得见、摸得着的电脑里才最安全，其实不然。个人电脑可能会因为自己不小心而被损坏，或者被病毒攻击，导致硬盘上的数据无法恢复，而有机会接触电脑的不法之徒则可能利用各种机会窃取你的数据；反之，当文档保存在云端，就再也不用担心数据丢失或损坏。因为在"云"的另一端，有全世界最专业的团队来帮你管理信息，有全世界最先进的数据中心来帮你保存数据，同时严格的权限管理策略可以帮助你放心地与他人共享数据。

2）方便。云计算对用户端的设备要求最低，使用起来也最方便。很多读者都有维护个人电脑上种类繁多的应用软件的经历。为了使用某个最新的操作系统，或使用某个软件的最新版本，必须不断升级电脑硬件；为了打开朋友发来的某种格式的文档，不得不疯狂寻找并下载某个应用软件；为了防止在下载时引入病毒，不得不反复安装杀毒和防火墙软件。所有这些麻烦事加在一起，对于一个刚刚接触计算机和网络的新手来说就是一场噩梦。如果你再也无法忍受这样的电脑使用体验，云计算就是一个好的选择。你只要有一台可以上网的电脑，有一个你喜欢的浏览器，你要做的就是在浏览器中键入 URL，然后尽情享受云计算带来的无限乐趣。你可以在浏览器中直接编辑存储在"云"中的文档，你可以随时与朋友分享信息，再也不用担心你的软件是否是最新版本，再也不用为软件或文档入侵病毒而发愁。因为在"云"的另一端，有专业的 IT 人员帮你维护硬件、安装和升级软件、防范病毒和各类网络攻击，做你以前在个人电脑上所做的一切。

3）数据共享。云计算可以轻松实现不同设备间的数据与应用共享。读者不妨回想一下，自己的联系人信息是如何保存的？一个最常见的情形是，你的手机里存储了几百个人的电话号码，你的个人电脑或笔记本电脑里存储了几百个电子邮件地址。为了方便在出差时发邮件，你不得不在个人电脑和笔记本电脑之间定期同步联系人信息；买了新的手机后，你不得不在旧手机和新手机之间同步电话号码。考虑到不同设备的数据同步方法种类繁多、操作复杂，要想在许多不同的设备之间保存和维护最新的一份联系人信息，你必须为此付出难以计数的时间和精力，这时云计算可以让一切变得更简单。在云计算的网络应用模式中，数据只有一份保存在"云"的另一端，你的所有电子设备只需要连接互联网，就可以同时访问和使用同一份数据。仍以联系人信息管理为例，当你使用网络服务来管理所有联系人信息后，你可以在任何地方用任何一台电脑找到某个朋友的电子邮件地址，可以在任何一部手机上直接拨通朋友的电话号码，也可以把某个联系人的电子名片快速分享给多个朋友。当然，这一切都是在严格的安全管理机制下进行的，只有对数据拥有访问权限的人，才可以使用或与他人共享这份数据。

4）无限可能。云计算为我们使用网络提供了无限多的可能，为存储和管理数据提供了无限多的空间，也为我们完成各类应用提供了强大的计算能力。想象一下，当你驾车出游的时候，只要用手机连入网络，就可以直接看到自己所在地区的卫星地图和实时的交通状况，可以快速查询自己预设的行车路线，可以请网络上的好友推荐附近最好的景区和餐馆，可以快速预订目的地的宾馆，还可以把自己刚刚拍摄的照片或视频剪辑分享给远方的亲友等，这些会让生活变得更加便捷。

互联网的精神实质是自由、平等和分享。作为一种最能体现互联网精神的计算模型，云计算已经展现出了强大的生命力，并将从多个方面改变我们的工作和生活。无论是普通网络用户，还是企业员工；无论是IT管理者，还是软件开发人员，都能亲身体验到这种改变。

虽然说公有云的安全性高，但是在实际应用中，人们还是担心数据存储在公有云的安全问题。这里的安全不是指数据丢失或者遭受入侵等，而是指公有云运营平台对数据的掌控。因为任何一家公司都不愿意承担其核心数据被他人获取的风险，正是这种担忧导致了私有云的兴起。

7.3.6 私有云

私有云 (Private Clouds) 是为客户单独使用而构建的，因而能对数据安全性和服务质量进行有效控制。公司拥有基础设施，并可以控制在此基础设施上部署应用程序的方式。私有云可部署在企业数据中心的防火墙内，也可以部署在一个安全的主机托管场所，私有云的核心属性是专有资源。私有云主要特点如下所述。

1）数据安全。虽然每个公有云的提供商都对外宣称，其服务在各方面都非常安全，特别是对数据管理。但是对企业而言，特别是大型企业，与业务有关的数据是其生命线，不能受到任何形式的威胁，因此短期而言，大型企业不会将其核心数据放到公有云上运行。而私有云在这方面很有优势，因为它一般都构筑在防火墙后。

2）服务质量稳定。因为私有云一般在防火墙之后，而不是在某一个遥远的数据中心里，所以当公司员工访问那些基于私有云的应用时，它的服务质量会非常稳定，不会受到网络不稳定的影响。

3）充分利用现有硬件资源和软件资源。一些私有云的工具能够利用企业现有的硬件资源来构建云，这样将极大降低企业的成本。

4）不影响现有IT管理流程。对大型企业而言，流程是其管理的核心，如果没有完善的流程，企业将会是一盘散沙。在一家企业中，不仅与业务有关的流程繁多，而且IT部门的流程也不少。在这方面公有云很吃亏，因为假如使用公有云的话，将会对IT部门流程有很大的冲击，比如在数据管理和安全规定等方面；而对于私有云，因为它一般部署在防火墙内，所以对IT部门流程冲击并不大。

有得必有失，私有云也有其缺点，即不能获取公有云的公共资源，其计算能力往往也不足，这就促生了混合云的出现。

7.3.7 混合云

混合云融合了公有云和私有云的优势，是近年来云计算的主要模式和发展方向。云主要是面向企业用户，出于安全考虑，企业更愿意将数据存放在私有云中，但是同时又希望可以获得公有云的计算资源，在这种情况下混合云被越来越多地采用，它将公有云和私有云进行混合和匹配，以获得最佳的效果。这种个性化的解决方案，达到了既省钱又安全的目的。混合云针对公有云和私有云来讲，可谓是扬长避短，其特点如下所述。

1）更完美。私有云的安全性超过公有云，而公有云的计算资源又是私有云遥不可及的。混合云完美地解决了这个矛盾，既可以利用私有云的安全性，将内部重要数据保存在本地数据中心；同时也可以使用公有云的计算资源，更高效快捷地完成工作。因此，混合云比私有云和公有云都更完美。

2）可扩展。混合云突破了私有云的硬件限制，利用公有云的可扩展性，可以随时获取更高的计算能力。企业通过把非机密功能移到公有云区域，可以降低对内部私有云的内存需求。

3）更节省。混合云可以有效降低成本。它既可以使用公有云又可以使用私有云，企业可以将应用程序和数据放在最适合的平台上，以获得最佳的利益组合。

综上所述，在可见的未来，混合云将会成为工业互联网时代数据存储的主要载体。随着CPS的发展，云会变得越来越重要，CPS要构建的虚拟世界只有在云端才能真正实现（第9章将详细介绍CPS）。由于数据存储是企业信息基础设施建设的一部分，涉及较大的投资金额，因此企业如何基于CPS蓝图去规划数据存储方案十分重要。

7.4 数据分析

将数据生产出来，经过数据传输并储存起来，这并不是目的。数据是最重要的生产资料，完成了数据生产、传输和储存，只是获得了未来的生产资料而已，而生产资料想要产生效益，必须要借助相应的工具，才能真正体现出数据的价值，而加工数据的工具就是数据分析。数据分析的过程一般如图 7-4 所示。

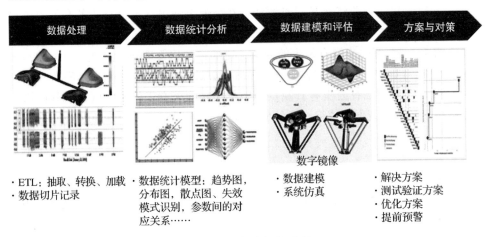

图 7-4　数据分析的过程

通常来说数据分析共有四个阶段：数据处理、数据统计分析、数据建模和评估、方案与对策。

第一阶段：数据处理。在数据生产的过程中，通过传感器、智能终端或者从 PLC 读取的数据形式千奇百怪。由于传统的数据分析是通过关系型数据库管理系统 (RDBMS) 进行的，因此数据形式需要转换成为 RDBMS 能够使用的结构类型，例如行或者列的形式，并且需要和其他数据相连接，这个数据处理过程被称为 ETL。随着数据处理技术的发展，未来的数据分析工具将能处理各类非结构化数据。

ETL 是英文 Extract Transform Load（抽取、转换、加载）的缩写，用来描述将数据从来源端经过抽取、转换、加载到目的端的过程。首先将数据从源系统中抽取出来，再将数据标准化并将数据传送到相应的数据仓储等待进一步分析。在传统数据库环境中，这种 ETL 步骤相对简单，因为分析的对象往往是人们熟知的商业数据，如金融报告、销售或者市场报表、企业资源规划等；然而在工业大数据环境下，ETL 可能会变得相对复杂，因为对于不同类型数据源的处理方式不同。

第二阶段：数据统计分析。结合相应的数据统计模型和分析方法，可以识别异常和发现数据背后的秘密。如从趋势图中可以看出数据的变化趋势；从分布图中可以看出数据的分布规律；从关联图中可以识别不同参数之间的关系；从散点图中可以识别异常数据等。

当数据分析进行到这一步时，数据就已经具备了实用价值。例如把趋势图和SPC统计控制图结合起来，就可以通过管理数据来提供异常预警服务。笔者曾经运用这个方法为一家智能制造示范企业提供了产品质量预警解决方案，并把这种方法称为"基于信号数据的精益建模"：从企业实际需求出发，将生产经营中需要的数据，映射到设备信号数据中去，再通过分析信号数据，来指导生产经营。在这个过程中有一个难点，即需要两类人才相互协作：一类是懂数据分析的技术人才，另一类是懂企业经营的管理人才。这两类人才往往是懂技术的不懂经营，不能够按照企业需求来发现数据的价值；懂经营的不懂技术，面对需要解决的问题无从下手。如果这两类人才能够深度协作，便可以将很多企业经营管理模型数据化，就能为数据提供广阔的应用场景。传统精益管理的一大痛点和难点就是数据获取，即如何通过智能制造技术手段解决精益管理数据来源的问题，这也是精益管理和智能制造相互融合的一个典范。

常用的数据分析方法还有 OLAP（On-Line Analytic Processin，在线分析处理），OLAP 是一种为多维分析查询提供快速性能的方法。常见的 OLAP 操作包括切片、切块、向下钻取、向上钻取、向上卷积和透视。

第三阶段：数据建模和评估。此处的数据建模和上业务应用系统时的数据建模需要区分开来。上业务应用系统时，数据建模通常分概念建模、逻辑建模和物理建模。概念建模主要是基于需求，将需求转化成各种数据表；逻辑建模是对数据表进行细化，同时丰富表结构；物理建模是将各种表生成为相应的 SQL 代码，来创建相应具体的数据库对象。图 7-4 中的数据建模偏向业务应用，也可以称为业务运营模型。企业内部常见的业务运营模型有战略绩效模型、预测模型、预算模型、成本分析模型、质量分析模型等，此类业务运营模型是数字化阶段的核心，需要运营技术、信息技术和数字技术相结合。

针对一些复杂的问题，以及难以建立模型的需求，可以辅以系统仿真。系统仿真是根据系统分析的目的，在分析系统各要素性质及其相互关系的基础上，建立能描述系统结构或行为的过程和具有一定逻辑关系或数量关系的仿真模型，据此进行模拟验证，以获得正确决策所需的各种信息。

例如在液晶面板的生产过程中，对环境的要求非常高，颗粒如果落到液晶面板上会产生噪点，这也是液晶面板最常见的不良类型，因此很多生产环境都要求真空以保证清洁度，那要如何确保生产环境中的颗粒物满足生产条件的要求呢？液晶面板生产过程中有一道工序是在真空炉内完成的，真空炉内生产温度一般在280℃左右，在280℃的环境下传感器是无法准确工作的，因此一直没有好的解决办法。在为国内某大型液晶面板制造企业提供工业互联网数据生产解决方案时，笔者也碰到了同样的问题，当时给出的解决方案如图 7-5 所示。

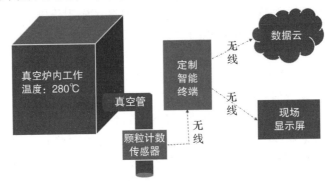

图 7-5　真空炉环境监控解决方案图示

由于炉内温度过高，颗粒计数传感器不能安装在炉内。但是炉内的空气是通过真空管被抽出去的，因此可以在真空管适当的位置加装颗粒计数传感器（需要考虑温度），通过测量真空管中的颗粒大小和数量来推出真空炉内的颗粒大小和数量。这种方法看起来可行，但是还有一个问题：真空管中的颗粒状况是否可以代表真空炉内的颗粒状况？这是不确定的。因此需要通过系统仿真来模拟真空炉和真空管的工作环境，找出它们之间颗粒状况的关系，进而才能通过测量真空管的颗粒来获取真空炉内的颗粒信息。从这个案例可以看出，目前系统仿真在某些条件下可能是解决问题的唯一路径。

第四阶段：方案与对策。依据数据建模及评估结果，针对具体问题提出解决方案，但是解决方案还需要回到现实环境中去验证。如果方案确实有效，那么就是有效的解决方案；如果效果不好，就需要继续调整数据模型，不断优化解决方案。

无论是数据建模还是系统仿真，都是基于已知情况，而数据分析的一个重要意义在于预测未来。针对未知和从未出现过的突发情况，需要根据实际情况不断调整和完善数据模型，以便能够获得较为精准的预测结果。

7.5　数据应用

数据应用是数据生产、数据传输、数据存储和数据分析的目的，数据只有产生应用价值才能算是真正的生产资料。

从信息系统开发或者数据平台建设的角度，数据通常分为主数据、元数据、指标数据和时序数据等。本节从数据应用角度，将数据分为经营数据、业务运营数据和实时工况数据。经营数据是和企业经营相关的一些数据，如财务数据、销售数据等；业务运营数据是企业各职能部门在业务活动中产生的动态数据，如能耗、设备 OEE、不良率等；实时工况数据指没有经过加工的原始数据，如设备电流、电压、振动、模具磨损等。不同的数据有不同的作用：经营数据可以指导企业经营决策；对业务运营数据进行分析，可以找出问题的来源；实时工况数据可以提供有效的问题预防对策，从根本上杜绝问题的发生。

从当前我国制造业现状来看，数据可用性有待提升：经营数据不足，无法提供决策依据；运营数据不足，导致资源利用率低下；实时工况数据不足，无法判断问题的根本原因，也无法提供有效的预防对策。假如企业这些数据都非常充足，那么制造业的面貌将会焕然一新，因此数据在企业发展过程中有着广阔的应用前景。

从企业对数据需求的角度来看，本书认为应该是从上往下（如经营层、运营层、实时工况层），需求的数据越来越精细化。企业最先需要的是经营数据，在经营数据方面，目前 ERP 是最常见的工具。但是随着企业管理的不断成熟，企业不仅要有经营数据，还需要掌握更多的业务运营数据，以便对内部进行更好地控制。在这方面，ERP 不能满足企业对数据的进一步需求，于是 MES（制造执行系统）等开始流行起来。有了 MES，企业可以实时了解生产的具体状况，能将生产计划准确下达到每台设备，也能将生产的部分实时数据汇总起来，能够实时掌握各订单的生产进度，让整个车间透明化。随着工业 4.0 的深入发展，数据如果仅停留在运营层面，那么将不能满足企业升级转型的需求，因为工业 4.0 最终要实现无忧生产，而要实现无忧生产就必须要实时掌握各种实时工况数据，通过实时工况数据来了解生产系统的实时状况，提前进行预判和干预；另外还需要通过实时工况数据让设备具备自感知、自适应和自调整的深度自我学习能力。只有具备了这些条件，企业才能够实现无忧生产。

虽然企业对于数据有全面的需求，但是建议数据需求要从"降本增效"和"升级转型"为出发点，降本增效能够让企业利润倍增，而升级转型能够让企业赢得未来。对于制造基础差的企业，降本增效应该首当其冲；对于制造基础好的企业，降本增效和升级转型可以同步进行。

因此企业在进行数字化建设的过程中，要基于"降本增效"和"升级转型"的目标，从数据应用需求出发，制定数字化战略；然后再去进行数据生产、数据传输、数据存储、数据分析，再回归到数据应用，形成一个完整的数据战略闭环系统，如图 7-6 所示。

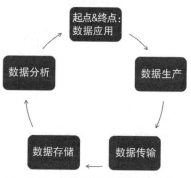

图 7-6 企业数据战略闭环系统

7.1 节所阐述的数据生产主要是指实时工况数据，这部分数据的获取最难也最有价值。当有了这些实时数据后，可以从根本上解决企业的很多棘手问题，如人员资质管理、设备健康管理、产品质量预防、生产过程控制、设备售后服务、实时成本分析等，这些都是基于数据提供的智能化服务。关于经营数据和业务运营数据的采集基本没有技术难度，只要数据完整、准确并且做好及时维护与更新，再加上好的管理系统将数据管理好即可，因此本书不再进行具体阐述。

7.6 数字化工厂

企业推进数字化战略的一个核心目标就是建立数字化工厂。过去数字化工厂建设的路径是从上往下进行的，作为当前数字化工厂主管经营数据的 ERP 系统，基本已经在企业普及；目前数字化工厂建设的主战场是各业务部门的运营数据和实时工况数据，主要是各种应用系统软件的导入，如 PLM、CRM、APS、MES、WMS、SCADA 等；随着智能制造的持续深入，数字化的主战场将转向工业互联网底层数据网络建设。导致数字化工厂从上往下实施的一个决定性因素是信息系统软件的发展是由企业需求拉动的。

数字化工厂是实现智能工厂的前提，图 7-7 是一个智能工厂整体构架示例。

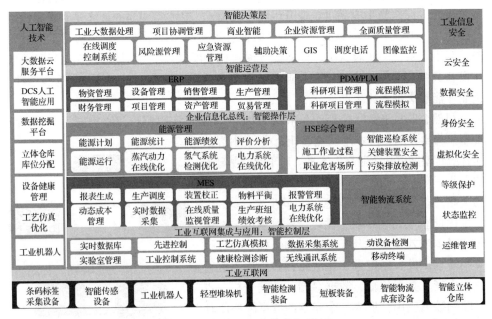

图 7-7　智能工厂整体构架示例

将图 7-7 所示的智能工厂去掉一层智能化外衣就变成数字化工厂了，这层外衣包括智能决策层和人工智能技术。从图 7-7 可以看出，数字化工厂有七大主角，分别是经营管理（ERP）、产品开发（PDM/PLM）、生产管理 (MES)、智能物流系统（含 WMS、CRM、SCM，称为智能供应链系统或者协同供应链系统更为精准）、能源管理、HSE 综合管理（部分公司也叫厂务管理）和工业互联网底座（工业互联网及智能控制层）。工业互联网扮演了底层控制层的角色；MES、WMS、CRM、SCM、能源管理、EHS 管理扮演了操作层的角色（数字化工厂不止有这六种操作层角色）；ERP 和 PLM 扮演了运营层的角色。以上这七大主角是看得见的，数字化工厂背后还有看不见的信息基础设施。因此，数字化工厂建设要考虑两条路径：一是业务需求路径，主要是确认需要哪些数字化产品来满足业务需求；二是基础设施路径，以满足业务需求为出发点，规划企业的信息化基础设施投入，使其和业务需求相匹配。

企业数字化工厂建设是一步一步进行的，过去很多企业为了特定目的而使用一些数字化软件，由于这些软件系统不兼容、相互之间不能进行数据交换，给数字化工厂带来的结果之一就是信息孤岛。为了解决信息孤岛问题，过去出现了文件共享、数据库中间表、Web Service 点对点接口、消息队列、企业服务总线等一系列解决方案。这些解决方案在解决问题时要么效率很低、要么落地执行比较困难。当前及未来的主流方式是基于数据平台实现不同系统的互联互通，接下来将详细介绍信息孤岛、数据平台和 IT 规划。

7.6.1 信息孤岛

信息孤岛是指企业每个信息系统服务于不同的业务，彼此之间缺乏协同，就像一座座孤岛一样，致使企业内部信息不能互联互通，从而让数据的价值不能完全释放出来，如图 7-8 所示。

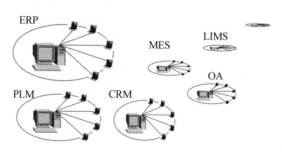

图 7-8 企业"信息孤岛"示例

在数字化工厂建设过程中，需要打破信息孤岛，实现不同信息系统的互联互通。

解决信息孤岛问题主要有两条路径：一是让系统两两进行数据交换，二是通过统一的数据平台进行数据交换。如图7-9所示。

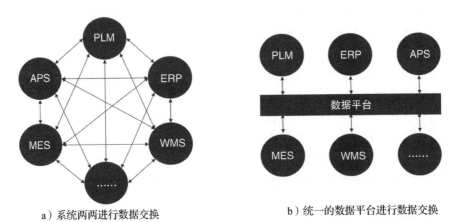

a）系统两两进行数据交换　　　　b）统一的数据平台进行数据交换

图7-9　解决信息孤岛问题的两条路径

从图7-9a可以看出，通过系统两两进行数据交换解决信息孤岛问题比较复杂。在企业信息系统数量较少时，这种方法还比较可行；但是随着企业数字化建设的推进，信息系统数量会急剧上升，少则几十个，多则上百个，针对这个量级的系统进行两两数据交换将变得十分复杂，系统的运行效率也会急剧下降。因此，企业进行数字化建设的优选路径是建立统一的数据平台，通过数据平台实现不同系统之间的互联互通。

7.6.2　数据平台

目前和数据平台相关和相近的概念非常多，比如大数据平台、数据前台、数据中台、数据后台、数据底座、数据仓库、数据湖等，本书中使用数据平台一词，因为笔者认为这个词最能表达企业数字化建设的方法和路径。

从图7-9b可以看出，企业的各业务应用系统是数据平台的一个重要数据来源。企业在进行数字化建设的过程中，数据量会急剧上升，但传统各业务应用系统数据量只占企业整体数据量的5%左右；企业数据平台主要数据来源是Web系统和工业物联网系统，特别是通过工业物联网采集的工业大数据，这些数据占到企业总数据量的90%以上。因此对数据平台的描述可以用图7-10来表示。

通过数据平台，可以对不同来源、不同形式的数据进行采集、整理，转化成统一的数据格式（随着数据处理技术的发展，未来不一定需要将数据转化成统一格式），然后为数据需求方提供服务。

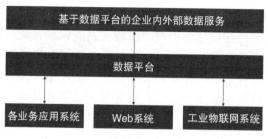

图 7-10　数据平台图示

企业在数字化建设过程中，数据平台规划是一项重要的基础工作。在各数字化系统上线前，进行数据平台规划，明确各业务应用系统的业务定位、数据标准和协议标准，可以提高企业数字化建设的效率并大幅度降低建设成本。

7.6.3　IT 规划

企业在向数字化工厂、智能化工厂迈进的过程中，大多数企业由于信息基础设施不能满足需求，需要重新进行规划，一般将这项工作称为 IT 规划。IT 规划通常包括信息基础设施需求规划、现状评估、网络系统架构规划、信息基础设施需求配置、数据存储规划与建设、数据安全管理等工作。目前关于 IT 规划，存在认知混杂的现象，一些公司和人员将智能制造顶层构架设计、底层工业互联网规划、数据平台规划、IT 规划混为一谈。这四方面是相互独立又相互关联的，企业要先进行智能制造顶层构架设计，依据顶层构架的需求再进行工业互联网规划、数据平台规划和 IT 规划。

信息基础设施需求规划主要是以企业各类业务需求为出发点，识别满足企业未来数字化智能化业务需求所需要的各类软硬件。然后进行现状评估，通过现状评估识别现状和需求间的差异。再进行网络系统架构设计，通常有三个网络：一是工业大数据需求的工控网络，二是内部的办公网络，三是外网。一般将工控网络和办公网络称为内网，让其相互连通。在网络系统架构设计完成后，需要进行需求配置，比如机房的大小、数量和位置等。数据存储规划与建设是数字化工厂建设的一项核心工作，通过业务需求来确定数据需求，然后确定数据的存储方式和存储架构，如数据集中存储还是分布式存储，或是建立多层次的数据存储架构等。在完成这些规划的同时，要同步完成数据安全管理工作，常见的有数据采集安全、数据传输安全、数据存储安全、数据处理安全、数据交换安全、数据销毁安全，以及进行统一的身份认证等。

通过 IT 规划，能够完善数字化工厂的信息基础设施；通过数据平台规划和建设，能够消除信息孤岛，打通各业务应用系统，建立横向价值流和纵向信息流的端到端数据网络，这样数字化工厂基本就建成了。

当前在数字化工厂建设过程中有个比较普遍的误区，就是将工厂数字目视化当成数字化工厂建设的目标。企业只做了数据生产、数据传输、数据存储和数据目视化的工作，而忽视了数据分析和数据应用。企业用各种大屏将数据通过图表等方式很美观、很直接地显示出来，有的甚至还基于现状建立了工厂、车间，或者生产单元的3D模型，就将其称为数字孪生或者管理驾驶舱。这些做法是数据应用的一种形式，但是非常浅显，没有发挥数据的最大价值。

我国制造业的现状是工业1.0、2.0、3.0并存，要尽快实现工业4.0，数字化工厂是迈向工业4.0进程中必不可少的一个环节。这就决定了在建设数字化工厂的过程中不能按部就班，要学会弯道超车。要想弯道超车，就要打破过去数字化工厂从上往下建设的路径，要在智能制造顶层构架设计方案的指导下，以数据平台规划为出发点，将底层工业物联网和中间各类数字化应用软件系统（如MES、WMS、QMS等软件）有机地结合起来实施，在实施过程中和现有系统进行集成（若现有系统不能满足需求，需要进行升级），这样才能够快速地建成数字化工厂。

| Chapter8 | 第 8 章

智 能 化

随着我国企业落实《中国制造2025》的逐步深入，部分企业率先实践智能制造，但是截至目前为止，真正意义上的工业4.0企业还没有出现，部分领跑企业可以称之为工业3.5水平。

朱森第先生在第三届先进制造业大会上提出了中国制造业强盛之路策略：

- 工业2.0 "补课"：规模化生产的组织管理，工业文明的建立，机械化走向自动化。
- 工业3.0 "普及"：普遍深入应用电子信息技术，普遍实现自动化生产，生产力水平大致相当。
- 工业4.0 "示范"：先进企业以数字化车间、数字化工厂为广大制造业示范引路，掌握智能制造核心技术，取得实现智能制造的经验。

目前工业1.0和工业2.0企业是中国制造业的主体，前文提到的"精益化""创新化""自动化"是工业1.0和工业2.0企业要补课的主要内容；"数字化"是工业3.0企业要去引领的，在数字化的基础上，还需探索智能化道路。

提到智能化，人们往往首先会联想到机器人，因为机器人是智能化的一个重要组成部分。需要注意的是，本章所说的机器人是智能化机器人，和第6章中所讲的自动化机器人有所差别。智能化机器人是使机器人模仿人并具备人的智能，目前很多工作将会被机器人替代，这个趋势已经不可逆转。那些被机器人替代的人将要去从事新的工作，至于新的工作是什么？目前还没有定论。就像第一次工业革命爆发的时候，人们根本不知道有很多人会从事现今的互联网、物联网、人工智能、大数据工作一样，新工作机会也一定会在社会发展的大潮中被创造出来。

图8-1是智能化机器人和自动化机器人的对比。

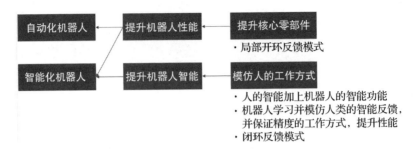

图 8-1 智能化机器人和自动化机器人的对比

自动化机器人主要是通过提升核心零部件来提高性能；而智能化机器人不仅要通过提升核心零部件来提高性能，还要通过模仿人的工作方式来提升机器人的智能。要想让机器人具备智能，就需要开发智能软硬件，为传统的自动化机器人赋能，使它们能通过硬件来感知外界环境、通过软件来进行数据处理并自我学习。智能化机器人这样的发展路径带给企业智能化升级一个启示：企业智能化升级可以从智能硬件、智能软件和智能服务的角度来开展。

当前企业智能化主要包括智能硬件、智能软件和智能服务这三大类。本书将"智能硬件+智能软件+智能服务"称为精益智能制造智能化"三位一体"式创新，如图 8-2 所示。

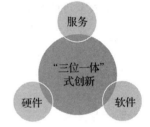

图 8-2 精益智能制造智能化"三位一体"式创新

在制造业领域，将智能硬件集成起来，会形成各种智能系统，再将各种智能系统有机的集成起来，才能逐步打造智能化工厂。此外，提到智能化，不得不提工业 4.0 最核心的技术，即信息物理系统（Cyber-Physical Systems，CPS）。因此，本章将介绍 CPS、智能硬件、智能软件、智能系统、智能服务和智能化工厂这六大内容。

8.1 CPS

CPS（信息物理系统）作为计算进程和物理进程的统一体，是集计算、通信和控制于一体的下一代智能系统。CPS 通过人机交互接口实现与物理进程的交互，使用网络化空间以远程的、可靠的、实时的、安全的、协作的方式操控一个物理实体。

美国国家科学基金会（NSF）认为 CPS 将让整个世界互联起来，如同互联网改变了人与人的互动一样，CPS 将会改变人与物理世界的互动。中国科学院何积丰院士认为，CPS 的意义在于将物理设备联网，特别是连接到互联网上，使得物理设备具有计算、通信、精确控制、远程协调和自治等功能。随着 CPS 技术的发展和普及，下一代工业将建立在 CPS 之上，使用计算机和网络实现功能扩展的物理设备无处不在，并将推动工业产品和技术的升级换代，极大地提高汽车、航空航天、国防、工业自动化、健康/医疗设备、重大基础设施等主要工业领域的竞争力。CPS 不仅会催生出新工业，甚至还会重新排列现有产业布局。

由此可以看出 CPS 对于未来制造业的重要性，从某种意义上来说，CPS 就是未来制造业的一种存在方式。因此本节将主要阐述 CPS 如何在制造业企业落地。

在《工业大数据》一书中，李杰教授提到了 CPS 的 5C 架构：智能感知层、信息挖掘层、网络层、认知层和配置层。如图 8-3 所示。

图 8-3　CPS 的 5C 架构

智能感知层获取数据信息，即从设备通信接口读取数据，或通过传感器获取数据，这点和第 7 章阐述的数据生产是同一个概念；信息挖掘层基于获取的数据，深度挖掘数据的价值，类似于第 7 章中的数据分析和数据应用；网络层生成信息系统镜像，显示物理世界的虚拟模型，也称为数字双胞胎；认知层通过分析虚拟世界的信息模型来预测现实世界物理实体未来的变化趋势；配置层通过虚拟世界为现实世界赋能，使现实世界中的物理实体具备自重构、自调节、自优化的能力。以一台设备为例，首先在设备上安装相应的传感器或者其他有线和无线方式，获取设备相应的数据信息，传输到数据平台；然后运用工业大数据技术，建立数据模型，挖掘数据的价值，如预测设备什么时间会出故障等；在拥有足够的设备属性数据后，可以用计算机建立一个虚拟的设备模型，赋予它和现实设备相同的特征特性；基于这样的虚拟设备模型就能够通过模拟仿真来预测设备未来的变化趋势；当在虚拟世界知道设备未来的变化趋势后，再与现实世界物理设备联动，实现自重构、自调节、自优化，让设备具备深度学习的能力。当设备具备深度学习能力后，再加上万物互联，一台设备就可以向世界上不同地方的同型号最优绩效的设备学习，这样同一型号的设备绩效都可以达到最优水平；另外当设备在加工一件产品的时候，如果发现加工了一件不良品，设备自动识别后，会自动更正下一件产品的加工参数，以确保下一件是良品，这样就实现了无忧生产，不用担心会有不良品流出。

在 CPS 的 5C 架构中，数据创造价值的过程如图 8-4 所示。智能感知层生产出来的数据，在信息挖掘层经过数据处理后形成有用信息，然后在信息层面面向用户需求进行多维度模拟仿真优化分析，反过来指导现实世界，给现实世界带来新的价值。

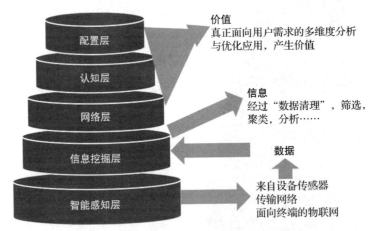

图 8-4　CPS 的 5C 构架中数据创造价值过程

制造业的 CPS 系统：需要在现实（物理）世界先建立横向价值流和纵向信息流的端到端数据网络，然后再利用计算机技术将数据网络镜像到虚拟世界，这样就实现了现实（物理）世界和虚拟世界的同步。需要注意的是，CPS 镜像建立的目的是要帮助企业降本增效和升级转型。CPS 镜像模型如图 8-5 所示。

在镜像的虚拟世界，可以提前预知现实世界的变化，进而指导现实世界采取相应措施。这只是制造业产品的生产过程，如果现实世界中的万物都镜像到虚拟世界，并且带有相应的特征属性，那么一个完整的虚拟世界就建成了。在一个完整的虚拟世界中，万物从诞生的那一刻起，就能通过虚拟世界预知未来，这就实现了万物自感知的功能；在自感知的前提下，万物根据感知的信息，采取相应的纠正措施，就做到了自适应；然后在虚拟世界把这个新属性特征赋予现实物体，从而实现自调整。

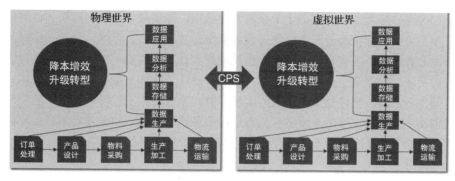

图 8-5　CPS 镜像模型

在实现 CPS 的过程中，最根本的就是要先构建现实世界的镜像模型，构建模型的前提是要解决数据来源问题。要解决数据来源，就需要工业互联网的整体落地解决方案。工业互联网体系建立起来后，企业才会有完整的数据来源，才能在海量工业大数据的基础上，运用工业大数据技术对海量数据进行筛选、剔除、分类等操作，以使不同来源的数据变成统一标准的数据；有了标准数据，就可以建立各类虚拟镜像模型，再将现实物理世界的生产环境和运作机理等属性赋予虚拟镜像模型，实现虚拟世界和现实世界的同步，这需要配合计算机模拟仿真技术；将机理模型和数据驱动模型相结合，保证数据的解读符合客观物理规律，从机理上反映对象的状态变化，并提供面向其目标活动的快速决策支持；当现实世界要实现某个目标时，可以将此目标映射到虚拟世界中，虚拟世界可以迅速模拟出实现该目标的最佳方案，然后将该方案反馈给现实世界，就可以指导现实世界的实施，进而实现赋能现实世界产生价值。这就是 CPS 的 5C 构架特征，如图 8-6 所示。

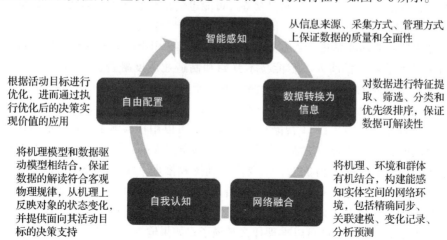

图 8-6　CPS 的 5C 构架特征

CPS是在环境感知的基础上，获取实时数据，深度融合计算、通信和控制能力的可控、可信、可扩展的网络化物理设备系统，并以安全、可靠、高效和实时的方式检测或者控制一个物理实体，使物理设备具有计算、通信、精确控制、远程协调和自治功能。因此要想真正实现CPS，需要"硬件+软件+服务"的三位一体式创新：硬件是基础、软件是灵魂、服务实现价值。在"硬件+软件+服务"的三位一体式创新里面，决定性的是服务，只有通过服务产生价值，CPS才有市场；硬件和软件是驱动力、是服务落地的路径，要达到产生价值的目的，两者缺一不可。

8.2 智能硬件

从企业的应用领域划分，智能硬件主要分为生产方面的智能硬件、仓储物流方面的智能硬件、质量检测方面的智能硬件、办公室里的智能硬件等。智能硬件按照由小到大的层级可分为智能零部件、智能工具、智能设备。本节从层级角度对智能硬件进行简单介绍。

8.2.1 智能零部件

常见的智能零部件有传感器、处理器、无线模块（如RFID）等。这些智能零部件在3.5.5节有简单介绍，本节主要说明这些智能零部件的应用场景。

传感器的主要功能是感知，感知也是步入智能化的第一步。例如，一副模具加上传感器之后，就能反馈你想要的信息，比如模具压力、模具间隙、模具温度、模具磨损状况等。企业在智能化升级转型的过程中，针对非智能化设备，加装传感器是必然选择；另外一些智能化设备，可能也会存在数据不全的状况，因此也需要加装传感器。在智能化时代，传感器的应用已十分普遍。

处理器主要功能是进行数据处理。如GPU广泛用于图像和视频处理，TPU主要用于机器学习。目前人工智能技术开始和制造业深度融合，例如在检测方面，通过人工智能视觉技术进行视觉检测，不仅能够提升检测速度，还能提升检测准确性。视觉检测处理的对象是图片或者视频，对处理器计算能力的要求大幅度提高，由此GPU出现了。人工智能视觉技术不仅可以用在检测上，还能够应用到安防、物联网、过程监控等方面。另外，要想机器像人脑一样能思考，机器就得有基于神经网络算法的大脑TPU，主要用于训练和推理。深度神经网络需要通过训练后才能完成对特地场景的推理，如我们想找到一只猫的照片，那么需要先输入很多猫的图片，包括不同颜色、不同场景、不同规则等，然后让机器像人一样去学习，机器学会了之后就可以推理什么是猫了；如果输入的图片不足，机器可能会把一只老虎推理成猫。智能化时代，由于数据处理量极大地提升，能进行分布式数据处理的边缘计算是必然趋势。将 CPU、GPU、TPU 用于边缘计算智能终端中，就可以实现设备端的信息处理，信息处理完后将无用的信息过滤掉，将有用的信息传到数据库，这样就能大大提高数据处理效率和减少数据存储压力。

在传统生产过程中，原材料先从材料仓库取出，再从第一道工序一直加工到最后一道工序，最终变成成品进入产品仓库，对于信息化水平较差的公司来讲，整个生产过程无从知道某个物料某一时刻在哪个具体位置、处于什么状态。若想要确认物料的状态信息，需要调度人员去现场寻找，整个过程信息非常不透明，就像一个黑匣子。当给物料贴上 RFID 标签后，物料就相当于有了一个身份证，并且能实时向外界发送位置和状态信息。通过 RFID 信息接收装置，就能实时掌握所有物料的位置和状态，让整个物料流透明化。

随着智能化的深入，类似的智能零部件将越来越多地被开发和生产出来，然后和目标物体进行深度融合，进而使各种物体智能化。

8.2.2 智能工具

智能工具比智能零部件更为复杂，智能工具有其独立的应用场景，可以单独使用解决特定问题。本节对智能工具的介绍主要围绕生产五要素"人、机、料、法、环"的需求来展开。

从人的角度，智能可穿戴工具应用越来越广泛，如智能卡、智能手套、智能眼镜等。智能卡用于人员身份和技能管理，例如公司门禁管理、现场重点区域管理、设备开机管理、人员技能管理等；有了智能手套，可以将人的操作通过智能手套记录下来，形成标准作业指导书，并迅速传授给新员工，这能够大大提高新员工的培训速度和效果；有了智能眼镜，解决了距离的问题，通过智能眼镜可以将现场实况同步给远方的需求方或者服务方，如公司管理者、设备服务商等，能够大幅度提高工作效率。

从机（器）的角度，需要智能工装夹具、视觉识别定位工具、边缘计算智能终端等。智能工装夹具上装满了传感器，在生产过程中，可以根据工况信息，实时调整各支撑点和夹头的相对位置和夹紧力，确保加工的精度，对于精密加工来说具有非常重要的意义；视觉识别定位工具可以给设备安装一双眼睛，传统自动化机器人运动轨迹都是靠程序控制的，非常机械化，当目标对象不在指定位置或者位置有稍许偏差时，机器人就无法作业。如果给机器人安装一双眼睛，那么机器人就可以像人一样自动识别工作对象的位置，如上下料机器人，有了视觉识别，上下料就更方便了。智能化时代，随着联网设备数量的增加，数据生产和传输量剧增，给网络带宽带来了极大的压力，因此需要在设备端加装边缘计算智能终端对数据进行实时处理，从而减少数据传输量。

从料的角度，需要智能扫描工具和智能视觉识别工具。当赋予物料身份信息后，需要智能扫描工具来识别和读取物料信息，并将信息发送到相应的数据库。另外在物料加工过程中，经常要判断加工的精度等信息，传统方式一般是线外检测，而随着人工智能视觉识别技术的发展，可以开发相应的智能视觉识别工具，实现很多物料关键特性和关键尺寸的在线检测。例如在汽车核心安全部件 ESP 的生产过程中，ESP 阀块加工尺寸非常多，而且精度要求都在 2μm 左右，阀块上面布满很多小孔，在生产过程中铝屑很容易落进孔里，有一些孔较深，铝屑进去不容易被发现。一旦一些孔被堵塞又没有及时发现，到客户端被发现就是不良品，若客户也没有发现并且完成了 ESP 组装，装车后 ESP 的安全性能就会降低。为了识别关键孔里面有没有铝屑，传统方式非常困难，而应用人工智能视觉识别技术，就可以实时检测孔里有没有铝屑。

从法的角度，主要是目视化的显示终端。为了配合生产需要，实现数字化工厂透明化的目标需求，需要相应的智能显示终端。如现场可移动显示屏、现场 PC、车间智能控制情报室等。通过 3D 建模软件构建车间数字双胞胎，可以在显示屏和情报室实景呈现现场的一切。

从环的角度，主要是智能传感终端，如温湿度感应智能终端等。在生产过程中，很多时候需要了解生产现场的环境信息，如温度、湿度、照明度等，这就需要智能传感终端实时监控环境信息，并将信息发送到系统；另外，针对一些复杂的生产系统，如喷涂线等，工件从进去到出来，中间过程不透明，就像一个黑匣子，给生产控制带来很大困扰，如果想了解关键点位的工况信息，则需要在相应位置加装智能传感终端，去读取相应的工况信息。在这些场景下，也可以使用边缘计算智能终端，不仅能获取工况信息，还能在设备端实时处理工况信息。另外，职业健康安全越来越受重视，在工厂有很多危险区域和脏乱差的地方，这些地方往往是管理死角。如果用智能化的监测方式将职业健康安全的危险区域管控起来，便可以实时了解监控范围内的状况，也能够预防一些潜在安全事故的发生。比如在易燃易爆区域安装红外传感器和探测器，可以实时识别危险信号或者危险源，一旦发现立即采取相应的应急管理措施，对于预防火灾或爆炸事故的发生有重要作用。

以上从生产系统的"人、机、料、法、环"五个角度的具体需求点对智能工具进行了简单说明。根据各行各业的实际需求，智能工具还有更多的应用场景，智能工具的开发应用和普及也是企业智能化水平高低的一个重要标志。

8.2.3 智能设备

普通设备加上智能零部件或智能工具，再加上相应的智能软硬件就变成了智能设备。智能设备常见的有智能机器人、智能 AGV 小车（也属于智能机器人的一种类型），以及具备深度学习能力的智能机台等。

智能机器人通常需要具备三个要素：感知要素、思考要素、动作要素。感知要素就是通过智能视觉识别系统或者传感器来实时感知周围环境信息，然后将环境信息变成数据储存起来；思考要素是根据感知要素获取的信息，经过机器人算法处理后，对环境做出相应的响应；动作要素是指机器人根据思考的结果，自主对外界做出的响应性动作。这是智能机器人的整个信息处理过程，它和传统机器人根据预先编好的程序进行作业完全不一样，智能机器人要采取什么动作，不取决于预先编好的程序，而是取决于实时获取的信息，是机器人自己决策的结果。

人和机器的一个重要区别就是人的思维是一个有反馈的闭环系统，在一次次的决策和采取行动后，人善于从过去的经验教训中学习成长，这就是自我成长的过程，而自我成长的最好路径就是自我反馈。机器人要想真正地实现智能化，也需要有这样的闭环反馈系统，这也是智能机器人的第四个要素：反馈要素。反馈要素是让机器人在采取相应动作后根据结果进行自我学习，然后更新知识库，提高思维能力，以便在下次做决策时可以更加完美。智能机器人的四要素闭环系统如图 8-7 所示。

图 8-7 智能机器人四要素闭环系统

具备深度学习能力的智能机台和上述智能机器人四要素是一致的，让机器能够感知外界的变化，通过人工智能算法让机器具备自我深度学习的能力。机器深度学习是未来智能设备发展的一个主要方向，目前的智能设备离自感知、自适应、自调整的目标还有一定差距。智能设备只有实现了自感知、自适应、自调整，才能称得上是真正的智能设备。

8.3 智能软件

智能软件和智能硬件是智能系统的有机组成部分。在智能化时代，智能硬件和智能软件是不可分割的有机整体。没有软件，硬件无法智能；没有硬件，软件无法运行。

从应用的角度来看，常见的智能软件有嵌入式软件、各类应用系统软件、大数据软件等。

嵌入式软件是嵌入在硬件中的操作系统或开发工具软件，它们是实现智能化常见的一类智能软件，可以称为智能化的底层软件。机器深度学习、数据处理及转换、反向自动控制等功能的实现都要基于嵌入式软件。以生产资料中的数据为例，要实现智能化，数据生产是最为关键的一环。数据生产必须要能取得不同通信接口和通信协议的数据。常见的通信接口如串口 R232、RS485、网口 SC 光纤、FDDI 等；

常见的通信协议如 Modbus、Profibus、CAN、HART、Profinet、FF-BUS、LIN、LON 等；以及在此基础上衍生出来的数以千万计的私有标准协议。而要兼容这么多通信协议和通信接口，数据采集智能终端就需要写入嵌入式软件。在数据生产完成后，需要将数据传输到指定的数据库，而数据传输方式也有很多，常见的有 2G、3G、4G、LTE、NB-IoT、IEEE 802.15.4 和 ISM 射频 433M、470M、780M、868M、915M、2.4G 等，因此将通信协议转换软件嵌入到网关里面，这就要求智能网关要具备非常好的兼容性。另外物联网的兴起推动了 IPv6 通信协议的发展，IPv6 的普及应用也需要智能物联网关内嵌 IPv4 和 IPv6 协议转换软件。从这些例子可以看出，智能化的很多功能是靠嵌入式智能软件和智能硬件的结合来实现的。

应用系统软件也是智能软件发展的一个主要方向。说到应用系统软件，人们往往想到 ERP、MES、PLM、APS 等，这些应用系统软件构成了数字化工厂的中上层应用系统。但是这些软件自身智能化程度并不高，彼此之间也不兼容，将企业的信息化系统分隔成了一座信息孤岛（见图 7-8），应用系统软件智能化有两个重要任务：一是提升应用系统软件智能化程度；二是实现各应用系统软件互联互通。

在应用系统软件智能化程度提升方面，最为典型的是智能排产系统，该系统解决了传统 APS 很多先天性不足的问题，可以根据资源的实时变化来调整生产任务，并且保证时刻最优。另外，虽然传统 ERP 对于公司内部信息管理方面非常有帮助，但是在面向供应链管理时，就显得有些力不从心。虽然很多公司正在开发面向供应链的 ERP 系统，但是到目前为止还没有非常理想的解决方案。如果面向供应链的 ERP 系统能够普及，那么整个供应链就能协同起来，不仅可以提高整个供应链的运作效率、减少库存、大大缩短交期，还能避免供应链上的牛鞭效应、消除不必要的过剩产能、节约大量社会资源。随着云制造的发展，为该问题的解决方案提供了有效支撑。

在实现各应用系统互联互通方面，第 7 章提到要解决信息孤岛问题，需要建立统一的数据平台。那么数据平台是怎么实现各应用系统互联互通的呢？在数据平台上：需要开发设备互联总线来兼容从不同设备对象采集的实时数据，需要开发应用互联总线来兼容不同的应用系统数据，需要开发开放的互联总线来兼容不同的外部应用。在这些开放的互联总线的基础上，才能够建立互联互通自适应的智能化数据平台。有了智能互联的数据平台，就能够消除信息孤岛，让各类应用软件、底层设备和外部应用间真正实现互联互通。

数据是智能化时代最重要的生产资料，进行大数据分析也是实现数据智能化的必由路径，因此大数据软件在智能化中扮演了重要角色。通过设备大数据分析软件，可以预测设备什么时候可能会出现故障，以便提前做好预防性维护，相较于传统的设备预防性维护依靠经验而言，科学性大大提高，而且还能降低设备预防性维护成本；通过质量大数据分析软件，可以识别生产过程中的质量缺陷是由哪些因素导致的，甚至可以直接确定产生缺陷的根本原因，而传统的做法一般是通过鱼骨图、KT 法或者 6Sigma 等工具进行精益改进，但这些工具有一个共同缺点，即都是基于历史数据，而且对于数据质量要求很高，也非常依赖有丰富经验和高技能的精益管理人员。通过大数据分析软件对各种设备数据进行实时分析，可以实时掌控生产状态，为实现无忧生产创造条件。但要想大数据分析软件真正发挥效用，还要基于企业建立统一的互联互通数据平台，否则就是巧妇难为无米之炊。

8.4 智能系统

智能系统是各种智能软硬件的综合运用，通过规划设计，将各种智能零部件、智能工具、智能设备和智能软件整合起来形成智能系统，常见的有智能生产单元、智能产线、智能车间、智能工厂。

智能产线、智能车间和智能工厂可以看成是由一个个智能生产单元有机组合而成。本书 5.3.3 节中提到：单元化生产有五种基本模式，其中最简单的是单工位模式，本节就以最简单的单工位如何变成智能生产单元为例来简单阐述智能系统。

单工位模式就是一人一工位模式，要将单工位改成智能生产单元，至少需要将以下要素通过规划设计有机地集成起来。

- 智能设备：智能生产单元需要将设备变成智能化设备，可以用智能设备替代现有设备，也可以在现有设备基础上进行智能化改造，看看哪种方式经济就选哪种。这里要注意智能设备可能完全替代作业人员，也可能没有完全替代作业人员。
- 人员管理：若智能化设备完全替代作业人员，则可以省去作业人员管理，但是还需要相关人员对设备进行管理；若智能化设备没有完全替代作业人员，则需要进行作业人员权限、技能、行为等管理。
- 上下料管理：在上下料时可以采用机器人进行作业，为了配合机器人作业，需要设计来料装置和下料装置，以确保机器人能够精准作业；对于具备视觉功能的机器人来说，也需要进行来料和下料装置设计，以提升作业效率。
- 物料转运管理：智能生产单元的来料和发料可以是人工完成，也可以是自动化物流设备完成；对于智能车间来讲，一般都是自动化物流设备来进行物料转运。如果是自动化物流设备进行物料转运，需要相应的自动控制软硬件对自动化物流设备发号指令、进行定位和安全管理。
- 生产管理：智能生产单元里面需要有接收生产指令（如订单信息、工艺信息、刀具信息等）的设备，也需要有进行生产数据统计的设备、装置和软件，这些通常是通过现场计算机来实现。

- 设备健康管理：智能生产单元需要对设备进行健康管理，以确保设备处于可控状态；还要对设备相关的工装、模具等进行状态监控，以确保设备正常运行。
- 质量管理：智能生产单元需要进行在线检测，自动识别出不良品，并且按照不良类型分类剔除出来；在此基础上，当生产出一个不良品后能够自动修正，以确保下一件产品是良品，这是对于智能生产单元的更高要求。

智能生产单元在实现上述要素智能后，还需要提供智能服务，智能服务要将这些要素有机地整合在一起实现降本增效的目标。当一个智能生产单元设计完后，还要和其他智能生产单元进行集成，以便形成更大的有机整体，如智能产线、智能车间，最终建成智能工厂。

8.5 智能服务

智能服务是智能软硬件产品要实现的目的，也是它们的赋能场景。基于智能软硬件以及它们生产的数据，可以提供众多的智能服务。图 8-8 列举了制造业常见的智能服务类别。

工业大数据、云制造、智能工厂建设、工业互联网都有相关的书籍，本书就不再深入讨论它们了，本节重点说明智能制造顶层构架设计和通过工业互联网来解决售后服务的痛点。

很多企业开始实践智能制造时，常常忽视了顶层构架设计。做一件事情，通常有两种策略：一种是先做再思考，摸着石头过河，这种方式对于

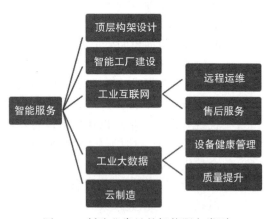

图 8-8　制造业常见的智能服务类别

一些简单的事情来说非常有效；另外一种是先思考再行动，有了框架，知道该如何做后，再开始实施，针对复杂的事情这种方式比较适合，所谓磨刀不误砍柴工。智能制造系统是一个非常复杂的系统，很显然需要先进行系统的顶层构架设计，才能少走弯路。

我国制造业自 2015 年以来的智能制造实践结果告诉我们，企业智能制造升级转型要经过图 8-9 所示的五个阶段。

第一阶段：学习和扫盲。先了解智能制造是什么，明确智能制造能够解决哪些问题，实现哪些价值；然后企业内部就如何推进智能制造达成共识，制定出落地路线图。这一阶段以企业员工学习智能制造知识为主，当然企业高管带头学习是必要的。

图 8-9 企业智能制造升级转型的五个阶段

第二阶段：企业深度诊断。在企业对智能制造有了基本认识之后，找外部智能制造专家进行深度诊断，对如何实践智能制造给出建议。这一阶段以外部专家深度诊断为主，企业组建相应的项目团队配合外部专家进行工作。诊断结果是企业践行智能制造的宏观策略，如企业需要做的准备工作和补强，以及组织结构是否需要调整等。

第三阶段：顶层构架设计。由于智能制造顶层构架设计是一项非常复杂、跨职能和跨学科的专业性工作，企业内部要培养这种复合型人才需要很长时间，甚至无法培养。因此建议企业请外部智能制造专家，根据外部智能制造专家的诊断结果设计出智能制造的整体构架。这里需要注意的是，智能制造顶层构架设计一定要结合企业实际，所有的规划方案都要能够在企业里面落地并且创造价值。例如国内某寝具领军企业，花了上亿元找了德国知名的智能制造服务商来进行顶层构架设计工作，结果服务商设计出来的一堆方案全部不能落地。笔者调研后发现，该寝具公司是工业 1.0 水平，而德国服务商提供的方案是基于工业 3.0，这之间有非常大的差距。也就是说该寝具公司要想实施该方案，等升级到工业 3.0 才可以，这是典型的方案和实际情况脱节的案例，在进行智能制造顶层构架设计时一定要避免此类情况的发生。

第四阶段：实施和反馈。根据智能制造顶层构架设计方案，寻找外部资源方进行实施。由于智能制造项目涉及的资源方较多，建议寻找有智能制造专业能力的综合集成服务商。目前智能制造集成服务商鱼龙混杂，很多服务商自身并没有核心能力，只是整合了一些社会资源，然后就称自己为集成服务商。这种没有专业能力的集成服务商有两大弊端：一是不太懂智能制造，不能给企业创造新价值；二是在项目实施的过程中，没有解决实际问题的能力，项目效果会比较差。专业的综合集成服务商应该是拥有智能制造核心技术，并且能够提供培训、诊断、顶层构架设计和实施全部内容。他们有专业的专家团队、紧密合作的战略伙伴、丰富的项目实施经验，是企业进行智能制造升级转型的首选对象。由于目前这类集成服务商稀缺，企业还可以自建项目团队，在智能制造顶层构架设计服务商的协助下进行方案选择和落地。另外，在实施过程中要定期进行及时识别偏差，并制定纠正措施以实现降本增效的目标。

第五阶段：经验总结。智能制造的主要目标是降本增效和升级转型，任何不能够实现降本增效和升级转型的智能制造都是没有意义的。在每一个子项目结束后，都要根据项目实施过程以及运行效果，总结经验教训。针对项目过程或者效果不佳的地方，在下一个子项目中要有针对性地补强。

智能制造顶层构架设计贯穿这五个阶段：第一阶段是为了达成关于智能制造蓝图的共识，这是顶层构架设计的方向；第二阶段是顶层构架设计的基础；第三阶段是设计出顶层构架的具体方案；第四阶段是顶层构架设计方案的落地过程；第五阶段是对顶层构架设计的反思和总结，也是持续完善的过程。智能制造顶层构架设计是企业智能化的第一要务，本书第 11 章将详细介绍笔者在智能制造领域原创和首创的智能制造顶层构架设计"2347"方法论，该方法适用各水平制造业企业进行智能制造升级转型。

智能化能够解决的企业另一个痛点是售后服务。智能化要实现的一大目标是无忧生产，而要实现无忧生产，其中一项要求是设备不能出现突发故障。在工业 3.0 之前，制造业的一大难题是设备故障不可预测和控制，为了应对突发的设备故障，一般使用精益管理的 TPM 工具。TPM 执行到位的公司，可以有效预防设备突发故障，但是这样的公司凤毛麟角，原因是 TPM 对于执行要求非常高。在工业 4.0 的大潮中，高精尖的自动化设备以及各种自动化辅助设施的大规模投入使用，让 TPM 的工作量倍增，也对维修人员的技能提出了更高更全面的要求。但是企业的现状是，无论是 TPM 人员的数量和质量都不能有效满足企业智能化发展的需求，因此需要新的方式来解决此问题。另外，从设备供应商的角度来看，提供的设备越来越复杂，越来越智能，对售后人员的要求也越来越高，当客户现场设备出现故障不能自动恢复时，为了实时响应客户需求，不得不建立一支庞大的高水平售后服务团队。即便如此，设备售后服务还是不能实时响应客户需求，因为出差需要一定的时间，特别是距离远的客户，这就导致了售后服务成本高而且服务质量不高的问题。不仅设备供应商售后服务成本高，客户设备故障停机成本更高，这种双输局面需要新的解决方案。

当设备装上智能终端，可以自动识别设备故障，这样设备供应商就可以在远端直接了解设备出现了什么问题，通过远程操作自动修复或者指导现场人员快速修复设备故障，大大提高了设备售后服务效率。随着工业互联网的发展，这一设想已经变成了现实，如飞机有"黑盒子"，现在越来越多的设备也有了"黑盒子"，黑盒子里面封装了智能传感器、CPU 和各种智能软件，具备终端数据处理和各种通信接口转换功能，能够实时获取各种设备的实时数据，并判断设备故障类型；再结合智能物联网关，将智能终端的数据发送到接收端（这里可以根据需求指定哪些数据可以外发，哪些数据不能外发）；接收端设备供应商根据实时获取的设备故障信息，直接在远程修复设备软件故障，并提供硬件故障的解决方案，指导现场人员及时修复，排除设备故障。另外，对于非常复杂的设备故障问题，可以结合 AR

技术，比如现场人员带上 AR 眼镜，将现场实况传输给远程的设备供应商，设备供应商实时指导如何修复，就像亲临现场一样。工业互联网技术应用到设备故障管理将会产生全新的商业模式，这将在第 12 章具体介绍。

这是用智能化技术来应对设备故障的解决方案，基于工业大数据的设备健康管理系统可在设备出现故障前就提前预警和干预。设备健康管理系统通过智能终端收集设备实时信息；再运用工业大数据技术，获取设备的健康状况信息；然后针对要出现的故障提前预警，通知相关人员在设备计划停机时间内执行预防性维护，这样就能够避免设备突发故障，使设备在计划工作时间内一直保持健康状态。当运用设备健康管理系统预防设备故障后，要及时更新 TPM 中的相关内容，更精确地设定各零部件的保养周期，以及更新保养方法。

各种智能化软件、智能化硬件、智能化服务的综合应用打造了智能化工厂，智能化工厂是第四次工业革命制造型企业的核心目标。另外，也可以将制造业的智能化技术应用到非制造业领域，将在 12.3 节再加以说明。

8.6 智能化工厂

随着企业智能化的逐步深入，出现了数字化工厂、智能化工厂、互联化工厂等概念，那么这些概念有什么差别，本书通过 6 个核心要素对这三类工厂进行对比，结果见表 8-1，其中"V"表示完全实现，"O"表示部分实现。

表 8-1 数字化 & 智能化 & 互联化工厂对比

核心要素	数字化工厂	智能化工厂	互联化工厂
数据网络	V	V	V
管理数字化	V	V	V
管理智能化	O	V	V
集团实实协同	O	O	V
供应链实实协同	O	O	V
实虚协同	O	O	V

7.6 节介绍的数字化工厂，主要是构建横向价值流和纵向信息流的端到端数据网络，然后将其镜像到虚拟世界，实现管理数字化。数字化工厂的智能化程度不是很高，还不能完全实现管理智能化、实实协同和实虚协同。

目前一些公司所说的互联化工厂，主要实现了集团间各制造基地互联互通或者产业链上下游企业互联互通，这些相互连接的工厂可能并没有建成数字化工厂，只是实现了一些简单的数据交换、信息同步、工作协同等，这不是真正意义上的互联化工厂。本书认为互联化工厂需要建立在智能化工厂的基础之上，将各智能化工厂按照产业链或者其他方式连接起来，形成工业互联网，实现全产业链实实协同、实虚协同，这是互联化工厂建成的标志。由一群互联化工厂组成的产业链，可以称之为产业大脑，本书第9章将详细阐述产业大脑。

智能化工厂是建立在数字化工厂基础之上的：一方面运用运营技术进行管理建模，通过数据对企业管理给出智能决策建议，提升管理效率；另一方面通过数据深度挖掘，识别新价值。因此，智能化工厂需要将管理模型化和进行大数据分析来解决企业痛点问题。

管理模型化是针对整个企业管理体系而言。依据笔者过去帮助企业建立管理体系的经验，一家管理健全的公司有100多项主干管理流程和1000多项枝干管理流程，通过建立管理规范来指导企业业务运作。在一家世界500强企业如果要做一件事情，一般人都会先问有没有"Policy（政策、原则）"，这里的"Policy"就是指管理规范。如果他们发现没有相关的管理规范时，首要工作是讨论管理规范，完善管理体系。在智能化工厂，这100多项主干管理流程和1000多项枝干管理流程都可以模型化，模型化之后就能收集数据，有了数据就可以进行智能化决策。目前的OA（办公自动化）实现了一些简单的日常工作流程化，但大部分还没有达到模型化的深度，还不能进行智能决策。一些公司使用OA系统后，常常还会发现管理效率变低了，原因是使用OA之前的一些管理不规范，通过OA定义了业务处理流程后，必须要一环一环地执行。智能化的主要目的是进行管理升级，提升管理效率，因此衡量智能化工厂的主要标准就是管理效率有没有提升，而管理效率的最高标准就是管理自动化。本书认为在智能化工厂，基本所有的管理工作都可以实现管理自动化，未来管理人员的工作不是处理日常管理事务，而是进行流程管理、持续优化管理模型，从而优化系统智能决策的结果。

大数据分析可以基于管理模型中沉淀的历史数据、行业里和跨行业的一些公共数据，来深度挖掘数据价值和识别新业务机会。比如销售预测是当前制造业的一个普遍存在的痛点和难点问题，特别是面向消费者的快消行业，更是难以预测。以服装为例，如果要预测明年什么衣服流行，对于传统服装企业可能比较难。但是通过分析企业内部的历史销售数据、行业的历史数据、消费者的偏好和行为数据，以及社会上各种流行元素等，便可以设计出比较符合消费者需求的服饰，也能够较为精准地预测销量。如果不基于大数据分析，要想解决此类问题，只能通过快速试错的方式，而且快速试错还不能够精准预测销量，只能够依据消耗进行快速补货，取决于供应链的反应速度。

随着各类信息技术、大数据技术、智能化技术的快速发展，在人们的工作和生活中，期待的各种智能化场景在未来都有可能变为现实。特别是当建立了整个实体世界的CPS镜像后，人们或许真的可以预知未来了。

Chapter 9 第 9 章

互 联 化

在 2017 年第三届世界智能制造大会上,中国工程院周济院士提出了中国智能制造三种范式"数字化、网络化、智能化",如图 9-1 所示。

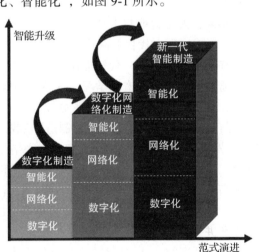

图 9-1 智能制造三种基本范式

周济院士认为当前中国智能制造第一阶段的主要任务是"数字化制造"。数字化制造是以计算机数字控制为代表的数字化技术广泛应用于制造业,覆盖了全生命周期的制造系统和以计算机集成制造系统(CIMS)为标志的集成解决方案。20 世纪 80 年代以来,我国企业逐步推进应用数字化制造,取得了巨大的进步。但同时也必须清醒地认识到,我国大多数企业,特别是中小型企业,还没有完成数字化制造转型。面对这样的现实,我国在推进智能制造过程中必须实事求是,踏踏实实地完成数字化"补课",进一步夯实智能制造发展的基础。需要说明的是,数字化制造是智能制造的基础,其内涵在不断发展,贯穿于智能制造的三种基本范式和全部发展历程。这里定义的数字化制造是智能制造的第一种基本范式,是一种相对狭义的定义,国际上也有关于数字化制造比较广义的定义和理论,本书不进行深入讨论。

在数字化制造之后是"数字化网络化制造",数字化网络化制造是智能制造的第二种基本范式,也可称为"互联网+制造",或第二代智能制造。20世纪末互联网技术开始普及,"互联网+"不断推动制造业和互联网融合发展,网络将人、流程、数据和事物连接起来,通过企业内、企业间的协同和各种社会资源的共享与集成,重塑制造业价值链,推动制造业从数字化制造向数字化网络化制造转变。过去这几年,我国工业界大力推进"互联网+制造"并取得了一定成果,一方面一批数字化制造基础较好的企业成功升级转型,实现了数字化网络化制造;另一方面大量还未完成数字化制造的企业,则采用并行推进数字化制造和数字化网络化制造的技术路线,进行数字化制造"补课",同时跨越到数字化网络化制造阶段。今后一个阶段,我国推进智能制造的重点是大规模推广和全面应用数字化网络化制造。

数字化网络化智能化制造是智能制造的第三种基本范式,也可称为新一代智能制造。近年来,人工智能技术加速发展,新一代人工智能技术与先进制造技术的深度融合,形成了新一代智能制造"数字化网络化智能化制造",成为了新一轮工业革命的核心驱动力。新一代智能制造的主要特征表现在制造系统具备了"学习"能力。通过深度学习、增强学习、迁移学习等技术的应用,制造领域的知识产生、获取、应用和传承效率将发生革命性变化,创新与服务能力也将显著提升。新一代智能制造是真正意义上的"智能制造"。我国必须充分发挥后发优势,采取"并联式"的发展方式,也就是要"数字化、网络化、智能化"并行推进、融合发展。一方面,我国必须坚持"创新引领",利用互联网、大数据、人工智能等先进技术,瞄准高端方向,加快研究、开发、推广、应用新一代智能制造技术,走出一条推进智能制造的新路,实现我国制造业的换道超车;另一方面,我们必须实事求是、循序渐进,分阶段推进企业的技术改造、智能升级。针对我国大多数企业尚未实现数字化转型的"基本国情",企业必须补上"数字化转型"这一课,补好智能制造的基础;当然在"并行推进"不同基本范式的过程中,各个企业可以充分应用成熟的先进技术,根据自身发展的实际需要,"以高打低,融合发展",在高质量完成"数字化补课"的同时,实现向更高的智能制造水平迈进。

智能制造系统的三个阶段如图9-2所示:传统制造系统是以代替部分体力劳动为导向,如自动化的大规模应用;第一代和第二代智能制造系统以代替大量脑力劳动为导向,如计算机技术、通信技术、互联网技术和制造业深度融合产生的数字化网络化;新一代智能制造以代替大量创造性脑力劳动为导向,如人工智能技术和先进制造业的深度融合产生的智能化。

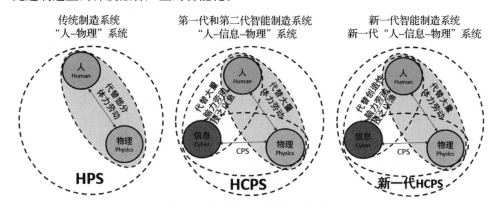

图 9-2　智能制造系统的三个阶段

注：资料来自中国工程院周济。

以上关于智能制造系统三个阶段的划分非常清晰，但笔者有不一样的理解："一是对于补课的内容，二是对于数字化网络化的理解，三是实现路径"。

当前中国制造业的基本国情是工业 1.0、工业 2.0、工业 3.0 并存，以工业 1.0 和工业 2.0 为主，对于工业 1.0 和工业 2.0 水平的企业，提数字化的目标还太早，数字化是工业 3.0 水平的企业迈向智能制造的第一步。针对大多数工业 1.0 和工业 2.0 水平的企业，需要先进行"精益化、创新化、自动化"补课，夯实企业的经营基础、提升盈利能力和自动化水平，然后再开启数字化进程，最终实现智能制造升级转型。

另外，对于网络化，本书在精益智能制造理论体系里面用的是互联化。精益智能制造互联化三个层面如图 9-3 所示。

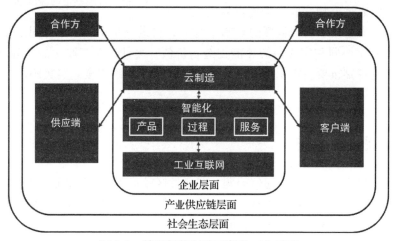

图 9-3　精益智能制造互联化三个层面

从精益智能制造互联化三个层面可以看出，本章的互联化不仅包括网络化，还包括智能化。本书第 7 章阐述的数字化是广义的数字化，比较确切的说是建立企业级工业互联网、工业大数据再加上数字化（计算机信息系统集成）。因为在践行智能制造的过程中，特别是智能化之前，充足的工业大数据是基础，离开了工业大数据，也就谈不上智能化。而要获取工业大数据，工业互联网是必不可少的环节，工业互联网作用之一是进行数据生产，获取所需的各种实时数据，作用之二就是让各种对象互联互通，可以自由交流和通信。在工业互联网提供充足工业大数据的基础上，运用数据挖掘技术，实现数据价值，这是数字化的主要目的，也是本书认为企业数字化升级转型完成的标志。

在数字化升级转型完成后，有两条发展路径：一是先智能化后互联化，从深度方向着手，在工业大数据的基础上，进行产品和服务的智能化升级，然后再打通供应链上下游，将整个产业链互联起来，实现协同效应，再建立开放的互联平台，将所有利益相关者互联起来，形成互联生态圈，最后将世界万物互联起来，创造一个完整的 CPS 虚拟世界；二是先互联化后智能化，从广度方向着手，实现万物互联，然后再进行智能化升级。在精益智能制造理论体系里面，选择了先智能化再互联化，而不是先互联化再智能化，是因为在数字化的基础上去实现企业层面的智能化比较容易。当企业层面的数字化智能化实现后，再去实现整个产业链的互联化，就会水到渠成，最终实现万物互联的互联化世界。精益智能制造的深度和广度路径如图 9-4 所示。

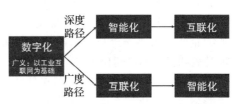

图 9-4　精益智能制造的深度和广度路径

世界万物互联的互联化不是目的，而是手段，要通过万物互联在物理世界实现实实协同；当建立了物理世界的 CPS 镜像后，再进一步实现实虚协同。互联化只有实现了实实协同和实虚协同才能创造新价值。另外，在互联化的实施过程中，信息安全也特别重要。本章从互联化的核心技术、网络安全、实实协同、实虚协同和互联化实践来阐述。

9.1　互联化核心技术

互联化需要解决万物的通信问题，即通过接触式或非接触式通信将万物联网。接触式通信如网线、安装 RFID 标签或者传感器等；非接触式通信需要物体自身有通信能力，通过无线接收的方式来获取对象信息。

目前，互联化的核心技术有物联网（IoT）、IPv6、VR、云计算和 CPS 等，接下来将对这些核心技术进行简单介绍。

与互联网相比,物联网的应用范围更广,二者对比如图 9-5 所示。

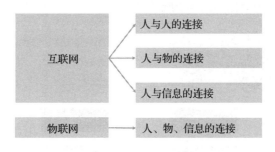

图 9-5　互联网与物联网的对比

互联网有三种类型:人与人的连接,人与物的连接,人与信息的连接。而物联网是将人、物、信息连接在一起,形成一个更大的生态系统。物联网有两大核心节点产品:智能终端和智能物联网关。

智能终端是一类嵌入式计算机系统设备,主要由软件和硬件构成,如图 9-6 所示。

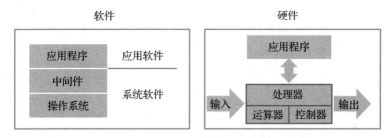

图 9-6　智能终端构成

智能终端的主要作用是实现万物联网,是物联网的底层。常见的智能终端有 RFID（RFID 属于被动型智能终端,结构简单,硬件主要有应答器和阅读器）、数据采集智能终端,以及目前比较流行的各类边缘计算终端设备等。

智能物联网关可以用于广域网互联,也可以用于局域网互联,主要应用在不同的通信协议、数据格式和语言,甚至体系结构完全不同的两种系统之间（详见第 7 章）。在工业上,由于设备通信接口不统一,工业通信协议成千上万,其中一个路径就是用智能物联网关来解决不同通信接口和通信协议之间的相互转换和兼容问题,从而实现万物入网。

IPv6 通信协议也是互联化核心技术之一。IPv6 是 IETF（Internet Engineering Task Force,互联网工程任务组）设计的用于替代现行版本 IPv4 的下一代 IP 协议,其地址数量号称可以为全世界的每一粒沙子分配一个 IP 地址。IPv6 通信协议的地址长度为 128 位,是 IPv4 地址长度的 4 倍。IPv6 的使用不仅能解决 IPv4 网络地址资源数量不足的问题,而且也能解决多种设备连入互联网的障碍。普通物联网关与 IPv6 物联网关的对比如图 9-7 所示。

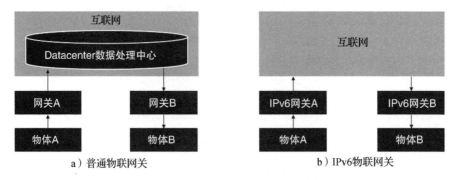

图 9-7 普通物联网关与 IPv6 物联网关的对比

VR 技术(虚拟现实技术)是仿真技术的一个重要方向,是仿真技术与计算机图形学、人机接口技术、多媒体技术、传感技术、网络技术等多种技术的集成。VR 主要包括模拟环境、感知、自然技能和传感设备等。模拟环境是由计算机生成的、实时动态的三维立体逼真图像;感知是指理想的 VR 应该具有一切人所具有的感知,除计算机图形技术所生成的视觉感知外,还有听觉、触觉、力觉、运动等感知,甚至还包括嗅觉和味觉等,也称为多感知;自然技能是指人的头部转动、眼睛、手势,以及其他人体行为动作,由计算机来处理与参与者的动作相适应的数据,并对用户的输入做出实时响应,并分别反馈到用户的五官。

云计算是指在广域网或局域网内将硬件、软件、网络等资源统一起来,实现数据计算、储存、处理和共享的一种托管技术。云计算的一个发展方向是将企业应用和功能置于云中,如一些常见的企业 SaaS 软件。从逻辑上讲,企业还可以将业务流程和功能分割成功能块单元,并将其与云计算结合,从而创造出个性化的业务功能,同时将原先一两年才能完成的架构搭建工作缩短到数个月或数周完成,因为云计算支持并行作业。

云计算也是实现 CPS 的一项关键技术,它主要包括以下三个服务层次。

- IaaS(Infrastructure as a Service,基础设施即服务)。基础设施可以看作是电脑主机,其实质是大规模的主机集群。消费者通过 Internet 可以从完善的计算机基础设施获得服务。如硬件服务器租用。
- PaaS(Platform-as-a-Service,平台即服务)。平台可以看作是计算机操作系统,类似于 Windows,是开发和运行程序的基础。PaaS 实际上是将软件研发的平台作为一种服务,以 SaaS 的模式提交给用户。因此 PaaS 也是 SaaS

模式的一种应用。但是 PaaS 的出现可以加快 SaaS 的发展，尤其是加快 SaaS 应用的开发速度。如软件的个性化定制开发。
- SaaS（Software as a Service，软件即服务）。软件服务比较容易理解，它是一种通过 Internet 提供软件的模式，用户无需购买软件，而是向提供商租用基于 Web 的软件，来管理相关的活动。如城市安全管理。

IaaS/PaaS/SaaS 的图示如图 9-8 所示。

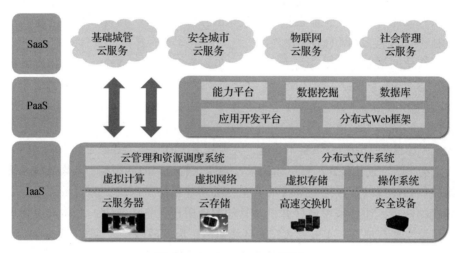

图 9-8　IaaS/PaaS/SaaS 图示

随着云计算的发展，近几年又出现了 DaaS（Data as a Service，数据即服务）。目前越来越多的人开始意识到，DaaS 即将变成云计算的主角。

CPS（Cyber Physical Systems，信息物理系统）在第 8 章有详细介绍，本章不再复述。

通过物联网技术、IPV6、VR、云计算和 CPS 等技术，可以将万物互联互通起来，实现"实实协同"；还能够在云端建立一个和现实世界一模一样的虚拟世界，当云端的虚拟世界形成后，一方面可以通过控制虚拟世界来反作用现实世界，另一方面还可以在虚拟世界进行分析来预测现实世界的发展趋势，实现"实虚协同"。未来的智能工厂将实现具备自省性、自预测性、自比较性和自重构能力的无忧生产环境，前提是建立在"实实协同、实虚协同"的基础之上，而打造"实实协同、实虚协同"的产业链也是互联化要实现的核心目标。

9.2　互联化网络安全

随着计算机技术的迅速发展，在计算机上处理的业务也由基于单机的数学运算、文件处理和基于简单连接的内部网络的内部业务处理、办公自动化等发展到基于复杂的内部网、企业外部网、全球互联网的企业级计算机处理系统和世界范围内的信息共享和业务处理。

随着"互联网+制造"的不断深入，以及物联网在制造业的广泛应用，制造业的互联化网络安全问题也越来越突出：一方面，制造业设备联网是工业互联网发展的要求和趋势，可以创造巨大的经济价值；另一方面，随着设备联网数量的增加以及数据获取能力的提升，能够获取的数据也越来越多。当这些数据通过网络传送到服务器或者云端，企业最担心的就是数据安全问题，目前数据安全在一定程度上制约了工业互联网的迅速普及。

互联化网络安全主要分为五个方面：互联化网络物理安全、互联化网络拓扑结构安全、互联化网络系统安全、互联化应用系统安全和互联化网络管理安全。

互联化网络物理安全是整个互联化网络系统安全的前提。在网络工程建设中，由于网络系统属于弱电工程，耐压值很低。因此在网络工程的设计和施工中，必须优先考虑保护人和网络设备不受电、火灾和雷击的侵害；考虑布线系统与照明电线、动力电线、通信线路、暖气管道及冷热空气管道之间的距离；考虑布线系统和绝缘线、裸体线以及接地与焊接的安全；必须建设防雷系统，防雷系统不仅要考虑建筑物防雷，还必须考虑计算机及其他弱电耐压设备的防雷。总体来说物理安全的风险主要有地震、水灾、火灾等环境事故，电源故障，人为操作失误或错误，设备被盗、被毁，电磁干扰，线路截获，高可用性的硬件，双机多冗余的设计，机房环境及报警系统、安全意识等。因此要注意这些安全隐患，同时还要尽量避免网络的物理安全风险。

互联化网络拓扑结构安全也会直接影响到互联化网络系统的安全。例如在外部和内部网络进行通信时，内部网络的机器安全就可能会受到威胁，一旦受到威胁，也会影响在同一网络上的许多其他系统。通过网络传播，还会影响到其他网络。因此进行网络拓扑结构设计时有必要将公开服务器（如 Web、DNS、EMAIL 等）与外网及内部其他业务网络进行必要的隔离，避免网络结构信息外泄；同时还要对外网的服务请求加以过滤，只允许正常通信的数据包到达相应主机，其他的请求服务在到达主机之前就应该被拒绝。

互联化网络系统安全是指整个网络操作系统和网络硬件平台是否可靠且值得信任。无论是 Windows NT 还是其他任何商用的 UNIX 操作系统，其开发商必然能够访问。从这个角度来说，没有绝对安全的操作系统。因此，不同的用户应从不同方面对其网络进行详细分析，选择安全性尽可能高的操作系统，并对操作系统进行安全配置；而且要加强登录过程的认证（特别是在到达服务器主机之前的认证），确保用户的合法性；还要严格限制登录者的操作权限，将其能够完成的操作限制在最小的范围内。

互联化应用系统安全与具体的应用有关，它涉及面广，种类繁多。以互联网上应用最为广泛的 E-mail 系统来说，其解决方案有 Outlook、Lotus Notes、Exchange Server、SUN CIMS 等二十多种；其安全手段涉及 LDAP、DES、RSA 等各种方式。应用系统在不断发展且应用类型也在不断增加。在应用系统的安全性上，主要考虑尽可能建立安全的系统平台，并通过专业的安全工具不断发现漏洞、修补漏洞，提高系统的安全性。应用的安全性还涉及信息和数据的安全性，如机密信息泄露、未经授权的访问、破坏信息完整性、假冒、破坏系统的可用性等。在某些网络系统中，涉及很多机密信息，如果一些重要信息遭到窃取或破坏，它产生的经济、社会和政治影响将是很严重的。因此，对用户使用计算机必须进行身份认证，对于重要信息的通信必须授权，传输必须加密。通过采用多层次的访问控制与权限控制手段，实现对数据的安全保护；通过采用加密技术，保证网络传输信息的机密性与完整性。

互联化网络管理安全是互联化网络安全最重要的部分。责权不明、安全管理制度不健全、缺乏可操作性等都可能引起网络管理安全的风险。当网络出现攻击行为或网络受到其他一些安全威胁时（如内部人员的违规操作等），网络安全管理人员无法进行实时的检测、监控、报告与预警；同时在事故发生后，也无法提供黑客攻击行为的追踪线索及破案依据，缺乏对网络的可控性与可审查性。这就要求我们必须对站点的访问活动进行多层次记录，及时发现非法入侵行为。

一旦发生上述任何一个安全隐患，所造成的损失都难以估计。因此，网络安全是工业互联网发展过程中的一个重大挑战，企业只有实现数据和信息安全，才会有更多有价值的数据被采集、存储和应用。只有有了足够多的数据，CPS 才能变成现实，虚拟的数字世界才能发挥更大的应用价值。

建立互联化网络安全机制，必须深刻理解网络并能提供直接的解决方案，在应对网络安全方面，通常采用网络安全预防措施，包括网络安全措施和商务交易安全措施，如图 9-9 所示。

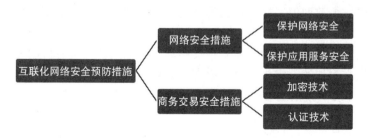

图 9-9　互联化网络安全预防措施

网络安全措施是保护商务各方网络端系统之间通信过程的安全性。机密性、完整性、认证性和访问控制性是网络安全的重要因素。网络安全措施主要包括保护网络安全、保护应用服务安全这两个方面。

保护网络安全的主要措施有：全面规划网络平台的安全策略，制定网络安全的管理措施，使用防火墙，尽可能记录网络上的一切活动，注意对网络设备的物理保护，检验网络平台系统的脆弱性，建立可靠的识别和鉴别机制。

保护应用服务安全主要是针对特定应用（如Web服务器、网络支付专用软件系统）所建立的安全防护措施，它独立于网络的任何其他安全防护措施。虽然有些防护措施可能是网络安全业务的一种替代或重叠，如Web浏览器和Web服务器在应用层上对网络支付结算信息包的加密，都是通过IP层加密，但是许多应用还有自己特定的安全要求。

商务交易安全措施紧紧围绕传统商务在网络应用中产生的各种安全问题，通过加密技术、认证技术等方式来保障商务过程的顺利进行。

加密技术是基本安全措施，双方可根据需要在信息交换时使用。加密技术分为对称加密和非对称加密。对称加密又称私钥加密，即信息的发送方和接收方用同一个密钥去加密和解密数据。它的最大优势是加密和解密速度快，适合于对大数据量进行加密，但密钥管理困难。非对称加密又称公钥加密，使用一对密钥来分别完成加密和解密操作，其中一个公开发布（即公钥），另一个由用户自己秘密保存（即私钥）。信息交换的过程是：甲方生成一对密钥并将其中的一把作为公钥向其他交易方公开，得到该公钥的乙方使用该密钥对信息进行加密后再发送给甲方，甲方再用自己保存的私钥对加密信息进行解密。

认证技术是用电子手段证明发送者和接收者身份及其文件完整性的技术，即确认双方的身份信息在传送或存储过程中未被篡改过。主要有数字签名和数字证书两种方式。

数字签名也称电子签名，如同手写签名一样，能起到电子文件认证、核准和生效的作用。其实现方式是把散列函数和公开密钥算法结合起来，发送方从报文文本中生成一个散列值，并用自己的私钥对这个散列值进行加密，形成发送方的数字签名；然后将这个数字签名作为报文的附件和报文一起发送给报文的接收方；报文的接收方首先从接收到的原始报文中计算出散列值，接着再用发送方的公开密钥来对报文附加的数字签名进行解密；如果这两个散列值相同，那么接收方就能确认该数字签名是发送方的。数字签名机制提供了一种鉴别方法，以解决伪造、抵赖、冒充、篡改等问题。

数字证书是一个经证书授权中心数字签名的包含公开密钥拥有者信息以及公开密钥的文件。数字证书的最主要构成包括一个用户公钥、密钥所有者的用户身份标识符，以及被信任的第三方签名。第三方一般是用户信任的证书权威机构，如政府部门和金融机构。用户以安全的方式向公钥证书权威机构提交其公钥并得到证书，然后用户就可以公开这个证书。任何需要用户公钥的人都可以得到此证书，并通过相关的信任签名来验证公钥的有效性。数字证书通过标志交易各方身份信息的一系列数据，提供了一种验证各自身份的方式，用户可以用它来识别对方的身份。

近些年流行的区块链技术，就是由一个又一个区块组成的链条，每一个区块中保存了一定的信息，它们按照各自产生的时间顺序连接成链条。这个链条被保存在所有分散的服务器中，只要整个系统中有一台服务器可以工作，整条区块链就是安全的。这些服务器在区块链系统中被称为节点，它们为整个区块链系统提供存储空间和计算能力支持。如果要修改区块链中的信息，必须征得半数以上节点的同意并修改所有节点中的信息，而这些节点通常掌握在不同的主体手中，因此篡改区块链中的信息是一件极其困难的事。相比于传统的网络，区块链具有两大核心特点：数据难以篡改和去中心化。基于这两个特点，区块链所记录的信息更加真实可靠，可以帮助解决人们互不信任的问题。

还有基于硬件的方法来管理用户权限、网络访问、数据保护等，如 TPM（Trusted Platform Module，可信赖平台模块）芯片。TPM 芯片可以用来存储数字密钥、认证和密码，有了 TPM，无论是虚拟的还是物理的攻击都将变得更加困难。TPM 芯片主要由以下几部分组成：I/O 组件、非易失性存储、身份密钥、程序代码、随机数产生器、Sha-1 算法引擎、RSA 密钥产生、RSA 引擎、Opt-In 选择组件、执行引擎等。

以上介绍了互联化网络安全问题的主要类型以及预防措施。随着互联化的不断推进，网络安全问题越来越突出，只有数据所有者和数据消费者完全信任网络安全，万物互联的大时代才能够早日到来。

9.3 互联化实实协同

互联化要实现"实实协同"和"实虚协同"两大目标。互联化实实协同是指在物理世界中，各主体相互协作，产生协同效应。从微观上讲，生产的上道工序和下道工序协同好，可以消除等待时间和降低在制品库存；从宏观上讲，供应链上各个企业协同好可以消除牛鞭效应，各地企业和组织协作好，可以提高资源利用率。实虚协同是指通过 CPS 技术，建立起虚拟世界，在虚拟世界中，每一个模型和现实世界都是一致的，再加上计算机强大的运算能力，很多在物理世界中无法想象的事情，在虚拟世界中能够变得非常简单。在虚拟世界中计算和优化好的结果，反过来可以指导现实世界，这就实现了实虚协同（见 9.4 节）。

在物理世界中，每个个体都是独立的存在。在信息技术没有出现前，人和物以及物和物之间没有沟通。即使是移动互联网高度发达的今天，也只是提高了人和人之间的沟通效率，人和物之间的沟通只实现了非常少的一部分，物和物之间的沟通还没有实现。要实现人和物以及物和物间的协同，就需要借助一定的技术手段，这个技术手段就是物联网。物联网通过各种信息传感设备，实时采集任何需要监控、连接、互动对象的各种信息，与互联网结合形成一个巨大的网络。其目的是实现人与物、物与物、所有的物品与网络的连接，方便识别、管理和控制。在物联网技术的支撑下，实实协同将变成可能。

物联网分为感知层、网络层、应用层三个层次。

感知层的主要作用是通过各种信息采集方式，让物理世界的实体能够开口说话、自由交流，这也是实实协同的基础，是实现万物互联最关键的一环。在物理世界中，由于各种物体的信息化程度以及环境状况不同，感知层获取信息的难度也不同。一些物体没有信息接口，那么就需要通过辅助手段来获取信息，如加装传感器；一些物体不仅没有信息接口，而且工况复杂，存在很多干扰因素，因此不仅要用传感器来获取信息，还需要通过信息处理来排除噪声因素的干扰；一些物体有通信接口，但是接口信息封锁，必须要借助技术手段来打破信息封锁，建立统一的 M2M 通信标准，消除物联网通信的障碍。比如目前很多设备的 PLC 信息基本不对外开放，那么要想直接获取 PLC 信息，就需要建立互联互通的物理世界。在万物互联的物理世界中，需要的是统一开放的信息标准，能够直接获取想要的信息。从这个层面上来讲，传统 PLC 的提供者，既是智能时代的推动者，也是阻碍者。可以预见的趋势有两个：一是部分技术领先的企业通过技术手段打破行业巨头们的信息封锁，逼迫行业巨头们开放信息接口，然后形成统一开放的信息标准；二是传统行业巨头们联合起来，主动统一通信接口。只有消除通信接口障碍，才能为万物互联时代的到来铺平道路。通过这样的方式，物与物之间的交流才可能像人与人之间的交流一样便捷。

网络层的主要作用是将不同类型的信息转换成计算机可以识别的信息，然后传递出去，再存储到数据库。网络层的主要挑战来自信息的传递方式，常见的有 2G、3G、4G、LTE、NB-IoT、IEEE 802.15.4 和 ISM 射频 433M、470M、780M、868M、915M、2.4G，这就需要支持多方式传输的智能网关。此外，当不同类型的信息汇总到一起后，兼容性也是一个挑战，需要建立互联互通的设备互联总线和信息互联总线，并且设备互联总线和信息互联总线间要实现实时互通。

应用层的主要作用是对信息进行加工挖掘，发现新的使用价值。有些信息单独看可能看不出来使用价值，如果把很多信息放在一起，就可能发现新的应用价值。例如在光伏行业，太阳能光伏板将光能转换成电能的效率非常低：2017 年，单晶硅大规模生产转化率为 19.8%~21%，而大多企业在 17.5%，转化率超过 30% 的技术突破可能性较小；多晶硅大规模生产转化率为 18%~18.5%，而大多企业在

16%，和单晶硅一样，要达到 30% 以上转化率的可能性也很小。而日常使用的白炽灯发光效率在 15% 左右，日光灯 50% 以上，LED 节能灯 90% 以上，它们是将电能转换成光能。那么为什么电能转换成光能的效率可以很高，而光能转换成电能的效率却这么低呢？光电转化效率能不能也提高到 90% 以上呢？这就是光伏行业接下来要解决的主要问题。在现有的光电转换技术水平下，要取得这样的突破被行业的专业人士认为是不可能的事情。这是因为光电产业是最近 30 多年才发展起来的，而电光转换已经有了 100 多年的沉淀。但从时间维度来看，再过几十年，这个技术的突破是必然的（2022 年，光电转化效率达到了 22% 以上，这也说明了这种趋势的必然性）。随着工业 4.0 时代的到来，解决问题的方法和手段相对于工业 2.0 和工业 3.0 时代丰富了很多。如果光伏企业建立工业互联网，就可以将全程数据集中在一起，通过数据挖掘，就可能发现制约现有光电转换效率的主要因素，从而加速解决光电转换效率的问题。若在传统的解决问题框架下，解决光电转换效率的问题需要通过反复不断的实验；而通过工业互联网产生的实实协同效应，可以大大简化解决问题的过程。

互联化实实协同的应用场景非常多，以企业为例，可以分为企业外应用和企业内应用。

企业外的实实协同应用一大方向是打通客户和供应商间的信息接口，使客户和供应商间实现协同。从客户的角度来讲，希望供应商能够实时反馈订单执行状况以及产品质量控制等信息；从供应商的角度来讲，希望客户订单能够和自己的系统对接，精简订单处理流程等。这种双赢局面要实现三个层面的互联互通：客户下单和供应商接单要互通，如客户 ERP 和供应商 ERP 互通；供应商订单执行状况反馈要实现供应商内部生产信息系统和订单管理系统互通，如 MES 和 ERP 系统；产品质量控制要实现产品实时数据采集系统和 ERP 互通。

企业内的互联化实实协同应用主要体现在智能 APS（Advanced Planning and Scheduling，先期计划与排程系统）上。传统的生产排程是基于产能和客户需求，人为制定每天要生产什么以及生产多少，是件非常复杂而且非常容易出错的工作。有了智能 APS 系统后，它能够同步物料、设备、人员、供应商、客户需求和运输等影响因素。对这些因素进行优化，得出一个基于现有条件下的最优生产方案，整个过程由计算机完成。当有因素发生变化时，智能 APS 就需要同时检查相应的能力约束、原料约束、需求约束、运输约束、资金约束，从而保证计划在任何时候都最优。但是在实际生产过程中，生产系统非常复杂，而且是一个动态系统，系统中的人机料三个主要因素都是实时变化的，生产规模越大的企业变化越大。传统 APS 的最优决策是基于静态结果计算出来的，因此有些理想化，这也是传统 APS 排程的最大缺陷。而在互联化实现了实实协同效应后，这个缺陷有希望被消除。通过工业互联网底层数据采集网络，能够实时获取整个生产系统的信息，再将这些实时信息和智能 APS 系统对接（传统 APS 基于的是历史数据，不是实时信息）。基于设定的决策目标，智能 APS 系统可根据实时信息制定最优生产计划。当异常发生时，还能实时调整生产计划，这样就将之前的静态 APS 变成了动态 APS。这个动态 APS 就是实实协同的一个应用。动态 APS 可以很简单地实现在系统里面调整一个生产计划，但是新的生产计划的调整则是另外一件事情，需要考虑更多的约束。比如从当前生产计划切换到新的生产计划的切换成本等，因此需要加上一些额外的约束条件，这样对生产才有实际指导意义。

以上是从企业视角来看互联化实实协同。从社会视角来看，实实协同可以产生更大的价值。如目前流行的共享经济，其本质就是将人和物连接起来。据统计目前每部汽车的使用率不到 10%，当汽车报废时，汽车的行驶里程一般不到设计寿命的 30%（一般汽车的设计里程在 80 万～100 万 km，通常汽车报废时里程数还不足 30 万 km），这存在巨大的资源浪费。导致资源浪费的主要原因是汽车只和自己的主人建立了连接，没有和其他需求者建立连接。而通过共享汽车平台，可以将汽车需求者和汽车建立连接，当需求者需要使用汽车时，可以找到可用的汽车，这样就能提高每辆汽车的使用价值。类似的场景还有很多，如设备融资租赁、供应链金融等。

总之，通过将物理世界互联化，可以解决物理世界的信息不对称问题，而信息不对称也是物理世界很多问题产生的根本原因。互联化实实协同可以实现万物间信息实时对称，这也是互联化不断深化的一个必然结果。

9.4　互联化实虚协同

互联化实虚协同是第四次工业革命要实现的终极目标。

要实现互联化实虚协同，就需要建立 CPS 虚拟世界。建立 CPS 虚拟世界，首先需要采集物理世界的各种信息，并将其传输到 CPS 空间中；然后在 CPS 空间里面进行各种计算，依照计算结果，再反过来指导或者控制现实世界。CPS 运行过程如图 9-10 所示。

图 9-10　CPS 运行过程

在虚拟世界中，可以很方便地实现任意物体间的互联互通，消除人与人之间、人与物之间、物与物之间的信息不对称。消除了信息不对称，就解决了物理世界中最大的一个难题。

从微观上来讲，当两台同样品牌的设备都镜像到虚拟世界中后，这两台设备间就可以建立关联，如比较两台设备的使用效率。若一台设备的使用效率比另外一台低，那么在虚拟世界中就能通过对比两台设备的差异，找出导致设备效率低的因素。当找到了低效率设备的影响因素后，虚拟世界就会自动将提高设备效率的方法反馈给现实世界中的低效率设备所有者，低效率设备所有者得到效率提升的方法后，就能够通过改进提升设备效率。这是在没有人工智能技术的情况下。倘若设备已经实现了智能化，在虚拟世界中，通过自我学习，低效率设备能够自动向高效率设备学习，从而自动提升自身效率。当这一步实现后，可以称之为智能互联时代。因为所有的同类设备都可以相互连接，所有低效率设备都可以向高效率设备自我学习，所有的设备都能变成标杆设备，将会消除现实物理世界中设备效率高低不同的现象。这是智能化和互联化最大的差别，智能化指单体的智能化，互联化是要实现群体的智能化和群体间的自我学习。从微观上解决了点的问题后，宏观上面的问题就能得到一定的遏制。

从宏观上来讲，不仅要解决点的问题，还需要解决面的问题。例如每家公司基本上都有淡季和旺季：淡季的时候，愁订单少，产能过剩，固定成本过高；旺季的时候，产能不足，无法满足客户需求。面对这种两难境地，很多管理者束手无策，唯一能做的就是尽量扩大产能，以满足高峰时期客户需求。但这样会导致在低谷期有大量设备闲置。在物理世界中由于信息不对称，这种局面比比皆是，于是出现了一些设备融资租赁公司，但是这些公司并不能从根本上解决企业的需求问题。如果有了 CPS 虚拟空间后，可以将一个工业园区或者一个城市里的所有制造业公司都镜像到 CPS 空间，那么在虚拟世界中，就很容易看出来哪些设备闲置，这些闲置资源可以出租给其他公司使用，相当于代工，这将是一种全新的资源共享模式。这种模式和汽车共享不一样，汽车是一个通用化产品，只要有车就可以满足客户需求。但是设备共享不一样，每种设备都有自身的加工能力，只能加工某些特定产品，因此并不是一闲置下来，就能出租得出去，还需要匹配相应的生产订单（也有通用设备，比如热处理炉，使用范围非常广）。此外，设备的移动也不像汽车那么方便，因此大多数时候需要设备不动订单动。

当建立了整个实体世界的 CPS 镜像后，再通过人工智能算法不断地自我迭代学习，就可以在虚拟世界感知现实世界、影响现实世界、控制现实世界和预知现实世界。

9.5 互联化实践

1. 德国和美国互联化实践

德国的互联化实践可以称为德国工业 4.0 二维策略，如图 9-11 所示。

德国工业 4.0 二维策略本质就是本书第 7 章阐述的两个端到端：一个是横向价值流的端到端，另一个是纵向信息流的端到端。价值流端到端也可以将产业链上下游企业看成一个整体，然后在虚拟信息世界中创建整个产业链的 CPS 镜像，指导现实世界产业链上下游企业产生协同效应。要实现这个策略，首先要实现单一企业数字化和智能化，先把单个企业变成智能工厂；然后将产业链上下游企业互联起来，才能发挥产业链协同效应。另外集团公司也可以将其子公司互联起来，便于协同管理。以德国工业 4.0 领军企业博世公司为例，该公司推行工业 4.0 有三步走策略：第一步是进行智能试点，目的是扫除智能制造的难点，让工业 4.0 工厂在技术上变得可行；第二步是建设工业 4.0 工厂，实现智能化；第三步是建立工业 4.0 互联工厂，将博世全球的智能工厂互联起来，实现互联化。在互联化的过程中，也在试图将供应商和客户连接起来，打通整个供应链。

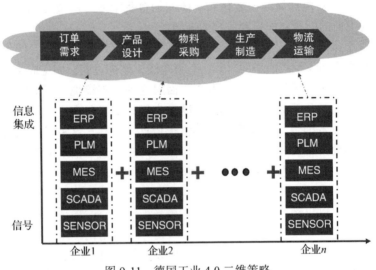

图 9-11　德国工业 4.0 二维策略

美国的互联化实践可以称为美国工业互联网 CPS 数字双胞胎策略，它和德国工业 4.0 二维策略稍有不同，后者是以生产制造为核心，而前者则是以服务为核心。既然是服务，涉及的面就更广，需要将提供服务的相关方都连接起来，才能产生新价值。美国工业互联网 CPS 数字双胞胎策略如图 9-12 表示。

从图 9-12 可以看出，在现实物理世界中，先实现各对象的智能化，再把各智能物体和实体单位互联起来，产生实实协同效应；然后在虚拟信息世界建立现实物理世界的 CPS 数字双胞胎。不过这对数字双胞胎有些不一样：在虚拟信息世界，可以很方便地挖掘相关方的关系，还可以预测每一个相关方的未来；在现实物理世界，要实现这些就没有那么容易。正是现实物理世界和虚拟信息世界的这个差别，才能体现 CPS 的价值，即通过虚拟信息世界来指导现实物理世界，产生实虚协同效应。

从德国工业 4.0 二维策略和美国工业互联网 CPS 数字双胞胎策略可以看出来，本质都是借助物联网技术实现"实实互联"，借助 CPS 实现"实虚互联"，再借助云计算、大数据和人工智能技术实现通过虚拟世界指导现实世界的目的，只是它们的虚拟世界范围不一样。

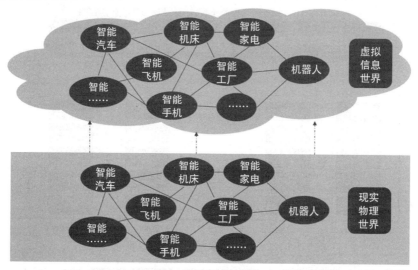

图 9-12　美国工业互联网 CPS 数字双胞胎策略

2. 中国互联化实践：产业大脑

我国也在积极探索互联化，比较有代表性的是"产业大脑"。"产业大脑"是以工业互联网为基础，以数据为资源要素，集成产业链、供应链、资金链、创新链，贯通生产端与消费端，融合社会各方利益相关者，为企业生产经营提供数字化赋能，为产业生态建设提供数字化服务，为经济治理提供数字化手段。

我国智能制造产业大脑可以看成是在德国工业 4.0 二维策略的基础上，集成产业链外的其他社会服务性资源，如银行、政府、终端消费者等，共同为产业赋能。因此可以称为德国工业 4.0 的升级版，如图 9-13 所示。

产业大脑是基于特定产业，打造数字化产业链，然后将产业需要的服务性资源集成起来，形成产业生态圈。在虚拟世界，虽然产业链上下游企业的地理位置对产业大脑建设没有多大影响，但是产业过于分散会降低整个产业链的竞争力，因此未来产业集群会逐步形成。在众多的产业集群里，各地政府可以基于当地资源和现有优势产业，打造有特色的、高竞争力的产业集群，这将是未来各地工业园区招商的重点和方向。在产业集群里面再引进服务性资源，共同打造产业生态圈。产业大脑打造过程如图 9-14 所示。

产业大脑要先定位特定产业，进行园区整体规划。在整体规划决策完成后进行产业链上各类企业组合规划，即确定需要哪些类型的企业，每种类型企业需要多少家。然后根据产业链的性质以及每类企业数量进行产业园区功能区划分，这样可以确保整体规划最优。这部分工作通常是由产业园区管理单位和外部产业规划咨询服务单位一起来完成。

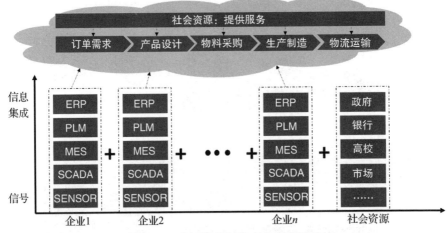

图 9-13 我国智能制造产业大脑图示

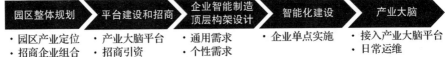

图 9-14 产业大脑打造过程

在完成了产业园区整体规划后，园区招商部门按照规划结果进行招商，管理部门着手进行产业大脑平台建设。当企业入驻后，需要企业进行智能制造顶层构架设计，顶层构架设计既要能满足园区产业大脑平台的数据需求（通用需求），也要能满足企业自身的业务需求（个性需求）。然后企业开始进行智能化建设，建设完成后将企业数据平台接入园区的产业大脑平台。当园区的全部入驻企业都按照这种方式进行规划和建设，那么一个完整的产业大脑就形成了。

目前，企业大脑的建设是实现智能制造的一个难点，还没有完整的解决方案。大多数企业关于企业大脑有一个认知误区：认为企业建立了工业互联网平台，将数据传到云端就算建成了企业大脑。其实不然，真正的企业大脑是像人脑一样，具备自主决策功能。也就是企业里面的所有工作，企业大脑都可以进行相关决策，就像一个智能机器人一样。如果产业链上的企业都拥有了企业大脑，将这些有脑的企业互联起来，就能建成真正的产业大脑。

本书认为我国智能制造产业大脑战略比较适合未来几十年我国制造业的发展需求，美国工业互联网 CPS 数字双胞胎是未来智能化社会的发展方向。

Chapter10 第 10 章

精益智能制造实例分析

2013 年以来，随着德国工业 4.0 的兴起，我国部分企业陆续到德国取经，模仿德国工业 4.0 标杆企业的做法。在这个过程中，有的企业学有所获开始实践，更多的企业还是选择观望，等待同行的成功案例。本章将介绍在这个过程中出现的一家优秀企业，文中统一用 B 公司代替，案例中所有的信息和数据都来自和 B 公司高层主管的访谈和实际辅导项目。

B 公司在 2013 年开始实践智能制造，在整个升级转型过程中走过弯路，但是经过学习和总结，最终成为了一家智能制造示范企业。现在不仅建立了自己的智能工厂，还向外界提供智能制造整体解决方案服务，可谓是制造业成功升级转型的典范。

在升级转型前，B 公司是一家传统的精密加工制造型企业，主要客户是国际一线汽车零部件公司。该公司董事长是技术出身，在精密加工方面有自己的核心竞争力；另外技术出身的老板对于设备的挑选也非常严格，一定要选用国际顶级品牌设备，通过充分开发利用设备效能来消除设备成本过高导致固定成本过高的影响。该公司董事长算了一笔账：欧洲顶级品牌设备价格大概是日本设备的 1.5 倍，是台韩设备的 3 倍；但是欧洲设备效能比日台韩都高，再加上该公司员工技术能力过硬，能够完全将设备利用率最大化。综合来看，买贵的设备更经济，这也坚定了 B 公司走高端设备的路线。在 B 公司辅导项目时，笔者发现 B 公司的设备加工时间和设备通电时间的比例高达 70%～80%，是 B 公司一个竞争对手（下文用 L 公司代替）同样指标的 2 倍左右。L 公司买的是台韩设备，虽然价格是 B 公司设备价格的三分之一左右，但是设备性能（以单位时间产出来衡量）只有 B 公司的二分之一左右，再加上设备加工时间和通电时间的比例为 30%～40%（设备利用率只有 B 公司一半），这样综合计算下来，单位产品的设备成本 B 公司反而比 L 公司要低，大约是 L 公司的 75% 左右。针对精密加工产品，买高端设备不仅降低了固定成本，而且降低了人工成本。例如 B 公司的产值和 L 公司相当，但是人员只有 L 公司的一半，原因是 B 公司设备有效产出是 L 公司的 2 倍左右。同样的产量，只需要一半的设备，而且直接员工人数大幅度缩减，间接员工数量也大幅度缩减。因此在相同产值的情况下，B 公司净利润大约是 L 公司的 3 倍也就不足为奇了。如今劳动力相对短缺，通过设备来减少劳动力是制造业升级转型必经之路。

B 公司设备精良、技术基础良好，这也给 B 公司践行智能制造提供了非常好的条件。于是在德国工业 4.0 席卷全球之际，B 公司于 2013 年就开始探寻适合其发展的智能制造之路。B 公司刚开始推进智能制造时，发现事与愿违，经过深刻反省后，借助外力重新规划。先强身健体，然后顺序过渡，直到实现全面智能制造模式，并于 2017 年在北京召开新闻发布会宣布转型，目前已经对外提供智能制造服务。整个过程虽一波三折，但在如何实现全面智能制造方面，有很多地方值得其他企业学习。本章将从八个方面和读者分享 B 公司的智能制造心路历程：全面推进、事与愿违、深刻反省、重新规划、强身健体、顺序过渡、全面智造、模式创新。

10.1　全面推进

B 公司在实施智能制造之前，是一家典型的工业 2.5 水平的公司。该公司主要生产机加工产品，设备都是顶级的自动化机床，部分单元配备了机器人和自动化传送带。由于公司业务快速增长，2014 年开始，原有厂房不能满足生产需求，B 公司需要修建新厂房。该公司董事长拥有长远战略眼光，察觉到工业 4.0 时代即将到来，因此要求直接修建工业 4.0 工厂，这在当时是一件标新立异的事。例如在工厂外观设计上，坚持绿色环保的设计理念，而且要有现代科技感。当时由于设计太过前卫，工业园区并未批准，感觉这规划有些超前，和园区整体规划格格不入。在经过反复沟通后，园区才勉强同意。从新厂房外观设计这件"小事"也可以看出 B 公司推进全面智能制造的决心。

新厂房规划批准后，B 公司开始对智能工厂进行整体规划。由于 B 公司主要产品是汽车零部件，依据汽车零部件行业规则及 B 公司特征，智能工厂整体规划要基于智能化且具备高效可复制的特点，而且至少要实现以下功能。

- 多品种、多批次拉动式生产方式。这种生产方式是汽车行业最普遍的生产模式，需要灵活响应不同客户需求，因此是智能工厂一定要满足的。
- 智能生产线制造单元，包括单元无人化生产和单元自动化检测。只有生产和检测都是自动化的，才能满足智能化工厂的基本要求。
- 自动化物流系统，包括自动化仓储和自动配送。自动化仓储和厂内物料自动配送也是智能化工厂的基本要求。
- 建立数据采集系统,实现生产过程透明化。未来的智能工厂最主要的生产资料就是数据,采集各种数据,让整个工厂生产过程透明化,是智能工厂建设最为关键和最复杂的工作之一。
- 基于智能生产单元和生产运营管理建立企业级信息化智能服务平台。企业级信息化智能服务平台是智能工厂的主要特征之一,能够实现企业不同层次数据的实时互联互通,打破企业信息孤岛。

从以上B公司的新工厂需求规划可以看出,该新工厂基本包括了成熟智能制造的全部元素。在明确了需求之后,B公司智能制造整体规划如图10-1所示。

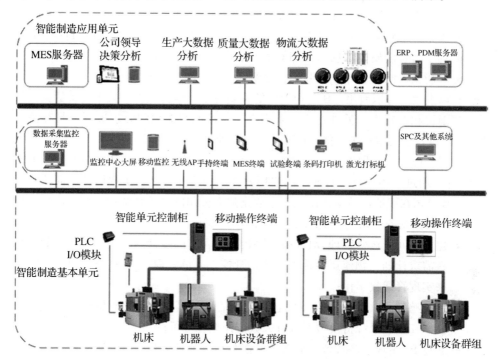

图 10-1 B公司智能制造整体规划

这是一个典型的三层智能制造规划设计模式:底层智能制造基本单元、上层智能制造应用单元、中间层智能应用终端。

底层智能制造基本单元,主要是将生产设备联网,获取生产过程中的实时数据,将数据集中到数据采集监控服务器。通过在生产单元层面建立设备互联总线,实现设备的互联互通。B公司为了满足底层的数据采集需求,进行了如下规划:
- 生产单元内的设备联网、集成,设备或机器人状态监控,获取异常报警信息;
- 加工设备或机器人生产记录信息的采集;

- 切削液监控及补充；
- 油雾器润滑油的监控及补充；
- 导轨油的监控及补充；
- 其他耗材（滤芯、过滤网）的更换提醒；
- 下料堆积报警。

以上是基本功能规划，除基本功能外，还有一些扩展功能规划。

- 设备、生产线运行状态的动态监控，集中展示在中控室；
- 现场设备移动点检管理；
- 加工设备 NC 代码获取、下发及管理；
- 刀具寿命管理，刀具使用记录及换刀提醒；
- 刀具补偿管理，通过检验零件尺寸获取刀具磨损信息，然后进行自动补偿；
- 加工过程的质量信息纳入 SPC 管理，并可发出警报；
- 环境及关联信息采集：温度、湿度、空气洁净度、气压等。

从以上规划可以看出，B 公司获取的主要是生产运营数据，关于设备的关键数据，规划得相对较少。另外在刀具管理上，是按照智能化的要求进行刀具补偿管理（先进设备会自带这个功能）和刀具寿命管理。

上层智能制造应用单元，面对的主要是一些应用软件，如 MES、PLM、ERP、EAM 等。通过应用总线，打通不同应用软件间的信息孤岛，实现信息层面的互联互通。B 公司在智能制造应用层面，主要是建立公司的决策系统和生产、质量、物料方面的大数据分析系统，实现如下目标。

- 建立车间级运营管理 MES 核心平台，包含车间级计划、生产过程控制、物料需求计划、物流运转计划、质量管控、人员管理、设备管理等核心功能，来实现管理数字化；
- 通过感知采集层获取设备状态、过程信息，以及过程管理层的生产执行记录，在企业级分析模型下进行大数据挖掘和分析；
- 通过 BI 实现生产线效率分析、产能分析、能耗分析、计划执行分析、质量综合分析、物流效率分析等；
- 通过制造大数据的云平台管理，对集团级、跨区域制造集群进行汇总分析、动态比对。

B 公司的智能制造应用单元主要以 MES 为主，将相关信息集中到中控室，在 MES 数据的基础上，进行相关数据分析。从应用层面上来讲，各核心应用间的互联互通并没有打通，比如 MES 和 ERP。

中间层智能应用终端，主要是现场 PC 和移动智能终端，如扫码枪等。B 公司规划时想通过中间层智能应用终端，获取生产过程中的一些关键信息，并将该信息集成到数据采集系统服务器。该层主要实现以下规划目标。

- 拉动式生产；
- 生产订单过程管理，预留与 ERP、PLM 等系统集成接口；
- 物料出入库管理；
- 物流转运管理；
- 质量检验和质量状态控制；
- 生产过程防错防漏管控、质量追溯；
- 设备维修、保养管理；
- 人员技能管理；
- 生产运行可视化管理。

以上是 B 公司全面推进智能制造的整体规划，也是智能制造要实现的目标。在完成整体规划后，随着新厂房建设的完成，智能工厂建设正式开始。

智能工厂建设初期，B 公司将几个新项目安排到新工厂，购买了全新设备。由于客户需要专线生产，以产品划分生产单元，因此在机加工生产单元里面，集成了关节机器人和桁架机器人，以及自动化传送带，来实现机加工自动化生产单元。机加工以外的其他工艺，也是按照单元化的方式，分不同单元进行作业。与此同时，新工厂里面还直接建造了成品自动化仓储系统。

在机加工自动化生产单元的基础上，又增加上了自动检测和自动上下料系统，这样就实现了单元无人化生产。其他非关键工序，也不同程度地进行了自动化升级，如开发自动除毛刺工作站取代手工除毛刺等。

在信息化层面，B 公司也是严格按照智能制造整体规划的思路推进，建立了设备互联总线和 SCADA 数据采集系统，将全部设备联网，实时获取设备相关信息；也开发了 MES 系统，用来进行生产管理；同时还在新厂房里面设立了一个企业信息中控室，类似企业远程信息监控中心，能够实时了解现场各设备的状态信息，以及进行相关数据分析。这一切都进展得非常顺利，B 公司也按照计划进行了投产。

在新工厂，当自动化和信息化具备一定基础后，B 公司启动了物流配送自动化项目，但是当 AGV 小车在车间里面试运行的时候，发现根本运转不起来。这仅仅是问题的冰山一角，还有更多的问题陆续发生。当问题爆发后，2016 年笔者开始给 B 公司进行精益智能制造辅导。

10.2 事与愿违

B 公司从建好新厂房到全面实施智能制造，用了不到两年时间。在整个过程中，B 公司扮演了智能制造集成服务商和使用者双重角色，以自我探索为主，部分工作委托给外部供应商。

当笔者去 B 公司调研时，发现 B 公司现场非常整齐美观，自动化单元标准化建设得非常到位；MES 系统全部上线，各单元设备信息状况清晰明了；中控室可以实时了解整个厂区（共有 4 个车间）的生产信息；智能化刀具自动补偿系统运行得也非常顺畅。但是所有这些努力并没有换回预期的效果。

在继续分享 B 公司的案例前，请先思考一个问题：进行智能制造的目的是什么？

这个问题可能有许多不同的答案：大势所趋，不得不变；目前招工难，制造业需要升级转型；劳动力成本上升，进行低端制造业无利可图，需要升级转型；自己先进行智能制造试点，待智能制造成熟后再全面铺开，持续保持竞争力。这些回答都是表面的，没有深入到制造业的本质。制造业的本质是要用最低的成本向客户提供最有竞争力的产品和服务，这就决定了制造业要不断地降低成本，提高产品质量来满足客户的具体需求。

智能制造也不能偏离这个本质。当前客户需求越来越个性化，因此智能制造的主要目标应该是不断地降低产品成本，提高产品质量来满足客户的个性化需求。

如果用智能制造"降低成本、提升质量、满足客户个性化需求"这三个标准来检验 B 公司智能制造项目成果，结果是不合格的。例如智能新工厂机加工不良率在 2.5% 左右，设备综合效率 57% 左右。与老工厂相比，机加工不良率基本没有变化，但是设备综合效率低了 5% 左右（老工厂设备综合效率 62% 左右）。公司投资了大量资金进行制造升级，买了最好的设备，开发了信息化系统，实现了单元无人化生产，关键绩效指标竟然恶化了。当时新工厂投资规模在 10 个亿左右，设备综合效率下降 5%，相当于浪费了 5000 万元固定资产投资，这让公司董事长不能接受。

那么到底是什么原因导致了 B 公司的智能制造没有取得预期效果呢？笔者在调研中发现了如下情况：设备每个班故障停机时间大约是 1.5h，以每班 8h 来算，自动化单元有 17.5% 的时间是不工作的，导致停机的主要原因是设备故障和待料；自动化单元只是简单地将数控设备通过自动传送带和机器人拼凑在一起，并没有进行单元化产线设计，因此设备在运行过程中等待现象比较普遍；加工主要质量缺陷是气孔和夹渣，而这两种缺陷的源头是在铸造工厂（B 公司的一个分厂提供铸造毛胚件）；过去近两年的时间里，B 公司智能制造主要是智能制造部门在主导，没有关注人才培养；产线升级后，一线设备维护人员技能跟不上；制造现场有单元化之形，但没有进行整体规划，无单元化之神；但现场进行待料现象严重，导致自动化物流跑不起来……

以上一系列问题导致了 B 公司近两年的智能制造实践事与愿违。在调研完后，我们和 B 公司管理层进行了两次深度的交流，深刻反省并总结过去的经验教训。

10.3 深刻反省

B 公司之所以能成为一家优秀的民营企业，部分原因是在遇到问题时，有积极解决问题的心态，敢于自我否定，积极接受好的建议，并有极强的执行力去落实。例如在笔者第一次给 B 公司进行项目辅导时，说后续需要一块能够扎钉子的板子，这样便于头脑风暴讨论，结果第二天一到会议室，一块满足要求的板子就做好了。这种极强的执行力在民营企业极为少见，这也是 B 公司取得成功的重要基因之一。

我们和 B 公司管理层先从人和 B 公司的优势角度进行了反思。

从人的角度：老板关注收益，如 ROI，期望公司效率越高越好，设备永不停机；职业经理人关注过程，期望管理越简单越好，杂事越少越好；员工关注解决方案，完成公司安排的任务，越轻松越好。这三者之间的关系是：老板提出目标，职业经理人提供解决方案，员工去落实。在这三者间，职业经理人是桥梁，要进行规划设计，并得到老板批准；老板批准后分解任务，让员工去落实；员工在落实具体方案时，基本欠缺横向沟通和思考，这时又需要职业经理人去沟通协调。因此在老板、职业经理人和员工之间是利益博弈关系，老板关注结果，职业经理人关注过程，员工关注执行，需要通过组织结构设计、企业文化建设以及管理体系规划来平衡老板、职业经理人及员工利益间的利益，最终实现动态均衡。

从 B 公司优势角度：在实践智能制造方面，B 公司的主要优势是自动化技术。在自动化技术方面，B 公司具备自我开发桁架机器人、自动化工装、自动化辅助设备、自动化生产单元集成的能力；其他方面，如信息化系统、自动化物流、智能制造顶层构架设计等，并不是 B 公司的强项。在智能制造初期，顶层构架设计是最重要的工作，如果顶层构架设计有偏差，就会出现事倍功半的局面。

B 公司智能制造执行过程中的经验教训可归纳为如下三个方面。

经验教训一：实施智能制造的前提条件评估不充分。根据 B 公司管理层的总结，实施智能制造需要具备两个方面的基础条件：一个是硬条件，另一个是软条件。

硬条件是指公司的设备需要具备信息化联网条件，而且要稳定。纵观国内很多制造企业设备水平，这一点恐怕就注定很多企业走不了智能制造之路。但是随着智能传感器、控制器、仪表仪器的发展和成本下降，设备的硬性制约会越来越小。倘若现有设备不具备信息化联网条件，通过设备信息化升级改造，加装一些智能硬件终端，也可以解决设备的硬性制约问题。另外设备不仅要具备信息化联网条件，还需要稳定，这是更高的要求。以 B 公司为例，公司希望未来可以实现 24h 无人看护生产，这意味着对设备的稳定性和智能化要求更高。

软条件是指公司需要有好的管理基础。"不能在管理不好的基础上实施信息化，不能在落后的产品上搞智能化"是 B 公司实践智能制造后的体会。好的管理基础是成功实施信息化的前提条件，若一家公司没有好的管理基础，那么在实施信息化后，信息化就会将公司的一些问题掩盖。这样建立在不好的管理基础上的信息化就会是一个低效率的信息化，或者说是一个带着肿瘤的信息化，这样的信息化并不能提高组织的管理效率。其实我们国内很多民营企业都犯过类似的错误，当开发了信息化系统后，发现公司的效率不但没有提高，反而下降了，公司的管理成本也是不断上升。归根结底，原因就在于管理基础不好。另外，在落后的产品上进行智能化也不可取。这需要回归到智能化的目标。对落后的产品进行智能化升级基本上很难实现智能化的目标，如降低成本、提高质量等。因为落后的产品是将要被淘汰的产品，如果不能实现产品升级，那么就不值得花大力气进行产品智能化升级。

经验教训二：智能制造的顶层构架设计方案不到位。这是让 B 公司最头痛的事情，由于在 2014 年智能制造还没有兴起，国内也没有提供智能制造顶层构架设计的机构，因此 B 公司当时只能摸着石头过河。B 公司在顶层构架设计时没有贯彻精益管理的理念，导致整体方案漏洞百出。在实践过程中，很多方案不能执行，需要推倒重来，不仅降低了智能制造的推进速度，也浪费了大量的人力和财力。关于智能制造顶层构架设计，B 公司的主要经验教训总结为以下几点。

- 前期智能制造构架设计考虑过于理想，想一步实现无人看护的生产目标，结果发现制约条件太多，需要一个一个地去克服。
- 少考虑了部分内容，实施过程中要打补丁，造成整体成本增加、速度慢。
- 智能制造模式和传统模式冲突考虑不足，造成很多阵痛。
- 数据规划不全面，后期变动很大，需要再进行相关数据采集，如智能制造的考核指标体系、关键设备数据等。
- 物流系统前期设计考虑不足，如在制品包装方式和转运方式。包装和内部物流动线设计不合理，产品无法流转；中间库存设定没有考虑合理的库存设定方法，造成库存周转率降低，占用了大量的流动资金；前期没有考虑使用 AGV 小车，后面再考虑使用 AGV 系统，则需要对布局进行重新规划和调整等。
- 缺少检验点规划。由于质量控制方法的改变，没有进行系统的质量价值流程分析，来确定检验点，导致检验成本上升，增加了不良品流出风险。
- 供应链上的限制，如客户的包装规范要求。后期为了满足客户要求，需要对供应商的来料进行二次翻包。
- 没有应急模式规划，智能化生产单元效率损失达 17.5%。

这些问题主要是在规划中没有进行系统的智能制造顶层构架设计导致的。另外 B 公司的设计也缺乏精益管理的理念和方法，如果前期运用精益智能制造的理念，这些问题基本都可以避免。精益智能制造的路线是先强身健体，通过精益化消除企业的低效率，以及生产过程中的不稳定因素，提升产品质量；另外精益智能制造模式也是未来智能工厂的运作模式，不以精益为基础，智能化就会是低效率的智能化。例如 B 公司在实现自动化生产单元时没有进行精益产线设计，消除设备间的等待。当建成自动化单元后，这个问题就被彻底的隐藏了，因为没有人会去想一个自动化生产单元还会有设备等待问题的存在。

经验教训三：智能制造人才培养不系统。当和 B 公司管理层聊他们如何培养智能制造人才时，B 公司突然意识到这是另外一个被忽略了并且不可逃避的问题。B 公司管理层告诉我们，他们目前内部发展一个智能制造的维护人才大概需要半年到一年的时间，但是他们从来没有系统的考虑过公司内部需要哪些类型的智能制造人才，以及每种人才的培养模式。这也造成了 B 公司在执行了近两年智能制造后，由于设备维护人员技能脱节，当现场出现问题时，设备人员没有足够的技能及时处理，只能依赖部分核心人员和设备供应商。倘若 B 公司在实施智能制造初期，就将人才培养同步考虑，那么在过去近两年的时间里，至少能够培养几名智能制造专业人才，足以满足自身的需求。B 公司的这个经验教训也告诉我们，要想公司成功升级转型，走上智能制造之路，人才培养一定要重视。不然随着智能制造的不断深入，人才短缺现象会越来越突出，公司也将错过培养人才最好的时间窗口。

在和 B 公司管理层深刻反思后，我们开始运用精益智能制造理论思想，帮助 B 公司重新进行顶层构架设计，系统解决 B 公司在过去智能制造实践中的遗留问题，完善管理基础，提高智能制造效率及稳定性，建立智能制造人才培养模式及方法，帮助其向中国智能制造标杆企业迈进。

10.4 重新规划

从精益智能制造理论框架来看，B 公司的智能制造主要集中在"自动化 + 数字化"，属于精益智能制造第二阶段内容；第三阶段"智能化 + 互联化"做了少量工作，如智能刀具自动补偿系统和设备互联；第一阶段"精益化 + 创新化"基本没有开展。虽然 B 公司在智能制造顶层构架设计前想到要考虑汽车零部件行业的精益制造模式，如拉动系统等，但是在规划中并没有体现出来。

在详细了解了 B 公司的情况后，B 公司重新组建了智能制造项目团队。笔者和项目团队一起，重新梳理了精益智能制造的逻辑。整个规划逻辑以"降本增效 + 升级转型"为导向，要实现这个目标，先要弄清楚公司薄弱环节在哪里，然后在整体升级转型的过程中，采用相应的精益智能制造解决方案。图 10-2 是当时第一次讨论的精益智能制造逻辑分析简图。

从图 10-2 可以看出，B 公司比较突出的四个问题：不良率高、设备效率低、待料现象严重和库存高（46 天库存）。针对这四个问题，我们制定了降本增效和升级转型方案。

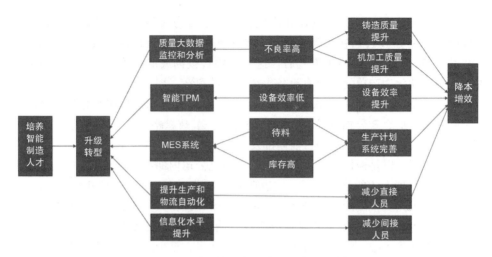

图 10-2 B 公司精益智能制造逻辑分析简图

B 公司的降本增效方案有：降低铸造和机加工不良率、提升自动化单元设备生产效率、完善生产计划系统；另外考虑到未来制造业劳动力短缺问题，建议减少直接员工数量和间接员工数量，这也有助于企业降本增效。

B 公司的升级转型方案有：通过质量大数据监控和分析，来进一步预防质量问题的发生；通过智能 TPM，来进一步预防设备故障发生；通过完善 MES 系统，来进一步解决待料和库存高的问题；通过进一步提升生产和物流自动化水平，来减少直接员工；通过提升信息化水平来减少间接员工；定义智能制造人才类别，制定能力需求矩阵，并规划相应的培养方案和激励制度。

B 公司之前的方案规划缺少了降本增效方面的考量，在升级转型方面也考虑不足。如果在顶层构架设计阶段不考虑降本增效，除非是公司的基础非常好，否则智能制造很难见到成效。在清楚了要做什么之后，我们和 B 公司项目团队一起制定了项目整体行动计划，如图 10-3 所示。

图 10-3 B 公司精益智能制造项目整体行动计划

整个项目周期持续 14 个月，项目前半程是精益化强身健体，不断提升产品质量和设备效率，同时也完善管理体系。在实现了降本增效的目标后，就有了相当好的数据基础，接着后半程进行大数据分析模式规划，然后去修补过去在全面智能制造过程中的漏洞。

当时在决定前半程通过精益管理实现降本增效的目标时，项目团队很多成员不能理解，原因是大家对于精益管理比对智能制造还要陌生。对于智能制造，大家已经接触了将近两年，虽然不能说理解得非常到位，但是至少实践过，有了一定的了解。而对于精益管理，虽然已经流行很久，但是作为民营企业，真正去实践的还不是很多。不过面对新智能工厂比原先老工厂生产效率还要低的现实，这也让大家有动力去尝试不一样的东西，于是开始了为期半年的降本增效强身健体之旅。

10.5　强身健体

精益智能制造项目启动后，优先解决不良率过高的问题。当时机加工不良率 2.5% 左右，铸造不良率 9.5% 左右。经过初步分析，机加工不良品里，大约有 2% 是因为存在气孔和夹渣，这两种缺陷也是由铸造导致的。因此要解决不良率过高的问题，着眼点应该放在铸造。笔者围绕铸造展开了三次研讨：质量价值流程分析和设计，从系统上杜绝质量问题发生的可能性；解决问题的方法和策略，针对生产过程中的异常，迅速识别根本原因，快速解决问题；质量管理的十四个基本原则，将质量意识和基本工具融入员工日常的操作规范中，从细节上预防质量问题的发生。经过三轮的研讨和改进后，产品的质量不良率大幅度下降，铸造不良率降低到 6% 左右，机加工不良率降低到 0.6% 左右，整体不良率下降了 5.4% 左右。以 B 公司 10 亿元营业额来算，不良率降低产生的直接效益超过 5000 万元。铸造不良率和机加工不良率趋势图如图 10-4 所示。

从图 10-4 可以看出，通过精益管理，不良率先是断崖式下降，但是降到一定程度后，就很难再下降了。要想进一步降低不良，还需要借助质量大数据分析，这也是项目后半程要解决的。质量大数据分析在 2017 年 2 月份正式启动，从图中可以看出，质量大数据分析启动后，铸造不良率和机加工不良率又开始降低了，但是下降的幅度相对有限，整体下降了 1% 左右，产生经济效益 1000 万元左右。

在解决质量问题的过程中，笔者发现 B 公司人员在寻找问题根本原因方面比较欠缺，不能找到问题的根本原因。记得有一次在辅导时，该公司突然接到一个电话，是一个重要客户的投诉，客户在生产现场发现了 600 多件产品生锈。在汽车行业，若客户在生产现场发现产品质量有问题，这是最为严重的质量事故，特别是不良数量又如此之多。因此这次客户投诉十分严重，甚至有可能直接取消 B

公司的供货资格。在了解基本情况后得知，产品生锈情况已经持续了 3 个月左右，之前生锈问题没有这么严重。B 公司也在第一时间成立了客诉项目小组，但是一直不能遏制产品生锈情况的发生。这次客户现场发现了 600 多件不良品，属于特别重大的质量事故，因此 B 公司十分着急。随后笔者带着项目团队去查看生锈的产品，将 600 多件产品平铺在地上，在仔细观察完全部生锈产品后，笔者发现一个规律：生锈位置比较集中，锈斑不规则而且非常小。根据锈斑这个特点和生锈原理，笔者推断这一定是在生产过程中产生了水汽以及和人手接触有关，于是将解决问题的思路切换到消除生产过程中的水汽上来。接下来整个团队从头到尾检查了所有的工艺流程，每检查一处，立即制定预防水汽产生的方法。经过这样系统的检查，B 公司制定了详细计划，并且当天就将全部措施落实到位，此后产品生锈的问题就再也没有发生了。整个过程持续了 1 个多小时，而且团队成员并没有花费太多精力，问题就彻底解决了。这就是从根本原因上着手解决问题的好处，往往能起到四两拨千斤的效果。经过这个案例，B 公司项目团队成员认识到了从根本原因出发解决问题的重要性。

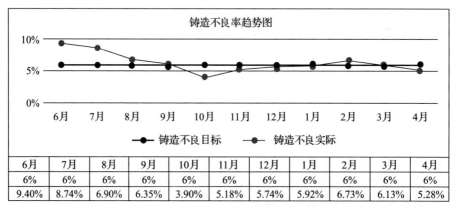

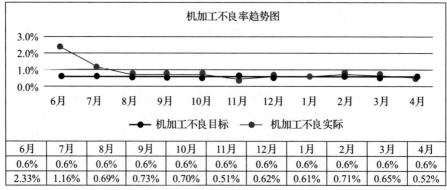

图 10-4　B 公司不良率趋势图

在质量好转后，项目团队将重心转移到了提升自动化生产单元的效率上。由于待料和设备故障，机加工单元综合设备效率在57%左右，班产量在340件/天左右，一直没有突破。

先从自动化产线设计上分析。在分析完设备产线后发现，由于自动化产线设计不合理，让生产节拍延长了21秒，而这21秒通过重新调整机器人的运行程序，很快就解决了。原先生产节拍是154秒，现在变成了133秒，仅这一点就让整个单元的有效产出提升了14%左右。这就是精益产线设计的价值，如果不进行精益产线设计，而是简单地把设备组合在一起实现自动化，那只能是低水平的自动化。

然后从损失类型上着手分析效率损失的构成，针对每项效率损失制定相应的对策。例如针对设备效率损失，进行TPM规划；针对待料，从生产计划系统、上下游产能匹配、库存设定等多角度来制定对策。

通过这一系列的措施，B公司的机加工生产效率得到了大幅度提升，从之前的340件/天很快提升到455件/天，如图10-5所示。

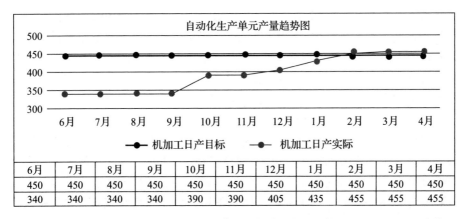

图10-5　B公司自动化生产单元产量趋势图

另外，针对库存过高问题，除优化生产计划系统外，还进行了物流模式设计、上下游产能分析、规划中间库等。从表面上看，只是增加了库存点，但结果是让物料在公司内部流动了起来，库存和生产需求也相匹配了。设立中间库后，自动化物流系统运行也顺畅了，这点就是之前没有考虑规划AGV系统所缺失的。公司如果要使用AGV自动物流配送系统，线边库存点或者中间库是一定要规划的，否则很难实现自动化物流。

与此同时，也不断完善了B公司的各管理体系，如生产管理体系、质量管理体系和物流管理体系等。通过体系的加固，为B公司的经营打下了坚实的基础。

经过这一系列的改进后，B公司的盈利能力得到了大幅度提升，实现了强身健体。走智能制造之路，只有身强体壮，才能走得久走得远。走精益智能制造之路，先要精益化稳定生产过程，提升效率和质量，强身健体做里子；再智能制造，兼顾面子，内外兼修。

10.6 顺序过渡

B 公司在具备了精益化基础后，再来为之前的智能制造整体规划打补丁。之前规划最大的两个漏洞就是数据生产体系规划和物流体系规划。

在数据生产体系规划方面，要先从智能制造指标体系出发，定义智能制造想要实现的目标，这点 B 公司当时没有考虑。没有考虑目标的规划是不完整的规划，如果做一件事情，不定义目标的话，结果往往很难产生实际效益。

笔者和 B 公司项目团队一起基于 B 公司当时的实际状况和需求，设定了如下的指标。

指标一：机加工生产效率。提升生产效率是所有改进和创新的根本出发点，人类社会不断向前发展，就是生产力不断发展的结果。对于制造业来讲，降本增效是永恒的主题。关于智能制造，笔者曾经提出过一个观点"任何不能降本增效的智能制造都是要流氓"，现今众多智能制造实践者亦有同感。当前很多企业在实践智能制造的过程中，盲目追求新东西，不管有没有用、能不能产生效益都要硬用。硬件要用最好的，如一线品牌机器人，不管是否适用；软件也要用知名度高的，不管和自己的行业是否匹配。仿佛有了这些软硬件就等于成功实现了智能制造升级转型，这是一个非常大的误区，很多企业曾为此买过单。2018 年笔者到一家大型国有企业做项目，该公司为了防止螺丝拧不紧，买了两台价值过百万的英国进口数控打螺丝设备，买回来后工人们不愿意使用，只能闲置在现场。究其原因，该设备需要三名工人一起操作，而且效率非常低，比一名工人手工作业效率还要低，因此就闲置下来了。这是典型的设备升级不考虑效率提升的案例，其结果必然不尽如人意。B 公司当时在进行自动化单元集成时，设想自动化程度高一定能够提高生产效率，结果等自动化程度提高后，生产效率反而降低了，后来只能再回过头来提高生产效率。B 公司这种情况其实也非常普遍，它代表了"先硬件升级，再提高生产效率"的情形，在这种情形下企业的升级转型时间会拉长，成本也相对较高。如果前期规划考虑充足了，这些弯路完全可以避免。

指标二：机加工不良率（由于 B 公司智能制造没有关注铸造车间，因此铸造不良指标没有纳入）。降低不良率是智能制造要达成的重要目标之一，也是智能制造主要宣传的目标之一。智能制造追求无忧生产，在整个生产过程中不产生不良品，即使产生了不良品，也要能立即被识别和分离开。更好的设备和更稳定的生产过程能够降低不良率,但是当不良率降到一定程度后就很难再下降了。例如 B 公司机加工不良率除去来料不良的话,真正由机加工造成的不良率大约是 0.6%,而且不良率稳定在 0.6% 就再也降不下去了。究其原因是在进行智能制造规划时没有将质量管理考虑进去。智能制造主要是通过预防质量问题的发生来降低不良率,而预防质量问题的主要手段就是判断各种数据走势,例如加工尺寸、各种设备信号等。通过加工尺寸对产品进行监控,属于事后控制;而通过设备信号对更原始的设备数据进行监控,属于事前控制或者过程中控制。针对设备信号的数据建模(如 SPC 控制)就可以更好地预防质量问题的发生。B 公司在对设备信号进行 SPC 监控后,能够根据信号趋势提前干预,最终机加工不良率降到了 0.4% 左右。

指标三:机加工现场人员数量。目前智能制造在中国受欢迎的一个重要原因就是劳动力相对短缺,机器换人也是智能制造的主要目标之一。通过制造升级,能够提升自动化水平,降低现场人员数量。B 公司刚开始实施智能制造时,由于自动化单元的故障率较高,人员数量并没有显著下降;通过智能 TPM 优化后,自动化单元故障率明显降低,机加工现场人员数量也降低了 30% 以上。

指标四:机加工产出时间。更短的产出时间、更短的交期是现代制造业的一个重要发展趋势。例如汽车行业,客户要求每年交期下降 30% 以上,这就要求供应链上的各级供应商都要缩短交期。过去几十年,中国制造业在市场上的核心竞争优势之一就是交付速度。不过中国制造业交付速度的提升不是靠提升制造能力,而是靠另外两个途径:一是管理上走捷径,很多事情不需要走流程,进行粗放式管理;二是储备大量库存,通过库存来及时响应客户需求。这两种提高交付速度的做法从长远来看都不可取,但是对于企业迅速抢占市场却十分有效。以 B 公司为例,机加工的生产时间是 3 天(这在民营企业里面已经非常快),但是库存天数是 42 天,为了保证准时交付,在很多点储备了大量库存。将机加工产出时间加入考量后,通过严格控制每一环节的产出和及时交付,产品的流动速度大大加快,产出时间降到了 1.5 天以内。由于生产过程更稳定,产出时间也大大缩短,库存天数也下降到了 30 天以内。

指标五:黑灯工厂连续生产时间。黑灯工厂是很多企业进行智能制造升级转型的目标,也是无忧生产的一个表现,即在工厂里面实现机器和物料的完美协调。B 公司之前黑灯工厂连续作业时间不到 1h,经过不断优化,现在黑灯连续生产时间可达到 8h。虽然距离 24h 的目标还有一定差距,但是已经有了非常大的进步。

以上是关于 B 公司智能制造数据生产体系指标方面的补充。通过指标,可以挖掘底层的数据需求。由于目标数据不全,因此在最底层的数据定义方面,B 公司规划的也不是很全面。例如在规划初期,没有考虑对设备加装传感器。已有的 SCADA 系统主要收集的是生产线状态及报警信息,可以分以下几个大类。

- 每个单元主控制器通信状态：脱机、联机无通信、联机有通信 3 种状态。
- 机床设备状态：关机、待机、运转、故障 4 种状态。
- 料仓状态：上料仓"空""未空"2 种状态；下料仓"满""未满"2 种状态。
- 质量状态：正常、超管制警示、超规格警告 3 种状态。
- 效率状态：通过对 OEE 进行分级，效率状态显示为绿（达标）、黄（未达标可接收）、红（未达标）3 种状态。

随着智能制造的深入，B 公司渐渐发现这些数据远远不能满足需求。笔者第一次在 B 公司调研时，笔者发现同样的设备生产同样的产品、不同的单元，设备运行时间和设备通电时间的比值竟然相差有 10% 左右。这充分说明各个自动化生产单元的工作效率差异很大，之前的数据之所以没有反应出这个差异，是因为数据采集不够全面。另外进行智能制造获取设备实时数据也是一个基本要求，而设备实时数据的获取，很多需要加装传感器，并对传感器进行编程处理。因此 SCADA 系统又陆续增加了传感器来采集设备的各种实时数据，如：

- 机床的主轴负载、转速、进给率等；
- 多轴数控机床的实时坐标数据；
- 机床的报警编号以及报警信息；
- 机床设备的运行状态和运行时间。

有了设备的这些实时信息后，各生产单元就更加透明了，生产效率一目了然；另外也能通过对数据进行实时分析，深度挖掘数据的价值。比如当发生质量不良时，取得设备实时运行的参数数据，通过分析这些参数和不良率之间的关系，再将不良发生时的设备参数和生产良品时的参数进行对比分析，就能找出设备参数是如何影响产品不良率的。然后通过控制参数，就可以预防质量问题的发生。传统质量控制一般是预防和事后控制，有了设备实时数据后，就可以实现实时控制。

上面介绍了 B 公司在实施智能制造前数据生产规划不足，需要打数据补丁的情况。依据需求进行数据定义，然后进行数据生产，这是企业实践智能制造的逻辑路径。接下来介绍 B 公司是如何打物流自动化补丁的。

由于 B 公司之前只考虑了自动化仓储，没有考虑物流自动化系统，后面使用物流自动化系统时，补充了三个方面的内容：AGV 通道规划、半成品包装及转运方式、中间库规划。

AGV 是实现物流自动化的主要方式。由于之前没有规划 AGV 通道，后面打补丁时需要先将 AGV 通道规划出来，再考虑 AGV 小车运行的便利性，这涉及局部布局的调整。另外在没有使用 AGV 小车时，半成品的包装也没有特别要求；但是使用了 AGV 小车后，统一规格的半成品转运装置就显得非常重要，需要对半成品包装进行重新规划、对转运装置的位置进行精确定位。采用 AGV 转运半成品，对于转运的时间窗口要求非常准确，否则转运效率较低或者设备待料现象会比较明显。在解决了这些问题后，发现设备待料现象还是非常严重，于是开始规划设立现场中间库，中间库设立后，物流自动化才得以实现，大大提升了整体物流配送效率。

B 公司这方面问题主要是由于前期顶层构架设计考虑不足造成的。这个例子也说明了若前期顶层构架设计考虑不足，后期再去修正它，不仅会拖长整个智能制造升级转型周期，而且也会额外花费巨大成本。比较幸运的是，这些困难和不足都没有改变 B 公司要实现全面智能制造升级转型的决心。在系统完善后，B 公司顺序过渡到了全面智能制造阶段。

10.7　全面智造

B 公司在升级转型的过程中，逐步完善了自身的四大能力：精益化、自动化、数字化和智能化。在具备了这 4 大能力后，B 公司正式开启了全面智造模式。

精益化以降本增效为导向，确定了企业升级转型的方向。B 公司在自身经验的基础上，体会到了制造型企业要如何在生产、质量、物流和工艺技术等方面运用精益管理的理念、方法和工具来解决实际问题，把企业的经营基础夯实，变成一家高效益企业。创造效益是一家企业经营所追求的目标，也是企业的里子。目前日本企业的精益管理在全球做得比较好，但在此轮制造业升级转型的浪潮中，很少看见日本企业的身影，原因是什么呢？答案是日本企业过度依赖制造业的两大基础"精益化+创新化"。精益管理的核心思想之一是持续改进，通过持续改进来不断地逼近目标，但是精益管理的持续改进会有天花板，或者说在新技术面前，可以有更好的方法和路径去实现持续改进。以解决质量问题为例，在精益管理的范围内，复杂的质量问题需要用到 6Sigma 这样复杂的工具，但有时由于样本统计数据有限，即使使用 6Sigma 工具，很多问题也很难解决。在智能化时代，通过构建工业互联网底层数据网络，实时收集相关海量数据，再通过质量大数据分析技术，很多质量问题都能迎刃而解。当企业发展到一定阶段，智能化是必然选择。那么出现了一个问题：企业能不能跳过精益化直接进入智能化呢？这个问题在 B 公司的升级转型过程中出现过，在很多其他公司也出现过，血的教训告诉我们不可以。因为智能化需要一定的基础做支撑，否则企业很难实现智能化升级转型。当前 B 公司在规划新的智能化单元时，已经能够很好地将精益管理融入规划之中，实践精益智能制造。

自动化也是制造业升级的必然选择，这方面也是 B 公司的核心优势之一。目前 B 公司能够集成关节机器人和桁架机器人，以及自动化传送带，实现自动在线检测；开发了自动除毛刺工作站；也能够自主设计自动化非标设备。制造业自动化升级、机器换人是当下行业热点，也是制造业摆脱劳动力相对短缺的必然选择。虽然目前中国很多行业的手工作业相对于自动化作业还有成本方面的比较优势，但是企业未雨绸缪才能赢得未来。随着自动化技术的发展，各行各业的自动化解决方案都在不断丰富，即使没有现成的解决方案，个性化开发设计也不是问题。自动化的好处不仅是机器换人，还能够减轻工人的劳动强度，也能够为企业的数字化奠定基础。企业在践行数字化时，设备自身信息化水平不高，数据难以采集或者采集不全，这给车间数据网络建设带来了挑战。

数字化是工业 3.0 和工业 4.0 的分水岭。全面自动化再加上管理系统信息化是工业 3.0 的主要特征，企业开始全面进行数字化建设可以视为智能制造的第一步。数字化的目标是建立纵向端到端信息流和横向端到端价值流的数据网络，常见的 ERP、PDM、MES 都是纵向信息流的重要组成部分。工业 3.0 企业纵向信息流：向下延伸，需要获取底层的各种实时数据，通过海量数据的存储分析为智能化做准备；向上延伸，直到数据上云，通过云平台和外部建立连接。B 公司在践行数字化的过程中，向下和向上进行了延伸，打通了实时数据和 ERP 之间的通道，建立了设备互联总线和信息互联总线，内部纵向信息流实现了互联互通，这也为 B 公司的智能化奠定了坚实的基础。

智能化是第四次工业革命要实现的核心目的之一。目前很多企业都宣称在做智能化改进，其实都是在补自动化和信息化的课，和真正的智能化相去甚远。智能化要求设备要像人一样具备智慧，对外界环境能够自我感知、自我思考、自我决策、自我执行。以工业上常见的拧螺丝为例，传统拧螺丝是人用螺丝刀或者螺丝机，用多大的力需要提前设定好，没有统一标准，这样就容易出现螺丝拧不紧或者拧得过紧的现象。而智能螺丝机则可以自己感知加工对象的材质，根据加工对象和螺丝遇到的阻力自我判断需要多大的力，然后选择最好的扭矩并随时调整，这样就确保了每一颗螺丝都拧得恰到好处。B 公司主要从事精密机加工，在机加工行业，机床和工装是核心。在这两方面，B 公司均进行了智能化升级。针对购买的机加工设备加装传感器，开发刀具自动补偿系统，消除刀具磨损对产品加工余量的影响；针对工装加装传感器，实时感应产品的夹紧力度，并在生产过程中实时调整力度大小，消除工装夹紧对每一个加工尺寸的影响；实时取得机床的运行数据，并进行大数据分析，预防不良品的出现；针对操作人员进行权限管理，确保只有相应资格的人员才能进行对应的作业。

B 公司在经过这一系列的补强后，"精益化、自动化、数字化和智能化"四箭齐发，智能工厂雏形初现。但是这对于有清晰未来规划的 B 公司来说，只是刚刚开始。

10.8 模式创新

B 公司在积累了一定的智能制造经验后，开始思考全新的发展模式。B 公司之前全部业务收入都是卖产品，但是随着机加工毛利的不断下降，行业竞争越来越激烈，以及电动汽车对于传统汽车的冲击，再加上 B 公司在其细分市场已经占有相当大的市场份额。因此现有业务模式的风险相对较高，在敏锐地意识到这一系统风险后，B 公司开始探索新的发展道路。运用三次元创新理论，B 公司开始走"产品 + 服务"的创新模式。

基于自身的自动化核心能力以及在智能制造方面积累的经验，B 公司果断开始对外提供增值服务。目前 B 公司对外服务范围包括自动化集成、自动化改造、设备维修和翻新、非标设备开发、信息化系统集成、机加工行业的智能制造整体解决方案。自提供服务以来，B 公司陆续接到很多国际性大公司的订单，例如通用电气的非标设备开发、通用汽车的设备翻新、卡特彼勒自动化生产单元开发等。

目前对于 B 公司来说，机加工产品业务仍然是主营收入，但是创新服务收入增长势头非常迅猛，再加上创新服务的利润率比制造产品要高很多，因此服务对于 B 公司来说，也越来越重要。

2017 年 4 月份，B 公司在北京召开新闻发布会，宣布向机加工智能制造集成服务商转型。B 公司基于自身的实践，顺应时代需求，加入到了智能制造集成服务商这一行列。

B 公司转型成为机加工智能制造集成服务商有两大核心优势，一是有自己的智能工厂，可以在自己的智能工厂里面实践新的智能制造技术，这个也能够和产品制造相得益彰，并且还能够给客户提供智能工厂体验，切身感受智能制造带来的好处。二是 B 公司在智能制造升级转型过程中积累了丰富的经验，曾经走过的弯路，都变成了宝贵的经验教训。面对客户的现状和需求，能够清晰地知道该做什么，不该做什么，能够给客户提供切实可行的解决方案，并且具备实施能力。

这两大核心优势，以及当今社会对于智能制造集成服务商的迫切需求将会驱使 B 公司在智能制造的道路上越走越远。由于提供服务和产品对于人员技能的要求完全不一样，现在对于 B 公司来说，唯一的挑战就是如何培养精益智能制造人才。"十年树木，百年树人"，人才的培养不是一朝一夕能够见效的，况且作为复合型的精益智能制造人才，培养难度会更大、周期会更长，本书将在第 12 章再介绍精益智能制造人才培养。

第 11 章 Chapter 11

智能制造顶层构架设计"2347"方法论

　　自2013年德国宣布工业4.0战略以来，我国社会各界都在探讨制造业升级转型的话题，可以分为如下四个阶段。

　　第一阶段（2013~2015年）：概念普及阶段。社会各界开始学习美国工业互联网和德国工业4.0，专家学者们与国内同行及企业家们分享国外经验。

　　第二阶段（2015~2017年）：摸索试点阶段。在掌握了相关的知识和信息后，一些试点企业开始实践智能制造（下文中将国内企业学习工业4.0和工业互联网后沉淀的经验统称为智能制造，虽然这几个概念有诸多不同）。这个阶段以政府主导为主，另外也有部分企业在实践中并取得了不错的成果。

　　第三阶段（2017~2019年）：反思总结经验教训阶段。在我国相关部门的支持下，各行各业开始实施智能制造。不过不同的企业做法不完全一样，有的直接新建智能工厂，有的在现有工厂的基础上进行智能化改造，有的局部进行智能化生产单元改造。虽然这个阶段百花齐放、百家争鸣，但是实践效果并不理想，以智能制造评价指标为判断基准的话，大多数项目都是失败的。于是社会各界开始反思总结，开始回归我国制造业的基本国情，开始意识到智能制造需要有基础，开始感受到精益管理对于智能制造的支撑作用，开始瞄准数字化工厂而不是智能化工厂。在有了对于现实和前进方向的客观和正确认知后，我国制造业智能制造升级转型开始步入正轨。

　　第四阶段（2019年后）：步入正轨阶段。众多企业开始实施精益智能制造：先执行精益管理，解决实际问题，夯实制造基础；然后以数字化工厂建设为导向进行升级转型，在数字化工厂基础上实现智能化工厂；最后按产业建立工业互联网生态圈，最终建成互联化工厂。

如今智能制造在我国呈现出百花齐放、百家争鸣的景象，但是在这个过程中也有一些现象值得关注。

现象一：为了博眼球实施智能制造项目。企业在还不了解智能制造是什么，也没有仔细评估该如何去进行智能化升级转型的情况下，就开始实施智能制造项目。例如国内某寝具公司，现状是工业 1.0 和工业 2.0 的水平，计划投资 20 多亿元新建一座智能产业园。该公司找了德国一家公司来帮忙进行智能制造顶层构架设计，花了近亿元的服务费，结果设计方交付的是基于工业 3.0 基础的设计方案，该寝具公司拿到方案后发现完全不能实施，于是暂停了合同。随后该公司又去找另外一些国际国内知名公司帮忙，这些公司评估后认为该公司并不适合立即建设智能工厂。后来该公司终于正视现状，在现有的工业 1.0 基础上执行精益化，去夯实基础，并进行相应的制造模式创新。

现象二：将自动化或者信息化建设等同于智能制造。由于中国制造业的基本国情是大多数企业处于工业 2.0 水平，部分企业处于工业 1.0 水平，少数企业达到了工业 3.0 水平。因此自动化和信息化的普及率还比较低，于是部分企业认为进行了自动化升级改造或者工厂信息化建设就是实现了智能制造。例如无锡一家汽车零部件企业，声称在实施智能制造，但只是几年前开发了一套简单的生产报工系统（就是将每个工位当日的生产数量用信息化的方法收集起来），而且由于系统不够理想，已经停用了。虽然自动化和信息化是智能制造必不可少的两个环节，但是不能以偏概全，否则将失去发展机会。

现象三：基础不牢的情况下直接实施智能制造。这是企业实施智能制造最常犯的错误，如第 10 章 B 公司的经验教训：实施智能制造需要具备两方面的基础条件，一个是硬条件，另一个是软条件。硬条件是设备能够联网且稳定，软条件是指要有好的管理基础。虽然这样的案例广为流传，但是具体到某一企业，它往往还是会重蹈覆辙。一些企业认为它们不一样，别人实施不好的它们能实施好；一些企业表现得比较自负，尽管基础不好但是自认为很好；还有一些企业寄希望于通过智能制造来提升基础，这些显然都是不切实际的想法。

那么企业在实践智能制造的过程中，如何才能脚踏实地，少走弯路呢？根据笔者过去十多年的智能制造实践经验，提炼出以下"24 字原则"：基于现状、紧盯目标，系统规划、逐步实施，人才培养、升级转型。

"基于现状、紧盯目标"是指在实践智能制造项目前，一定要对自身有清晰地认识和评估；另外也要设定实践智能制造的目标。现状评估可以识别自身的优势和不足，目标设定可以少走弯路。

"系统规划、逐步实施"是指在实践智能制造项目前，要先进行智能制造顶层构架设计，然后将其转化成项目路线图。合理清晰的顶层构架设计能够将目标和现状联系起来，以最小成本在最短时间内实现项目目标，是项目成功的保证；逐步实施是结合企业的人财物现状，逐步实现项目目标。任何一个好的方案都需要和企业资源匹配起来，只有和实际资源完全匹配的方案才具备可执行性。

"人才培养、升级转型"是指在实践智能制造项目的过程中，一定要注重和及时培养智能制造相关人才，清晰定义企业需要什么样的人才，以及如何培养需要的人才。企业实践智能制造项目的过程，也是培养人才最好的时机，如果错失这个时机，人才培养将会事倍功半；升级转型是执行智能制造项目的结果，在目标设定时要定义升级转型的目标，项目完成后通过目标验证项目是否成功。由于智能制造项目周期一般较长，往往会存在项目初期设定的目标达成，但是升级转型不一定成功的情况，这就需要在项目执行过程中持续关注内外部环境变化来及时修正目标。

以上是对于企业实践智能制造常见问题和应对策略的总结。企业实践智能制造应对策略第一条就是要"基于现状"：宏观上，目前我国制造业的现实状况是全要素生产率不高；微观上，具体到单家企业，最大的现状就是企业自身面临的挑战（本书第 2 章有详细阐述）。要成为制造强国，就需要提高全要素生产率；制造业要升级转型，就需要应对自身的五大挑战。因此，如何围绕降本增效和升级转型去实践智能制造，才是制造业实践智能制造的基本策略。

如 3.5 节所述，过去几年我国制造业实践智能制造出现了六大方面 33 个误区，产生这些误区的主要原因是智能制造顶层构架设计缺乏或者不完善。精益智能制造理论是为我国制造业进行智能制造升级转型而生，自然要有解决当前制造业智能制造主要问题的方法论。本章阐述的智能制造顶层构架设计"2347"方法论就是为了解决这个问题，其模型如图 11-1 所示。

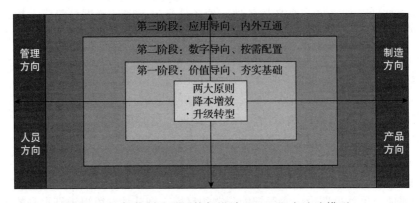

图 11-1　智能制造顶层构架设计"2347"方法论模型

智能制造顶层构架设计"2347"方法论中各数字代表的含义如下。
- "2"——两大原则：企业进行智能制造顶层构架设计需要遵守的基本原则。

第 11 章
智能制造顶层构架设计 "2347" 方法论

- "3"—三个阶段：智能化企业不是一朝一夕能够建成的，需要一步一个脚印地进行，因此智能制造顶层构架设计需要体现出相关要素的优先级。
- "4"—四大方向：智能制造顶层构架设计中企业智能化策略落地的主要方向。
- "7"—七大步骤：企业进行智能制造顶层构架设计方案规划的实操步骤。

接下来本章将具体阐述智能制造顶层构架设计 "2347" 方法论的两大原则、三个阶段、四大方向、七大步骤。

11.1 两大原则

智能制造顶层构架设计的两大原则是"降本增效"和"升级转型"。这点在本书中反复提到，那么在智能制造顶层构架设计时，如何才能做到这两点呢？

首先企业要评估做什么事情可以实现降本增效。在评估降本增效的机会时，一定要严格将收益和成本联系起来，不能只看收益而忽视了成本。以一条装配线中的自动打螺丝工位为例，打螺丝是很多产品组装不可缺少的一项作业，针对螺丝数量很多的产品，自动螺丝机一般可以代替人工从而缩减员工数量，这时只要对比自动螺丝机的投入成本和节省人工的收益即可（忽略场地等成本因素的影响）；另外也有一些产品，螺丝的数量较少，打螺丝是一名工人工作的一部分，当采用自动螺丝机后，虽然减轻了工人的劳动强度，但是并没有减少工人的数量，也没有增加产线的产能，这种情况对于公司来说制造成本是增加的。如果追求制造先进性，忽略成本影响，那么可以考虑引进自动螺丝机；如果从降本增效角度来看，则不应该引进自动螺丝机，因为自动螺丝机没有提升生产效率，而且增加了制造成本。这类情况在智能制造实践中经常会碰到，需要管理者具体问题具体分析，并做出恰当决策。

其次企业要评估升级转型的机会。升级转型是基于降本增效机会，评估哪些机会能通过精益智能制造相关的解决方案落地，针对没有可用解决方案实现落地的机会，决定是否要自行攻克还是放弃。以博世公司为例，博世在实践工业 4.0 时，针对有可行解决方案的，博世也是和服务商合作，按照博世的要求进行实施。但是针对工业 4.0 的一些关键难题，没有人去攻克就自己干，这样能够为自身的工业 4.0 建设扫清障碍。对于大多数制造业来说，自身基本不具备攻克难题的能力，因此只能去寻找可行的解决方案；对于行业龙头企业来说，一定要锻炼自身攻克难题的能力，忽略成本影响，去引领行业发展，体现龙头企业应有的担当。

最后企业要考虑资源约束，做出恰当决策。由于智能制造的投入巨大，企业需要提前做好预算，规划好现金流。如果智能制造需要的投入超过了企业的自身造血能力，企业就需要考虑放慢实施脚步或者去融资。倘若企业有很好的融资能力，投资预算不是问题的话，那么也可以按照最佳模式去实施智能制造。将预算和智能制造顶层构架设计结合起来，就能制定出可行的智能制造实施计划。

11.2 三个阶段

结合我国制造业的基本国情，我国制造业实施智能制造建议分如下三个阶段进行。
- 第一阶段：价值导向、夯实基础；
- 第二阶段：数字导向、按需配置；
- 第三阶段：应用导向、内外互通。

企业在实施智能制造时，要结合企业自身的实际情况，将这三个阶段的核心理念规划到智能制造顶层构架设计中，最终体现在智能制造实施计划中。

第一阶段：价值导向、夯实基础。在本阶段建议企业围绕价值制定发展计划，不断降本增效、提升企业盈利能力。制造业企业盈利能力偏弱，大部分是由于制造基础薄弱导致的，主要有以下原因：

一是补丁式扩张。对于制造业企业来讲，当销售增长时，就扩大生产规模。在扩大生产规模的过程中，往往是补丁式扩张，哪里产能不足，就往哪里投资，投资扩张基本是复制过去的最佳实践。由于这种补丁式扩张缺乏整体规划，工厂内部各车间相对位置，以及车间内部的布局均不太合理，因此会导致极大的转运以及库存浪费，从而造成企业运营效率降低和成本上升。另外还有一些规模更大的企业，有两个以上生产基地，如果生产基地之间没有做好产品分配，则会造成生产基地之间产生竞争，最终降低生产规模效应。要解决补丁式扩张带来的问题，需要进行产品规划和布局规划。针对有多个生产基地的企业，先进行产品规划，定义各基地生产哪些产品，将错配的产品调整到适合的生产基地；然后再预测各产品的最大销量，结合工艺流程进行厂区布局规划，调整不合理的布局。针对单一生产基地的企业，不需要进行产品划分，其他工作和多基地企业基本一样。在解决补丁式规划带来的问题时，经常会碰到两类障碍：第一类是很多设备位置不方便调整，或者调整代价过大；第二类是很多公司为了追求美观，不太愿意调整。2011年，笔者对无锡一家公司进行项目辅导时发现，该公司是按照工艺集中式进行布局的，现场设备摆放得非常整齐，动力管道也架设得非常美观，但是这种布局方式造成了交付周期长、库存金额高。当时笔者对他们说如果不破除这种外表看起来很美观的布局方式，很多问题就无法解决，但笔者的建议被直接否决了。十年后，也就是2021年，该公司终于意识到问题的严重性，来找笔者帮其进行运营提升。笔者首先做的就是将以前的工艺集中式布局打破，改成单元化生产布局，结果交期从34天降低到7～12天，生产效率提升了35%以上。倘若当年该公司董事长10年前能立即止损，进行单元化布局规划，那么过去10年的潜在收益，已经远超10年前的投入了。

二是粗放式管理，不用数据说话。粗放式管理一个最重要的特征就是不用数据说话，或者是不用准确的数据说话。比如问公司产能是多少，生产负责人一般会回答实际班产是多少。那么实际班产和产能是一回事吗？当然不是。以机加工行业为例，平均产能利用率不到30%，平均设备综合效率为60%。基于这两组数据可知，实际班产约是产能的一半。那么对于机加工企业来说，要提高产能，在不投资的情况下可以提升设备综合效率，也可以提升产能利用率，而且二者都有很大的提升空间。有一次在一家央企培训精益智能制造，结束后一位工厂厂长请笔者帮他看一下产能扩充投资计划是否恰当。当看完投资计划报告后，笔者问了两个问题：一是设备综合效率是多少？二是设备产能利用率是多少？当时该厂长没有回答出来，原因是他们工厂根本没有这两组数据。如果一个工厂不对设备产能利用率和设备综合效率进行分析就去盲目投资，那么只会导致设备产能利用率和设备综合效率进一步下降。这些都是粗放式管理不用数据说话的例子。这些公司只需要建立基本的数据统计系统，然后进行简单地数据分析，就可以实现非常大的价值，而这些工作都不需要投资。

三是产供销系统有待健全。在笔者提供服务的数百家公司里面，基本每家公司的产供销系统都有不同程度的问题。产供销系统问题造成的直接结果就是外部客户需求无法预测、供应商来料不稳定、内部产能信息不透明、生产订单状态靠人追踪、库存周转慢且不受控制、紧急订单多、销售生产间矛盾突出等。要想解决这些问题，首先要设计适合公司特点的产供销系统，然后建立管理规则，再去补强每个薄弱环节，这样才能彻底解决问题。实际案例中，若是客户订单不稳定给内部生产带来了困扰，就需要建立销售预测模型，以及在内部推行均衡生产方式；若是订单状态不明确，就需要执行日生产计划系统；若是生产异常多，就要建立生产现场异常协调制度；若是生产计划排程繁复，就需要设计生产计划自动排程工具；若是原材料库存过高或者待料，就需要优化采购模式和加强库存管理。由于产供销系统里每项问题都是系统性问题，在解决时一定要全盘考虑，任何单点突破都无法取得成功。

四是组织建设和人才培养有待加强。当公司有晋升机会时，一般是从内部挑选表现优秀且认真的员工。这种做法导致的结果有好有坏：好的是优秀员工忠诚度很高，大多数管理层都是从基层做起来的，对于业务比较熟悉；不好的是组织缺乏活力和创新思维，公司大大小小的事情都要老板决策。当企业规模不大的时候，这种做法比较高效；一旦公司规模大了，各种问题就会突显出来。老板就会发现人才短缺，遇到问题时没有可以交流的对象。若公司想继续发展，就要去市场上招聘人才，而新管理者到位后又会出现内部斗争等问题。要有效解决这些问题，需要企业在规模不大时就制定好组织规划和人才培养计划，然后在企业发展的不同阶段去调整组织结构和配置相应的人才。

五是产品技术含量有待提高。制造业存在大量模仿和复制现象，产品开发能力有待提升。大多数行业产能过剩，同行之间同质竞争比较激烈，为了获取订单，主要靠打价格战，这种做法导致企业的盈利能力普遍偏弱。一些公司甚至连产品成本核算都不清楚，只要账面上还有利润，就盲目地进行价格战，最终导致赔本。

由以上种种问题可知，在降本增效方面还有很多机会可以挖掘，而且挖掘这些价值不需要企业投入多少成本就能实现。因此，企业在实施智能制造前，要先全面消除浪费、夯实制造基础、挖掘潜在价值。否则，在不好的基础上实施智能制造，要么无法推进，要么即使实施了也没有竞争力，只是徒劳增加成本。

第二阶段：数字导向、按需配置。在第一阶段夯实制造基础后，企业将会变成高盈利企业。在成本、质量、效率、交期、服务方面会明显优于竞争对手。有了竞争优势，企业就可以主动开拓市场，业务也会随之快速增长，再加上高盈利，企业就能良性循环发展。当企业具备很强的自我造血能力时，也就有更充足的资源进行第二阶段的数字化升级改造。

"数字导向、按需配置"是指企业要以需求为导向，进行数字化升级改造，不要盲目追求华而不实、不能给企业带来价值的东西。那么企业如何才能实现以需求为拉动的数字化建设呢？

一是针对第一阶段解决不彻底的问题，若是通过数字化建设能够彻底解决，要优先考虑。第一阶段基本不需要企业进行投资，主要是通过精益管理来提升企业效益。精益管理在解决问题的时候，经常会受到人的影响，有些问题不能彻底解决。例如进行设备综合效率提升时，精益管理需要统计设备故障数据、不良数据等，这些数据的准确性是由人决定的。若设备人员或者作业人员没有及时准确地记录故障类型、故障时间、不良类型、不良数量等信息，为了保持数据的完整性，他们就会凭经验填写虚假数据。这些虚假数据虽然在结果上差异不太大，但是对于分析问题的原因影响非常大。要想彻底避免这种情况发生，就需要采用数字化手段直接从设备上获取相应的原始数据。这些数据对于企业很有价值，而且获取成本不高，可以优先考虑数字化。

二是在第一阶段的基础上，若有更为先进的数字化替代方案，在考虑成本和收益的情况下，可以进行替代。比如在生产现场，精益管理一般建议企业建立早会制度，来及时处理现场发生的各类问题。传统的现场早会制度需要放置一块早会看板，记录并且追踪各种问题的完成情况。这样做的好处是参与会议的人员能够高效地解决问题，不好的是没有参加早会的人员还是不知道现场发生了什么，只能依靠参会者报告。如果采用数字化的方式，在现场放置一台可输入显示屏，将看板格式数字化，再辅以多样化的信息输入方式，就能够完全替代传统早会看板，并且效率更高。如果在后台再配上现场问题管理库和解决方案库，则能够更加快速地解决问题。而且现场问题管理库还可以进行问题分类汇总，挖掘问题背后的价值，而传统精益看板则不能留存已解决的问题。另外通过开发客户端，让各级管理层都可以访问该系统，那么管理者坐在办公室就能实时了解现场状况。这是一个具体的数字化替代方案，若这类数字化替代方案成本相对于管理效率提升来讲比较经济，企业则可以考虑替代。

　　三是针对企业的老大难问题，寻找是否有数字化解决方案。任何企业在公司层面和一些核心职能层面，如研发、制造、质量、物流等，都可能会有老大难问题。比如像物流部的原材料管理，如果一家公司原材料种类多，而且量很大，要想把原材料状态完全搞清楚是非常困难的。一般企业的做法是年度大盘点、月度小盘点和日常盘点相结合来管理。这种管理方式费时费力而且还不准确，经常发生账卡物不一致、物料呆滞等问题。在非数字化时代，要想彻底解决这方面的问题几乎不太可能；在数字化时代，可以借助数字化的解决方案。比如将仓库储位编码录入系统，并给每个储位一个二维码、条形码或者 RFID 标签，再给入库的物料或者放物料的容器一个二维码、条形码或者 RFID 标签，每当存取物料时，只要扫描储位和物料信息，系统便能实时记录储位的存取信息，并且实时更新库存状态。当管理人员要了解库存信息时，可以直接在系统里面查看，这样就可以实时盘点库存，能够最大程度避免物料呆滞问题的产生。针对这一类老大难问题，企业需要评估投资收益，再决定是否要解决。如果企业是为了引领行业发展，进行积极探索，则可以不考虑投资收益的影响。

　　四是考虑通过数字化，是否能够给企业带来新价值。数字化除可以帮助企业降本增效外，还有可能给企业带来新价值，新价值主要体现在新产品或新服务上。以新产品为例，如果将传统产品改成数字化产品，更容易被消费者接受，而且也能够给企业带来业务增长机会。比如制造业常用的游标卡尺，传统游标卡尺要靠人去读取测量结果，人需要掌握游标卡尺的读数方法；现在有了数字游标卡尺，可以将测量结果直接以数字形式显示出来，这样人只要认识数字就可以了，降低了对人的技能要求以及减少了人工读取测量结果带来的误差，这是将数字化应用到产品上带来产品升级的例子。如果让消费者在传统游标卡尺和数字游标卡尺中选择一种，到底哪种会更受欢迎呢？结果不言而喻，一定是数字游标卡尺更受欢迎，那么其价格也可以相应地定高一些。在数字化时代，任何企业在产品和服务上都会有数字化的创新机会，企业要利用数字化给客户带来的价值，进一步开拓市场和提升业务收入。

　　目前在第二阶段常常有一些不到位的做法。例如企业获取数据后，只用比较多样的方式对数据进行目视化，如液晶大屏、图表、图示等。这在数字化的初始阶段，解决了企业信息不透明的问题，有一定的实际意义。但是数据更大的价值是为了解决实际问题，要解决实际问题，就需要结合具体的业务知识（也称为运营技术）。本书之所以将常见的业务知识与数字化结合放在第二阶段，是因为任何一个数据只有服务业务才更有价值。比如班产是企业数字化建设要获取的重要数据，大多数软件都是将数据收集回来，然后通过折线图显示出来，并没有进行深度分析。如果深度分析班产数据，至少有三个方面的价值。

价值一：可以根据班产数据来分析员工之间或者设备之间的效率差距。要想实现这个价值，需要结合人员数据和设备数据。当这三个数据放在一起就可以进行人员效率差距分析。根据分析的结果识别问题，然后有针对性地解决，就能够提升效率。

价值二：可以根据员工或者设备的班产数据识别稳定性。当人或者设备的效率出现波动时，一定是存在问题的，这个时候可以及时提醒管理者去解决问题。这种问题通常是小问题，会被人们所忽视，但是一旦这些小问题累积到一定程度，就会导致大问题发生。如海恩法则所述：每一起严重事故的背后，必然有29次轻微事故和300起未遂先兆以及1000起事故隐患。稳定性方面的问题与海恩法则的事故隐患类似。

价值三：将人、设备、产品信息结合起来，可以进行更科学地分工。比如让员工做他最擅长的产品、让设备生产最匹配的产品等。在多数企业，这些经验都储存在一线生产管理者的脑子里面，但是这并不科学。因为这只是个人经验，没有具体数据支撑。在数字化工厂，通过简单的数据分析就可以解决这个重要的问题。

以上只是一个十分简单的"数字化+运营知识"的案例分析。如果软件只进行数据获取，没有类似的运营分析，那么这类软件就没有太大的价值。目前的软件开发公司比较欠缺运营技术，大多数数字化软件只起到数据获取和显示的作用。因此企业数字化建设第二阶段是关键，将第二阶段规划和实施好，建成数字化企业，企业就能达到工业3.5水平。

第三阶段：应用导向、内外互通。在数字化企业的基础上，企业需要考虑使用具体的应用软件。应用软件主要是来解决企业系统层面的重大问题，比如内部经营管理问题、外部供应链问题等。本节以采购预算为例进行说明，采购预算与企业内部和外部均有关联。

一般企业进行采购预算时，需要先知道各产品的销售预测数据。当有了销售预测数据后，结合产品BOM表，便可以得到各零部件的需求数据。针对每种零部件和全部供应商，分配相应的采购比例，然后再假设采购价格，这样就能确定整体采购预算了。整个过程从历史数据整理到预算完成，一般需要1~2周时间。为什么需要这么长时间呢？这是由于企业数据比较分散，需要按照预算模型进行整理和汇总。如果企业变成了数字化企业，这项工作就会比较简单。如开发采购预算应用软件，先从企业各系统里面获取相应数据，然后由采购预算应用软件完成相关的汇总和计算工作，得出一个更为准确的预算结果。企业内部类似采购预算这类应用场景非常多。

第三阶段要以企业具体应用场景为导向，去开发个性化的应用软件。有了这些应用软件，可以帮助企业进行智能辅助决策，从而大幅度提升管理效率。在企业开发应用软件的过程中，若牵扯到供应商、客户和其他外部合作伙伴，就需要去协商解决。当企业外部的合作伙伴都能够与企业互联互通并产生实际应用价值时，标志着企业智能制造升级转型完成。

11.3 四大方向

两大原则和三个阶段主要是关于智能制造顶层构架设计策略层面的，策略最终要落地，需要体现在具体方向上。本书第 3 章阐述了智能制造的内涵和外延，内涵是降本增效，外延是升级转型，这也是智能制造顶层构架设计"2347"方法论的两大原则，因此按照该方法论一定可以实现降本增效和升级转型的目标。第 3 章介绍了智能制造升级转型的八大方向，分别是产品升级、制造升级、管理升级、人员升级、服务升级、商业模式升级、客户升级、供应商升级。在这八大方向里面，前四大方向"产品、制造、管理、人员"是一家企业的内部要素，也是目前智能制造的核心应用场景；服务升级和商业模式升级与产品升级密不可分；客户升级和供应商升级更多地依靠咨询服务或者是企业智能制造升级后带来的结果。因此在智能制造顶层构架设计"2347"方法论中，选择了"产品、制造、管理、人员"作为企业智能制造策略落地的四大方向。

1. 产品方向

产品方向主要是产品创新、服务创新、"产品+服务"的商业模式创新。产品创新主要方式是开发"智能+"和"物联+"产品，这点在 5.2 节有详细介绍。

在当今社会，服务也是一种产品，因此服务创新也是企业可以去开辟的一条道路。企业可以转变一种思路，将提供产品变成提供服务，因为在很多情况下，客户购买的其实不是产品本身，而是这种产品带来的服务。以医院 CT 设备为例，医院其实不需要 CT 设备，需要的是能对病人进行 CT 检查这项服务。一般 CT 设备很贵，要是直接把 CT 设备卖给医院，可能会影响 CT 设备的销量。于是 CT 设备公司就思考既然医院要的是 CT 检测服务，那么为什么不把设备放在医院，为医院提供检测服务，针对检测费用和医院进行分成呢？这种将销售产品转变成销售服务的方式，很受医院欢迎。对医院来说，不需要一次性付那么多钱，也不用承担设备闲置的风险成本，还能提供更好的服务（设备厂家一般会放备用设备在医院，以保证医院能够不间断地提供检测服务）。因为这种服务模式创新，既能使设备厂家生产更多的设备，也保证了医院可以有更多的设备能够提供更好的服务，同时也为病人的 CT 检查提供了便捷，这是个三赢的结果。读者可能会想，CT 设备厂家如何知道做了多少次 CT 检查呢？如果不知道的话，那么费用分成就无法计算。要做到这点其实不难，设备只要将检测次数的数据发送给设备厂家即可，但是这需要产品创新打基础。在设备上安装通信模组，便可以实时统计设备运行状况并发送给厂家，厂家就能够实时掌握全球各地的设备运行状况。近几年，随着大数据的兴起，CT 设备厂家的服务创新还在继续。既然 CT 设备里面有很多病人的数据，那么能不能基于这些数据再做一些有价值的事情呢？虽然这种想法在技术层面实现比较容易，但是存在一定的风险：首先医院不能泄露病人的信息，其次病人不一定愿意将个人信息开放给设备厂家。因此这种服务创新还没有变成现实。

"产品+服务"创新将会成为未来智能化社会的主旋律。CT 设备本质上也是"产品+服务"创新，只不过表现出来的是服务创新。"产品+服务"创新既卖产品也卖服务，先销售产品给客户，获取一次利润；再通过提供服务，获取长期利润，并且和客户形成更为紧密的长期合作关系。过去"产品+服务"创新有三种模式：一是产品收费服务免费，二是产品免费服务收费，三是产品和服务都收费。比如现在的智能汽车、智能烹饪产品使用的就是产品收费服务免费模式，CT 设备使用的是产品免费服务收费模式，一些工业 SaaS 软件使用的是产品和服务都收费的模式。这些 B2C 企业产品实现"产品+服务"创新比较容易，那么 B2B 企业是否有"产品+服务"的创新机会呢？

B2B 企业的产品比较确定，需要思考可以为客户提供哪些增值服务，这些服务客户愿不愿意买单。B2B 企业如果能够和客户形成同步开发，或者通过技术创新，能够给客户带来产品升级的机会，就是给客户提供了最大的增值服务。针对这些增值服务，客户毫无疑问会很容易接受，也可能愿意花更高的价格来购买。另外在交付产品时，如果包装更为规范，而且能够用信息化方式追溯物料和统计物料信息的话，那么客户满意度毫无疑问会更高，但是客户愿不愿意买单就不一定了。从长期来看，企业要保持在供应链上的竞争力，更好的产品开发能力和更好的交付服务无疑是不可缺少的。

2. 制造方向

制造方向主要集中在生产、物流、质量、办公室领域，也是过去几年智能制造的主要领域。为什么这些领域会成为主要领域呢？本书从技术门槛和收益两个维度加以分析，结果如图 11-2 所示。

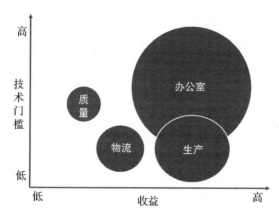

图 11-2　智能制造主要领域的技术门槛和收益

生产领域技术门槛较低，收益很大；物流领域技术门槛较低，收益较大；质量领域技术门槛较高，收益较小；办公室技术门槛有些方面非常高、有些方面也较低，收益最大。技术的应用价值会引导人们的行为，因此目前在生产领域，智能化技术应用得最多；其次是物流和质量；在办公室领域，由于非常分散而且复杂，目前的解决方案还不是很系统和成熟。

生产领域主要关注效率提升和机器换人。通过智能化的应用，是否能够提升生产效率，是否能够降低人员需求数量是基本标准。这就需要企业去挖掘机会，提出具体的业务需求，然后再去寻找解决方案。目前生产领域的解决方案主要集中在自动化、数据采集、数据可视化、工单下达、电子化作业指导书、电子化图纸、生产报工、模具刀具寿命管理等方面。这些解决方案的深度还不够，原因是解决方案服务商对于行业的运营知识研究还不足。

物流领域比较聚焦，主要是面向原材料仓和成品仓管理、物料转运、现场库存点管理这三个方向。在这三个方向里面：原材料仓和成品仓主要解决方案是自动化仓储，这方面最容易，而且服务商收益最大，因此目前也最成熟；物料转运主要解决方案是 AGV，这方面由于成本和便利性因素，应用价值还没有完全体现出来；现场库存点管理需要丰富的运营知识，要先做规划，然后才能实施，整个过程最复杂，服务商收益不大，所以目前从事这一块的服务商较少。

质量领域目前主要有数字化质量管理系统、在线检测、视觉检测、智能实验室几个方向。数字化质量管理系统是将传统质量管理方式升级，能够让质量管理的各项规则在执行上更有力，另外也简化了质量数据的收集和汇总；在线检测是将检测设计成一个工位，集成到自动化生产单元中，这样可以缩短质量控制环，起到及时发现质量问题并记录的效果；视觉检测是运用人工智能技术替代人工检测的一种方法，有时也将视觉检测视为在线检测的一种方式；智能实验室是结合物联网技术、大数据技术和人工智能技术的一种新型实验室管理方式，对于产品设计开发、质量管理能够提供新的解决方向。在这四个方向里面，数字化质量管理系统是面层级的应用，在线检测、视觉检测和智能实验室是点层级的应用。质量领域的智能化不仅仅要考虑投资收益，更多得要考虑是否能够提升企业的核心竞争力。

3. 管理方向

管理方向要分公司层面和职能层面来进行。目前常见的解决方案除公司层面的 ERP 和 OA 系统外，还有各职能管理系统，如厂务职能的智能 EHS 管理系统、销售职能的客户关系管理系统和销售预测管理系统、研发职能的产品生命周期管理系统、工程职能的计算机辅助工艺过程设计系统和数字化作业指导书系统、计划职能的高级计划排产系统、采购职能的供应商关系管理系统、财务职能的预算管理系统和成本管理系统、精益职能的员工提案管理系统和现场问题解决系统等。目前各管理系统成熟度参差不齐，不同服务商产品的偏重点也不尽一样，选型比较复杂。另外针对不同企业，各管理系统的价值也不一样，需要根据企业自身的特点，然后选择最适合的管理系统，特别要注意的是并不是每一家公司所有的管理系统都要使用。当然如果一家公司要变成真正的数字化智能化公司，这些管理系统缺一不可。但是在向智能化方向升级转型的过程中，还是要逐步进行，具体哪些系统先使用，哪些系统后使用，不是取决于公司内部哪些职能比较强势，而是取决于哪些系统能够给公司带来更大的价值，以及按照哪个顺序来实施更顺畅、效果更好，以及成本更低。

4. 人员方向

正常来说人员方向可以不单列为一个方向，可以融合到制造方向和管理方向中。但是考虑到人员方向的智能化措施可以单独来执行，所以这里将其独立为一个方向。人员方向主要有人员管理、人事管理和知识管理。人员管理主要是通过智能卡管理人员的出勤、后勤、门禁、技能等信息；人事管理主要是建立招聘、面试、员工档案、入离职手续、培训、薪酬、绩效、福利、员工关怀等方面的管理系统；知识管理主要是开发公司的能力管理库和经验管理库，通过能力管理库建立每项技能的标准发展路径，通过经验管理库沉淀公司解决问题的最佳实践。

以上详细介绍了智能制造顶层构架设计"2347"方法论的两大原则、三个阶段和四大方向，若具体到某一家企业进行智能制造顶层构架设计实操，需要经历七大步骤。

11.4　七大步骤

智能制造顶层构架设计"2347"方法论中的实操七大步骤如图 11-3 所示。

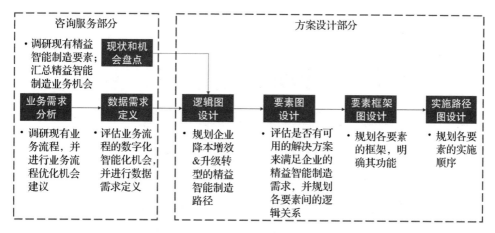

图 11-3 智能制造顶层构架设计"2347"方法论实操七大步骤

七大步骤中：前三步业务需求分析、数据需求定义、现状和机会盘点属于咨询服务内容，目的是深入分析企业业务现状，洞察精益智能制造的全部机会，以及定义企业各数字化智能化业务系统（即各智能制造要素）的功能和主要数据需求；后四步逻辑图设计、要素图设计、要素框架图设计、实施路径图设计是企业智能制造顶层构架设计的主体，通过这些图的设计明确企业智能制造降本增效升级转型的方向、路径，以及各数字化智能化业务系统的构架和功能。

11.4.1 业务需求分析

一些公司领导经常会让IT部门来定义公司智能化的业务需求，但由于IT人员并不熟悉公司具体业务，因此无法定义或者定义不准确。这在过去和现在都很常见，主要原因就是组织建设和职能划分不清。

企业在进行智能制造升级转型时，依据笔者的实践经验，一般建议精益管理部、智能制造部、IT部，以及其他各业务部门进行如图11-4所示分工。

在规划阶段：由精益管理部门主导业务需求分析、数据需求定义、智能制造顶层构架设计；各业务部门积极进行各自业务方向的智能化探索并提出设想。不要担心设想能不能实现以及公司会不会批准，只需要将设想反馈给精益管理部，由他们融合到公司智能制造顶层构架设计方案中。

在实施阶段：首先由精益管理部主导完善制造基础，将公司薄弱环节夯实补强，特别是针对核心管理系统的漏洞，一定要先补好，否则智能制造无从开展；其次建议将IT部和智能制造部合并成新智能制造部，由合并后的新部门主导集团层面和工厂层面的具体项目实施。在项目实施过程中，合并后的新智能制造部要开发和管理外部智能制造实施服务商，精益管理部要对服务商的项目实施过程和结果进行监督和把关，确保项目能够100%满足业务需求。若企业的监督和把关能力有所欠缺，可以请智能制造顶层构架设计服务商进行监理，协助公司进行项目落地。

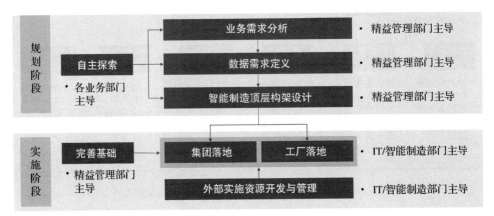

图11-4　智能制造升级转型关键部门分工

在了解了各部门的分工后，再来阐述该如何进行业务需求分析。业务需求分析一般遵循从上往下的原则：先从公司需求出发，然后再到各部门需求。当部门需求和公司需求不一致时，以公司需求为主；在公司需求得到满足的情况下，再去关注部门未被满足的需求。

公司需求首先要考虑公司未来3～5年的战略目标或者更长期的战略目标，分析智能化与公司中长期战略目标的关联。若公司中长期战略目标与智能化不太相关，那么公司就应该暂缓智能制造计划；若公司的战略目标离不开智能化，那么就要先进行智能制造顶层构架设计，将公司未来的智能化蓝图与公司战略完美地结合起来，然后全面启动智能制造；若公司的战略目标和智能化有一定的关系，也要先进行智能制造顶层构架设计，然后分阶段有选择地执行智能制造。这样做可以消除企业为了智能制造而智能制造的跟风行为，避免投资没有回报。过去几年流行产学研相结合进行智能制造，一些企业和高校联合设计智能化生产线，然后向政府申报智能制造项目。由于这类智能化项目的核心目的并不是以公司业务需求为导向，所以大多数智能化生产线设计出来后都是效率极低、成本极高，只能放在现场当摆设，起到项目验收和参观的作用。这是为了智能制造而智能制造的典型例子，浪费了大量的社会资源。

部门需求由精益管理部和各部门核心业务人员一起完成，需要分析公司战略目标在落地过程中各部门扮演的角色和价值贡献，将部门的价值贡献和公司战略目标结合起来。一般分析的结果有如下四种情形：一是部门不需要经过多大改变就能完全支撑公司战略目标的实现，这种情况部门基本不需要使用智能化系统，只要持续完善现行的管理制度即可；二是部门基础薄弱，而且和公司智能化方向强相关，这时部门需要先完善基础，然后在健全的基础上去规划智能化系统，从而达到升级转型的目的；三是部门基础较好，部门的业务需求有现成的智能化解决方案，这是最理想的情况，可以直接选型实施；四是部门基础较好，但是没有现成的解决方案，这种情况要么自己开发、要么委外定制、要么等外部服务商方案成熟后再实施。

在分析公司和各部门的智能化业务需求时，有些管理者会有一些不顾大局的想法，比如当公司的智能化投入和自己部门关系不大时，提出一些不符合公司战略目标的需求，或者是和公司未来几年无关但是和长远发展相关的需求。针对这些情况，精益管理部需要进行整体管控，要确保所有的需求都和公司战略目标一致。

分析完公司和各部门的业务需求后，接着要形成公司智能化业务需求分析报告。若公司有多个生产据点，而且每个生产据点生产形态差异很大，还要单独为每个生产据点进行业务需求分析。在业务需求分析报告的基础上再去进行数据需求定义，分析支持业务需求实现需要哪些数据，数据从哪里来，数据间的业务关系，以及进行数据平台规划。

11.4.2 数据需求定义

按照来源不同，数据可以分为内部数据和外部数据：内部数据是指来自公司内部，分散存在于公司各处，或者本身不存在需要去生产的数据；外部数据是和公司业务需求相关，存在于公司外部网站、社交媒体，或以其他形式存在的数据。获取内部数据时，主要是导出内部各信息系统的数据，以及采用数据采集或数据生产的方式获取实时数据，或者在业务活动中人工录入数据；获取外部数据时，先要依据业务需求寻找数据来源，然后采用数据爬虫和摸底调查相结合的方式，最大程度降低数据获取成本和提升数据获取效率。

数据是实现智能制造的基础，不同的智能化业务需求，对应的数据需求也不同。如果定义的数据很多很全，但是智能化用不到，就是数据浪费；如果智能化需要的数据没有被识别出来，就会犯本书第 10 章 B 公司一样的错误，智能化建设时数据不足，要从头再进行数据收集和系统完善，这样会拉长企业智能制造升级转型周期，也会增加建设成本。为了避免数据浪费或数据不足，在进行智能制造顶层构架设计前要清楚定义数据，确保数据和企业智能化业务需求一致。

定义数据通常有三个步骤：一是按业务需求和职能进行数据需求研讨和统计，二是进行数据治理，三是进行大数据平台规划。

第一步：按业务需求和职能进行数据需求研讨和统计。根据要实现的战略目标和业务需求，建议通过团队研讨的形式，来确定需要哪些数据。通常有以下四种情形：一是现有数据的来源、统计和分析都能够满足需求，这类数据可以直接使用；二是有数据，但是数据形式和分析不能够满足需求，此时需要先进行数据统计工具设计，在数据统计工具的基础上再设计数据分析工具，若一些数据分析工具设计不出来，可以只设计数据分析逻辑；三是有数据，数据统计工具也可用，但是没有进行数据分析，此时需要基于现有数据，设计数据分析工具或者数据分析逻辑；四是没有需要的数据，这时需要定义数据来源，设计数据收集的方法和工具，还需要设计数据统计和分析工具。这部分工作通常比较复杂，需要团队人员十分精通业务逻辑，而且通常需要花费较多时间，但是对于数据基础薄弱的公司，一定要先完善数据基础，否则系统就是个空壳。统计清楚数据需求对于指导工业互联网规划、应用系统功能定位和数据交互具有重要意义。

第二步：进行数据治理。企业通常将数据治理作为一个单独的项目，数据治理的最佳时机是应用系统上线前。数据治理的核心内容有数据分类、定义数据标准、数据标准化管理等。当明确了需要哪些数据后，要先进行数据分类，比如常见的有主数据、元数据、指标数据、时序数据等。不同的数据类型，数据管理方式有较大差别，要针对各类数据分别制定数据标准。数据标准是为了保证企业内外部使用和交换的数据是一致的，经协商制定并经公司数据管理部门批准、共同使用和重复使用的规范性文件。数据标准化管理是通过建立一整套的数据规范、管控流程和技术工具来确保各种重要信息（如产品、客户、供应商、账户等）在组织内外的使用和交换都是一致和准确的过程，是和数据标准不同的概念。

第三步：进行大数据平台规划。通常来说，大数据平台分为规划和建设两个项目，也可以单独作为一个项目（本书建议大数据平台规划和建设分开，通常在企业顶层构架设计完成后执行数据治理和大数据平台规划项目，数据治理和大数据平台规划可以一起执行）。目前企业上了众多应用软件系统后，信息孤岛现象比较严重，原因是各系统之间不能互联互通。要解决这个问题，可以让有数据交换需求的软件两两互联互通，也可以通过统一的大数据平台进行数据交换，本书建议通过建立统一的大数据平台来实现企业各应用软件间的数据交换。通过建立大数据平台，所有数据源汇聚到大数据平台上进行统一管理，如数据清洗、整理、监管、订阅和分发到各应用系统等。当企业上新系统时，只要打通新系统和大数据平台间的接口即可。这样就可以保证数据的规范性、可扩展性和一致性。让系统间互联互通更简单，也能够在前期数据需求定义不足的情况下可随时扩展，提升系统的灵活性。大数据平台规划完成后，可以开始大数据平台建设工作（不属于智能制造顶层构架设计范围），由于企业的应用软件系统是逐步上线的，因此大数据平台建设工作也是持续进行的。目前一些大数据平台服务商主要提供第三步服务，将前两步交给企业自己去完成，然后按照企业的需求来建设大数据平台。大数据平台建设时可以自建服务器，也可以租云。云有公有云、私有云和混合云之分，从长远趋势上来看，混合云是比较好的选择。建设大数据平台是企业智能制造的重要组成部分，也涉及信息基础设施规划，属于智能制造的基础项目之一。

大数据平台规划还包括数据安全、数据备份、元数据体系、标签体系、数据存储、算力等内容；大数据平台也可以分成物联网子平台、应用系统互联互通子平台、主数据子平台、数据资产子平台、BI（Business Intelligence，商务智能）子平台、AI（Artificial Intelligence，人工智能）子平台等，本书不再详细介绍。当企业建立了统一的大数据平台后，可以根据企业业务需求进行数据分析与挖掘，识别数据的新价值。在实践项目实施时，为了加快项目进度，数据治理和大数据平台规划在智能制造顶层构架设计完成后再进行。

11.4.3 现状和机会盘点

企业在清楚了业务需求和定义了数据需求后，还需要进行现状和机会盘点。现状&机会盘点清晰后，才能开始进行智能制造顶层构架设计的后半段方案设计工作。

现状和机会盘点主要有两部分内容：一是盘点企业精益智能制造相关工作现状，二是将各职能部门存在的降本增效升级转型机会进行汇总。对企业精益智能制造现状进行盘点可以采用表 11-1。

表 11-1 智能制造顶层构架设计"2347"方法论现状盘点表

方向	现有要素	详细描述	建议措施	备注
产品				
制造				
人员				
管理				

在表 11-1 中，以智能制造升级转型的四个主要方向产品、制造、人员、管理为出发点，详细盘点企业在这四个方向主要做了哪些事情（现有要素）。针对现有要素，进行客观和详细的描述，不添加任何主观意向；然后再针对现有要素进行判断和给出建议措施，这些建议措施可以是现状没有执行到位的，也可以是补强建议。

在完成了现状盘点后，将所有精益智能制造降本增效升级转型机会用表 11-2 进行汇总。

表 11-2 智能制造顶层构架设计"2347"方法论机会盘点表

序号	改进机会	精益智能制造阶段	负责人	计划完成时间	备注

表 11-2 主要是以公司为对象，全面评价公司在精益智能制造方面的机会。在

识别了公司存在的机会后,再进一步识别各职能部门存在的机会。

各职能部门降本增效升级转型机会汇总方式可以参见笔者经常使用的企业诊断的一般方法论,如图11-5所示。

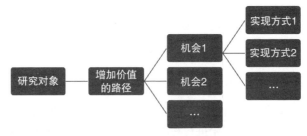

图11-5 企业诊断的一般方法论

该方法论中的研究对象是指各职能部门或者是部门里面的相关职能;增加价值的路径是核心,是指研究对象要能识别出来做哪些事情能够给企业带来价值,通常有价值的事情指成本降低、效率提升、质量提升、交付提升、安全提升等,这些事情能够增强企业的核心竞争力;机会是指在研究对象的范围内,有哪些具体可以做的事情能够增加价值,这方面需要描述得非常具体,比如效率提升,就要具体到有哪些工作,是办公室的工作还是现场的作业;当识别出具体的机会后,还需要确定实现方式,实现方式就是如何做。如果一些机会没有实现方式,那么就只能是一个机会,这种机会在现有解决方案的条件下还不能兑现,要将其暂时先放一放。

接下来举一个具体例子加以说明,如图11-6是某企业生产计划部降本增效升级转型机会汇总。

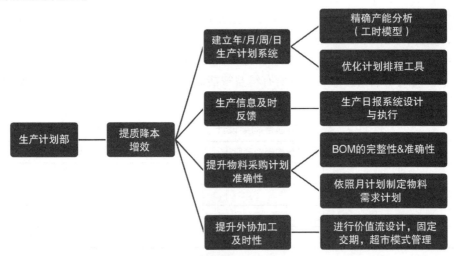

图11-6 某企业生产计划部降本增效升级转型机会汇总

该案例中，研究对象是生产计划部。生产计划部通过提质降本增效可以增加企业价值，而且在这三方面的机会一致，所以就将增加价值的三条路径合并到一起了。该公司生产计划部提质降本增效共有四个机会：一是建立年/月/周/日四级生产计划系统，该公司生产计划现状是只有月计划，因此生产的自由度很大，无法掌控交期；二是生产信息及时反馈，由于该公司没有日生产计划，也没有生产日报，更没有日生产计划异常问题解决系统，因此生产执行信息无法及时反馈给计划部，计划部也不知道订单的生产状态，当出现生产异常后，各单位响应和配合解决问题的速度非常慢；三是提升物料采购计划的准确性，在调查中发现该公司的BOM系统并不完整，而且在生产过程中还经常出现BOM数据错误的情况，再加上缺乏主生产计划，因此物料采购计划不是很准确，经常造成各生产车间待料，交期延迟；四是外协加工及时性，该公司对外协的管控力度较弱，基本是把物料发出去，再等着外协加工完送回来，但是外协厂商什么时候能把物料送回来，要是不去询问供应商公司基本就不知晓，这种管理方式下公司完全不能控制外协生产进度。

针对这种现状和要实现的目标，基本都有成熟的解决方案：比如建立年/月/周/日四级生产计划系统，只要先做好精准的产能分析和优化生产计划排程工具就可以实现；要让生产信息能够及时反馈，在年/月/周/日四级生产计划系统的前提下，再做好生产日报系统的设计与执行即可；要提升物料采购计划的准确性，需要完善BOM和依据年/月计划以及销售预测进行物料采购；要提升外协加工及时性，需要进行价值流程设计，将外协资源当成内部生产环节，给予其固定的产出时间，然后建立相应的发料和收料机制，并优化供应端的物流模式即可。

当把企业所有对象的降本增效升级转型机会全部了解清楚后，企业就知道智能制造要做什么、要解决什么问题了。通常企业希望通过智能制造来解决很多问题，那么在这些问题中，需要有一条清晰的解决问题的逻辑，如果找不到这条逻辑，解决问题的效率和效果就会降低，智能制造升级转型成本也会增加。

智能制造顶层构架设计是以企业升级转型和降本增效为目标，基于企业各业务的最佳实践，规划出来的企业智能制造升级转型最佳落地路径，并将其转化成可以逐步实施的项目行动计划。智能制造顶层构架设计决定了企业在智能化升级转型过程中，要做什么、哪些先做、哪些后做，如何将要做的事情整合成一个有机整体，从而达到用最少的成本、最短的时间来描绘实现企业智能制造降本增效升级转型这一目标的蓝图或者项目规划说明书。

依据智能制造顶层构架设计"2347"方法论实操七大步骤，方案设计部分有四大步骤：逻辑图设计、要素图设计、要素框架图设计、实施路径图设计。

11.4.4 逻辑图设计

逻辑图设计是智能制造顶层构架设计落地执行的第四步，本节介绍的智能制造顶层构架设计"2347"方法论逻辑图设计框架，能够适用于所有制造业企业，如图11-7所示。

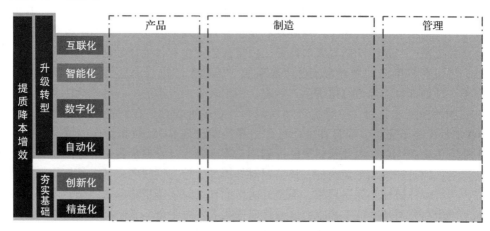

图 11-7　智能制造顶层构架设计"2347"方法论逻辑图设计框架

企业在进行智能制造逻辑图设计时，只要按照此框架，将待解决问题和相关机会补充进去，然后将逻辑关系描述清楚，就能够构建出来一幅完整高效解决问题的逻辑图。

该逻辑图紧紧围绕降本增效和升级转型展开，因此按照此框架设计出来的逻辑图，一定能够给企业带来效益。另外在该逻辑图中，也包含了精益智能制造的六个步骤，一般企业在这六个步骤中或多或少都有一些问题需要解决，将这些问题按照这六个步骤分层放置，自然就能区分哪些问题要先解决，哪些问题后解决。细心的读者可能还会发现，这个逻辑图框架只包含了智能制造四大方向中的三个，缺少了人员。前文提过在企业进行智能制造升级转型过程中，顶层构架设计以业务为出发点，人员方向可以单独进行，也可以将其划分到管理和制造中，因此在本逻辑图框架中没有将人员单独列出。

企业在实际操作的时候，要先从夯实基础开始，将产品、制造、管理方向的精益化改进机会列出来，然后再将创新化的机会列出来，接着再用箭头将这些机会间的逻辑关系描述出来。在描述逻辑关系时，可能存在要调整机会的情况，或者将一些机会拆开，以便能更清晰地表达逻辑关系。夯实基础通常也是企业在实施智能制造项目前先要去补强的，通过补强基础，提升企业盈利能力，强身健体。

在升级转型部分，主要是自动化、数字化、智能化和互联化。实际操作时分成两大步骤。

第一步：先将在现状和机会盘点识别的全部现有要素和机会按照框架结构填入，然后用箭头描述逻辑关系（包括与夯实基础部分的逻辑关系），同时调整每个机会在逻辑图中的位置。

第二步：检查逻辑关系是否清晰，若不清晰通常是由于缺乏要素导致的，这些要素可能是在现状盘点时忽略了，也可能是没有想到，或者是企业做得已经很好了，通过逻辑图检验可以识别这些盲点。针对这些盲点，企业需要把它们添加到逻辑图中（若是企业已经做得很好的要素，可以在图上加以备注），这样才能确保整个框架清晰，否则在实施的过程中就会出现系统间相互协作不顺的情况。

有了一幅完整的逻辑图后，企业就清楚了智能制造要解决的全部问题的逻辑关系。这些逻辑关系不能颠倒，因为逻辑颠倒一定会降低解决问题和实现目标的效率和效果。如果智能制造能够将逻辑图中的全部需求都变成现实，那么这样的智能制造解决方案毫无疑问对企业是最有效果的。这一步完成后就需要考虑是否有成熟的解决方案能够解决逻辑图中的全部问题。

11.4.5　要素图设计

本书将成熟的解决方案视为实现企业智能制造的一个个要素，将这些要素依照逻辑图的关系有机地连接起来，就构成了完整的智能制造解决方案，也就是要素图设计。

要素图和逻辑图有很大的不同，比如逻辑图中要解决的问题，一般有三种情形：一是逻辑图中的一个待解决问题，可能对应要素图中的一个完整要素；二是逻辑图中的一个待解决问题，可能需要要素图中的多个要素才能实现；三是要素图中的一个要素，可能能够解决逻辑图中的多个待解决问题。因此就要求智能制造顶层构架设计人员对于各种智能制造要素要非常熟悉，要清楚各种智能制造解决方案主要能解决什么问题，以及解决问题的逻辑，否则就不能完成逻辑图向要素图的转化。图11-8为要素图设计框架。

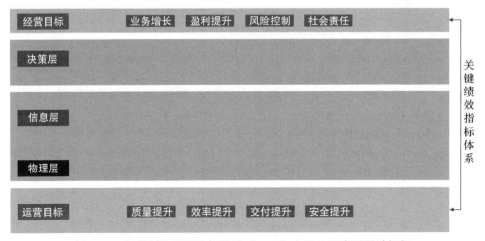

图11-8　智能制造顶层构架设计"2347"方法论要素图设计框架

要素图设计需要紧紧围绕公司的经营目标，通过关键绩效指标体系将经营目标和运营目标连接起来，这样既可以确保智能制造方案不会偏离经营目标，而且还能通过运营目标的改善来实现公司的经营目标。这是打通公司经营和运营隔阂的关键所在，能够避免企业经营和运营不同向。

进行逻辑图向要素图转化时，首先，要识别企业需要哪些智能制造要素（如ERP、APS、PLM等），这些要素要能完全覆盖逻辑图中的需求；其次，智能制造的解决方案主要围绕着企业的物理层、信息层和决策层，转化时需要将各智能制造要素按照这三个层次进行分层，以便在实施的时候确定先后顺序；最后，将这些要素之间的逻辑关系用箭头连接起来，箭头表示的是要素之间有数据交互，但是具体交互哪些数据，不需要在要素图上标识出来，在第四步要素框架图设计时再考虑，否则要素图就过于复杂了。

11.4.6 要素框架图设计

在清楚了企业智能制造需要哪些要素以及各要素之间的逻辑关系后，需要进一步细化，将各要素的功能和逻辑框架描述出来。

过去企业在进行智能制造解决方案（要素）选型时，面对服务商提供的形形色色解决方案，往往很难确定哪个方案是企业需要的。迅速识别服务商解决方案的特点，判断是否和自己公司的需求相匹配，往往是企业的一大难点，因为这无异于是大海捞针。当企业按照智能制造顶层构架设计"2347"方法论完成要素框架图设计后，这个问题基本就能够迎刃而解，哪家服务商的解决方案和企业需求最接近，也就一目了然了。

要素框架图可以描述每个要素的功能构架，以及与其他要素之间的关系。这一步包含了每家公司的管理方式，由于不同公司管理方式差异很大，因此本书不给统一参考框架，以一个实际案例进行阐述。

某公司要使用"E-HR"系统，设想的是将人事部门的主要工作，如招聘管理、入离职管理、档案管理、培训管理、员工发展、员工关怀、考勤管理、薪酬管理、福利管理等，都纳入该系统。如果要满足该公司的需求，该 E-HR 系统设计框架应如图 11-9 所示。

该框架中，以薪酬管理为例，每家公司的薪酬管理制度可能不同：一些执行绩效考核的公司，薪酬可能与绩效挂钩；一些执行考勤的公司，考勤结果也和薪酬挂钩；一些公司还会结合员工在公司的服务时间、岗位性质等设定一些薪酬构成要素。这样不同的公司，就有不同的薪酬管理方式。比如该公司绩效管理和薪酬挂钩、考勤也和薪酬挂钩、员工的岗位也和薪酬挂钩，因此薪酬管理部分的设计就需要调用绩效、考勤和岗位这三项数据，来综合计算员工的薪资，这也是该公司对于

E-HR 系统薪酬模块的需求。当公司将需求具体分析后，在面对服务商的产品选型时，就能够根据需求进行匹配。若没有完全匹配的产品，也能够知道服务商的产品要做哪些改变。这些改变可以请服务商帮忙实现，也可以自己进行二次开发。

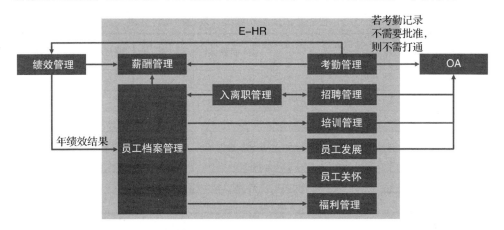

图 11-9　某公司 E-HR 系统设计框架

当企业将每个要素的框架都了解清楚后，各要素间的数据交互也就清楚了。若企业选择直接打通系统进行数据互联互通，那么也能清楚要打通哪些数据接口。

通过要素图能够直观看出整个智能制造系统的结构，通过要素框架图能够知道每个要素的功能，但是还不清楚实施的先后顺序。最后一步实施路径图设计，便是用来确定各要素实施的先后顺序。

11.4.7　实施路径图设计

将要素图中的各要素放入智能制造顶层构架设计"2347"方法论实施路径图中（见图 11-10），也就完成了实施路径图设计，这步相对来说比较简单。

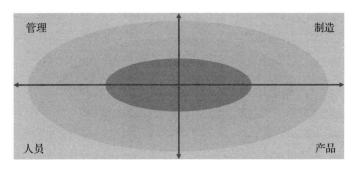

图 11-10　智能制造顶层构架设计"2347"方法论实施路径图

实施路径图的好处是能够很直观地知道在智能制造的每个阶段、每个方向要做什么事情，但是这还不够详细。要想非常详细地了解整个智能制造项目实施过程，还需要借助智能制造顶层构架设计落地行动计划表，如表11-3所示。

表11-3 智能制造顶层构架设计落地行动计划表

序号	项目名称	精益智能制造阶段	关键行动计划	负责人	计划完成时间	项目状态	备注

在落地行动计划表中，也可以加入项目概算（当具体项目要实施时，再在项目概算的基础上制定项目预算）。依据项目概算，将项目支出按照时间进行分配，这样能得出项目支出计划，对于财务制作现金流估算比较有用。另外也可以加入项目进度条，这样可以更为直观地看出各项目进度状态和资源投入情况。

在完成整个智能制造顶层构架设计落地行动计划表后，还需要建立项目团队。项目团队分为公司级智能制造项目团队和各子项目团队。公司项目团队负责公司智能制造的规划和落地，子项目团队负责具体子项目的实施。

Chapter12 第 12 章

精益智能制造实施建议与未来展望

在过去近 20 年里,笔者一直在实践精益管理,为数百家企业提供了精益管理项目服务,从刚过亿的中小民营企业到千亿级的大型国有企业,覆盖了 30 多个大行业,深入了解了中国制造业的基本国情和实际需求。2013 年在博世开始实践智能制造,2015 年系统地提出了精益智能制造理论体系。在进行精益智能制造的理论研究和项目实践过程中,笔者总结了企业实践智能制造的三个痛点:认知之痛、无奈之痛和迷茫之痛。

认知之痛:是指企业在发展过程中,看不清形式,不知道什么能够帮助企业快速发展,从而错失了很多发展和提升自己的机会。如图 12-1 所示,一个人在拉车,两个人在推车,由于车子没有车轮,前行非常吃力。这时有一个好心人拿来两个车轮想让他们装上,结果拉车人说我们太忙了,根本没有时间来装车轮,推车人说他们根本不需要车轮。

图 12-1 认知之痛示意图

作为看漫画的我们，也许感觉拉车人和推车人有些不可理喻，倘若花一点时间把车轮装上，车子不就能跑得更快也更轻松吗。然而身为拉车人和推车人，往往看不到这一点。现实中很多企业的管理者正如拉车人和推车人一样，整天都在思考如何让企业发展得更快更好，然而在机会面前，却看不见也抓不住。当有人提醒他们时，他们表现得非常自负，如推车人一样说不需要。如今在工业4.0时代刚刚来临之际，能够帮助企业升级转型的两个轮子就是"精益管理"和"智能制造"，将二者合二为一就是"精益智能制造"，这是经过实践验证符合中国制造业基本国情的降本增效升级转型路径。

著本书的一个主要目的就是消除企业家们的认知之痛，希望现实中没有像漫画中的拉车人和推车人一样的企业家。

无奈之痛：是指企业在实践智能制造实际推进过程中，对于遇到的各种各样的问题，没有资源或者方法来解决而感到很无奈。无奈之痛的形成通常有两个原因：一是没有遇到对的人，二是解决问题的技术和方法还不成熟。信息不对称是当今社会的一个普遍现象，遇不到对的人来做对的事情也很常见。由于智能制造刚起步，很多技术还不成熟，如企业经营层面的辅助决策系统、企业底层的机器深度学习等；另外有些行业市场规模较小，愿意进行行业深耕细作的人很少，虽然技术上没有难点，但是也没有成熟的解决方案。正是由于这些原因造成了无奈之痛的出现。本书虽不能帮助解决企业升级转型道路上的所有无奈之痛，但是希望能够给深陷无奈之痛中的企业一些启示，即如何根据实际条件来做出适当的升级转型决策。

迷茫之痛：是指企业因找不到升级转型的方向和方法而感到迷茫。我国制造业的基本国情是工业1.0、工业2.0和工业3.0并存，部分行业的龙头企业已经实现了工业3.0。在中国制造业升级转型的过程中，这些工业3.0水平的龙头企业要起到排头兵的作用，率先践行工业4.0。然而针对我国大部分还处于工业1.0和工业2.0水平的企业，这也决定了我国要走工业4.0的道路和德国以及美国不同。需要走自己的道路，如本书第3章所述，这条路就是"精益智能制造"。

12.1 精益智能制造的实施路径

为促进我国制造业的发展，我国出台了《中国制造2025》，这也是我国制造业升级转型的基本纲领。为了实现《中国制造2025》的基本目标，全社会基本形成了统一认识：在此次大的时代机遇面前，中国制造业有弯道超车的机会。那么中国制造业到底能不能弯道超车迅速从工业1.0和工业2.0过渡到工业4.0呢？若可能，该如何做呢？本节将回答这两个问题。

首先，我国制造业存在弯道超车的机会。改革开放以来，我国的发展已经证明了这一点，发达国家过去用 100 多年走过的路，我国不到 40 年就走完了，这主要得益于后发优势。其次，从工业 1.0 和工业 2.0 过渡到工业 4.0，我国还有后发优势可言。除后发优势外，针对工业 1.0 的企业，还存在跨越式发展的机会，有直接进入工业 3.0 的可能性；针对工业 2.0 的企业，需要先进入工业 3.0，然后再迈进工业 4.0；工业 3.0 的企业，可以直接迈进工业 4.0。不同水平的企业迈进工业 4.0 的路径如图 12-2 所示。

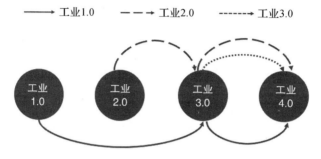

图 12-2　不同水平的企业迈进工业 4.0 的路径

从工业 1.0 和工业 2.0 企业升级路径来看，都需要经过工业 3.0 阶段。很多读者可能会有疑问，为什么不能越过工业 3.0，直接升级到工业 4.0 呢？其实很多工业 1.0 和工业 2.0 企业都有这个想法，想一步过渡到工业 4.0。要想理解升级转型过程中为什么不能越过工业 3.0 阶段，需要先了解工业 3.0 的特征。工业 3.0 企业两大特征是有较强的自动化制造基础和较完整的信息化管理基础，制造自动化和管理信息化也是工业 4.0 的基础；另外工业 4.0 是从数字化开始的，管理信息化是企业迈入数字化的开端，自动化程度高的公司走数字化道路会更加简单，因此企业没有实现工业 3.0 就很难迈进工业 4.0。那么一些读者可能还会想，企业能不能将工业 3.0 规划和工业 4.0 规划相结合一起实施？从理论上来说是可以的。比如一家工业 1.0 或工业 2.0 的公司，可以直接实践工业 4.0 项目或者直接建立工业 4.0 新工厂。但是一定要做好整体规划，然后一步一步地实施。本质上还是先实现工业 3.0，再实现工业 4.0，只不过它们之间没有停顿，一气呵成。接下来以一家工业 4.0 示范企业（下文简称 X 公司）打造工业 4.0 示范线为例，说明制造业实践工业 4.0 为什么不能跨过工业 3.0。

X 公司是一家典型的工业 2.0 企业（X 公司规模庞大，有 10 大事业部，每个事业部又有多家子公司，每家子公司又有多家工厂，部分工厂实现了工业 3.0），其中一个事业部要建立一条行业领先的工业 4.0 示范线。在该项目中，有一个子项目是对一个重要部件轴承座进行智能化单元升级。该工厂轴承座有两道生产工序，是由两台数控机床组成的一个生产单元。X 公司要求把这个单元作为一个亮点，改造成全自动化生产单元，并引入人工智能在线视觉检测系统，打造成行业最为领先的智能化生产单元。当时我们团队负责此项目，经过深入调研后，给出了整体规划方案。其中包括自动化上下料系统、自动化单元集成系统、刀具自动补偿系统、机器手视觉引导系统、在线人工智能视觉检测系统、产品自动分拣系统。整个方案对技术可行性进行了充足论证，全部可以实现。当方案设计好后，作为项目负责人，笔者提出一个问题：如果把轴承座生产单元改成X公司要求的样子，X公司能够实现多少收益？这是一个典型的OT问题（Operation Technology，运营技术）。依照精益智能制造理论体系，OT是精益化要关注的。于是我们又从OT角度对轴承座进行了调研，调研结果是影响轴承座生产效率最大的两个因素是去屑和换型。由于轴承座产品很大，每次切削余量大，铁屑连在一起，没有自动去屑装置，因此设备每运行20分钟左右，铁屑就填满了设备腔体，设备就会停止加工，等待人员进行铁屑清理工作，此时设备状态灯还是绿色生产状态。因此当设备停止加工时，作业人员并不会立即知道，需要等作业人员去设备边才能发现，这时几分钟时间就过去了。在观察的40分钟时间内，笔者发现设备因铁屑停机等待了2次，每次设备停机等待3分钟左右才被作业人员发现，作业人员清理铁屑要2分钟左右，相当于每次损失5分钟左右时间。40分钟里面，累计损失10分钟左右，因此仅去屑这一项工作造成的设备效率损失就高达25%。另外还有换型，X公司是典型的多品种小批量生产模式，每月交付50种左右型号的产品，每天都要进行换型，平均每天1~2次，每次换型需要1~2h不等，这样每天换型损失的效率约15%。仅是去屑和换型这两个因素，导致设备效率损失就高达40%左右，而这两个问题的解决方案在整体规划方案里面并没有体现。于是我们团队立即和X公司团队进行沟通，然后对方案进行了更新，加入了自动化去屑和快速换型解决方案。原先规划的自动化和智能化解决方案，可以让轴承座生产单元看起来很高端，但是对生产效率的提升却非常有限。自动化去屑和快速换型是典型的工业3.0解决方案"精益化+低成本自动化"。这个例子也说明了企业要步入工业4.0，工业3.0是必须要经历的，否则即使实现了工业4.0，也是低效率的工业4.0。第10章中B公司也是一个典型例子，想从工业2.0直接升级到工业4.0，最后还是需要补工业3.0的课。

接下来阐述工业1.0、工业2.0和工业3.0企业该如何迈进工业4.0这个问题。依据精益智能制造理论，企业升级转型分为三个阶段六个要素：第一阶段"精益化+创新化"，第二阶段"自动化+数字化"，第三阶段"智能化+互联化"。

在精益智能制造理论构架中：前三个要素"精益化+创新化+自动化"属于工业1.0和工业2.0企业应该关注的，前四个要素"精益化+创新化+自动化+数字化"属于工业3.0企业应该关注的，精益智能制造整体六个要素"精益化+创新化+自动化+数字化+智能化+互联化"属于工业4.0企业应该关注的。不同水平企业实践精益智能制造的路径如表12-1所示。

表 12-1　不同水平企业实践精益智能制造的路径

企业水平	路径					
	精益化	创新化	自动化	数字化	智能化	互联化
工业 1.0	√	√	√			
工业 2.0	√	√	√			
工业 3.0	√	√	√	√		
工业 4.0	√	√	√	√	√	√

工业 1.0 和工业 2.0 水平的企业目标和路径是一致的，都要执行三步走策略：第一步要先关注精益化、创新化、自动化，强健体质，其中精益化和创新化首当其冲；第二步走数字化，构建企业数据网络体系；第三步在数字化的基础上，再实践智能化和互联化。通过这样三步走策略，方能弯道超车，迎头赶上。倘若在一开始就关注数字化、智能化、互联化，升级转型成功的可能性基本为零。

工业 3.0 企业已经具备了相当好的基础，可以执行两步走策略：第一步是实现数字化，先打补丁建立数据平台，将公司的数字化系统完善好，实现各信息系统间的互联互通，然后再和物理系统实现互联互通，构建完整的数据网络；第二步是在数字化基础上，实现智能化和互联化。

率先达到工业 3.5 的企业，要当好时代的排头兵，不断探索实现智能化和互联化的有效路径，谱写工业 4.0 时代的新篇章。

要注意的是：目前工业 1.0、工业 2.0 企业要先基于现实，利用后发优势，做到迎头赶上，然后再去探索智能化和互联化的相关内容，实现真正意义上的弯道超车；工业 3.0 企业在升级转型过程中，也要坚守精益化、创新化、自动化，原因是精益化、创新化、自动化是保证高效工业 4.0 的基础，离开了它们，企业实现的可能是一个低效率的工业 4.0。

目前很多工业 1.0 和工业 2.0 企业面对第四次工业革命，感到很迷茫，不知道该怎么布局，希望本节能够给它们一些方向。

12.2　精益智能制造在制造业企业的四大驱动力和 37 个落地点

如果将 12.1 节视为不同水平企业升级转型的路径选择，那么本节就是在企业选择了合适的路径后，具体该如何做。

精益智能制造有一个基本观点：企业在升级转型的过程中，要基于现状，小步快跑。先采用低成本的、能快速见效的方式，例如精益化和创新化，打造高利润企业；在具备了较好的盈利基础后，再进行高成本的固定资产投资，用自动化设备来替代人员手工作业，以及进行企业数字化建设，来提升整体管理水平；最后再向智能化和互联化方向发展，最终实现工业 4.0。

精益智能制造在升级转型这条路径上具有三个特点。

- 适合于不同水平的企业：工业 1.0、工业 2.0、工业 3.0 企业都可以找到适合的升级转型路径。
- 稳扎稳打，降本增效，升级转型：这点是精益智能制造区别于其他方法论的根本标志。精益智能制造理论认为任何不能实现降本增效的智能制造都不是真的智能制造，企业升级转型要始终以降本增效为导向，稳扎稳打，一步一步地逼近目标。
- 小步快跑，迅速迭代，转型试错成本低：精益智能制造始终以企业经营目标为导向，坚持方法（精益智能制造也是企业升级转型的一种方法或者一条路径）是为目标服务的原则，每迈出一步，都需要回过头来看看有没有效果。如果没有效果，就要立即调整。这点类似敏捷项目管理的工作方式，可以大大提高企业升级转型的成功概率。

在了解了精益智能制造的这三大特点后，再回到企业这个基点上来，分析精益智能制造在企业内有哪些驱动力和落地点。

通常来说，驱动企业实践精益智能制造有四股力量：第一股力量来自客户的期望，第二股力量来自企业自身的发展需求，第三股力量来自对供应商的期望，第四股力量来自社会的期望。

客户的期望通常来说有两个：一是质优价廉的产品，企业要想生产出来质优价廉的产品，必须执行精益化、自动化、智能化、互联化来降本增效，也需要执行精益化、创新化、自动化、数字化、智能化来提升产品质量；二是高频次小批量交付，当今客户需求的一个趋势就是交付越来越频繁，每次交付的数量也越来越少。为了满足客户这两个需求，就需要公司内部践行精益化，构建弹性，满足高频次发货的要求。另外在发货的过程中，综合运用创新化、数字化和互联化等手段，提高交付效率和降低交付成本，从而让高频次小批量交付变成现实，并且不增加公司的物流成本。目前高频次小批量交付的一大障碍就是物流成本会增加，要解决这个问题，还需要综合运用创新化、数字化和互联化来整合客户需求、优化存储点和运输网络，从而降低物流成本。

企业自身的发展需求主要有五个，一是客户需求驱动的依订单生产模式。依订单生产主要是生产计划模式的改变，从传统的推动系统变成拉动系统，从之前的人工排程到自动排程、再到智能排程，这个过程就是企业生产计划系统不断精益化和智能化的过程。二是为了满足客户需求提升企业生产过程的柔性。只有生产过程柔性大，才能及时响应客户需求的变化，才能根据实际条件和资源约束实时调整生产计划。生产柔性化需要企业不断地进行精益化、创新化、数字化、智能化和互联化提升。一般意义上的自动化和柔性化不在同一个屋檐下，如果在自动化设计的时候，能够尽可能多地实现产品共线混合生产和快速切换，那么对于柔性化将有很大帮助。三是管理数字化。管理数字化是企业不断进行信息系统升级和数据生产的结果，这也是精益智能制造数字化的核心内容。当管理实现数字化之后，就给互联化打下了坚实的基础；四是培养富有创新精神的员工。创新是一家企业发展的源动力，而创新来自人。企业实施创新化，打造创新文化，激发员工的创新意识和激情，才能基业长青。五是实现企业获得高利润和保持高增长的经营目标。精益智能制造体系的一个基本出发点就是降本增效，让企业持续保持高盈利水平，另外创新化、数字化、智能化和互联化也有助于企业长期保持高增长。

一般企业既扮演供应商角色，又扮演客户角色。在扮演客户角色时，通常对供应商有两点期望，一是实现供应链透明化。将订单提交给供应商后，企业希望能够实时了解订单在供应商内部的状态；同时在订单开始生产后，也希望能够实时掌控产品的质量等信息。在工业3.0时代，要想实现供应链透明化，不仅需要有类似面向供应链的ERP等系统，还需要供应商的信息管理系统以及生产现场高水平的数字化，因此实现起来比较困难。在工业4.0时代，可以通过数字化和互联化技术，将供应商ERP和客户ERP对接起来，这样就可以完美解决供应链透明化问题。当前供应链透明化的需求受到越来越多大公司的重视，未来可能会出现爆发式增长。二是希望供应商能够将产品配送上线。精益化和创新化是实现配送上线的传统方法，配送上线也是一家企业精益管理成熟的一个标志。随着数字化和互联化技术的发展，企业能够实时监控供应商产品的质量信息，以及在运输过程中的质量信息，这样配送上线的落地就变得更加简单和可靠。

对于整个社会来讲，可持续发展是一个最基本的要求。要实现可持续发展，节能减排、绿色设计、绿色制造势在必行。通过精益化，减少不必要的能源和材料浪费；通过创新化，开发绿色能源、环保材料、绿色工艺；通过数字化，科学地管理能源和控制能源消耗；通过智能化，改变能源的消耗方式；通过互联化，实现远程监控和实时控制，帮助企业实时管理能源消耗。例如在目前政府比较关注的智慧城市解决方案中，有一项就是通过智能软硬件系统，实时控制路灯的亮度。当夜晚道路没有人和车时，路灯就自动熄灭；当有人或车时就亮起，从而减少了大量公共电能消耗。

将制造业企业精益智能制造的四大驱动力和精益智能制造理论体系六个要素对应起来，就构成了精益智能制造在企业里的37个落地点，如表12-2所示。当企业面临具体问题时，可以从该表获得相关解决问题的思路，本书不再对这37个落地点进行逐个阐述。

表 12-2　精益智能制造在制造业企业的四大驱动力和 37 个落地点

驱动力		精益智能制造					
		精益化	创新化	自动化	数字化	智能化	互联化
来自客户的期望	质优价廉的产品	V	V	V	V	V	V
	高频小批量交付	V	V		V		V
	依订单生产					V	
	生产柔性化	V	V				
企业自身的发展需求	管理数字化				V		
	富于创新的员工		V				
	高盈利高增长	V	V	V	V	V	V
对供应商的期望	供应链透明化				V		
	服务配送上线	V	V				
来自社会的期望	绿色可持续发展	V	V		V	V	V

12.3　精益智能制造创造的新业务机会

　　精益智能制造不仅能让企业降本增效，成功升级转型，还能创造一些全新的业务机会。如前文提到的产品创新、服务创新和"产品+服务"创新。另外随着企业实践精益智能制造的深入，类似设备故障管理这样的服务未来可能会发展成为一个巨大的产业。本节先以设备故障管理为例进行具体说明。

　　设备故障管理一直是传统制造业的一个痛点，当设备出现故障时，产品生产会受影响，销售向客户交不出货，这些都是大家能切身感受到的。另外，作为公司的所有者，设备故障就等于是浪费资源，没有让资源发挥出来应有的价值，公司要为每次设备停机支付成本。以一台 1000 万的设备为例，按 10 年寿命来算，每年 365 天，每天 24 小时，无论是否生产，每个小时都贬值 115 元，这还不包括配套的辅助设备的资源消耗。根据笔者的粗略估算，每年设备故障率降低 1%，全球就可以减少约 600 亿美元的设备浪费。目前制造业设备综合效率普遍较低，很多企业都低于 60%，如果把 60% 当成是设备综合效率平均值的话，每年将产生 2.4 万亿美元的设备浪费，相当于 2021 年德国 GDP 的 65%、2021 年全球 GDP 的 2.5%。

　　设备故障不仅让设备使用者痛苦，也折磨着设备制造商。当设备出现故障客户不能及时修复时，设备制造商售后服务人员就需要及时赶赴现场。在这个过程中，售后人员需要出差，距离远的还需要乘坐飞机，需要花费高额交通费用。不过很多设备公司将售后服务列为了一个盈利点。对于靠设备售后盈利的设备制造商，其短期内提升设备稳定性的动力不足。但是从整个行业运作效率上来讲，这是一个巨大的浪费。

面对这么巨大的设备资源浪费，正在产生四类新业务机会：一是设备厂家提供标准化的 TPM 作业指导书，以提升产品竞争力；二是设备厂家提供远程运维服务；三是设备厂家和客户一起建立和完善设备健康管理系统；四是设备售后市场可能会出现专门提供售后服务的第三方平台型公司。

机会一：设备厂家提供标准化的 TPM 作业指导书。一般企业为了减少设备故障，会选择走精益化路线，通过 TPM（全面预防性维护）来降低设备故障率，提高设备综合效率。对于某一品牌设备来说，毫无疑问设备厂家最熟悉该设备。因此关于设备的关键部件，使用寿命是多久，多长时间要进行一次保养，要做什么保养，以及如何保养，这些问题设备厂家基本一清二楚。但是在客户购买新设备时，一般只有设备操作说明书，并没有设备 TPM 作业指导书。客户在购买设备后，管理较好的公司一般会由设备管理人员来制作设备 TPM 作业指导书。假如 TPM 保养规范出自设备厂家之手，应该会更简单更专业。那么在这里就存在一个巨大机会，倘若设备厂家自行制作设备的 TPM 作业指导书，作为一项增值服务免费提供给客户，那么这样的设备是不是更受客户欢迎呢？公司的销售额会不会增加呢？

机会二：设备厂家提供远程运维服务。该机会在 8.5 节中有详细介绍，这里不再介绍。

机会三：设备厂家和客户一起建立和完善设备健康管理系统。基于设备厂家提供的智能设备，能够及时预测哪些零部件将要发生故障，设备厂家可以将这类信息和客户分享，指导客户及时进行设备 TPM 保养作业。客户根据设备健康管理系统的运行结果，持续完善 TPM 相关规则；设备厂家根据设备健康管理系统的运行结果，持续优化大数据模型，以便预测结果更为精准。另外，依据设备健康管理系统，设备厂家还能够精准地提供备件服务，降低客户的备件库存，减少备件呆滞；设备厂家还可以优化售后备件销售渠道，如设立区域服务中心，这样既可以提升售后备件销售金额，还能降低售后成本。

机会四：设备售后市场可能会出现专门提供售后服务的第三方平台型公司。随着互联化技术的不断发展，解决设备故障可以不再完全依赖于设备厂家。专业的第三方平台公司可以建立完备的各类设备专家诊断系统，任何需求者都可以随时访问并获取设备维护的相关信息和方法；第三方平台也可以是开放式平台，吸引有设备维护经验的人员入驻，对外提供有偿服务。再加上 VR（虚拟现实）技术的发展，设备故障问题又可以得到更进一步的解决。针对一些复杂的设备故障，如果不能亲眼见到，可能很难判别设备的问题所在。通过 VR 设备，现场设备维修人员可以将现场状况传送出来，让不在现场的设备维护专家可以实景了解现场信息，提供更有针对性的服务。解决设备故障的新业务模式总结如图 12-3 所示。

由于设备及时维护能够产生巨大的经济效益，未来能够汇聚众多设备维护专家且拥有完善设备专家诊断数据库的第三方平台公司可能会崛起。由于平台服务好、价格低，设备厂家因此更愿意将设备售后服务交给专业的第三方平台来运营。作为设备使用者的企业将会成为第三方平台的会员，能够从平台上得到及时服务，并且能够大大减少目前所支付的设备维护费用。第三方平台作为服务的提供者，则需要具备智能软硬件开发能力以及互联化技术能力；或者第三方平台服务商和这些相关技术服务商一起构建一个设备运维服务生态圈。

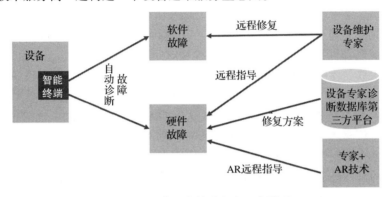

图 12-3　解决设备故障的新业务模式

类似这样的新业务机会还有很多，比如基于数字化工厂的 Daas 服务，这类新业务预计将会是智能化时代的主体，能够实现数字化企业到智能化企业的升级。另外，如果将制造业沉淀的技术应用到非制造业领域，形成降维打击，又能出现很多新业务机会。接下来以目前比较流行的定制化产品和服务为例。人们比较熟知的有服装定制、鞋子定制等，本书以鞋子定制为例进行简单说明。

人脚的大小、胖瘦、骨骼等差异很大，而且同一个人的两只脚大小也有一定差异。面对鞋子制造商提供的左右鞋码一样，而且鞋码大小也比较有限的选择，很多人买不到满意的鞋子。试想一下，如果有一个能够快速扫描人脚型和脚骨骼形状的智能终端设备，就能迅速精准地获取消费者双脚数据；另外又有一个脚型数据库，里面有成百上千万的数据，能够为每种脚型匹配一个最优的推荐鞋。这样当消费者扫描双脚后，一双最适合他（或她）的推荐鞋就出来了。如果鞋子制造商按照推荐结果进行定制生产，那么就能提升消费者满意度。在这个过程中有两个关键决策点：一是一只鞋到底要选多少个关键参数，二是要为每个关键参数设定多少个选项。当这两个决策确定后，结合消费者的需求量，就能发现大批量定制化的机会。从鞋子制造商的角度来看，大批量定制和现在的大批量生产没有多大差别，但是二者的消费者满意度完全不同。这是个典型的"智能硬件 + 智能软件 + 个性化服务"相结合的产品创新机会。

总之，将精益化、数字化、智能化和互联化的技术和方法相结合，能够解决很多已知问题，也能够解决很多未知问题。

12.4 精益智能制造服务商需要具备的能力

基于我国制造业基本国情，结合本书前文论述，精益智能制造是我国制造业升级转型的有效路径。而要推动我国制造业升级转型，就需要一大批精益智能制造服务商。那么精益智能制造服务商需要具备哪些能力才能肩负起此历史重任呢？

第 8 章提到智能时代需要"硬件 + 软件 + 服务"三位一体式创新（见图 8-2），那么作为精益智能制造服务商就需要具备：咨询服务能力、智能制造集成服务能力、智能硬件开发能力、智能软件开发能力、个性化定制服务能力。

咨询服务能力首当其冲，要以解决企业实际问题实现企业目标为导向。企业进行精益智能制造的主要目的是降本增效和升级转型，因此就要求精益智能制造服务商以降本增效升级转型为导向，提供包括精益管理、创新体系、智能制造顶层构架设计、方案落地辅导、人才培养等一系列服务。当前智能制造服务商的咨询服务能力偏弱，咨询服务能力需要服务商精通企业经营管理、运营管理和各种智能制造解决方案，要能将企业具体需求、解决方案和要实现的目标挂钩。智能制造集成服务商要在整体解决方案的指导下，再去整合软硬件资源来提供完整服务。当前的一般智能制造集成服务商没有这种完整的能力，因此未来具备这种综合服务能力的服务商将会有巨大的竞争优势。

其次是智能制造集成服务能力。集成服务需要整合各方面资源，按照咨询服务方案进行落地实施。目前业界基本形成共识，智能制造集成服务需要具备四大类技术能力，如图 12-4 所示"四 T 模型"。

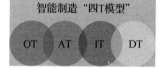

图 12-4 智能制造"四 T 模型"

在"四 T 模型"中：OT 是运营技术（Operation Technology），AT 是自动化技术（Automation Technology），IT 是信息技术（Information Technology），DT 是数据技术（Data Technology）。OT 是四 T 之首，而 OT 主要体现的就是咨询服务能力，也就是综合运用 OT、AT、IT、DT 来解决企业实际问题的能力。智能制造"四 T 模型"本质上和精益智能制造三位一体式创新模型"硬件 + 软件 + 服务"一致。需要特别说明的是，精益智能制造"三位一体"式创新模型中的服务范围比较宽泛，可以指整个企业升级转型的全面服务，也可以指企业关于某个具体需求的局部服务，如生产单元的智能化改进、降低产品不良率等。

服务方案落地离不开硬件和软件的支撑，特别是精益智能制造第二阶段的自动化、数字化和第三阶段的智能化、互联化。服务是目的，硬件和软件是手段。软硬结合是目前行业需求的趋势，从应用的角度看，根本不存在软件重要还是硬件重要的争论，这种争论可能只有在学术圈才会发生。硬件是载体，软件是灵魂。没有硬件，软件无用武之地；没有软件，硬件就是原始物体，没有生机。软硬结合才是硬道理。因此，合格的精益智能制造服务商也需要具备软硬件开发能力。

硬件是看得见摸得着的，以至于很多人把智能制造和硬件升级画上了等号。常见的硬件包括机器人、AGV、各类自动化集成设备或线体、传感器、边缘计算设备、智能物联网关、智能设备等。作为合格的智能制造服务商，必须具备硬件开发设计能力，否则在遇到具体问题时，就无能为力了。目前中国的智能制造服务商鱼龙混杂，大部分都没有自己的核心技术，主要靠代理国内外品牌的硬件产品，打着智能科技公司的旗号，提供智能制造服务。既不具备顶层构架设计服务能力，也不具备技术研发能力。合格的精益智能制造服务商需要有自主知识产权的核心硬件产品，基于自己的核心产品来提供相应的服务；否则就不具备核心竞争力，中国智能制造的整体水平也就很难有质的飞跃。

软件是灵魂，智能化在某种程度上主要得益于软件的进步。常见的软件包括自动化控制软件、信息系统软件、通信协议转换软件、云计算软件、工业大数据软件、人工智能软件等。目前智能制造尚处于早期，软件发展主要还是集中在部分工业软件上，如 MES、PLM、APS 等；另外云计算、工业大数据、人工智能等智能化程度较高的软件系统发展也非常迅速。中国很多企业拥有自主研发的软件产品，而且很多已经做到了行业领先。从软件角度来看，中国企业完全存在弯道超车，引领全球第四次工业革命浪潮的可能性。作为一家合格的精益智能制造服务商，也一定要有自主开发软件产品的能力。目前国内一些智能制造服务商的软件是代理国外品牌的，在具体实施时非常被动，不能对软件进行根本性的变动，往往只能去生搬硬套，很难满足客户的个性化需求。

合格的精益智能制造服务商，不仅要具备硬件产品和软件产品开发能力，还需要具备根据客户的个性化需求，提供个性化定制服务的能力。遇到客户特定需求时，如果没有现成的软硬件产品，要能立即进行个性化产品开发。这是因为每家公司都有一部分服务是个性化的，没有任何一家公司能够用标准化产品来 100% 满足客户需求，因此一定存在个性化服务的部分，这部分一般是智能制造的难题。倘若智能制造服务商不能解决这些难题，客户就不可能全面实现智能制造。以智能制造最基础的数据采集为例，大部分公司能够采集到 80% 的客户数据，还有 20% 的数据可能因为设备没有通信接口、协议加密等原因而无法采集，这种情况就需要有定制化软硬件开发能力，来直接或者间接获取相应的数据。针对个性化服务，现在大部分服务商都不愿意去做，因为这样做既没有收益，而且还会提高项目报价，这会导致在不太懂智能制造的客户面前竞争力下降。对于这种情况，一般建议企业的 IT 部门具备一定的二次开发能力，自主满足企业个性化开发需求。

精益智能制造"硬件＋软件＋服务"的三位一体式创新涉及的专业知识非常广，而且都是非常前沿的领域，目前还没有任何一家公司具备这么全面的服务能力。因此就需要行业内的公司将自己擅长的业务做深做精，然后形成联合体共同为客户提供服务。另外，由于提供服务的服务商不止一家，就需要有人统一协调，这个角色最好由智能制造顶层构架设计服务商来担任，确保各家方案能够协同起来，形成一个有机整体。

12.5 精益智能制造人才培养模式探索

十年树木、百年树人，在第四次工业革命的历史机遇面前，我国制造业存在弯道超车或换道超车的机会。要变成制造强国，不能全靠舶来品，要自己培养人才，并且要能源源不断地批量培养人才。

在人才培养方面，本节主要从宏观和微观两个角度进行探索：宏观层面探索人才成长环境和人才政策；微观层面分析人才培养机构和培养方法。

在宏观人才成长环境方面，全社会要形成重视人才、重视知识产权的氛围，并鼓励创新，为智能制造创新人才营造良好的成长环境。当前，第四次工业革命刚刚开始，未来若干年在智能制造领域，一定会有众多的理论创新、技术创新、产品创新和应用创新。因此当前政府提倡"大众创新、万众创业"非常及时，要在全社会营造创新氛围，完善各级容错机制，培养智能制造创新人才和行业领军人才。

在宏观人才政策方面，各地政府可以加大人才引进力度，并给引进人才创造施展才华的空间。目前我国人才主要集中在北上广深几个大城市，占了全部高素质人才的60%以上。在他们中间，有相当一部分人不能施展自己的才华，另外还有数以百万的大学生没有工作。在这样的情况下，这些被埋没才能的大学生要是能够去中西部这些急需人才的地方，对社会将是很大的贡献。要实现这样的愿景，一方面地方政府要加大人才引进力度，让人才们愿意去；二是人才去后，尽量能从事一些和其才能匹配的工作，否则他们还是会回流到北上广深这样的地方。

以上是宏观层面，争取能够做到人尽其才。从微观上来讲，要有人才培养机构和具体的培养方法。前几年一些大学联系笔者，探讨精益智能制造人才的培养方案，还有一些大学聘请笔者去开办相关课程。在这个过程中，笔者一直在思索究竟该如何才能批量培养精益智能制造人才。

从人才培养机构上，可以形成以高校为主、培训机构为辅，高校和培训机构共同培养的模式。高校可以设立精益智能制造专业或者开设相关课程：将精益智能制造所需的知识拆成不同的模块，每个模块形成一门课程，这样培养出来的学生基础扎实（2022年，中国上百所高校开办了智能制造专业）。另外培训机构可以从实践应用层面，结合具体案例，或者让学生们参与到实际项目中去，来提升精益智能智造人才的实战技能。这样就形成了"理论+实践"的共同培养模式，培养出来的学生综合能力也会更好。

从人才培养方法上，建议精益智能制造人才应该是懂经营运营、精益管理、智能制造和具备一定软技能的复合型人才，其培养模型如图 12-5 所示。

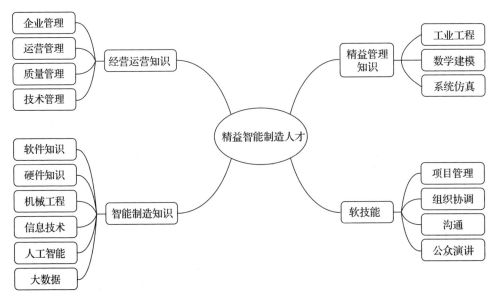

图 12-5　精益智能制造人才培养模型

熟悉经营运营知识能够更好地理解价值和识别价值的来源，懂精益管理能够知道价值的创造和实现方式，懂智能制造能够清楚技术的底层实现是什么样的，具备一定的软技能能够更好地发挥自身价值。

12.6　精益智能制造未来展望

改革开放以来，经济高速发展。近年来国家将智能制造上升到国家战略高度，颁布了《中国制造 2025》，力争用十年时间，迈入制造强国行列。各部委以及地方各级政府也高度重视，配套政策相继跟进；高校和一些社会研究机构也在不断进行智能制造相关研究；各行业龙头企业在政府的大力支持下，纷纷开始了智能制造升级转型实践；各地产业园区也在大力推动智能制造项目落地、打造智能制造产业链；社会上也形成了规模巨大的智能制造产业基金。整个社会的智能制造氛围，呈现出一片欣欣向荣的景象。然而在这欣欣向荣景象的背后，也还有很多的不足之处，具体来说主要体现在五个方面：一是政策实施执行仍需加强；二是行业基础和条件有待进一步完善和平衡；三是国产核心工业软件、基础元器件以及高端智能装备有待进一步研发；四是现有集成服务商能力有待提高，需要培养高水平智能制造集成服务商；五是需求个性化和服务标准化之间的矛盾有待解决。

虽然目前困难还比较多，但是整体上看，机会远比困难多。不久的将来，在各方力量的共同协作下，将会形成生机勃勃的精益智能制造生态圈（见图12-6）。在生态圈里，未来主要有六个重要角色：消费者、政府机构、研究机构、精益智能制造服务商、B2C企业、B2B企业。

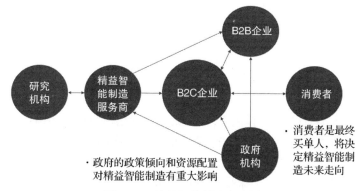

图 12-6　精益智能制造生态圈

消费者是最终的买单者，将会决定精益智能制造未来的走向。消费者对产品和服务的偏好，将决定B2C企业提供产品和服务的方式。例如消费者喜欢个性化的服装，于是出现了服装定制企业。总之，未来是一个彰显消费者个性的时代，谁能更好地满足消费者个性化需求，谁就能引领市场。在满足消费者个性化需求的背后，是制造业的巨变。制造业是精益智能制造的服务对象，势必决定了精益智能制造未来的走势。

B2C型企业是精益智能制造最先的主战场，消费者的需求会率先在B2C型企业得以满足。B2C型企业在升级转型后又会推动上游B2B型企业升级转型，这样一环套着一环，最终会实现整个产业链的升级转型。

精益智能制造服务商掌握着制造业升级转型所需要的核心软硬件技术，以及具备强大的咨询服务能力，将是推动制造业升级转型的核心力量。在精益智能制造服务商的协助下，制造业将会逐步完成升级转型。

研究机构从事理论研究，部分研究机构会和精益智能制造服务商合作，一起将理论转变成核心软硬件产品和服务。另外一些研究机构自身也可能转变为精益智能制造服务商，独立对外提供产品和服务。

政府是精益智能制造的推手，政府的政策倾向和资源配置对精益智能制造有重大影响。

精益智能制造是被实践证实的符合中国制造业升级转型的有效路径，在精益智能制造理论体系的引导下，希望越来越多的中国制造业企业能够尽快尽早升级转型成功，中国制造强国的目标早日实现。

参考文献

[1] 赫拉利. 人类简史 [M]. 林俊宏, 译. 北京：中信出版社, 2014：37-38.

[2] 李杰. 工业大数据 [M]. 邱伯华, 译. 北京：机械工业出版社, 2015.

[3] 欧阳生. 双赢供应链 [D]. 武汉：武汉大学, 2011.

[4] 欧阳生, 宋海涛, 徐东. 未来智路 [M]. 北京：电子工业出版社, 2020：32-33.

[5] 曾仕强. 中国式管理 [M]. 北京：中国社会科学出版社, 2005.

[6] 路风. 光变 [M]. 北京：当代中国出版社, 2016.

[7] 酒卷久. 佳能细胞式生产方式 [M]. 杨洁, 译. 北京：东方出版社, 2006：16-17.

[8] 古普塔, 莱曼. 关键价值链 [M]. 王霞, 申跃, 译. 北京：中国人民大学出版社, 2006.

[9] 通用电气公司. 工业互联网：打破智慧与机器的边界 [M]. 北京：机械工业出版社, 2015.

[10] 祝守宇, 蔡春久. 数据治理 [M]. 北京：电子工业出版社, 2020.